グローカル経営戦略

―名古屋の企業文化論―

中京大学大学院
ビジネス・イノベーション研究科

村山元英編著

竹内淳二
中尾一也
水野幸美
栢森雅勝
遠山眞樹
鶴峯悦史
桑山博江
著

文眞堂

はじめに
―「戦略と文化」の学問・教育を楽しむ―

村 山 元 英

「源氏」と「平家」の交差文化

　名古屋は面白い。「文化の活力」と「経営の活力」とが抱き合って成長するので面白い。名古屋には「源氏の文化」と「平家の文化」とが混在していて，その"取り合わせの妙"が，もっと面白い。

　勝ち組が源氏と，負け組が平家と，勝ち負けの色分けを鮮明にする源平戦略が，名古屋の企業文化を支えてきた。だが，勝ち負けを中和する"もう1つの"戦略，即ち，「グローカリズムの企業文化論」が名古屋にある。

　極論すれば，「ローカルがグローバル，グローバルがローカル」と，その"際崩し"（きわくずし）と"橋架け"（はしかけ）の「戦略と文化」が，名古屋のごく自然の経営風土である。もちろん，勝ち負けよりも，逃げ上手もいるが。

　そうした勝ち敗けリズムを超えて生きる・残る執念と危機管理が，名古屋の企業文化を貫いている「グローカル経営戦略論」である。

　日本の企業文化を武家文化になぞらえるとしよう。その武家文化は"平家系"と"源氏系"の2つの文化遺伝子から成り立つものである。もちろん，両文化系を結合する媒介遺伝子も想定しているが，その話しは後回しにしたい。

　さて，「源氏の文化」とは，"閉ざされた"文化である。それは内陸的発想で，閉鎖性の強い土着原理である。負けまいとする持続心も強烈であり，同時に敗者復活の情念が優れている。その代表的個性が，徳川家康や源頼朝である。トヨタの三河文化にその遺伝子継承が実感できる。

　次に，「平家の文化」とは，"開かれた"文化である。それは海洋的発想

で，広がりのある冒険心を強く持つ。破壊的だが創造的な変革原理がその文化特性である。その代表的個性として織田信長や平清盛の名をあげることができる。

今元気のよい名古屋を中心に東海地区には，"閉ざされた"「源氏の文化」と"開かれた"「平家の文化」とが，群雄割拠のように散見できる。

だがその逆に"硬直した"源氏文化と"柔軟な"平家文化とが，按配よく均衡している企業もある。今名古屋に住む研究者にとって，こうした源平混在の「戦略と文化」の研究機会と出会える幸せがある。

こういう見方もできる。平家系の海洋文化は，グローバルな「戦略と文化」である。そして，源氏系の土着文化は，ローカルな「戦略と文化」である。

私の変わらない持説は，このグローバルの海洋性とローカルな土着性とが按配よく和するグローカルな「戦略と文化」の論理である。本書では，グローカリズムの論理を下敷きにして，名古屋型のグローカル経営戦略を"名古屋の企業文化論"と名づけてみた。

中軸思想の企業文化

名古屋は日本の中軸地域で，西と東の境界にあり，京都への上洛をめざす武将らによる戦乱の歴史の地であった。京都への上洛の意味を，現代の名古屋では世界企業へのグローバル化と解釈し直し，地元企業はグローバル企業への道へ挑戦している。

そうした企業の活力が，行政と社会の革新を促進すると同時に，その抵抗への土着文化のローカリズムにも根強いものがある。

名古屋の中軸的立地は，攻められる・攻める，負けない・勝たない，閉ざす・開く，逃げる・逃げないの二項対立を一元化する「戦略と文化」を磨いてきた。その歴史こそ，名古屋の企業文化の根幹にある中軸思想を確立してきた。

中軸思想は，東と西とが交差する中心であり，その両極構造の"中範囲の過程論"である。中範囲の過程論は，常に流動的な場の危機管理に直面して

問題解決を強いられる。その結果，変わらない構造の持続と，変わるシステム開発を「戦略と文化」の経営哲学に組み込んできた。

中範囲の過程論は，「源氏の文化」と「平家の文化」の異種融合の企業文化論である。その学習手法は，学び上手，真似が上手，取り込み上手の文化特性である。モノづくりの名古屋の企業文化は，情報文化と技術交流の中軸立地の利点を按配良く生かして持続してきた。

だが，その上手の手に狂いがでると，名古屋の未来は危ない。その危機管理への「戦略と文化」は，東の東京圏文化と西の関西文化を学び超えることにつきる。なぜか，三河系の企業（例えばトヨタ自動車）は東西超越のグローバル過程論を上手にこなし，尾張系の企業（例えば中部電力）はその東西超越の習熟過程に苦労しているようだ。

名古屋に限らず，日本の歴史文化に生きている中軸思想は，神話や古事記に遡ることもできる。勝敗の正念場を乗り超えるには，勝敗両極化を超えたレベルで，生命誕生起源に遡る神話の中性的霊性が甦る。

その超越的な霊性との出会いこそが，問題解決の中範囲機能を果たす。問題解決の決め手は，勝敗分裂を吸収して，使い分け，残ったホンモノの"土地の霊魂"から飛躍する種を育てることにある。

この危機管理の巧みさが，名古屋の「グローカル経営戦略」の真髄である。開き・閉ざす自動制御が，自然の春秋・夏冬の如く，また，身体の促進と抑制の原理を企業文化に組み替える能力が，「名古屋の企業文化論」である。

つよい経営をグローバルとし，やさしい経営をローカルとすると，その強弱のリズムがグローカル均衡の組織論や生命論となる。経営は男性原理のグローバリズムもあり，女性原理のローカリズムも包含している。男性原理と女性原理のバランスが，中軸思考の企業文化の顔を整え，グローカリゼーション・ダイナミズムの強弱リズムをつくる。名古屋のグローカル経営戦略は，今花盛りであり，その企業文化の研究が滅茶苦茶に面白い。

元気な名古屋の終身社会関係

さて，「名古屋の企業文化論とは何か」。このことを「グローカル経営戦

略」との関係で簡単に説明しておこう。

　名古屋の活力は，会社や経済のモノづくりとみなされがちであるが，忘れてならない元気さの真実は，"名古屋に生きている"「人が元気なの」である。

　名古屋を中心に中部経済圏の人たちが，競争と協調で"共に生きるモノづくりの元気さ"の裏側には，イエ・ムラの地縁・社縁を中枢としたヒトの活力がみなぎっている。

　言い換えると，文化がカイシャの中にある前に，文化がヒトの中の"生き様"であり，ヒトの中に生きている"イエ・ムラ"の名古屋がまだ活力を蓄えている。その意味での名古屋と中部圏は日本の巨大な田舎である。

　例えば，名古屋の会社が終身雇用ともいえる永年型の雇用関係の企業文化を持続する。この事実は，その地域社会のイエ・ムラ文化の中に終身型社会関係を正当化する，ヒトの正義観があるからだ。ある社員は会社の永年雇用文化に帰属することとは別に，住み暮らすその地域の終身雇用文化と結ばれている。地域文化が会社文化を身内的につくっていることを見逃してはならない。

　冠婚葬祭の地域文化で結ばれたその地域固有の社会型終身雇用の安らぎを糧にして，社員は会社のカンバン経営に挑戦でき，中小企業はコスト削減に耐えられるのである。田舎社会の親子関係に内在する，「面倒みがいい」，「お節介をやいてくれる」人情で，厳しい親との関係で子供たちは耐えられるのである。

　企業文化を単純に定義して，「考え方」と「行動の型」とここでは割り切っておこう。名古屋を中心にした中部経済圏の企業文化を，「社員」と「会社」と「社会」の3つの段階で理解することができる。第1の階層は「個人としての企業文化」，第2の段階は「組織内秩序の企業文化」，そして，第3の段階は「外部環境の企業文化」である。

　企業文化の広義の意味は経営文化である。経営文化とは，個人と組織と環境とを1つの風呂敷に包み込むような総体化した概念である。その文化特性は，制御と促進，定式知と暗黙知，指導と追従，そして，善と悪の二項対立からの「闘いと安らぎの営み」である。

MBA 大学院の研究指導

　私は名古屋市内の社会人向けの MBA 大学院で「経営戦略論」と「研究指導」を 3 年間教えてきた。私の研究室所属の社会人学生たちは，職場経験を背景に「学問と教育を楽しむ」。
　第 1 期と第 2 期の研究室の卒業生は，卒業後も，勉強機会を個人的に大切にして私の研究室に折にふれてやってくる。
　このことが，本書『グローカル経営戦略──名古屋の企業文化論』を出版する契機となった。いわば，名古屋の 1 大学教授と社会人学生が，"元気な名古屋の場"を基軸にして，「場の企業文化論」「名古屋型の経営戦略」を共に面白く，楽しく学んできた。
　生きたビジネスを日常化している社会人学生は，現実の「個人」，「会社」，「環境」の 3 つのレベルで"闘いと安らぎの営み"に生きている。別な言い方をすると，対立矛盾を自己同一化し，異なる他者を如何に自己内包化する苦悩に生きている。
　学問と教育は，このような現実の苦悩を超越するゲームの面白さであり，問題解決への共同研究体制である。
　現場を持つ社会人学生は，書かれた文献ではないが，しかし書きつくせない"生の情報素材"そのものである。その情報素材は固有な体験物語か，職場での問題解決への格闘と葛藤である。
　経営問題の職場固有性に悩む者にとって，学者によって意図的につくられた外部権威の文献を先行理論とすることを好まない。
　私の研究室の社会人学生は，身体化された豊かな情報の未整理に苦しみ，文献の理論探しの前に，"経験の理論化"への研究方法論を先ず探すことに挑戦する。
　研究室でのゼミ報告や，集団討議，そして，教授の個別指導が不可避的な研究方法論の模索に貢献する。研究指導とは，その教授の学問的方法論を先ず伝えることである。もちろんその方法論にも多様性と選択の仕方がある。
　方法論が確定すると，次にコンセプト開発と理論探索の道へ進む。現象を

説明する理論の紹介を指導教授は持説で示唆するか，新しいコンセプトづくりを提案する。

例えば，引き出しのたくさんある筆筒から，その引き出しに内臓されたわが学説と理論仮設を引き出してきて，弟子たちの持ち込む研究プロジェクトに向けて，個人的な経験現象を分析解明する方法論を示唆し，使える理論との出会いと新コンセプトの発見につなげてやる。

このように方法論さえきまれば，あとは多元的な戦略的思考で理論づくりの文献探索の指導もしやすくなるものだ。

"両面相"のMBA指導教授

社会人学生に限らず，学生のテーマ研究に沿って研究指導するときの私は，大学人としての研究者の顔と，もう1つの顔がある。いうならば，"両面相"（2つの顔）の私がいるわけだ。

もう1つの顔とは，昔に還った赤鬼・青鬼の顔かもしれない。ニューヨーク時代の古巣，PWC社（Price Waterhause and Coopers Co.）の顔を取り戻し，アメリカ・ビジネス感性を駆使して，世界に通用するMAS（経営相談と指導，Management Advisory Services）の鬼となる。

その鬼がアメリカ経営戦略論から「名古屋型グローカリズムの源平戦略」の論理を探す。

弟子たちが帰属する会社文化には，それぞれ固有の内発的発展の論理があるはずで，その論理を共同研究するわけだ。

私が30数年前につくった和製英語の"グローカル"（Glocal, GlobalとLocalの混成語）という言葉が，現代の名古屋のグローバル化を解読する，"もう1つの"グローバリズムの論理性をもっている。

名古屋に来て愕然として驚いたことは，「グローカル最前線」と言う新聞の見出しであった。持説のグローカル理論とは，グローバルの「収斂理論」とローカルの「土着理論」の融合過程論であり，本書では単純化して「名古屋が世界，世界が名古屋だ」とする企業文化論である。

特に本書で強調する「グローカルな企業文化論」の仕組みとは，"防御と

閉鎖の"源氏文化（家康思考）と"攻撃と開放の"平家文化（信長思考）の融合型会社戦略論である。

　わたくしの中の研究方法論と持説の理論とは，これまでの私自身の学問遍歴とその蓄積の恩恵である。

　弟子たちによって，私の学問の方法論と学説理論は，それぞれの「状況の真理」を説得するパラダイム（知的枠組み）に組み換えられ，そのものたちの個人経験と職場物語を普遍化する方向に役立ってきた。

　哲学とは旅することや遊びだとする定義があるように，まさに，わが研究室は，「名古屋の企業文化論」と「グローカル経営戦略」を，共に学び，一緒に楽しむ場づくりであった。

　アメリカ型やヨーロッパ型もそうだが，世界中の企業文化には「戦略と哲学」がある。その国のお国柄によって，企業文化に内在する「戦略と哲学」のちがいがある。

　そこで，多国籍企業は，企業文化を差別化することにより競争優位を求める。だが，その企業文化の極限に，文化と戦略の形成基盤となる哲学との出会いを求めるようになる。かくして企業のグローカル経営戦略が，正念場の経営状況で人間の死生観の経営哲学を思考するようになる。私のグローカル経営戦略論は，死生観の経営哲学を起点としている。

　名古屋の企業文化論も，グローカル経営戦略も，最終的には経営者の死生観を本質とするものである。源氏や平家の日本の勝敗論理を超えた「グローカル経営戦略の企業文化論」とは，見えない死生観の創立魂と歴史個性を形にしているともいえる。MBA指導教授の2つの顔は，その死生観の学問的な語り部かもしれない。

　"両面相"教授の立場から，「ビジネスとは何か」の基本的な定義に戻るとしよう。私がアメリカのMBA大学院で学んだビジネスとは，個別を超えた総体化の概念である。個別の専門分野にのみ限定した教育をすると，総合的な判断ができなくなる。基本的かつ大局的に問題解決できるビジネス・マンの教育とは，ミクロとマクロ，部分と全体，個別化と統合化であり，そして，「見えること」と「見えないことと」を，二元論的に一元化のできる身体的な物語性の学問である。

物語性の学問は，事例研究へと進化しているが，物語に内在する文化と人間の本質が消えて，計量化の技術と合理の科学精神だけの条理の世界を強調しがちな弊害もでてくる。

だが，日本の企業文化には，日本の文化の中枢構造からの"非条理の条理"の世界観がある。非条理の条理の世界は，日本の歌舞伎の物語に象徴的に描かれている。

だから，見えない資産を「見える文化」にするトヨタの経営もあるように，会社の見えない信用や実力を，「会社ブランド」に組み換えて値をつけ，例えば，M&A（企業買収や株式取得）のための企業価値づくりに向けて，"新しい顔"へと会社文化の価値換算や再評価をすることもできる。

持続する歌舞伎と企業文化

さてそこで，村山研究室は「グローカル経営戦略の企業文化論」の事例物語を"歌舞伎"にみたてて，若手役者の"顔見世興行"をご披露することにした。もちろん，ここで出演する若手役者とは，元気な名古屋大都市圏に住み，働き，私の研究室で学んできた経営者や専門家たちのことである。

「企業文化の論理」も「歌舞伎の論理」も，ともに持続するところに真実がある。その持続する真実とは何か。時代を超えた歌舞伎芝居の場合には，舞台と観客とが花道で結ばれ，ともに繰り返す"見る・見られる"相互評価の厳しい関係である。

企業文化も同じように，会社が市場や社会とのつながりで，継続的に繁栄するためには常に自他相互交流と相互批判の磨きをかけ，その企業価値を"評価し・評価され"，企業文化の高質化をめざすことにある。

わが弟子たちの企業文化論は，それぞれ異なる分野のグローカル経営戦略の組み立てから成り立つ。見る・見られる舞台の"歌舞伎"に衣替えして，「名古屋の企業文化」の形成に挑戦した研究成果を，ここにご披露する次第となった。

その舞台の若手役者は，名古屋の元気者：水野幸美，桑山博江，栢森雅勝，竹内淳二，中尾一也，遠山眞樹，鶴峯悦史の村山研究室一門である。

はじめに ix

　本書『グローカル経営戦略―名古屋の企業文化論』の世に問う狙いは，この地に住み働く社会人学生が，自己の可能性に夢みて「学問と教育とを楽しむ」人生のドラマの紹介である。
　本書にある個別論文は，それぞれ個人の職場と大学を結ぶ教育課程で"変革の軌跡"を追及している。論者たちは「個人が変わり」「組織が変わり」「社会が変わる」という教育目的に沿って，独自の企業文化論をもとめ，「名古屋のグローカル経営戦略」の理論研究と実務研究とを融合させていた。

企業文化論の構図

　ここに途上した若手役者の研究方法論や理論形成には，これまでにない新しいパラダイムがあり，基礎研究が如何に重要であるかの事例を紹介している。
　その内容は，次の4部門からなりたつ。それは，Ⅰ「名古屋を世界商品に！」，Ⅱ「会社文化の国際原論」，Ⅲ「経営者の自己開発」，Ⅳ「官から民への正義」の4本柱を支柱とした"企業文化論の構図"である。
　第Ⅰ部の「名古屋を世界商品に！」は，名古屋港の経営革新をめざした研究を米国港湾モデルにもとめる。
　名古屋の港と街とを横浜"みなと未来"のように変革できないだろうか。そうした思いを込めた研究展開である。

図表1　名古屋の企業文化論の構図

港湾の巨大な公共施設を都市の魅力再生と繋げる戦略と文化論がその内容である。

これまでの中部国際空港の民営化経営戦略の研究を超えて，行政改革や港湾文化の再構築，そしてまちづくりの都市戦略論のグローバル展開でもある（竹内論文と村山論文）。

第Ⅱ部の「会社文化の国際原論」は，トヨタ系企業の海外経営とホンダのトップ・マネジメントの理念と実践についての研究成果である。

両社への分析の視点が異なるが，両社の企業文化のちがいが鮮明に露出した著作である。森を見るか，樹をみるか。1本の樹の中に森の総てが見える。その1本の樹が，創業者の霊魂である。両論文の共通点は，森を見るよりも，1本の樹を見つめ，その樹から全体の森を知ること，即ち，経営のグロカリーリズムの本質発見を創業者の理念の中に求めている。

かくして，個人主観的な経験を如何に客観的な理論仮説へと普遍化し，独自の理論づくりと自社への提案が光る（中尾論文と水野論文）

第Ⅲ部の「経営者の自己開発」は，「名古屋青年会議所」所属の2人の経営者（男性経営者と女性経営者）が，自社の企業文化論と教育文化論とを，異なる視点から展開している。

最先端の法令順守（コンプライアンス）への分析視点と，根本原理に還る経営教育との対比が面白い。

両論文は青年会議所の経営者開発と大学院MBA教育の相乗効果が現実化した論文であり，名古屋からの経営者経営学の構築をめざしている（栢森論文と遠山論文）。

第Ⅳ部の「官から民への正義」は，2人の若者の物語である。スポーツ運動教室の科学的指導者としての鶴峯は体育学と経営学の結合，運動スポーツと公共施設のコスト管理，公設民営の公共施設経営を医療費削減目的で事例研究を展開する。

もう1人の教師である桑山は，草の根文化・芸術外交，経営学と社会学の融合，企業経営と異文化交流の研究に光をあてた社会経営学の臨床実験をまとめた。そして，彼女は社会派企業家のイメージの創造に触れ，芸術派教育家の社会貢献による，国境なき美しい街づくりの経営実験を事例紹介する。

両者の狙いは，行政を補完し，修正し，創造する民間能力を活用するNPO・NGOの経営学と，先端的な民営化論を展開している（鶴峯論文と桑山論文）

経験を学問にする事例研究の教科書

　本書の役割は，社会人学生が己の職場経験を学問にするモデルを提案した。現実を理論化するには，基礎の学問が不可欠である。そのためには，名古屋の地域や大学を超えて，欧米型の企業文化論とは別次元の，歌舞伎も学問であり，哲学であるとする，研究スタイルの変化も求められた。

　こうして，"非条理の条理"の歌舞伎型「企業文化論」「経営戦略論」の実在を世界に伝えることができる。

　また，その物語性の事例研究が，大学や大学院ビジネス教育の教材となり，経営者を含めて地域指導者のリーダーシップ論として「社会貢献」と「国際貢献」の経営学教科書の役割を果たすことも期待できる。

　編者は，本書を"もう1つの"ケース・スタデイスの教科書として，講義で使うことにしている。

　元気の良い今の名古屋の「知」と「血」と「地」の"3〈ち〉の経営人類学"が，若手歌舞伎役者（八事MBA社会人学生）たちによって継承されて証明された感激も残った。

　そこで，多くの読者に本書を是非読んでもらい，「3"ち"の経営人類学」を組み込んだ「グローカル経営戦略の企業文化論」を参考にして，読者の実践モデル形成に活用してもらいたい。

　最後に，本書を通じて学んでもらいたい最終目標は，本書にこめられた研究過程の方法論の習得である。それぞれの異なる研究事例が，多様にかつ柔軟に変化する分析的な学問形成モデルを紹介している。

　理論と思想のないものは，実践的叡智の指導者になれない。理論と思想は方法論の習得から始まる。方法論が多元的で柔軟であることが，学問と教育を楽しむの基礎である。

　本書は，そうした意味での学問と教育の基礎となる方法論を，MBA社会

人学生の個別研究テーマに沿って教えてきた"事例研究"の成果である。

　論者たちは，広域的かつ超境界的な現実問題に向けて，現実の企業，行政，そして社会への経営革新を求めてより理論化の方向を勉強してきた。その答えは，「学問の面白さ」と「学問する楽しみ」であった。

　実践を学問することは，生きている感動を日常の現実に失わないことである。その感動とは，混沌としてビジネスを秩序にする学問の喜びである。本書の「企業文化論」，そして，「グローカル経営戦略論」は，その感動の形成過程を，元気な名古屋の"生の素材"レベルで確実に伝えるものである。

目　次

はじめに―「戦略と文化」の学問・教育を楽しむ

第Ⅰ部　名古屋を世界商品に！ ……………………………… 1

第1章　名古屋港に夢見る ……………………………… 3
　　　　―都市と港湾とを結ぶ―

第2章　港湾文化と大都市圏 …………………………… 61
　　　　―米国の港湾と都市の"絆"を現地研究―

第Ⅱ部　会社文化の国際原論 ……………………………… 115

第3章　自動車部品メーカーの海外展開 ……………… 117
　　　　―我が社のグローバル過程論―

第4章　繁栄継続の企業原理 …………………………… 170
　　　　―ホンダを探る―

第Ⅲ部　経営者の自己開発 ………………………………… 241

第5章　コンプライアンスの戦略形成と経営哲学の探求 …… 243
　　　　―DK社の積み上げ研究過程論―

第6章　グローカル経営者教育論 ……………………… 300
　　　　―青経塾と生きる―

第Ⅳ部　官から民への正義 ………………………………… 365

第7章　医療費削減への公設民営化 ………………………… 367
　　　　―運動教室が医療費におよぼす効果―

第8章　芸術文化交流と"和"の社会経営論 ………………… 403
　　　　―"草の根"外交の美しい街づくり―

あとがきに代えて―経営者へと巣立つ ……………………… 471

編集後記 ………………………………………………………… 475

執筆者紹介 ……………………………………………………… 478

第Ⅰ部
名古屋を世界商品に！

要　約

　「社員」と「会社」と「環境」とを結ぶ研究テーマの選択は，自己否定からの自己再生をめざす。竹内論文「名古屋港に夢みる―港湾と都市とを結ぶ」は，自己の人生の勝敗を超えた次元での自己発見のテーマ選択の研究であった。

　学生時代の運動選手（ボクサー）を背景に，名古屋港関連の1会社に勤務した竹内が，「社員の論理」と，倉庫業の「会社の論理」と，そして，伝統的港湾社会の「環境の論理」と，その3つの世界で葛藤していた。その経験が，現実問題を解明する方法論を組み立て，内発的発展の理論を構築し，そして行政改革と会社変革を暗示する名古屋市民の目覚めを提言する。

　名古屋港と名古屋大都市圏とを結ぶ，竹内の夢の論文を側面から検証するもう1つの論文が，村山論文「港湾文化と大都市圏―米国の港湾と都市の"絆"を現地研究」である。竹内らを含む中京大学村山研究室が，米国の港湾と都市の融合モデルを実証的に現地研究した。その研究成果を名古屋港と中部経済圏の融合方向に沿って，"名古屋を世界商品に"するための「哲学と戦略」の視点から提案する。

　竹内論文と村山論文は，伊勢湾周辺の港湾と都市のグローバル化構想を，ポスト愛知万博や中部国際空港の開港効果とつなげて，モノづくり産業から，マチづくり産業の中部経済圏のイメージを創造する。「企業」と「行政」と「社会」とを1つにする「公共経営の科学と哲学」の道を開拓する試みが

ここにあり，日本の民営化モデルの指針を示す論文である。

　名古屋を中心に中部経済圏におけるグローカリゼーション・ダイナミックを促進し，行政の民営化，知的市民や大衆の叡智の活用，そして，企業家精神の再生を通じて，「名古屋を世界商品に！」磨き上げ，名古屋を都市マーケテイングする方向への「"都市ブランド"づくり」のための提案論文である。

　「戦略と文化」の学問を楽しむ仕方は，教授と社会人学生が，「名古屋を世界商品に！」つくり上げる面白さを知り，共に学びながらそれぞれが自己再生の道を発見することにあった。

第1章

名古屋港に夢見る
―港湾と都市とを結ぶ―

竹 内 淳 二

キーワード：名古屋港を知る・現状分析：鳥の目から，虫の目から，時（歴史）の目から，名古屋港の問題認識，専門研究者からの提案，アメリカの港湾と都市に学ぶ，名古屋港に夢みる―ふるさと愛からの提案，大衆文化の活力再生，愛知万博の活力継承，名古屋港の臨海生活圏の親密化と観光化，地域人材の活用と発掘，港湾機能分析

はじめに
―名古屋港を考え，自分の生き方も考えた―

　私は，名古屋港の歴史ある1民間倉庫会社の港湾現場で約8年間働いてきた。日々の仕事に，ホワイト・カラーが自分なのか，ブルー・カラーに自分があるのか，その所在に苦しんだ。その苦痛は，両方の色に染まった"スカイブルーの曖昧な立場"で業務にあたる職場人生だった。私の本論文取り組みへの研究動機はここにある。

　現場では，リフトに乗る人や，コンテナから手作業で貨物を出す作業員を管理する仕事だった。その他にも，貨物の配送や受領のトラック運転手や客先から，それに加えて，船の船長や船員を相手にする仕事もあった。

　私の勤務した会社の事務所には，新規の顧客獲得と，既存顧客への営業活動や，そして，輸出入業者の書類仲介や通関手続などを行う事務職員やそれ

らを管理する人々がいた。

　古くから残る港湾の常識や業務，慣習，港湾業界の利権，その業務などを監視する各所にある税関や各役所を守る人々が私の周辺にいた。その職場は良い意味でも悪い意味でも，各種多様な人々の生き様を肌で感じ取れる場所であった。

　名古屋市の港区は，"柄の悪いところ"という固定概念が市内に定着している。その延長で，名古屋の港湾文化や，港湾関係の会社文化は，そうした目で見られていた。私はそうした環境で働く1青年だった。否（いや），コガネムシという名の"1匹の虫"のような存在であった。

　「日々の生活は，あれは駄目だ。これは駄目だ」「仕方ないだろう。あの人がこう言うから」こういう精神風土で，「自分から動くことはしない」「考えもせず諦める」「それ以上の打開策を探らない」「自分に問題解決の力を身につけようとは思わない」，そんな思い出が私の感じていた港の職場環境だった。

　港で働く人間とは，もともと不条理な人間なのだろうか。なぜ広域的な視点でしかも客観的に港をみることが出来ないのだろうか。

　港の寂れた場所が，寂れた人間の心となっている。ハードの施設の残骸と雑草が，ソフトの心の退廃を象徴しているようでもあった。

　職務改善の話をしても「昔はこうだったと……」という結論になる。すべて，昔の多少の成功者と権力者が正しいという物語に落ち着く。時代や仕組みが変わっているのに気づいていない。否，気づかないふりをしている。その構えは，港の革新や変化を求めていない様子である。この人たちは，私のように，現場をコガネムシの足で歩いていない様な気がした。

　私の知っている多くの人たちは，名古屋港に働いていながら，全体としての港をみる目を持たない。限られた職場の目で，しかも，港の一部分だけを取り上げて，その人たちは生きてきた。

　名古屋港を職場としている人たちは，一様に，今の港の状態に関心はなく，もちろん，港を愛する気持ちがない。その人たちは，"他人様"としての「港湾関連会社」「名古屋港管理組合」「政府・地方行政機関」のなさることを，"冷ややかな目"でみているだけの感じがした。コガネムシの私はそ

の冷めた港の感性にむけて，義憤を感じ，同時に怒りを押し殺していた。
　しかし，こういう見方もできる。「与える側の為政者そのものも"冷めている"のではないのではないか」。「これ以上に港を良くしようという情熱や，新たな夢が為政者から全く伝わってこないのはどうしたわけなのだろうか」。コガネムシは独り言をつぶやいた。「伝えようという気持ちがなければ，伝わるはずがない」。
　さて，そこで，真っ直ぐな心に向かって，コガネムシは考えた。「名古屋港に何が足りないのか」。そうだ，それは，港を愛せる自己の探求である。
　港の変革は，私の変革である。個人が変われば，組織も変わり，そしてその社会環境も変わる。名古屋港は，私の中の，自己であり，組織であり，そして地域社会である。それにはまず，私の心の中にあるべき港のイメージを夢みよう。
　こうしたコガネムシの自己覚醒が，「港を変えることは，まず自分を変えることから始まる」という信念に進化した。「虫の目」が，「鳥の目」になり世界を見渡すグローバルに港のものごとを考えるようになる。
　また，「虫の目」と「鳥の目」を持つコガネムシは，見えない変化を直感する「時の目」（変革する"歴史の目"ともいう）をもつようになると，確実に実感できた事実から，書かれていない歴史を知覚し，不確実な未来を洞察できるようになる。
　さて，コガネムシの港に対する自己覚醒の本質は，なんだろうか。それを，仮に，「ふるさと愛」とでもしておこうか。港を愛する心の原点が，人間本能のふるさと意識にある。海と陸とをつなぐ結節点に人間本能のふるさと意識がある。
　港とは，海と陸とをつなぎ，人間の誕生や生命進化の契機である。港を愛する気持ちは，人間本能に逆らわず，自己の生命誕生に思いをはせて，自己の生き方を愛することである
　"名古屋港を愛する気持ち"は，他人事とせず，自分の問題として，まっすぐ真剣に考えることが，本論文の起点である。それには，私の名古屋港への夢を持ち，その夢を共有できる仲間をつくることにある。
　コガネムシが，虫から鳥に，鳥から人間の歴史の存在に進化できる可能性

はないのだろうか。だが，夢が愛と重なるとき，その愛が不可能を可能にする情熱と叡智になる。

私は，本論文の中に自分を変革させる夢と愛とを模索し，その路線のつながりで名古屋港と愛知県，中部地方，名古屋市他を結ぶ環境変革を夢見て，その夢に限りなき愛を捧げている。

I　序　論

本論文の作成にあたり，フィールド・ワークの研究方法を採用した。研究方法論は，中京大学大学院ビジネス・イノベーション研究科の講義「経営戦略論」で学んだ"研究調査の科学"を下敷きにした[1]。

全般的に研究の流れをまとめると，次のようになる。

1. 初期的研究段階

① 村山ゼミナールでの職場経験を語り，指導教授を中心にゼミ仲間と討議
② 名古屋港に関する歴史文献資料を収集
③ 名古屋港の現地視察
④ 名古屋港と名古屋市との関係を"運河沿いに"現場検証，町並み探検
⑤ 名古屋港管理組合と名古屋市を訪問し，行政の視点を探索
⑥ 横浜港，神戸港などの国内の先端的港湾の現地視察
⑦ 港湾関係の学会に入会し，計量分析中心の専門研究会への参加
⑧ 東京の三菱総研やグローバルハブ研究会での研究会に参加
⑨ 地元経済団体の名古屋港関連のシンポジュームに参加し情報収集

研究の初期段階は，「状況分析」と「問題認識」の暫定的な情報収集過程であり，「研究仮説」をどのように仮に設定するかの研究段階であった。この段階では多面的な面接情報の積み上げと収集文献の読み込みが，その後の研究作業の"道しるべ"となった。

1　参照：村山元英著　第11章「研究調査の科学的管理論」と第12章「問題解決の管理過程論」所収，同著『経営管理論―身体的経営一元論』文眞堂，2003年4月，266～333頁。

2. 状況分析の本格段階

　初期的な状況分析の段階で得た面接情報，現場視察，文献資料を手がかりにして，問題発見と仮説設定の準備の段階にはいった。

　問題発見が，「港湾とは何か」，「都市とは何か」についての基本問題に回帰する方向へと戻った。かくして，港湾の研究と都市の研究との連鎖がより複雑となってきた。

　そこで，今回の状況分析は，「港湾と都市とを結ぶ」研究プロジェクトを名古屋港に重点をおいて，名古屋港から名古屋市を見る視点を中心に状況分析を煮詰めていった。

　そうした視点から，港湾の状況分析がこれまでの既存の研究視点と比べて異なった状況分析の立場を採用した。言い換えると，物流中心や工業港特化の名古屋港としてではなく，「都市に開かれた港の機能」への情報探索であり，関連情報の発見をめざした。

　その意味では，港湾経済学にみられる計量分析的な学術情報よりも，現場の"生の情報"により情報価値を見出す結果になった。

　かくして，名古屋港を知る現状分析の3つの視点（「虫の目」「鳥の目」「時の目」）が，この次のⅡの「名古屋港を知る・現状分析」に詳細にまとめてある。

3. 問題認識の整理段階

　状況分析に根ざした次の問題認識の過程には，部分的に細分化されて多岐にわたる問題点の発見があった。だが，そうした問題発見は，偏った見識や細分化の蟻地獄に落ちる危険を回避する方向で，大局的判断で問題認識する努力をした。

　とかく現場の声は，その現場の真実だとしても，全体や本質が見られない立場での批判の声となりがちである。問題認識を整理する段階でこのことは十分注意したつもりだが，私の研究経験の不足から問題認識を正当化することに，正直に本音を言えば，大変困難を感じた。

　だが，各方面の関係者や専門研究者らの問題認識を頂戴する研究過程から，次の段階の仮説設定のための問題認識は，それなりに整理することがで

きた。

その詳細は，Ⅲの「名古屋港の問題認識」にまとめてある。

4. 暫定仮設から最終仮説の設定段階

　仮説を設定することが，今回の研究プロジェクトで一番困った問題であった。経営革新は，勇気ある言葉と，自己犠牲となる行動である。仮説を闇雲に大胆にうちあげることは，伝統社会への挑戦と同時に身の破滅となることを覚悟しなくてはならない。

　そこで，抵抗勢力にも理解していただき，傍観者も巻き込み，未来のリーダー開発に役立つような，そうした仮説設定を，暫定的にいろいろつくってみた。例えば，「ふるさと愛で名古屋港再生」「水と街の再生」「港湾民主化で，地域民主主義の確立」「名古屋港を"信長港"に変えよう」などである。

　そうしたプロセスを経て，最終仮説が，「名古屋港に夢みる―港湾と都市と結びつける」に落ち着いた。大学とは誰もが夢を語れるところで，理想を論じる場なので，そういうことにした。そうした場を介して，名古屋港への市民の夢を掘り起こし，夢に生きる名古屋の活力に期待をかけた。

5. 米国港湾の現地研究段階／海外モデルとの比較研究

　日本の港湾研究だけでは，"井の中の蛙"となりかねない。問題認識をより科学的に客観化するには，比較研究の手法が不可欠である。だが，比較の規範は必ずしも明確ではない。

　とりあえず，港湾と都市づくりに先端的な地位にあるアメリカを研究対象として，名古屋港との比較研究をアメリカ本土の7つの港湾都市ですることにした。

　アメリカの港湾と都市とを結びつける基本原理は，行政から自立している市民社会の実在であった。市民社会の形成は，その国の近代化，民主化，そして自由化の所産である。

　また，港湾と都市との共生は，市場原理や資本主義をグローバルに変革進化させてきた「競争的協調の地域イデオロギー」から成り立っている。

　名古屋港と米国の港と比べて，「市民社会」と「市場原理」が，日米では

根源的にちがうので，その収斂化は難しいし，違ったあり方もあっていいのではないかと私は考えている。

だが，経済のグローバリゼーションの波は，港湾機能を変えてくるだろう。その変革の勢いは，日本の港湾の土着文化を，津波のように押し流す可能性も無視できない。そこで，米国港湾とその関連都市で得た面接情報は，名古屋港を改善するヒントの宝庫である。詳しくは，Ⅳ.「アメリカの港湾と都市に学ぶ」にまとめておいた。

6. 政策提言の討議段階

認識科学にとどまらず，その認識を政策科学につなげる研究段階に筆者の研究は進んだ。状況分析，問題認識，仮説設定，そして，その後の仮説検証の情報収集活動は，アメリカでの現地研究も含めて，膨大な資料となった。

そうした資料は，質問書にこめられた仮説との関係で討議研究を進行させてきた。

本研究は，村山研究室の研究仲間（遠山眞樹，東康子，朱眞玉）も参加してくれ共同研究の形もとっていたので，それぞれの研究段階での討議機会をもつことができたことは幸いであった。

Ⅴの「名古屋港に夢みる―ふるさと愛からの提案」はこうした討議過程の集約である。ここでの提案が，地域社会の開発構想とつながる可能性を私は信じている。

中京大学大学院のビジネス・イノベーション研究科での今回の研究活動は，私にとって学問する楽しさも教わった。

また，本論文をまとめるにあたり，その研究方法論の構築過程と，プライマリ・リサーチの研究過程により重要性を発見すると同時に，"愕然とする驚き"もあった。さらに，研究協力者とのチームワークづくりにも"わくわくする人生の感動"があった。

Ⅱ 名古屋港を知る・現状分析

名古屋港を知る方法論的な視座を，次の図にある"3つの目"（Triangle

Eyes）に設定してみた。

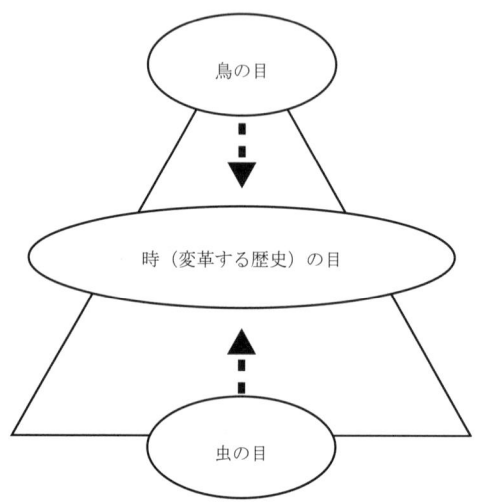

図表1　名古屋港を知る"3つの目"

研究対象の名古屋港の現状分析を，①鳥瞰図的にみる「鳥の目」，②地べたの性質からみる「虫の目」，そして，③歴史の真実を刻む「時の目」の「3極の視座」から展開してみたい。

この「3極の視座」からの分析効果は，名古屋港の現状を知る方向に向かって，①"鳥の目"で「グローバル化の現象」を，②"虫の目"で「ローカル化の現象」を，そして，"時の目"で「歴史の現象」「変革動向」を明らかにする。

1.「鳥の目」：グローバル化の現象

先ずは，名古屋港全体の鳥瞰図を下に紹介しよう。平成16（2004）年の名古屋港の港勢は，総取扱貨物量の分野では3年間にわたり連続日本一であり，また，外国貨物の取扱量でも5年間連続日本一の業績を達している[2]。

資源の少ないわが国では，外国との加工貿易および生活関連物資の輸入貿

2　名古屋港港湾組合発行の平成17年の広報資料より。

図表2　名古屋港の鳥瞰図(1)

出典：国土交通省　中部地方整備局名古屋港湾事務所ホーム・ページより。

図表3　名古屋港の鳥瞰図(2)

出典：名古屋港管理組合ホーム・ページより。

易などによって産業活動や日々の暮らしが支えられており，外国貿易においては，輸出入貨物量全体（重量ベース）の約99.7%が海上輸送によるものである。

そのなかでも名古屋港の外国貿易貨物量は，年間約1.1億トンある。その貿易額は約10兆2千億円にのぼり，いずれも日本一である。

貿易黒字額は，約4.6兆円で，日本全体の貿易黒字の約45%を名古屋港は稼ぎ出す。名古屋港は世界の産業をリードする中部圏の産業の発展を支える国際物流拠点である。

名古屋港の姉妹港は，ロサンゼルス港，ボルチモア港，フルマントル港，そして，アントワープ港である。

物流拠点[3]としても名古屋港は，日本一であり，最近の変化として，名古屋港は，四日市港と供に2004年7月に「スーパー中枢港湾」の指定を国から受けた。

港湾のグローバル競争時代を迎えた「スーパー中枢港湾」について，解説を若干加えておきたい。

国土交通省が今日のコンテナ港湾における現状と課題に関する認識に基づき，アジアの主要港を凌ぐコスト・サービスの実現をめざす港湾政策として，「スーパー中枢港湾」が誕生した。

"先導的・実験的な試みの場つくり"として，平成16年7月，①「伊勢湾」（名古屋港，四日市港），②「京浜」（東京港・横浜港），③「阪神」（神戸港・大阪港）が，選ばれた。

またそれとともに次世代高規格の"コンテナターミナル"をモデル的に育成する地域として，「スーパー中枢港湾」の指定を上記3港と地域が受けた。

「スーパー中枢港湾」の指定の狙いは，国際・国内フィーダー貨物の取り扱い効率をめざし，国・港湾管理者・民間事業者が一体となって，従来の制度・慣行の枠組みにとらわれず，ソフト面を中心とした特例的な施策の導入や港湾間の広域的な連携を図る狙いがあった。

コンテナターミナルの整備・管理運営方式やコンテナ物流システムの改革

3　物流拠点としての名古屋港の特性は，中部経済圏のモノづくり産業の映し鏡である。

を推進することも,「スーパー中枢港湾」の指定の眼目である。「港湾コストは現状より3割削減」,「リードタイムは現状3～4日を1日程度まで短縮」することが目標とされた。

国土交通省は,「スーパー中枢港湾」を育成して,基幹航路の寄港頻度の維持や効率的な物流体系を構築することにより,産業の国際競争力の強化と国民生活の安定を図るための施策を打ち出したのである。

次世代高規格コンテナターミナルの建設は,その背後にロジスティクスの高度化にこたえる物流産業空間が不可欠である。そこで,臨海部ロジスティクス・ハブ形成を戦略的視野に組み込む。

先進地域における国際コンテナ港湾と,その先駆的なターミナル経営は,コンテナターミナルを"プロフィット・センター"として位置づける。日本では,コンテナターミナルが高コストの設置施設になっていることが問題点である。

2.「虫の目」:ローカル化の現象

名古屋港港湾組合発行の資料[4]をもとにして,名古屋港を地べたの性質,即ち,地元志向の組織文化に還り,名古屋港の土着型組織文化を紹介しよう。

日本の港湾は,「港湾法」により,港務局あるいは地方公共団体を主体とする港湾管理制度で,港湾開発・利用・管理等は港湾管理者に委ねるものとなっている。もちろん,名古屋港も「港湾法」の適用を受けている。

名古屋港の運営母体は,名古屋港管理組合で,1951年に設立された。ちなみに名古屋港開港は1907年である。

名古屋港の運営組織の形態は,「一部事務組合方式」である。日本の特定重要港湾23港あるが,そのうち,「一部事務組合方式」は3港あり,名古屋港・四日市港・苫小牧港である。

名古屋港の「一部事務組合方式」による経営メリットは,次のような点である。

---

[4] 使用文献は,名古屋港管理組合発行の『名古屋港史—港勢編・建設編』(平成2年3月31日)と『名古屋港90年のあゆみ』(平成9年11月10日)。

① 愛知県と名古屋市の双方の産業政策，まちづくり政策，防災政策と連携が可能である
② 高額な港湾整備費や，維持管理費や，人材を愛知県と名古屋で分担出来る
③ 一部事務組合方式による港湾管理組合は，"特別地方公共団体"として，独立した自治体である
④ 港湾管理組合の構成団体である愛知県と名古屋市は，別団体であるため政策調整が必要である

名古屋港管理組合の組織は，管理者（執行機関）と議会（議決機関）からなりたっている。名古屋港管理組合の管理者は2年交代で愛知県知事と名古

図表4　名古屋港管理組合の組織図

名古屋港管理組合機構図（平成17年4月1日現在）			
議決機関	議　　会	議会事務局	議事課
執行機関	管理者 （知事又は市長）	出納長	副出納長	出納室
		企画調整室	調整担当
			企画担当
			計画担当
			統計センター
			環境保全センター
	副管理者 （専任／県副知事／市助役）	総務部	総務課
			危機管理室
			行政管理課
			職員課
			財政課
			会計課
		港営部	港営課
			振興課
			管財課
			海務課
			港湾管理事務所
		建設部	管理課
			事業推進課
			総合開発室
			技術管理課
			工事課
			港湾工事事務所
			施設事務所
	監査委員 （県監査委員／市監査委員／組合議会議員）	監査委員事務局	監査課

屋市長が交互に就任する取り決めがある。

組合管理者の下に3人の副管理者がいる。3人の副管理者の構成員は，「専任副管理者」(Executive Vice President) と，愛知県副知事 (Vice Governor) と名古屋市助役 (Vice Mayor) の2人の非常勤の副管理者である。

名古屋港管理組合の議会は，愛知県議会と名古屋市議会より選出された30名の議員で構成されている。

名古屋港の実質的な経営責任者は，専任副管理者である。現在（2006.11）の専任副管理者は，山田孝嗣氏が就任している。この専任副管理者は，国土交通省からの派遣によるものである。名古屋港管理組合の職員は，100％プロパーであり，県や市からの人的資源の派遣はない。

名古屋港管理組合の組織図表の図表4　名古屋港管理組合の組織図（名古屋港管理組合ホーム・ページより）を紹介しておくので参考にしてほしい。

さて，次に名古屋港の主な施設拠点を「虫の目」で紹介することにしょ

図表5　名古屋港の施設状況の概略図

出典：国土交通省　中部地方整備局名古屋港湾事務所ホームページより。

う。なお名古屋港を足で知る地図を，図表5 名古屋港の施設状況の概略図（名古屋港管理組合の広報資料から選んだ"一般市民向けの概略図"）で紹介しておくので，この図を参考にして，これから紹介する名古屋港の主要拠点の位置を探され，ご自分の足で確かめることを勧める。

また，「名古屋港の主要拠点を写真紹介」も，その概要説明に付随して，その後で紹介してあるが，その狙いは，現実をよりビジュアルに理解してもらい，外国の港湾との比較研究の資料にしたいからである。

名古屋港の主な施設状況の解説

◎ **飛島ふ頭南コンテナターミナル**（参照：写真1）

このふ頭は，93，94岸壁は，延長700m，水深15m。オーバーパナックス型船に対応した大水深コンテナバース。（93号岸壁は，1997年，94号岸壁は1991年に供用を開始。主に北米西岸・東岸，欧州，豪州航路などの船舶に利用されている。

◎ **飛島ふ頭北コンテナターミナル**（参照：写真2右側）

NCBコンテナターミナル北側に隣接する90・91・92号岸壁。この3バースのコンテナターミナルは延長620m，水深10〜12m。主にバンコク，シンガポール，インドネシア航路などの船舶に利用されている。

◎ **NCBコンテナターミナル**（参照：写真2左側）

NCBとは，名古屋コンテナ埠頭㈱のことで，管理組合と日本の代表的な民間会社との共同出資により設立された。（ジャパンライン㈱，川崎汽船㈱，大阪商船三井商船㈱，日本郵船㈱，昭和海運㈱，山下新日本汽船の邦船中核6社）1972年に2バースが，1983年に1バースが完成。延長900m，水深12mで，主に北米西岸，南米，欧州，豪州，インドネシア航路などの船舶に利用されている。

◎ **金城ふ頭コンテナターミナル**（参照：写真6）

名古屋港で最初のコンテナターミナルとして，1968年に供用を開始。延長400m，水深10.5mでコンテナ岸壁2バースにガントリークレーン3基を備えたターミナル。主に北米西岸航路などの船舶に利用されている

◎ **鍋田ふ頭コンテナターミナル**（参照：写真7）

(財) 名古屋港埠頭公社が整備したターミナルは，1997年4月から稼動している第1バースに続いて，2001年5月には名古屋港初の耐震強化コンテナ岸壁の第2バースが供用を開始。2バースあわせて約35万㎡を有するわが国最大規模のコンテナターミナルである。運営には借受者のターミナルオペレーター8社が設立した名古屋ユナイテッドコンテナターミナル㈱があたり，主に中国，韓国航路に利用されている。

◎　**水深16m高規格コンテナターミナル**（飛島ふ頭南側）（参照：写真8）

　平成14年，飛島ふ頭南側に水深16m，延長350m，奥行き500mのスケールを誇る高規格コンテナターミナルの建設に着手。平成17年12月より本格稼働した。このバースは国内初となる自動化荷役システムの導入を進めている。

◎　**フェリーふ頭**

　旅客ターミナルと10,000トン級岸壁を2バース有するふ頭。フェリー航路は，名古屋〜仙台〜苫小牧（2日1便）と名古屋〜大阪〜那覇（週2便）の2航路が開設されている。

◎　**稲永ふ頭**（写真4）

　名古屋港西部地区でのコンテナターミナルの展開に伴い，複合一貫輸送に対応した内貿ユニットロードターミナルの形成を目指す。

◎　**木材港**

　水面貯木場約194万㎡，陸上貯木場約40㎡を有する木材専用港。伊勢湾台風の教訓から，後背地への輸送と防災面を十分に考慮して1968年に開港。年間約90隻の外国航路の木材専用船として入港。

◎　**鋼材・セメント流通基地**（空見ふ頭）（参照：写真5）

　岸壁11バース・岸壁クレーン12基を有する鋼材流通基地と，セメントサイロ6基・岸壁2バースを備えたセメント流通基地のある専用ふ頭。鋼材の取扱量は年間約122万トン。セメントは約136万トンを扱う。宇部・須崎・赤穂などから受け入れられるセメントは，セメントローリーで建設現場などに出荷される。

◎　**鉄鋼生産基地**（東海元浜ふ頭）

　大型船を2隻同時に係留でき，1日あたり約6万トンの鉄鉱石や石炭の荷

下ろしが可能な原料岸壁を備えた鉄鋼生産基地。鉄鉱石はオーストラリア，カナダ，中国から輸入。コイル，鋼管，鋼板などの製品は製品岸壁から積み出される。

◎ **自動車積出基地**（新宝ふ頭）

名古屋港の後背には，わが国を代表する自動車産業が控えており，その積み出しに対応する基地である。約3万8,000台を収容できるヤードを完備し，主にヨーロッパ方面，中近東，中南米へ輸出している。

◎ **石油製品基地**（潮見ふ頭）（参照：写真3）

名古屋市をはじめとする周辺地域へのエネルギー供給基地として石油タンクが並ぶ，総面積210万㎡の石油製品基地。ほとんどの石油製品がタンカーで運び込まれ，タンクローリーで各地に搬出される。危険物施設を高潮から守るため，基地は高さ6.0m〜6.5mのコンクリート壁に囲まれている。

◎ **製油・LNG基地**（北浜・南浜ふ頭）

北浜ふ頭の製油所では，主に石油化学製品の基礎原料の生産，各種燃料油の受け入れ・出荷などを行う。また，南浜ふ頭の製油所では，常圧蒸留装置等で原油を精製。さらにLNG（液化天然ガス）の基地も整備されており，電気エネルギーや都市ガスとして名古屋市や周辺域に供給している。

◎ **伊勢湾シーバス**

南北に500m，水深26mの固定桟橋で，大型タンカーの安全な停泊や荷役のために設置された施設。31万トン級の大型タンカー2隻が同時に接岸可能である。年間接岸隻数は，20隻前後。原油荷おろし量は700万トンにのぼる。これらの原油は，海底の石油パイプラインを通して直接約10km先の北浜・南浜ふ頭の石油基地に送られる。

◎ **穀物基地**（北浜ふ頭）

とうもろこし，麦などの穀物を扱うふ頭。基地には約580本の穀物サイロが置かれており，総収容量は40万トン。サイロの背後には食品関連会社が立地し，輸入された穀物基地内で小麦粉などに製品化できるようになっている。

◎ **大型構造物建造基地**

1973年に世界最大級かつ最新鋭の造船所としてスタートした基地であったが，1996年からは新造船の建造にかわり，ゴライアスアスクレーンなど

の大型設備を活かし，大型陸上機器や構造物などを中心とした製造工場として稼動している。

　以上の港湾施設は，物流港としての名古屋港の主要な施設配置である。次に名古屋港のアミューズメント施設を，列挙すると次の通りである。
- ● ポートビル
- ● 名古屋海洋博物館
- ● 南極観測船ふじ
- ● ポートハウス
- ● 名古屋港水族館
- ● イタリア村
- ● ジェティー　結婚式場　（以上ガーデンふ頭）
- ● コンサート広場，フットサル場，結婚式場，ショッピングモール

　交通システムとして，地下鉄の"あおなみ線"が，「名古屋駅⇔金城埠頭」を結んでいる。"あおなみ線"の完成前までは，金城埠頭方面にあった住宅街とアミューズメント施設は，これまでの移動手段として車のみの利用者が大多数であった。
　港湾地域を愛知県民および名古屋市民に近づけるための公共交通機関として"あおなみ線"が建設された。

金城埠頭に立地する集客施設としては次のものがある。
- ○ ポートメッセ・ナゴヤ（コンベンションセンター）
- ○ フットサル場
- ○ ショッピング・ショップ。
- ○ 結婚式場（事業者：平安閣「ゲストハウスウエディング事業」）
- ○ アウトレットモール（120店舗のテナントとレストラン7店，エステや，ゴルフ施設や野外コンサート施設

以上金城ふ頭では，「名古屋港オープン・エア・パーク」が建設されるため，"海および港"の集客地域としての発展が将来見込まれている。

その他の埠頭や臨海地域での主要な**非物流の港湾関連施設**でアミューズメント型の施設を挙げると，次のようになる。
- 名港シーサイドグリーン（西部方面）
- 名古屋港ゴルフ倶楽部（鍋田方面）
- 名古屋港海づり公園（高潮防波堤）
- 新舞子マリンパーク

　もちろん，名古屋港の防犯対策と港湾環境の対策として，保安対策，地震対策，救援活動，高潮対策，環境マネジメントなどが，施設化されている。
　また，7月20日の「海の日」も"港祭り"があり，多数の市民が参加する。

　前述したように，日本の港湾は，国の法律で規制されている。名古屋港は，港湾法の適用を受けている。この港湾法とは，地方自治の尊重を柱に昭和25年に制定された法律である。戦後アメリカのポート・オーソリティーを模した港務局あるいは地方自治体を主体とする港湾管理制度を創設し，港湾開発・利用・管理等は，港湾管理者に委ねられるものである。
　しかし，実態としては国土交通省（旧運輸省）のリーダーシップや強力な指導，関与等で進められている。その内容の特色は次のとおりである。

1. 国土交通大臣は，港湾審議会の意見を聞いて，「港湾開発，利用及び保全に関する基本方針を」定める
2. 港湾管理者が定める港湾計画は，表面的には管理者の発想で進められるとはいえ，その作成過程において国のリーダーシップが強く，その指導や関与がかなり密に行われている
3. 諸港湾における国の直轄事業の導入による港湾整備の推進
4. 主力となる補助事業による港湾整備と地方公共団体の財政体質の脆弱性による国への依存度が高い

「名古屋港の主要拠点を写真で紹介」

(筆者の撮影写真と名古屋港管理組合 HP より)

写真1. 飛島ふ頭南コンテナターミナル

写真2. NCB, 飛島ふ頭北コンテナターミナル

写真3. 石油製品基地

写真4. 稲永ふ頭

写真5. 鋼材・セメント基地①

写真5. 鋼材・セメント基地②

写真5. 鋼材・セメント基地③

写真6. 金城ふ頭コンテナターミナル

写真7. 鍋田埠頭コンテナターミナル①

写真7. 鍋田埠頭コンテナターミナル②

写真8. 飛島南水深16m高規格コンテナターミナル

金城ふ頭全景

名古屋港ガーデンふ頭全景

3.「時の目」：歴史の現象／変革の流れ

　名古屋港には，それ固有の歴史がある。港の移り変わりが歴史の時間の真実を映し出す。以下紹介する「名古屋港の歴史概略」は，名古屋港管理組合発行の『名古屋港史—港勢編・建設編』（平成2年3月31日）と『名古屋港90年のあゆみ』（平成9年11月10日）の2冊の文献から要約したものである。引用をお許しいただいた名古屋港管理組合さんには，この機会に感謝の意を添える次第である。

(1) 名古屋港発祥は，「熱田の浜」

　「尾張国太古之図」にあるように，古い熱田と名古屋の地一帯は名古屋丘陵あるいは熱田丘陵と呼ばれる洪積丘陵がいまの名古屋城から南は熱田まで延び，高みの地点が光跡層，その傾斜線下の低地が沖積層で，大昔は海であった。南の先端，熱田付近の低地は沖積地にできたもので付近一帯の海は熱田潟，愛知潟（年魚市場）といわれていた。

　熱田は，江崎（会崎）ともいわれ，熱田の西海岸は州崎といわれていた。後に熱田三ヶ浦と呼ばれるようになった。また，熱田の最南の地は寝覚の里の地であった。当時の熱田神宮の地景勝の聖地で，蓬莱島といわれていたほどであった。三方が海で，特に南からの眺望が優れていた。熱田の両側の湾から土砂が流れ，自然にたい積して州が島のようになり，松の木が立ち並んで眺めを一層引立てていた。

　古代の豪族尾張氏が熱田社（熱田神宮）を築造。熱田社を中心にして街が形成され，当時の交通の重要拠点となった。多くの人々が訪れるようになり，「熱田の浜」での船の出入りも盛んになっていく。鎌倉時代には東西交流がますます盛んとなり，渡し場として栄え，この辺りは，神戸浜へ移るまで多くの船が出入りし，「七里の渡し場」もあった。

　いつの日か魚市場も形成され，商取引も行われた。熱田が近郊一帯への海産物の供給地として発展を遂げた。また，宮の宿場町が発展すると神戸，伝馬町に遊里が誕生した。そこで新たな文化も生まれた。この界隈にいた茶屋にいた女が客サービスのため，小唄を歌ったところ評判となり，宮の遊女の間でも大流行した。次々に新しい文句が歌われるようになり，やがて「神戸節」と名付けられた。

慶長6年（1601）幕府より東海道五十三次の宿駅とされ，桑名に渡るための街道唯一の海路となる。これが，「宮の渡し」・「七里の渡し」と呼ばれる。桑名まで七里。常時75隻，桑名まで4時間（宮の宿は，東海道駅宿の中で最も大きい宿場で本陣2軒，脇本陣数軒，旅籠248軒）。江戸期に歌川広重の描いた絵には，このような風景が美しく描かれている。

(2)「港周辺地区造成」

名古屋港周辺地区造成は，江戸時代の多数の指導者の新田開発によるものである。その代表的な古人は，鬼頭影良（福田新田）で，南陽町のほうでは，「かんべさん」の愛称で親しまれている。また，成瀬隼人正（熱田新田）で，茶屋一族（茶屋新田）などをあげることができる。

最大規模のものは，津金文左衛門胤臣の熱田前新田である（1800年）。鍋田川口から堀川口まで（飛島，熱田前，稲富，神宮寺，宝神等々）。その途中に藩金が打ち切られたが，私財を投げ打って工事を継続した。しかし胤臣は，借金が返済出来ず窮地に追い込まれ，自宅で密かに切腹。後で藩の検視を避けるため，家族は彼の遺体を地下深くに埋めた。昭和27年に棺が発見されたが，遺体は屍蝋と化し，生前のままの姿だったという。

また，胤臣の入植者のなかには，陶工の加藤影高や民吉保賢らに南京焼の製法を研究させる。そのことで，中部特産の陶業の発展および"ものづくり"の基礎を築いている功績といえよう。

(3)「明治時代の熱田港の築港」

明治政府の殖産興業政策は，西南戦争（明治10年）直後から，経済界でも企業熱が盛んになり，工業は家内工業から工場工業へと進む。そのなかで原材料の輸入，製品の輸出は，四日市・神戸・横浜を頼る他なかった。そのため地元に貿易の拠点となる港を造る必要があった。

今後の名古屋発展のために危機感を持った当時の名古屋区長　吉田禄在が，明治14年に，明治天皇が名古屋に行幸された際，供奉として来名した政府の大隈重信大蔵卿に，熱田湾築港の必要性を力強く説いた。

また，政府の井上馨参議，山県有朋陸軍卿が現地視察したが，熱田湾築港の機が熟するには至らなかった。しかし，夢をあきらめきれない吉田は，県令に上申書を提出する。この執念が，「熱田湾築港」の基となる。

明治22年には，東海道線が全通し，陸上交通が順調に発展していった。この状況にもかかわらず，海上交通は，昔ながらの熱田港があるのみ。
　だが，この名古屋でも，織物や陶磁器などの輸出が飛躍的に伸びた。市の近接地では製紙や織物，特に木綿織物が盛んになっていく。貨物集散量が増大しつつあることから，熱田湾に築港の必要性が明らかになるとともに求める声が大きくなっていった。
　明治25年，時任為基愛知県知事が市部選出県議会に対して築港計画への賛助を求めた。
　日清戦争が明治27年の勃発。名古屋からの軍隊や物資を輸送するのに水運の便が悪く，大きな不便をきたす。これとは対照的に広島県において世間の反対のなかで苦心して造成した宇品港は，戦時の中で一躍重要港として活用され先見性が評価された。
　この事実で，熱田港修港の必要に迫られていた愛知県，名古屋市に大きく影響し，築港の機は熟していった。陸上だけでの軍隊や軍事輸送だけでは補いきれない状況により29年築港スタートとなる。（総事業費約189万円，工期は7年　当時の県歳出予算169万円）
　その後の江木千之知事（足尾銅山事件問題で，住民の騒ぎを鎮めた手腕を発揮し着任）へと引き継がれる。日清戦争後のインフレが進んでいた時で，物価が高騰して築港工事はほとんど進まない。江木知事の展望は，予測し得る名古屋市の将来発展や，船舶が次第に大型化しつつある海運業界のすう勢などを考えると，これまでの計画では小さすぎるとし，計画規模の拡大を図ることであった。
　このため，黒田豊太郎技師は，"天才土木家"服部長七の発明した人造石や突堤や埋立護岸に使ったり，新しい機械でしゅんせつをしたり，埋立てるなど工事方法の改革で工費を節約する一方，東西両突堤の位置を変えることにより港内面積を5倍に広げるなど，期待に十分応えた。
　黒田技師が大阪土木監督署の沖野技師の協力を得てつくった設計は，現代の設計とほとんど変わらないとまでいわれるほど完璧なものであった。この設計のお陰で，その後，数次にわたって行われた拡張工事は，何の支障もなく進められた。

沖守個知事（前大阪知事で豪腕）は，江木知事の方針を支持していた。だが，愛知県は明治29年の風水害以来，県税の財政悪化で県会の築港中止の建議案を提出に至った。しかし，沖知事は「愛知県の100年の大計を思うとき，築港事業は既定通り進行させる必要がある。他事業の諸君の自重を望みたい」と説く。

　明治34年11月　野村政明知事，着任4ヶ月で急死。後任，深野一三知事（熊本出身）。西南戦争が勃発した時，西郷吉之助のもとにはせ参じた熱血感を持った人で，柔らかだが頑固ものとの評判。明治35年12月，通常県会で祖父江道雄議員が「予定によると，築港は36年で一応完成することになっているが，桟橋の架設，運河の開削，鉄道敷設などの陸上設備工事をやらなければ，港として使いものにならない」と陸上設備が急務と訴えた。

　このことを深野知事が調べてみると陸上設備について担当技師の出した計画書類があるだけで，なんの予算措置も講じていないことが分かった。県会側は，「短時間では調査困難」という理由で，翌月開会の通常県会で意見を述べるだけで棚上げにした。

　しかし，深野知事は，港に陸上設備をつくることは当然とし，県会の答申を無視しこの案を上程。顔をつぶされた県会側は，本会議で予算削減修正案を可決。それでも深野知事は原案を通そうとして内務大臣の指揮を仰いだ。議員側も猛烈な反対陳情を行なうが，結局内務大臣は原案と修正案の中間をとって指揮命令を下した。

(4)　「ろせった丸」の熱田港入港

　築港工事が進む中で築港反対論は，影を潜めることはなかった。市民の港湾に対する知識が幼稚であり，理解させることが可能ではなかった。また，莫大な工事費だけが世間の注目の的となっていたこともあった。なおかつ，市民にとって水深の開発成果の説明が，十分に伝わらないことが最大の問題であった。

　明治39年，土木技師の奥田助七朗を中心にロシアの巡航博覧会船「ろせった丸」の熱田港入港を熱烈に促した。入港の際には，奥田は自らパイロット役も務めた。市民たちは「ろせった」という巨大船をみて驚き，歓声や万歳三唱の声で大騒ぎであった。

「ろせった丸」の入港が，この港を池や沼（水深55M）と考えていた市民達に大きな海に繋がる港づくりの"夢"を与えた。多数いた反対派も推進派となった。その後，石炭を積んだ船「阿蘇山丸」等70隻近く入港し，産業活性化に大いに役立った。そして，明治40年，熱田港を名古屋港と改められる（1期工事　水深55m　2期工事　水深76m　3期工事85m）

(5) 大衆に愛される名古屋港

　明治43年に竜宮町の実業家，山田才吉が出資して出来た「名古屋港教育水族館」が開館。水族館は，西洋建築方式やラグーン風の庭園を取り入れたモダンな造りだったらしい。

　当時珍しかったアシカや水牛など1200種集められ，海産物の標本なども陳列されていた。また，料理旅館も営んでいた。これらは，名古屋の新名所として親しまれた。ところが，大正元年台風により倒壊。

　12号地は，土地柄も洋々な全国から集まった人々が住んだため心の統一が必要となる。そのため産土神社が創設されることとなった。それが，築地神社である。その資金集めのために千鳥ヶ浜海水浴場を開き，海水浴客に港をPRし，また海水浴場の売店などの借用利用料金や通船料を回収して資金にあてた。昭和20年には築地神社は郷社に昇格した。

　昭和7年には，中川運河が開通する。本格的なコンテナ時代を迎えた昭和50年ごろまでは，この中川運河は，沖合に停泊した本船の貨物を"はしけ"（艀）に詰め替えてから，その貨物を市内に運ぶ主要航路となり利用されていた。

　東南海地震・三河地震の被害を受け港湾機能は一時マヒ状態となる。昭和16年太平洋戦争が勃発したことによって，あらゆる産業が衰退し貨物量が減る。

　昭和20年　太平洋戦争敗戦。昭和25年に[港湾法]が制定される。地方自治を尊重し，米国のポート・オーソリティ（Port Authority）を模した港務局や地方公共団体を主体とする[港湾管理制度]を創設。よって名古屋港を管理する「名古屋港管理組合」が設立された。

　その後，昭和30年には[名古屋港港湾計画]が策定され，国際貿易港として稲永第一埠頭や第二埠頭，金城埠頭の建設。知多半島基部には，臨海工

業地帯が造成され昭和34年新日鉄名古屋を誘致し，造船，電力，石油精製など産業発展とともに整備していった。

昭和34年9月26日には，伊勢湾台風に襲われ，最大瞬間風速502m，最高潮位531m，死者・行方不明者1,851名，家屋全壊・流失7,723戸という甚大な被害に見舞われた。

名古屋港の機能は一旦ストップしたものの必死の復旧作業によりわずか2週間後には港湾荷役の一部を再開することができた。被災後の教訓を生かし，すぐに高潮防波堤の建設が行われ，昭和39年に総延長7.6kmの高潮防波堤が完成した。

昭和40年代には，コンテナ輸送が開始。金城，西四区にコンテナターミナルがそれぞれ整備された。ガーデン埠頭整備，昭和59年ポートビル，平成4年水族館，海釣り公園などが開かれた。

4. 名古屋港湾の主たる年表

明治16年から現代（平成17年）までの名古屋港に関する歴史年表をまとめると次の通りである[5]。

明治16年	上申書　初代名古屋区長　吉田禄在
明治29年	築港開始　県知事　時任為基
明治33年	ロシアの巡航博覧会船　「ろせった丸」着岸
明治40年	「名古屋港」に名称変更
明治43年	「名古屋港教育水族館」オープン
大正15年	全国41港中，貿易額第4位の規模となる。
昭和3年	千鳥ヶ浜海水浴場
昭和13年	築地神社創建
昭和7年	中川運河が開通
昭和16年	太平洋戦争勃発
昭和19，20年	東南海地震・三河地震
昭和20年	太平洋戦争敗戦
昭和25年	港湾法制定

5　出典：名古屋港管理組合編『名古屋港ポケットガイド』名古屋港管理組合発行　2005年。

昭和26年	名古屋管理組合設立
昭和30年	名古屋港港湾計画策定
昭和34年	伊勢湾台風
昭和39年	高潮防波堤完成
昭和43年	わが国初のフルコンテナ船「箱根丸」初入港
昭和47年	名古屋フェリーふ頭,名古屋コンテナふ頭供用開始
昭和59年	ポートビル,名古屋海洋博物館オープン
昭和60年	南極観測船「ふじ」博物館としてオープン
	名港西大橋完成
平成3年	飛島ふ頭に大水深公共コンテナ岸壁
平成4年	名古屋港水族館オープン
平成9年	飛島ふ頭に大水深公共コンテナ岸壁(－15m)完成
	鍋田ふ頭に名古屋港埠頭公社整備のコンテナ岸壁完成
平成10年	名港トリトン開通
平成13年	貿易額日本一を記録
平成14年	総取扱貨物量日本一を記録
平成16年	スーパー中枢港湾に四日市港とともに指定される
	総取扱貨物量3年連続・貿易額4年連続で日本一

5. 名古屋の丸八(名古屋の市章)

この丸八紋は, 徳川家の合印

　丸八紋が制定されたのは明治40年10月のことである。明治40年代には神戸市や横浜市でも市章が定められており,当時は市を表象するマークを制定しようという動きが各地にあったようである。

　折しも名古屋は,名古屋港の開港,市制20周年を間近に控え,市勢の発展ぶりを内外に示そうという気運が高まっていた。

　制定に当たっては,懸賞募集で各方面に意匠を求めた。しかし,適当な図

案がなく，議論百出の末，最終的には尾張徳川家の合印[6]として用いられていたマークを採用することになったといわれている。

　制定の経緯は定かではないが，「丸は無限に広がる力，また八は末広がりで発展を示す」というお目出度いマークであり，名古屋の歴史を大切にしながら，新たな発展を期待するという思いがあったようである。

　八の字意匠の由来ははっきり判らないが，いくつかの説が伝わっている。

① 尾張八郡（尾張藩政下に置かれていた愛知・春日井・葉栗・丹羽・中島・海東・海西・知多の八郡）の八に由来する

② 尾張の片仮名表記である「オハリ」の「ハ」に由来する

③ 尾張藩士・安部（または阿部）八兵衛が常用していた提灯の八の字に由来する。安部（または阿部）八兵衛は，…尾張藩の腰物奉行で，自分の名の八の字を記した提灯を常用していた。江戸勤番で下町などに赴くと，「尾張の八だ」と人々が見知るようになり，これが広まって，いつとはなしに尾張藩でも丸八印を合印として使用するようになったという。

④ 清和源氏の流れを汲む尾張藩が，先祖・八幡太郎義家の定紋である「向い鳩」をかたどり，丸に八の字の紋を作ったことに由来する。明治40年10月15日付の大阪朝日新聞号に「……徳川家における丸八の紋所の由来を聞くに，尾州家は清和源氏の流れであるから，先祖・八幡太郎源義家の定紋鳩の番（つがい）を向かい合わせたのをかたどり，〇に八の字の紋をつくり……」との記述がある。

---

[6] 合印とは，一般的には，他者と区別するための印。丸八印は尾張藩の略章（正式の家紋は葵巴紋）というべきもので，小使提灯，小者用の紋所，小荷駄などに使用されていた。また元治元年（1864年），14代藩主・徳川慶勝が上京した際には，藩令で随伴の者に丸八印の木札を腰に下げることが命じられ，同時に家臣の提灯に同様の紋を付けることも定められた。

残念ながら，いずれも牽強付会の難をまぬがれないが，尾張の歴史や逸話を踏まえた興味深い説といえる。

丸八マークは現在でも市内各所で見ることができる。市民の足となっている市バス・地下鉄の車両，消火栓や下水道のマンホールの蓋，商店の営業許可書…，変わったところでは名古屋城二の丸茶席にある「金の茶釜」（戦災で焼失した金鯱の残塊で造られたもの）にも八印が陽刻してある。

また，「マルハチ」「まるはち」「丸八」といった屋号や社名を持つ店舗も，市内には数多くある。職種も，うどん屋，寿司屋，クリーニング店，肉屋，酒屋，商事会社，タクシー会社，材木店……など，挙げればきりがない。命名のいわれを尋ねてみると，「名古屋市にあやかった」「名古屋一番の立派な店にしたかった」という声が大多数。マルハチは今も，末広がりのお目出度いマークとして市民に親しまれ，愛用されているといえる[7]。

マルハチ紋所への私のこだわりは，「名古屋港のアイデンテイテイ（自己主体性，すなわち，名古屋らしさ）をビジュアルなもの」にして，市民にその共有の感動を確実なものにしてもらいたいからである。

名古屋港のソフトのイメージ形成は，歴史に還って感動を探すことである。名古屋港の夢再生の象徴が，マルハチの紋所であり，その紋所に暗黙知で愛される昔の名古屋港が命を甦えさせる。

Ⅲ　名古屋港の問題認識

これまでは，"3つの目"，即ち，①「鳥の目」のグローバル化，②「虫の目」のローカル化，そして，③「時の目」の歴史的事実の視座）で，名古屋

---

[7] 出典は，名古屋市役所のホームページより。

港の現状分析を展開してきた。さて，次の段階は，名古屋港を知る現状分析から導き出された「問題認識」とその「認識整理」の段階である。

現状分析の研究段階では，文献研究の方法を主体とし，それに現場視察の研究方法を織り交ぜた。

次の問題認識の研究段階では，現場重視の実証主義の視座を採用した。その方法論的な視座は，次の通りである（図表6「問題認識の視座」を参照）。

認識視座1. 名古屋港での職場体験（民間倉庫勤務8年間）が身体知的モノサシ

認識視座2. 中京大学・村山研究室の共同研究者らとの共同研究過程（名古屋港の現場視察と集団討議）

認識視座3. 村山教授の研究指導（毎週のゼミナールとその後の場所を変えた研究討議，アメリカ港湾の現地研究も含めて）

上記の"3本柱の問題認識の視座"を支えとして，名古屋港の問題認識を次のようにまとめてみた。

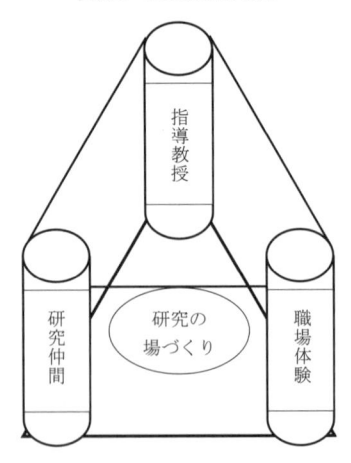

図表6　問題認識の視座

なお，次に紹介する「問題認識の集約」は，中京大学大学院BI研究科の中垣昇教授をはじめ，外部の専門家（中京大学客員教授・仲野光洋教授も含めて）らの意見聴取の上に要約したものである。

1. "鳥の目から"の問題認識

(1) 「築地口からガーデン埠頭までの都市計画と開発が好ましくない」

そのため，レジャー施設への直行・直帰型になってしまっている。また，地下鉄 築地駅から名古屋港駅までの約700mまでの空間に楽しませる風景が全くない。シャッターが閉まり寂れた街並が続くため，その目的地までの視覚的"サプライズ"がなく，歩くことの楽しみが全くない。

大衆の多くが名古屋港と認識しているガーデン埠頭へ誘導する入り口の築地口が，とても寂れてしまっている。また，港に誘導や誘惑する魅力ある道がない（江川線の町並みの問題か）。

(2) 「港（海や水）を感じるものがいない」

名古屋港水族館にはイルカやペンギンや魚がいて，藤前干潟，弥富野鳥公園，稲永公園で野鳥観察や海鳥観察ができるのに，なぜ，ガーデン埠頭に"海を感じさせる"生きもの，例えば，ウミネコやカモメがいないのはなぜだろう（さりながら，民間倉庫の排気口に巣をつくり，作業中の"穀物おこぼれ"にありつく鳩や烏がめだつ）

名古屋港水族館では，ペンギンなど新しい命の生まれる環境努力をしているのに，なぜその周辺環境に生態系の配慮や努力をしないのだろうか。施設の箱モノの内と外では，現実の海から遠ざかり，海と陸との間に切れたギャップがある。港湾は，親水性の環境創造の場とならなければならない。

(3) 「港の教育が全くされていない」また，市民も港に関心がない。「暇だったら名古屋港に」というセールスがされていない

「名古屋港がどのような港なのか」市民は知らない。また，名古屋港に働く人々がこの地を愛していないのではないだろうか。港に魅力を見出せないことは，港を紹介するに値する場所が，拡散していて，港のセールス・ポイントを絞り込めないでいるのかもしれない。

(4) 「神戸・横浜のように港風景を楽しむ高台や丘がない」

神戸や横浜と地形的な違いや歴史が違いは，否めない。ちなみに名古屋港を上から見渡せる名港トリトン（伊勢湾岸道路）に乗っても数十秒だけの景色が観える程度である。名古屋港遊覧船に乗っても見せ場（十八番）が全くない。しかし，この弱点がある意味強みとなり，港の特色を出すためのヒン

トかも知れない。

(5) 港湾・物流は，都市の景観美学を考えているのだろうか

緑化は形だけに見えるのはなぜだろうか。港湾施設は，人々の夢をつくるためのものではなかったのか。ハードな港湾造りとソフトな港湾づくりは，それぞれがバラバラで専門家だけの難しい世界になってしまい，市民に届く前に空中分解を起こしてしまっているのではないか，そんな不安が漂う。

2. "虫の目から"の問題認識

(1) 「海鮮料理屋などもあまりない」 海なのに"みそカツ定食"で良いのか

港湾労働者のための飲み屋や飲食店が多く，昔から同じようで変化を感じない。また，観光客が集まる場所は，ファースト・フードのお店が並ぶ。"海辺"や"海に来た"という感覚や街並みに都会の現実と全く違わない空間で想像力を沸き立たせる場の感激がない。食の風景の景観がないと"心の空腹"はより広がる。

(2) 「海が遠く感じる」

安全管理の強化のための海上人命安全条約（SOLAS条約）の確立。安全のための警備と鉄柵が，港への人々（釣り人等）の心（好奇心）と体との距離を隔てている。

(3) 「ごみが多い」

名古屋港のあらゆる場所は，残念ながら"ごみ"が目立つ。すばらしい情景（自然的・人工的）もすべて"ごみ"のお蔭で台無しである。大衆のマナーを改善させる取り組みが必要である。ゴミ箱のデザインも，海浜気分を楽しめる（港にくる市民が港らしさを感じる）工夫や洒落た形になっていない。

3. "時（変革する歴史）の目から"の問題認識

(1) 「古いものを古くみせる（野放し状態）」

"古き良きもの"を"古き新しき良きもの"として魅せる再生感覚がな

い。古いものは，寂れたものという感覚（ほったらかしてある）。港湾施設のカラー化計画等やっているが，古い倉庫や古い工場などが寂れた状態になったままである。名古屋港の歴史資源が生かされていない。

(2) 「大衆文化が乏しい現実」

現代の日本国内では，港湾中心に人々が楽しむ，または，楽しませる大衆文化が乏しいのではないか。あるいは，かっての港と共に生きていた大衆文化が，忘れさられてしまっている。

その原因は，日本の港湾が，日本経済成長の手段としての産業港の色を強めた結果である。港への利害関係のある企業市民の参加は顕著であるが，一般市民の港への参加は残念ながら希薄である。

(3) 「人々に愛される観光・名所の魅力が希薄」「歴史の掘り起こしがされていない」

人々の愛されるべき場所，安らぎの場所である観光地や公園や名所が分かり辛いし，行きづらい。また，その良さが知られていない。名古屋市およびその周辺地域・名古屋港の歴史はあるが掘り起こしがされていないため，世間に知られていない。知らない。その大切な古人の心や情熱が不完全燃焼で終わってしまって残念である。

(4) **名古屋市の都市戦略との整合性欠落**

名古屋市を世界商品と見るトライアングル戦略的な視点：名古屋市都市計画課担当者から学ぶ

① 環境……ごみの分別（整理整頓の文化）
② 歴史……400年に亘る武家文化（時代変革）
③ 技術……ものづくりの技術力（バイオリン・陶器などの産業起源を含め）

(5) **名古屋港は鎖国状態のようだ**

海に開かれている名古屋港は，海外貿易の物流拠点とされたが，市民や大衆文化と国際文化に向けて開かれているだろうか。

港には，物流機能以外に，異文化交流と多元的なコミュニティー形成と，新しい港文化の創造と再生活動があるとおもうのだが。

港湾活性化をめざす都市集客産業としての巨大公共施設コンベンションセ

ンター「ポートメッセ」は，産業変革の機能をはたしているのだろうか。

日本型港湾の文化特性が，企業利権や義理・人情や，そして官僚の規制社会を優先させて，港湾グローバル化への障害要因を孕むのではなかろうか。

4. 専門研究者からの提案

以上の問題認識の他に，私どもの港湾研究の限界を補完する意味で，港湾研究の専門権威（"もう1つの"研究仲間）から，名古屋港についての問題認識を整理してみた。そのことを共同研究者（東康子，朱眞玉ら）の協力で下記のようにまとめてみた。

◎ **渡辺信夫先生**（グローバルハブ研究会代表）**の問題認識**

港湾機能の視点から：

地域のアイデンティティは，地域を育ててきた歴史と文化をいかに輝かせるかということである。地域で生きてきた歴史の事実を謙虚に受けとめ，それを背景として，時代文化のさまざまな文化の芽にも気を配りつつ，地域文化を大切に育て続けることが重要である。

また，名古屋港は，名古屋としての地域マネジメントとエコロジーの拠点，および海から来るお客様をどのように迎えるか，このことを常に考え創っていくプランニングプロセスのシナリオを書くことが必要。そのためには，今のままの港湾法では，即対応できない部分が多々ある。

港湾機能の分析についての，プロが用いるチェックリストがある。それを紹介しておこう（資料1．「港湾機能分析のチェックリスト：4つの主要項目」を参照のこと）。

◎ **熊谷忠輝先生**（港湾コンサルタント専務）**の問題認識**

今後の港湾技術の方向からの視点：

明治以降の港湾プロジェクトは，国家政策あるいは地域の熱烈な要望のもとに事業が先に決まり，そのプロジェクトを如何に早く，安く，確実に完成させるかが技術者の課題であった。

しかし，これまでのような全国各地の港湾の取扱貨物量の画一的な伸びを前提にした従来の港湾プロジェクトを想定できない21世紀においては，技術者自らがプロジェクトを発掘し，その必要性，有用性を世間一般に納得さ

せ，事業そのものを生み出していかなければならない。ハードな技術だけでなく，ソフト面での努力，そのための技術開発が要求される。

◎ **仲野光洋先生**（東海タンカー会長／中京大学客員教授）の問題認識
名古屋港に生まれ，働いてきた経験と視点から：

行政の政策・都市計画が悪く，一部（密室の中）の人たちで，ものごとが決定されてしまう。管理組合・市・企業ばらばらで，まとまりがない。行政関係者にアメニティー・景観などのセンスがなく，情報開示もない。

名古屋港までのアクセスについて問題があり，交通計画が，名古屋港を考慮していない。そのため，地下鉄が名古屋港まで直行し，人々は地上を歩かないので，築地口などが著しくさびれている。

余分な金（市民の税金）をかけて過剰整備。「例：きたないが，情緒のある，ヤキトリ屋や一杯飲み屋」などが，ビルになって無機質なものになった。商店街のあり方が悪く工夫がない。

名古屋港は，西の方角へ極端に伸びて，中心がなくなり，「間延びしている」ことに，行政の認識が無いのではないか。貨物取扱量がどうあれ，実際に，街は「さびれている」。名古屋港の「活性化」に取り組む市民組織がない。行政をも巻き込んで，真剣にとりくむ「キー・パーソン」がいないし，強力な団体・組織がない。

でも，まだまだ名古屋港を変えるのは遅くはない。

Ⅳ アメリカの港湾と都市に学ぶ

本研究テーマの「名古屋港に夢みる―港湾と都市とを結ぶ」は，アメリカの港湾研究との比較研究で，その認識科学の客観性をより高める方向へと発展した。

問題認識をより科学化する方法論は，比較の科学である。名古屋港を相対比較する対称性として，アメリカの港湾を選んだ。その理由は，アメリカ港湾に先端的モデルがあり，情報公開への寛容さを期待できたからである。

アメリカ港湾の現地研究では，国際経営文化学会のアメリカ部会の調査協力と，研究費負担の軽減に格段の利便を計らってもらった。この紙面で感謝

の意を残しておきたい。

　共同研究者の東康子のまとめた「現地研究スケジュール」と「現地研究行動記録」があるが，紙面の都合で割愛した。　本章では，アメリカの港湾と都市と，そして，両者の結びつきについて，私の個人的印象を総体化して次のようにまとめてみた。

　その印象をまとめるにあたり，私が注意した点は，「異文化交流の研究手法」と「名古屋港との相対比較」である。

　"愕然と驚く"ことが，異文化を知る感性である。その驚きを「異文化発見」とした。また，"外国を名古屋と較べた"ふるさと回帰が，外国から日本を見直す「未来への期待」である。

　こうした「異文化研究の視座」と「変革予測の視座」の主観的な方法は，私自身の直感であり，必ずしも科学的な手法ではないが，とりあえずその限界を前提にして，アメリカの港湾と都市についての印象をまとめてみた。

　なお，アメリカ現地での訪問先と面接調査の機関は下記の通りである。

面接調査協力を得た米国の港湾と都市

　　1－A　シアトル港（Port of Seattle）
　　1－B　シアトル市（都市計画）
　　2　　　サンフランシスコ港（Port of San Francisco）
　　3　　　ロサンゼルス港（Port of Los Angelus）
　　4　　　オークランド港（Port of Oakland）
　　5－A　ニューヨーク・ニュージャージー港
　　　　　（Port of New York & New Jersey）
　　5－B　ニューヨーク市（経済開発計画）

観察研究のみの港湾と都市

　　6　　　ロング・ビーチ港（米国西海岸）
　　7　　　ボルチモア港（米国東海岸）

私のアメリカ発見：港湾と都市の現地研究から

(1) 地方の歴史文化と自然環境の尊厳

　新しい国といわれているアメリカに歴史と文化の尊厳があり，自然への愛

情と敬意，そして水との共生を港で感じた。

　人々のありのままの生き様を大切にして，自然に対する謙虚さと尊重心や，そして，景観（自然・人工）に対してのアメリカ人の思いが，日本と比べて驚くほど強い。

　アメリカで出会った自然観と歴史観が，日本人との文化の違いといってしまえばそこまでではあるが，だが，出会った地元の市民たちは，暗黙知の階級社会を超えて，ローカル的な大衆文化をアメリカでは大切にしている。

　アメリカの大衆文化は，アクションやパフォーマンスの豊かな文化である。1つのパフォーマンスが表現されると，それを囲んでみんなで楽しみ，盛り上がる文化特性をアメリカの大衆は持っている。それだからこそ，パフォーマンスの表現の仕方が，より磨かれていき，港と街が表現芸術の舞台になっている。

　例えば，シアトル港の遊覧船では，機械的な船内放送ではなく，添乗員によるガイドが人間味あふれるパフォーマンスで港を紹介してくれる。海から見た都市や港の風景の楽しさを演出している。人間の自然と都市との一体化をガイドは目指しているようだった。

　湾岸を車で周遊してわかったことだが，起伏のある丘や橋や，そしてビルから見た海の風景の楽しさもある。港と街とを1つのキャンバスに景観の美学として落とし込むデザイン感性はどこからくるのだろうか。

　アメリカの歴史は，移民と戦争の歴史ともいわれる。だが，その個々の人間が逆境にあっても，個人の誇りを失うことなく，その誇りを温め続けていく精神があるように感じられた。

　行政（管理者）と市民は，共にその土地の歴史を大切にして，歴史文化の掘り起こしを行うことにより，地元の人に愛される町，愛される港を形成する協働体系が，その施設の賑わいの中から感じ取れた。

　国の内外からの観光客が集まり賑わう拠点のほとんどが，その地方の誇りとする港と街の歴史と自然の再生の場所であった。

(2)　地元市民中心の港づくりと街づくり

　「港湾と都市」「行政と市民」の複合関係でアメリカの港づくりと街づくりを見てみた。港と街とは，本来は立地資源である。その立地資源を構成す

る，人・地理・風土・経済などを生かす方向性にあわせて，特徴ある港と街づくりがされている。アメリカの開発方向性は，その都市と港湾の魅力を見出したとき，この原理原則に忠実であることを筆者は推理できた。

その開発思想の深層により興味がわく。アメリカは，「都市計画」と「港湾計画」が密接に絡み合っている。市民から要請があった時，例えば，シアトル港やサンフランシスコ港では，高架の高速道路（ハイウェイ等）が，港湾と都心の関係を分断し，環境汚染と景観破壊だとすると，その高速道路の付け替えを立案実行する。港の開発は，人間が歩く歩道であり，住む環境であるという開発思想を，市民と行政が一緒に考えている。

日本ではそんな考えは，全く出来ない。また，ありえない。造ったもの勝ちである。

アメリカでは，港湾運営者が，選挙で選ばれたり，市民が"もの申す"議会があったりするため，港に対する市民の思いを伝える仕組みがあるということ。

港の歴史には，連邦政府と州政府とそして地域行政体と市民社会の連携プレーがある。海岸の土地所有は連邦政府だが，その民間的な港の活用は，地域密着の市民参加型の経営である。

港と街の関係を，「行政管理と市民社会の関係」で見直してみると，行政主体から自立した市民社会が，アメリカには存在する。その市民社会が，下からの底上げにより均衡の演出者であり，公益と私益とをつなぐ「コミュニテイー主体の調整・指導機能」を創造している。

外から見たアメリカは，一見，自由で，個人主義が強い国家だと思われがちであるが，現地で発見したアメリカは，個人主義も強いが，競争的協調の共同体意識と集団主義がより強い国だと言えよう。

(3) 変革への港湾長期構想

名古屋港の姉妹港のロサンゼルス港は，20年後の経済予測をプロのビジネス的視点から予測している。例えば，「今後どのような社会変化を予測していくのか」「社会変革につれて，どのような交通革新が予想できるか」「既存の施設がどれだけ利用されるか」などについてマーケティングリサーチをしていた。このように，ロサンゼルス港は，社会のグローバル変化を予測し

て，そのニーズに応じてビジネス港湾を創造し造り替えていく。

　さて，アメリカから日本の港湾の長期構想について考えてみよう。日本の港の社会資本の民営化が進んでいないことや，港の管理責任者の顔（区分）が良く見えない。このように国（国土交通省）や官僚頼みの後手を踏んだ港湾戦略によって，なんでいまさら水深16m以上のバースや，巨大コンテナターミナルが必要なのか。それ以上の長期的かつ革新的な未来港湾づくりの長期構想が出てこないのだろうか。

　今日のコンテナ化によるアジア主要港のハブ機能による攻勢に日本はどう対応しているのか，例えば，シンガポールや香港や，また，今後機能が強化される釜山（これは30バース創る予定），上海沖に洋山新港プロジェクトなどは，50バース造る状況下で，日本は，たかだか2，3バース造ることがやっとという状況である。

　すでに時代遅れの感もするし，ここで勝負をしても難しい。逆にいうと正面から勝負する必要性があるかと考える。しかし，今後のわが国の経済発展のためにおいてもが指をくわえて近隣諸国の港湾グローバル化をみていることは許されない。

　そこで，地域限定的な日本の港湾戦略性において，何らかの長期戦略は必要である。ならば，名古屋港が進むべき方向性とは今まで国や官僚主導ではなく，市民に無関心であった港を"愛される港づくり"をすることによって，目が向き，"今までに見たことのない港づくり"の可能性がなかろうか。

　アメリカの港湾についての長期構想は，日本の港湾戦略のヒントになるのではないか。

(4) ポート・オーソリテイー（公設民営化）の日本的可能性

　アメリカのポート・オーソリリティーの特性は，自立した公共機関であり，州からの税収もなく，課税権もない。収入は，管理下にある施設の利用者からの使用料を徴収する。事業目的は，公共（public）であるが，事業手法は企業（private company）と同じである。しかし，この本質的な考えや事業（経営）形態は，日本では理解されていないと考える。

　組織は，官僚社会で閉鎖的ではない。常に企業家精神や経営活力の構築を続けている。能力主義によるプロフェショナルの集団や多種多様な世界の

人々と文化の受け入れを行っている。

　その日本的な適用は，法の縛りと，日本に市民社会が形成されていないので，無理だと思うが，逆に，港湾経営の民主化，市民化から，市民社会の形成を日本の地域社会へ問うことも考えられる。港湾とは，文明開化の原点であり，都市を変革する拠点として，外国文化の先端的な導入の場である。

(5) ウォーターフロント（水際線）の本質を再考

　アメリカのウォーターフロントの活力に接し，羨ましいと感じると同時に，「ウオーターフロントとは何か」の再考を迫られた。

　アメリカ人が考えているウオーターフロントとは，抽象的な言い方ではあるが，人と海（水）が会話出来る"夢"の空間である。そこには，喜び・楽しみ・癒しと安らぎ，そして死生観がある。

　子供，若人，成人，老人，あるいは，ハンディーキャッパーなどのさまざまな人たちにとって，ウオーターフロントは，人間と自然とが和して，人々にやさしく，楽しい施設がある点と線と面の広がりである。そして自分を取り戻すところである。

　例えば，昔の海運輸送で使われていた樽をゴミ箱として利用し，海辺の風景を壊さない工夫。また，船を留めるビット等をちょっとしたプロムナードの一部として利用。埠頭に備えられた木製のベンチに座り本を読んだり，木製の柵にもたれ掛かり出船入船の海を見る。それは，人が造ったものには違いないが，生命のないものに"命"を吹き込まれているようで人と海の隔たりを感じさせない。

　また，"かもめ"の飛んでいく美しい自然との調和や触れ合いの場（アイバー）や偶然の自然の影響で埠頭に住み着いたアザラシ等を住人として考え，愛する。

　"海への想い"と"港の想い"と"海からの想い"の相思相愛で協調性が感じられる。

(6) 地元化と世界化の融合

　アメリカの港湾と都市は，それぞれのローカルな文化の顔を持っていた。だが，そのローカル性が，グローバル化との関係で，土着と革新，特殊と普遍の二律背反を，港のデザインに上手に組み合わせて，取り合わせの妙を演

出する開発戦略形成に秀でている感じがする。

　異国文化の設計技術や，人的資源の取り込みも巧みだが，港を都市改造の実験工場のようにして，大胆な，しかも奇想天外の建築デザインと港湾機能の多元化には，目を見張り，港づくりが，世界航路を発見すると同じ意味のもう1つの冒険のようにも思えた。

　港をとりまくローカル性の本質が，住むものの精神開放となるふるさと意識であり，地方の誇りとしての地元意識の塊であった。港が世界に通じているという都市感性が，その都市住民に，グローバルな世界を幻想させる強みがある。

(7) 物流機能と商圏機能は，"双生児"

　アメリカの港湾の隆盛の基本条件は，港湾が商圏を取り込み，港の賑わいをつくることであった。

　商圏創造は，既存の魚市場や，商店街や，巨大公共施設（コンベンション・センター），そして，エンターテイメント施設や，住宅建設と連動する。アメリカの港湾経営者は，1人の例外もなく，港の活性化には，商業活動（Commercial Activities）が不可欠であることを強調していた。このことが印象的だった。

V　名古屋港に夢みる
―ふるさと愛からの提案―

1. 名古屋港への提案1：「大衆文化の活力再生」

　名古屋港は，産業港であり，物流機能を基盤として地域経済の活性化のエンジンである。だが，港湾と都市との結びつきの視点からいうと，「名古屋の大衆文化の生産現場」としても名古屋港は機能してほしい。

　港と街とは「大衆文化」で結びついている。それならば，"現代の"大衆文化とは何だろうか。大衆文化を，「地元意識を基盤とした"開かれた市民参加の感動劇"」と，仮に定義しておくとしよう。

　筆者が思うに，その代表的な現代の大衆文化の事例は，プロ野球のスポーツ応援団である。このスポーツ応援団の分析から「大衆文化の根源」にせま

り，その大衆文化性が，名古屋の港湾文化の創造に繋がるかどうかの検討をこれからしてみたい。

(1) 「千葉ロッテ」に学ぶ"大衆文化の創造"

今年の日本シリーズで，「阪神タイガース」と「千葉ロッテ」が日本一の決定劇を演じた。そこで，両チームの応援団の組織文化を比較して，大衆参加型の程度と内容を知り，その相違がチームの勝利にどう貢献するかということを調べてみた。

簡単に言えば，2005年の日本シリーズを戦った「阪神タイガース」と「千葉ロッテマリーンズ」は，「千葉ロッテマリーンズ」の圧勝で終わった。さて，その優勝の背後にある応援合戦の組織文化，即ち，大衆文化はどう違っていたのだろうか。(写真は，阪神球団とロッテ球団と，読売新聞社提供)。

別の視点で言えば，「スポーツ応援団」と「地域社会組織」の関係に，どのような類型の「大衆文化」が，より集団動員的機能をはたしているのだろうか。

また，「球団経営」と「応援団」との関係に，「大衆文化」はどのような戦略的ポジショニングがなされているのだろうか。

日本的な「スポーツ応援団」の組織特性には，「球団の特殊社会」と「大衆ファン」との共存関係のちがいによって，次のような「2つの組織モデル」がある。

第1の組織モデルは，「利害重視」と「継続関係」の"一家型"組織

第2の組織モデルは，「地域共有」と「大衆起源」の"クラブ型"組織

第1の"一家型"組織モデルは,「トヨタ一家」や「医者一家」などの事例にあるような,イエ・ムラの伝統意識と利害の仕事関係の持続を基軸として,相対的には"閉ざされた共同体"を中核として広がる傾向の組織モデルである。
　第2の"クラブ型"組織モデルとしては,サッカー・サポーター型のスポーツ応援団をその事例として挙げることができる。"クラブ型"の組織原理は,拘束力がなく,開かれた民主社会であり,参加が自己の意思で自由であり,組織と個人との関係が総て平等であるという,民衆心理の凝集性である。
　さて,「阪神タイガース」と「千葉ロッテマリーンズ」の応援団を,仮に筆者が定義する「大衆文化」の中の第1モデルの"一家型"なのか,"クラブ型"なのか。その答えが,名古屋港と大衆文化との関係が,"一家型"かの問いかけにも引き継がれていく。
　関西を基盤とする「阪神タイガース」は,阪神甲子園球場を本拠地とし,関西老舗球団として地元に根付いている。いや,根付き過ぎているかもしれない。
　「阪神タイガース」は,東京の読売巨人軍のよきライバルとして,多くの名勝負をし,数々の名選手も出してきている。おじいちゃんが,阪神ファンならば,お父ちゃんも阪神ファン。その子,孫,ひ孫……までコテコテの阪神ファンである。黄色のハッピを着て,頭には黄色の鉢巻を巻いて,バックネットでも外野でも関係なく黄色のメガホンをたたき,地鳴りのような応援をする。
　ラッキーセブンの七回裏には,ジェット風船を飛ばす。応援団を中心として大衆は,チームと一体化し熱く燃え上がる。大衆は,自分自身をも忘れ応援に無我夢中になる。「飯を食うよりも阪神」と生活の一部となり熱狂的である。優勝した時には暴徒化し,道頓堀川に飛び込むこともある。阪神以外の人には攻撃的で他を受け入れない時もある。ある意味では,"阪神タイガース"の応援団を媒介にした強固なイエ・ムラ社会の繋がりを関西文化圏と,その地域社会の深層から感じとれる。
　その応援団の組織文化の特性は,利害を重視し,自文化を大切にして,他

文化を否定する傾向がある。そうした傾向は，日本の港湾のサポート関係の広がりの中にも類似の傾向がある。

"一家型"組織モデルは，伝統的な地域文化と相関している。したがって，"阪神タイガース"の応援団も，名古屋港のサポート集団（大衆文化）も，共に，利害関係重視，自文化中心主義，他文化否定型の"お国自慢エネルギー"が強いことになる。

私は，"一家型"組織モデルを否定はしない。その形態と行動は，"クラブ型"とは異なり，それ固有の地域文化性と繋がりがあるからである。

しかし，"一家型"組織モデルが，地域社会の変容と足並みを揃えて，別の形態と行動の組織文化へと進化することも考えられる。その進化の方向の1つが，"クラブ型"組織モデルである。その変容の背景には，地域関係が希薄になり，地域住民がクラブ型の大衆文化を基軸にしてルースな関係の繋がりを選好している。

さて次に，「千葉ロッテマリーンズ」の応援団を，「"クラブ型"の大衆文化の視点」で分析してみよう。

サッカーJリーグの応援団に似た，リズム感あふれるパフォーマンスで，「千葉ロッテマリーンズ」の応援団は世間に知られ始めた。

この応援団の形成は，アメリカ人監督のボビー・バレンタイン監督の就任がきっかけである。1995年にゼネラルマネージャーの広岡達郎氏に請われてボビーは，千葉ロッテの監督に就任した。その年にチームとして10年ぶりのAクラス2位となった。

この大リーグ出身の監督をもり立てるために，応援団は斬新な応援を考えた。応援スタイルは，声や手拍子，タオルを振ったり，数々の工夫もした。そのため，プロ野球の応援定番のメガホンも廃止したりもして特色も出した。

バレンタイン監督は，その翌年に，日本野球とアメリカ野球との間にみる，練習方法の違いや，考え方の違いや，そして，文化の相違からくる，球団との確執で辞めた。

しかし，昨年04年（平成16年）にロッテ監督に復帰した。また，その間もファンは，当時の応援団の新しい方式開発のことを忘れていなかった。そ

れ以上に進化させていた。

　スタンドを束ねてきた応援団の公認組織の名称は，「千葉ロッテマリーンズ外野応援団」。そのメンバーは約60人だが，基本的には"おもってだって"出てこない。

　公認組織の応援団は自分たちを前面に出さず，観客に溶け込む伝統を身につけてきた。「自分たちも大勢のファンの1人にすぎない」ということが理由だそうだ。応援団というと試合を見に来ている大衆に比べて，何らかの優位性を持っていて近づきがたい印象があるが，それを消した。

　2軍の本拠地が埼玉県にあることから，「J1浦和レッズ」のサポーターが有志として応援してくれることもあり，サッカー応援との"異文化交流"も他球団と異なる応援スタイルに役立ち，それが成功に導いた。

　背番号26。ベンチ入り選手は25人だが，ファンを何ものにも代え難い26番目の選手として球団が今季，マリーンズ初の永久欠番と決めた。

　元々は，ファンが選手と一体になりたいと使っていた背番号が26番で，03年からは「26」と書かれた巨大フラッグ（縦15メートル，横75メートル）が，スタンドの名物となっている。

　シーズン中は，ベンチでも「26」の特製ユニホームが飾られ，勝利すると選手たちがグラウンドに持ち出した。

　背番号26のベンチ入りは，バレンタイン監督が言い出したとのこと。「ファンとの距離をもっと近くしたい」というアイデアであると球団営業部がいっている。しかし，応援団は選手に対して厳しい面もある。応援団もチームの一員として選手が不味いプレーをしたら，警告（ブーイング）をする厳しさも持っている。

　応援団は，大衆の集まり（烏合の衆）から脱却し，市民化した集団となった。その集団は，対戦チームの素晴らしいプレーやパフォーマンスに対して拍手などで選手に敬意を示す。

　試合終了後も徹底したゴミ拾いやゴミを持ち帰ることなどを行う。人間としての真心やすべての人々が野球を楽しむためのマナーの良さを大切にする姿勢が評価されている。

　そのことで応援団は，球団や選手の誇り，千葉市の市民の誇りとなり全国

で称賛されている。今までは，客観的なファンの視点からだけではこの力は生まれない。それは，チームの一員としての視点や自主性から生まれるものである。

ボビー・バレンタイン監督は，選手個々のリスペクト管理（尊敬，尊重，敬意）を行い，力を引き出した。また，選手も個々の役割・能力を認識。さらに「26人目の選手」である応援団との融合で，チーム組織力を向上させた。

それを勝利に対する執念の力に変えて，2005年度のパリーグ制覇，日本シリーズ制覇，アジア制覇へと導いた。

よく経済界では，「会社は誰のものか」「社長のものか」「社員のものか」「株主のものか」，などと話題や議論になる。

日本球界においても，球団経営者らは，過去のしがらみから抜け出せないからこそ，またチームが弱くなったからこそ，1からの出発の可能性をバレンタイン監督によって証明したのである。その変革の原動力は，チームと一体になったファン（地元住民）と応援団（知的エリート）による"大衆文化の創造"である。

(2) 「港づくり」と「大衆文化」

これまでの話の本意は，スポーツ応援団の"クラブ型社会"の台頭が，開かれて民主主義の市民原理を，名古屋港へ語りかけることにある。これからあとは，名古屋港に求められる「港づくり」と「大衆文化」についての話に移ろう。

国と地方公共団体の深刻な財政赤字の表面化と税金の無駄遣いがマスコミに曝されてから，納税者の公共事業やシステムの不信や不満が顕著になってきた。

同時に納税者の税金の使われ方に対して関心や情報を求め始めた。その中で，政府も市民も公的機関の民営化（郵政民営化等々）が叫ばれ進められていく。

海の世界でもそのような変化が生じてくるであろう。今までは国土交通省やその関連団体による，海の専門家と港湾業者だけの"港づくり"だが，それにプラスアルファして，海のアマチュア（市民）が参加し・意見を言う

"港づくり"が，今後「地域社会のグローバル化」と「大衆文化の市民化」の影響を抱え込み重要な港の変革力になっていくだろう。

名古屋港の関連経営者と管理者は，港と一般大衆との間にある"意識距離の隔たり"への問題認識から出発して，「名古屋港の現実はどうなのか？」その現実に目を向けて，日本国家の未来と，広域都市との関係で長期戦略を練る必要がある。

名古屋港の関連経営者と管理者は，産業と物流の集積能力とは別に，港湾文化形成への開放の努力が必要である。

ハードな施設建設による国際競争力と職場づくり（雇用開発等）が，なぜ必要であるのか理由を，より身近の問題として市民に伝えることができないだろうか。

「スーパー中枢港湾構想」においてもそうだが，企業と行政の間では，考え方に温度差があり，"公共の市場"を創造していない。

ましてや，市民と港湾のあいだには，社会的関係が希薄であり，「愛される名古屋港をつくる」観点でもっと市民教育の機会を工夫すべきではないのか。

市民は，名古屋港に利害関係がないため，港には興味がなくなってしまっている。市民にとって名古屋港へ行く必要性があるのだろうか？　名古屋港に何が足りないのだろうか。

だが待てよ，名古屋の人たちは，"名古屋港を愛する気持ち"をまだ運河に流し捨ててはいない，一番重要な港湾意識は，港と生きる市民感情であり，血が騒ぐ大衆文化の情熱である。名古屋港を身近に感じる「市民感情」と「大衆文化」の掘り起こしはどうしたらよいのか。どの様にしたら市民参加の名古屋港ができるのか。名古屋港に夢みる場所や方法はどこにあるのだろうか。港に生きる幸せがどこに隠れているのだろうか。

前述した「千葉ロッテマリーンズ」の応援団の事例から垣間見た，名古屋港の「港づくり」（港湾経営）と「大衆文化」（市民社会）づくりへの参考となるモデル思考は，次のようにまとめることができる。

千葉ロッテの場合：
　ｉc.「球団組織」（カンパニイ）と「市民参加」（ファン）と「チーム」
　　　（プロフェッショナル）をリードする情熱も持った優秀な人材がいる

ⅱc.「球団組織」(カンパニイ)の時代変革を考えて，その変革に貢献できる「市民応援団」が存在する
　ⅲc.野球以外の異文化(例えば前例のサッカーなど)との交流できる柔軟性と創造性の能力
　ⅳc.日本人として忘れてしまっていた文化や礼儀の掘り起こしあり(例えば，応援団の誰もが野球を楽しむための"けじめ"や整理整頓の精神)
　ⅴc.大衆スポーツとしての野球と，大衆の地元文化を象徴するプロ野球チーム(千葉ロッテ)を愛する大衆の人々をつくる(大衆文化の創造)

　以上の参考枠を使って，名古屋港の変革の道筋を考えると次のようになる。

名古屋港の場合：
　ⅰn.名古屋港全体とその周辺実体(自治体，企業，市民，大衆)を"1つのチームとして"考えることのできる優秀な人材を育てる
　ⅱn.港を縁の下で支える情熱的な市民型の知的エリート集団を育てる
　ⅲn.異文化との交流と融合の能力を開発する(グローバル化への人的資源開発)
　ⅳn.名古屋市とその周辺地域，そして，名古屋港の歴史文化の掘り起こしと，環境と生きる再生循環の人生回帰(整理整頓"片付ける"の精神)
　ⅴn.名古屋港を愛する地元住民のふるさと意識の再生と，新しい大衆文化の創造(超国境化の大衆文化を定着させる)

　この段階での結論を言えば，「名古屋の"港を応援する"集団形成が必要である」「名古屋港をもっともっと市民に知ってもらう」「港を愛する市民リーダーを育てる」「市民参加・地域密着型志向の港運営を創る」ことが，筆者の提言である。

　港湾運営を公共的に開く実態を，今回のアメリカ港湾研究で見聞してきた。
　名古屋港の港湾経営は，とりあえず，"開かれた"議会運営などを通じて，

市民（市民代表）の目線を取り入れることも提案できる。
　名古屋港の姉妹港のロサンゼルス・ポート・オーソリテイの市民参加型モデルが，その場合の参考枠になるであろう。

2．名古屋港への提案2：「愛知万博の活力継承」

　イベントをつくって，地域を活性化する。イベントは，バラバラな個人を1つにまとめる手段であり，新しい大衆文化の価値観を確認する場づくりである。平成17年の名古屋は，世界に情報発信した「愛知万国博覧会」で，イベントづくりの「新しい方向性」とイベントの「あり方」を証明した。
　名古屋港の経営主体に期待することは，直接と間接の手法を駆使して，愛知万博の「モリゾーとキッコロのエコロジー思想」を取り込んだイベント起こしである。
　愛知万博で証明された開発思想が，名古屋港と都市とを結ぶ，「都市と水の再モデル」を提案することになるであろう。
　そのイベント企画で忘却してならないことは，伊勢湾周辺地域の全体を巻き込んで，国家の「スーパー中枢港湾構想」の啓蒙と住民理解である。
　幸いなことに，2007年は名古屋港の「開港100周年の記念」の年にあたる。そこで，「森から海へ」の"港100年祭"のイベントを創造することが，名古屋の「都市と水の再生」に繋がる。
　このイベント企画（「都市と水の再生」）には，私どもの共同研究グループ（遠山眞樹ら）から次の4点に絞った提案をしたい。
- ◎　名古屋港の100年祭で「モリゾーとキッコロ」が"伊勢湾と港で出会う"
- ◎　イベント企画に，日常生活の大衆文化と市民参加を盛り込む
- ◎　伊勢湾岸全域の「イベント参加」と「スーパー中枢港湾」の開発構想と連動
- ◎　「海にも緑を」のスローガンで地域ぐるみの名古屋港緑化運動を展開

3．名古屋港への提案3：「名古屋港の臨海生活圏の親密化と観光化」

　港とその隣接の町は，"一身・同体"である。港が生きる意味は，港の町

が生きていることと同じ意味である。「港湾の活性化」が,「港の街の活性化」と結びつかないことは,極めて不自然であり,そこには,"開発ジレンマ"がある。

この"開発ジレンマ"は,港湾計画と都市計画との間の不整合からくる。言い換えると,バラバラの行政を1つにする大衆文化と市民意識が欠如し,その欠如に甘んじる為政者側の「港と街とを1つにする戦略と哲学の未開発」である。

名古屋港の港湾隣接の街は,名古屋港と周辺行政体にとっての貴重な立地資源である。特に,港湾機能の活性化は,商圏化が絶対的な条件であることを,筆者はアメリカ港湾の現地研究からの教訓として見逃すことができない。

村山教授は,米国の港湾と都市の"絆の活性化"を,次の"7つのキーワード"でまとめられた。それらは,「建築美学」「新住宅街」「商圏創造」「自然再生」「巨大施設」「交通革新」「異国文化」である。

筆者もその通りだとおもうが,アメリカでは特に,都市間競争が港湾間の競争と重なると,物流港湾を再開発する戦略と哲学が明確になる。例えば,港と街の繋がりに,新基軸の商圏創造が奇想天外なものとして見聞できた。

おなじことを,名古屋港に隣接する「築地の街活性化」に期待することは,港湾文化のちがいから無理はいえない。だが,私どもの共同研究チーム(遠山眞樹ら)は,以下のような提案を名古屋港隣接の生活圏を,観光資源として活用する方向で提案したい。言い換えると,名古屋港隣接の街を未活用資源として位置づけ,その戦略的活用をつぎのように提案したい。

(1) **築地の活性化**
    ◎ 元気な商店街にする。その事例が,覚王山商店街の活性化モデル
    ◎ 築地の街づくりは,みんなが行きたくなる生活文化と観光文化の融合
    ◎ 若者がデートできる"港町の玄関",魅力づくり
(2) **港に"人間の感動を生産"**
    ◎ 遊覧船などで乗船客が楽しめるような演出や工夫,サービスを増強する

- ◎ 港湾ガイドが，港文化の広報活動をもっと環境教育的な視点で洗練する
- ◎ ポート・ビルの中身の施設を良質化して，港湾都市施設のアミニティを改善する

(3) **既存施設の掘り起こしを**
- ◎ 新設の既存施設の掘り起こしを改めて行う
- ◎ 一般公募で既存施設に新しい名前を募り，施設活用を戦略化する
- ◎ 「七里の渡し」を現代に生かす
- ◎ 都心から港へと，港の回遊道路を再生

(4) **名古屋市交通局とのコラボレーション**
- ◎ 都心からの交通網と集客施設とをつなぐイベントの開発
- ◎ 一定額のユリカ・カードを購入したポイントに市内施設の入場券をプレゼント（例えば，「名古屋港水族館」・「ポートビル」・「JETTYの観覧車」・「港遊覧船」・「南極観測船ふじ」・「テレビ塔」・「名古屋城」・「徳川美術館」など）
- ◎ スタンプラリーで観光施設を巡るとさらにプレゼント提供で，周遊観光の促進

(5) **港湾物流を都市の景観美学に**
- ◎ 整理整頓の発想転換。例えば，コンテナヤードのコンテナやその付随した物流・作業機械の"魅（み）える化"（TPW）を行う
- ◎ 「物流の機能」と「市民の美意識」との結合
- ◎ 港湾施設が夢をつくる。ハードな港湾設備環境が，ソフトな人間愛や故郷愛とつながる

4. 名古屋港への提案4：「地域人材の活用と発掘」

　名古屋港が市民的共有のシンボルになると，地域人材が地域の内側から輩出し，そうした人的資源の盛り上がりと情熱が，ボランテイア活動も含めて燃えあがるようになる。
　名古屋港とその関連組織にも，技術的かつ文化的に，魅力あふれる人材がいる。同様に，名古屋と中部圏は，元気のいい地元企業も沢山ある。こう

した恵まれた人材環境を，どうやってネットワーク化するかが，コミュニティー開発のリーダーシップ能力である。

港湾とリーダーシップについて，わたくしどもの共同研究チーム（遠山眞樹ら）は，次のような提案を未熟ながらまとめてみた。

(1) **次世代への港湾変革力："負けない"名古屋文化の見直し**
 ⅰ．港湾の鎖国状況からの脱出戦略と港湾人材開発をめざす
 ⅱ．明治維新（1868）の教育革新を戦略モデルにした人材開発。例えば次の事例で，そのものたちは，日本のリーダーをつくる先駆者として，先進的なモデル世界を発見し，その文化を学び，開かれた考え方を日本に持ち込む努力を死生観で実行してきた。

  ● 革新の思想を学ぶ 　　　　：例・松下村塾の吉田松陰
  ● 海外の経験に学ぶ 　　　　：例・難破船のジョン万次郎
  ● 冒険と武士に学ぶ 　　　　：例・咸臨丸と江戸城無血開城の勝海舟
  ● 薩長同盟と船中八策に学ぶ：例・亀山社中の坂本龍馬

 ⅲ．競走馬・デイープ・インパクトから学ぶ

名古屋港をデイープ・インパクトに比喩して，名古屋港の未来を夢みたい。デイープ・インパクトは，2005年12月25日の第50回競馬のグランプリ有馬記念では残念ながら1／2馬身およばずの初の敗戦の2着となった。

その無敗街道に終止符が打たれたディープ・インパクトだが，しかし，有馬記念までは，21年ぶり（シンボリルドルフ以来）の無敗の三冠馬であった。

三冠馬というのは，三歳馬限定のGⅠ（皐月賞・東京優駿（日本ダービー）・菊花賞）を三つとも勝った馬のことである。

今後の競馬会のスターになっていくことは間違いない。爆発的な推進力とバネで港にもスターの誕生を願いたい。

私は，名古屋港の未来イメージを，デイープ・インパクトに重ねて，他の港湾と比べて，その発展の"負けない未来"を夢見ている。（写真は中央競馬会提供）

VI 結　論

　変革の現代，私も変わらなくてはならない。私が変われば，港の組織も変わるというはじめの研究仮説は，正しかったであろうか。また，港の組織が変わると，社会環境も変わるという思いは，正当な仮説だっただろうか。

　いささか残念だが，私自身が，変革の時代を唱えながら，どこまで私自身を変革しえたかは疑問である。変革の難しさを実感している。ましてや組織の変革や社会の変革について，短期間でその初期的な変革目標を達成することは不可能である。その意味で，解決できない課題は正直に言って残った。

　さりとは言っても，これまで述べてきたことの意味は，現像から実在を求めた，半ば規範論か，あるいは，未来論かもしれない。結論に近づけた言い方をすれば，「名古屋港に夢みる」理論づくりは，市民を港に還す啓蒙思想の提唱であり，その啓蒙思想の論理形成の過程論が，本論文の達成ゴールだったようである。

　それはそれとして，最後の結論の章では「名古屋港に夢みる—都市と港湾とを結ぶ」研究テーマを追求したこれまでの理論形成過程を簡単に要約し，論点を拾い上げると次のようになる。

　企業は，社会経済の時代変化の中で生き残るため，また利益を追求するため，努力して変わらねばならなかった（ムリ，ムダ，ムラの削減やリストラ

等)。

　もちろん現実・現状を見て分析することは，とても重要である。しかし，現状や現実だけ見過ぎて固執し，一歩先に踏み出すための将来に起こるだろう問題に対しての展望や予測に対してはどうであろう。

　また，「変わらないものなのだ」という固定概念は棄てされない現実。それは，変える（変わる）可能性を否定してしまい，すべてを終わりにしようとする。組織は，その場しのぎで小さく纏まってしまう。

　公共サービスを提供する行政やそれを頼りにしてきた大衆は，変われたのであろうか。企業とは私であり公ではないため，危機感を持ち内部から速度をあげて変えることは事実難しいといえる。規制緩和だけで，公を一方的に破壊するだけではなく，公的努力が効果的であるならば，私がサポートすべきである。

　メディアの情報に左右され批判をするだけで，誰かが何とかしてくれるだろうと傍観的な立場が通常の大衆意識である。

　日本に足りないもの。それは，"夢"をみることである。その問題に手を打たなかったことや先延ばしにしてしまったことにより，"夢"を否定してしまう世の中では，夢は開かれない。

　日本の港湾システムも同じであり，限界が見えている。港づくりの夢。それは個人の自己実現，自由や自己責任や自主性，自己管理の確立，それを踏まえた上で前に進んでいく姿がアメリカ研究で学んだものである。

　アメリカのポート・オーソリテイーについて，日本ではその本質は理解されていない。また，理解してアメリカの仕組みが日本に合うとも限らない。しかし，アメリカと日本との間には，共通の理にかなったものの本質をもう一度理解する必要はある。

　市民に納得される港は市民自身がつくるしかない。市民による市民のための市民の港をつくるということである。それが，「開かれた港」「開かれた民主主義」をつくるということである。

　その中で，アジア諸国が世界に向けて港湾戦略を国策で進める中，国内だけの小さな世界の中だけに目を向けて，内輪の規制や利権などの"変わらないもの"に守られてきた港をどのようにするか，ということを考えることも

大切であろう。
　また，未来 100 年先を思い，名古屋港はじめ島国日本が沈む前に環境対策（温暖化，ごみ問題等）を考え，同時に万民に必要とされ，愛される港をつくっていくことが大切である。
　日本の港の仕組みが，「市民には知られていない」。だからこそ日本の港湾を変えようとする社会的責務を市民に課せられている。だが，その作業の壁は厚く，その限界が見えない。
　その火種は，無関心であった港に関心を向けるために名古屋港を大衆にもっともっと知ってもらうことからの地道な努力がスタートであると考える。
　さりとは言っても，頭を空っぽにしていると，いろいろな発想や創造が浮かんでくる。そこから名古屋港の"特別の何か"が見つかるかもしれない。否，見つけたい。
　結論は，今生きている私どものこの時代こそが，名古屋港を変革できる可能性を秘めており，そのための地道な一歩を踏み出すことが肝要である。私自身もその一歩を踏み出し，前に向かって進もうと考えている。
　話をはじめに戻してみよう。コガネムシに擬（なぞら）えた私が，名古屋港の地べたの性質に還り，そこからグローバルに飛躍する港湾のあり方を求めた。
　だが，ここに大きな問題が最後に残された。進化できないコガネムシの心が問われてきた。
　「心の文化が，技術の文明をつくる」ものとしよう。港の心が，港の形をつくる。その心が，コガネムシの私の心だっただろうか。私の中のコガネムシは，周りに対して元ボクサーとしての"高い誇り"と，その反面人に知られたくない"劣等感"の二重構造を隠し持っていたかもしれない。
　その二重構造のゆがみが，私の中のコガネムシを育て，私自身がいつのまにかコガネムシになりきって港湾の職場で生きていたのかもしれない。言い換えると，常識と大衆社会と生きてきた本来の人間性を失って，人間に返れないコガネムシのままの，虫けらになってしまっていたのかもしれない。
　「名古屋港に夢みる」この研究プロジェクトは，私自身がコガネムシから

元の人間に帰る,逆進化の人間ドラマであった。

　今の私は,人間としての自分を取り戻しつつある感動に震えている。その喜びを,コガネムシの境地を知る者たちにも伝えたい。

　人間に戻れたその喜びを梃子にして,次の私ができることは,名古屋港を愛する仲間たちに呼びかけ,名古屋の港湾物流と産業文化の復活を夢見る知的大衆と手を取り合って,名古屋の都市と港湾とをむすぶ地域ぐるみの勉強会をつくることである。

　本論文が,その方向に沿って,知的大衆の"研究クラブ社会",たとえば,「名古屋港を楽しむ会」の形成を呼びかけ,その研究組織の継続が行政サービスへの補完や,修正や,そして,創造の機会に奉仕できれば幸いである。

あとがき

　振り返り思いかえすとコガネムシを仮想する私は,「虫の目」から出発し,「鳥の目」へと飛躍し,そして「時(変革する歴史)の目」を借りて,名古屋港を愛せる"知的"大衆の市民社会の形成を夢みていた。

　その夢を名古屋港と周辺都市の未来に投げかけ,港湾と都市の再生の夢を地域全体で共有してもらいたいと今では願っている。

　最後に本論文をまとめるにあたり,指導教授の村山元英教授から,公私にわたる特別指導の機会を授けていただき,その教えに応えるべく私は,この1年半の間は真剣に研究努力したことを改めてご一同様に報告したい。

　また恵まれたことに,中京大学大学院ビジネス・イノベーション研究科の中垣昇教授をはじめ,本研究科の諸先生方,東海タンカー会長／中京大学客員教授の仲野光洋先生や,国際経営文化学会の専門研究者,そして,渡邊信夫先生,熊谷忠輝先生らのグローバルハブ研究会の先生方,恩師の鐘ヶ江毅教授はじめ日本港湾経済学会中部部会の先生方から,親身なるご指導を頂戴した。

　さらには,わが村山研究室のゼミ生仲間と,そしてアメリカ港湾の現地研究の展開にあたり現地での研究協力とご支援をしていただいた方々に向けて心より伏して御礼申し上げる。

最後に，名古屋港管理組合専任副管理者の山田孝嗣氏をはじめ同管理組合スタッフの方々，そして，名古屋市総務局企画部企画課の加藤和彦氏をはじめ，名古屋市役所総務局企画課のスタッフには，私どもの"出前"研究発表の機会とご指導賜ったことに感謝の気持ちをお伝えしたい。

　この論文報告をもって，まずはとりあえず，私の感謝の気持ちをお伝えし，今後とも変わらぬご厚情賜らんことを切望している。

参考文献

國分和雄（2000）『知ってもらいたい日本の港』近代文芸社。
名古屋港開港 90 周年記念事業実行委員会編（1997）『名古屋港 90 年のあゆみ』名古屋港管理組合。
奥田助七朗（1953）『名古屋築港誌』名古屋港管理組合。
名古屋港史編集委員会編（1990）『名古屋港史・港勢編』名古屋港管理組合。
名古屋港史編集委員会編（1990）『名古屋港史・建設編』名古屋港管理組合。
村山元英（2003）『経営学管理総論』文眞堂。
村山元英（2005）『戦略と哲学』文眞堂。
佐藤肇（1955）『港湾計画について』（港湾講演集）名古屋港管理組合。
竹村健一（1996）「国力の源泉は「港」にあり」『日本の大問題』太陽企画出版。
共同通信社編（2005）『地域を元気にした港 50 選』共同通信社。
小林義久（2004）『港湾の知識 ABC』成山堂書店。
新井洋一（1996）『港からの発想』新潮社。
富田功（1994）『港湾機能の課題と展望』成山堂。
小林照夫ら（2001）『現代日本経済と港湾』成山堂。
山上徹（2003）『現代港湾の異文化の賑わい』成山堂。
山上徹ら（2004）現代港湾シリーズ『集客戦略と港湾』パールロード。

資料 1.「港湾機能分析のチェックリスト：4 つの主要項目」
1. 交通　2. 産業　3. 生活　4. 新たな展開空間

1. 交通
外国貿易の拠点（輸出・輸入基地）
　・国際海上コンテナターミナル（コンテナ貨物）
　・多目的国際ターミナル（多品種の外貿貨物）
　・物資別専門埠頭（石炭，水産品，木材等）
　・総合物流ターミナル
国内物流ネットワークの拠点
　・複合一貫輸送に対応した内貿ターミナル（フェリー，RORO 船，内貿コンテナ船等）
　・ポートフリーウェイ，物流ターミナル
海上旅客輸送の拠点
　・フェリー，旅客船，ジェットフォイル

2. 産業
中枢業務空間
　・業務，国際会議，情報処理等

- 研究開発
  - 商業, アミューズメント

生産基地 (臨海工業地帯等)
- 鉄鋼, 石油・化学, 建材, 加工組立等
- 地場産業

エネルギー供給・備蓄基地
- 石油, 石炭, LPG, LNG

建設資材供給基地
- セメント, 砂・砂利, 石材等

飼料・肥料供給基地

3. 生活

居住
- 廃棄物海面処理場
- シンボル施設 (ランドマーク)
- 住居, 下水処理施設等用地

アメニティ, レクリエーション, リゾート
- 緑地, マリーナ, ビーチ, イベント広場, プロムナード, クルージング基地等

環境改善
- 低質, 水質改善 (覆砂, 汚泥除去等)
- 野鳥公園, ビオトープ

シビルミニマム
- 離島フェリー等

防災 (地震, 高潮, 津波)
- 耐震バース, 防潮堤
- 防災拠点

4. 新たな展開空間

沖合人工島, 静穏化海域, 再開発空間

第2章

港湾文化と大都市圏
―都市と港湾の"絆の活性化"の米国モデルを現地研究―

村 山 元 英

キーワード：名古屋港を世界商品に，米国型の港湾文化，港と街の融合，公設民営化の公共哲学と公共科学の理論づくり，経営人類学の新展開（"グローカリゼーション・ダイナミズム"），「港湾文化の戦略論研究」のすすめ，グローカル民営化論の事例研究，日本の「会社・行政・社会」への戦略的提携と大都市圏の経営革新を提言

I 研究動機

1. 空港研究と港湾研究との類似

これまでは「"空港"経営の研究」を，世界の空港民営化を中心に，新しい企業戦略の構築との関連で展開してきた。この研究分野の最近の成果は，名古屋の中部国際空港を超えるテーマで，『**空港文化・新企業戦略**』（村山元英著，文眞堂，2004年4月）にまとめておいた。

さて次に，「"空港"経営の研究」が，必然的に「"港湾"経営の研究」に連動してくる。その理由は，「港湾」も「空港」も，総ての国家と産業，そして社会がかかわりあいを持つ巨大な公共施設（public utilities）であり，大量輸送の人流と物流の交通手段（transportation medias）だからである。

特に，アメリカの空港と港湾は，経営主体がおなじであり，その名もポート・オーソリテイ（port authority）とよばれているように，「海の港／

seaport」と「空の港／airport」とを区分しないで"専門能力の公的権威者"（Professional Public Authority）という位置づけがなされている。

そうした研究過程から，企業，行政，そして社会に向けて，日本の民営化のあり方，グローバル化の方向，そして次世代の経営リーダーシップのモデルを「アメリカ型港湾の民営化方式の実証研究」を通じて提案してみたい。

2. 名古屋の「港と街の融合」をめざす

「名古屋の港湾と都市との関係」を，より面白く，楽しく，かつ美的に活性化する方法はないものだろうか。「港の景観と水の再生」が，「都市の広域的魅力と地域活力の再生」と融合する開発モデルはあるのだろうか。

そこで，港湾と都市との間の"絆の活性化モデル"を米国の港湾研究を通じて模索してみた。「都市が最後の世界商品となる」可能性は，都市の魅力の広域化が港湾の環境を抱え込むことである。それと同時に港湾の環境が自然と歴史を含めて都心へと収斂することである。

名古屋の港と街との間には，夢がない，景観がない，歌がない，かもめが見えない，デートができない，怖い，汚い，歩けない，緑がない，教育がない，などの風評が巷にある。「本当にそうなのだろうか」。

かくして，「港湾と都市の絆の日米比較研究」を通じて，「港と街の融合」のあり方をフィールド・ワークで検証してみたくなった。その研究成果が「名古屋の港と街との繋がりの美学」になればと期待している。

3. 「戦略と文化」の研究と八事 MBA を楽しむ

私は中京大学・大学院ビジネス・イノベーション研究科で「経営戦略論」を現在担当しかつ院生の修士論文と課題研究の研究指導もしている。地元の大学で地域振興や，地元の企業と行政と社会のグローバル戦略を，総合的に共同研究する機会に恵まれている。

"元気のいい"名古屋が，中京大学の研究立地資源であり，中部経済圏で働く良質な社会人学生が，私どもの共同研究と教育活動における人的資源である。このような恵まれた立地環境を背景に，"名古屋型グローバリズム"ともいえる「経営戦略論」の創造と再構築を，本研究過程で求めてみた。

第2章　港湾文化と大都市圏　63

　これまで,「戦略と哲学」の研究テーマで MBA 教育実験をしてみた。その成果は『**戦略と哲学―経営者開発論**』(村山元英著, 文眞堂, 平成 17 年 9 月)にまとめた。「戦略と哲学」研究テーマの延長で, 今回の研究主旨は,「戦略と文化」である。

　この研究の狙いは,「戦略と文化」の関係を, 港と街との関係の論理から導くことである。そのためには, 文献研究を超えて多元的な現場研究とフィールド・リサーチを採用した。

　さて,「戦略と文化」の研究は,「八事 MBA を楽しむ」ことである。その内容は, 中京大学のある八事(やごと)の地を基軸にして,「名古屋を世界商品に!」するには, どのように都市の魅力を, 港湾と空港とを内包して, 磨き上げられるかの研究課題への挑戦である。

　また同時に, 中京大学の"八事 MBA コース"に学ぶ社会人学生と教授が共有の「研究テーマ」を媒介にして, 如何に学問と研究・教育を楽しむかというライフ・スタイルの形成こそが, 私どものビジネス・スクールが求める最終的な教育効果である。

　心に向けて真っ直ぐに言えば, それぞれの個人にとっての「戦略と文化」を, 共同研究を通じて己に身体化してもらいたいと, 私は共同研究者の社会人学生に期待している。

　広がりを抑制してまとめれば, 本研究の成果への落としどころは,「米国の港湾と都市の絆の活性化」の研究を通じて,「港湾文化」の構築と, その「港湾文化」を下敷きにした"名古屋の港と街の絆"についての大都市圏の「経営戦略論の新モデル形成」の提言である。

II　研究方法論と研究仮説

1. 研究仮説

　私どもの名古屋の港湾と都市についての予備知識は, 不十分なので, 理論仮説の設定は最初に設けなかった。事前の情報収集活動と, 研究段階の発展的過程で暫定仮説と最終仮説が試行錯誤で形成する方法を, 今回の研究調査では採用した。

ただし，本研究テーマは，中京大学大学院・ビジネス・イノベーション研究科（略してBI科）の社会人学生の竹内淳二氏（村山ゼミ2期生）の研究動機から触発された。同氏は，東陽倉庫に8年間勤務し，その身体的経験知が，「名古屋港に夢みる」研究へのドライバー的役割を果たしていた。

「米国型の港湾と都市の絆の研究」の開始後の情報収集とその処理過程を経て，村山研究室の共同研究者（遠山眞樹，朱　眞玉，東　康子ら）は，その討議の試行錯誤の結果，「アメリカの港湾と都市と，その関係性（絆）について」の研究作業上の「最終仮説」を次のように設定した。

仮説1. ハードとソフトとを結合する「港湾文化」が，実在する
仮説2.「都市の魅力」と「港の環境」との融合が，地域活力となる

上記仮説は，暫定的な現状分析と問題認識を繰り返し吟味して，今後の研究調査の方向づけをする指針となる。

仮説1の「ハードとソフトを結合する"港湾文化"が，実在する」という意味は，アメリカの港湾には「港湾文化」があり，その「港湾文化」が，企業文化や都市文化のように実在して，港湾の物理的施設に自然的な人間要素を籠めるように機能している，という仮説である。

言い換えると，「港湾文化」が，歴史と自然，政治と経済，そして企業活動と市民社会を背景にして，ハードな港湾施設とその施設の内容を豊かにするソフトな開発思考や政策とを調和させている，という想定である。

仮説2の「"都市の魅力"と"港の環境"との融合が，地域活力となる」の意味は，「都市の魅力の広がり」と，「水環境の都心化」とが，相互に接近すると，都市を世界商品にする可能性が強まる戦略を示唆している。

欧米での資本主義が成熟してくると，国内産業の空洞化現象が生じる。より収益のある外国でのビジネス機会を活用する方向で国内資本の海外流出がその原因である。その結果，自国の都市と産業に構造変化が起こり，都市と産業の再生が，都市そのものを最後の世界商品として磨き上げる戦略を開発するようになる。

都市の集客能力と港湾と水環境の再生が，共時的なシナジー効果を産み出

し，都市再生や都市活力の復元を意味する仮説2が提示された。

2. 研究方法論

予備調査の文献研究後，本研究の方法論的な特性は次のとおりである。

(1) 3段階研究方式

本研究は，①「事前研究段階」，②「現地研究段階，③「事後研究段階」の3段階から組み立てられている。3段階の詳細な全体的の行動記録については，東康子助手が作成した資料1「米国港湾研究の行動日程」にまとめてあるので，参照されたし。

①の**「事前研究の段階」**で，名古屋港管理組合の山田孝司氏（副管理官／国土交通省）からの聴き取り調査で，研究計画と調査項目の内容を検討してもらう機会を得た（グローバル・ハブ研究会会長／元運輸省官僚の渡辺信夫氏の紹介）。その内容は，資料2「名古屋港の1関係者からの視点」にまとめてある。

同様に，世界商品的としての名古屋の魅力発見について，名古屋市と総務局企画課の1職員を訪問し聴き取り調査した。その内容については，資料3「名古屋市の1企画スタッフからの視点」の中に竹内淳二氏によってまとめてあるので，参考資料にしてほしい。

名古屋港の現場を知ること，そして，名古屋市と名古屋港との繋がりを現地的に知る方法は，歴史的視点とその変容の過程を観察し体験するという経営人類学的な手法を，その限界を含めて採用した。

「この目で確かめる」，「その地で失われた過去を感じ取る」，「変化の形にうごめくリズムを読み取る」，「未来への変革を夢見る」などと，かなり直観的な分析視点が，私どもの事前研究段階における現場の学問として重きをなしていた。特に，竹内淳二氏の8年間に渡る名古屋港関連の職場体験からの発言とその見識を集団討議する過程で，アメリカの港湾を研究する予備知識が蓄えら得たことは否定できない事実である。

かくして，アメリカの港湾とその都市の経営主体への質問書は，以上の面接調査や現場視察，そして討議過程を経て作成することができた。また，アメリカ港湾と都市の訪問先の標本抽出と，研究旅行日程の作成，そして，現

地側との打ち合わせと，そしてアメリカ港湾の日本連絡事務所との折衝などについては，村山メーブル（麗澤大学教授）の縁の下の隠れた昼夜の渉外作業の支援によるものである。

②のアメリカでの「**現地研究の段階**」では，国際経営文化学会のサンフランシスコ支部（サンフランシスコ州立大学デービット・マツモト研究室とその家族）とニューヨーク支部（ニューヨーク市立大学博士課程・村山になと千葉大学村山研究室NYC同窓会）の協力を得た。そのお陰で，研究費の負担を最低に落とせ，研究成果を最大にする効果が得られた。

帰国後の③の「**事後研究の段階**」では，それぞれの共同研究者が，中京大学での所属するゼミナールでの報告で，集団討議してもらった。

さらに，①の「事前研究の段階」で研究協力をしていただいた，名古屋港管理組合と名古屋市総務局企画課には，平成17年度の国際経営文化学会・年次大会（中京大学大会）での研究報告の前に，それぞれの事務所を訪問して，企画関係者に向けての研究成果を報告し，コメントを頂戴した。その内容については，資料4「名古屋管理組合との研究交流」と資料5「名古屋市役所との相互コメント」にまとめてある。

次に，国際経営文化学会の平成17年度の年次大会（中京大学大会）で2つの研究報告をした。その関連プログラムは下記のとおりである。

11月26日　11：00　〜　12：00
「名古屋港に夢みる―都市と港湾を結ぶ」
報告者：中京大学大学院ビジネス・イノベーション研究科
　　　　　　　竹内　淳二／遠山　眞樹
司　会：名古屋市内・高校教師（中京大学　院BI研究科OG）　桑山　博江
コメンテーター：K. プランナー　川端　直志
討議予定者：名古屋港管理組合／名古屋市・愛知県
　　　　　中京大学港湾文化研究会（村山元英）
11月27日　13：30　〜　15：30
「名古屋港を世界商品に！―都市と港湾の"絆の活性化"の米国モデルを現地研究」
報告者：中京大学大学院ビジネス・イノベーション研究科・村山研究室
　　　　　　村山元英／竹内淳二／遠山眞樹／朱　眞玉／東　康子

「港湾を取り巻く問題点と今後の整備方向を考える」
報告者：(株) 日本港湾コンサルタント　熊谷　忠輝

司　会：グローバル・ハブ研究会　　　　　渡辺信夫
コメンテーター：Kプランナー　　　　　　川端直志
討議予定者：名古屋港管理組合／愛知県・名古屋市・三重県など
　　　　　中京大学空港・港湾文化研究会（中垣昇，仲野光洋，水谷研治ら）

　私どもの研究は，港湾のハードの部分（物理的施設や，物流と経済の機能）についての研究を欠いているので，その分野の専門家の熊谷忠輝氏から上記テーマで，「伊勢湾の港湾開発の過去・現在・未来」についてのハード的知識を幸いなことに教わることができた。

　学会当日に，港湾研究の権威者であるコメンテーターの川端直志氏が，日程上参加できないことがわかり，そこで，事前に中京大学にお招きし，私どもの報告を聞いてもらい，コメントを頂戴した。その結果は資料6・「川端直志先生のコメント」として，東康子助手がまとめた。

(2)　**面接調査／フィールド・ワーク／討議研究**
　本研究の方法は，現地・現場・現状の生の情報収集がその狙いであった。そのための調査効率を考えて，現場を一番良く知っている専門家と，総合的な戦略作成の担当者との面接調査を選択と集中の方式で展開した。この目的はほぼ達成できたとおもう。

　ただし，この種の面接調査に限界がつきものであり，私どもは，時間的限界，知識的限界，範囲的限界，経済的限界，調査技術的な限界も，正直実感した。

　事前に送付していた質問書に沿って，面接担当者は，多くの資料を準備して，懇切丁寧な説明をそれぞれの「ポート・オーソリテイの会議室」でしてくれた。

　特に，地図や写真やそしてパワーポイントのスライドによる情報表現の巧みさには，学ぶものがあった。

　現地事情の紹介後，私どもとの討議過程でも現地の港湾と都市の企画関係者たちは，積極的に対応してくれた。また，先方との相互交流を通じて，名

古屋港と名古屋の都市の魅力についての広報的な役割も私どもは，それなりにはたすことができた。

会議室での面接調査の後は，港湾経営主体の事務所と港湾の現場の視察が連動した。その場合に，物流施設の物理的な施設のカタチから，"見えないリズムとカタチ"を伝える「港湾文化と都市文化」の"生きている活力"を推理することができた。

それぞれの都市と港湾を面接調査し，現地視察したあと，わたくしどもはそれぞれの視点での発見を相互交流し，学んだことをより確実なものに整理した。その場合の集団討議の基軸は，名古屋の港と街との絆への参考枠が，現地との比較研究でどこにあるかという点に集約されていた。

(3) 学際型共同研究／民営化と戦略の研究／企業研プロジェクト

本研究の方法論的特性は，中京大学大学院 BI 科と経営学部の村山研究室を中心とする学際研究であり，また共同研究であること。その学際性は，経営学と都市論，港湾論と組織文化論，技術文明と土着哲学などの領域で浮き彫りにできる。

また，本研究は，中京大学企業研究所の"村山・中條プロジェクト"である，「民営化街道と企業戦略の研究」の一環でもある。そこでの研究方法論は，世界の先進的民営化モデルの探索と，その日本的な適用への可能性の問題認識と，政策形成への資料提供と戦略提案である。

特に，今回の研究では，空港と港湾の経営主体である，「アメリカ型の公設民営論」と「ポート・オーソリテイの本格的な研究」に，研究方法論上の光を当ててみた。

Ⅲ 研究調査の対象地域

米国の港湾と都市についての，平成 17 年度の現地研究の地域は，次の通りである。

① 西海岸　シアトル港湾と周辺都市圏
② 西海岸　サンフランシスコ港湾と周辺都市圏
③ 西海岸　オークランド港湾と周辺都市圏

④　西海岸　ロングビーチ港湾と周辺都市圏
　⑤　西海岸　ロサンゼルス港湾と周辺都市圏
　⑥　東海岸　ボルテイモア港湾と周辺都市圏
　⑦　東海岸　ニューヨーク港湾と周辺都市圏
　以上のアメリカの港湾研究に付随して，中国の上海港の現地研究もしているが，今回の報告では，中国関連は割愛した。

Ⅳ　質問書

「アメリカの港湾と都市の"絆の活性化"」

　前述したように，事前研究の過程から考案された日本語の質問書は次の通りである。現地側に送付した英文版の質問書も下記のように参考までに紹介しておく。

質問1．貴地の「港湾の立地概要と主要施設」について教えていただけないでしょうか？　また，貴地の「港湾についての歴史的な背景」を簡単に教えていただけないでしょうか？

質問2．貴地の「港湾と都市」とについて，その「地理的な概要」と「人文社会的な特性」，そして「都市起源的な背景」について簡単に説明していただけないでしょうか？

質問3．貴地の「港湾機能」と，「ビジネス機能」と，「都市文化機能」の特性について，それぞれ概略的にご紹介していただけないでしょうか？

質問4．貴地の港に「将来構想」があれば，その「目的とは何ですか」，「開発や改造のターゲット」をどこに何に設定していますか？　「100年後の港についてどんな夢」が描けるでしょうか？

質問5．貴地において，「港湾の計画」と「都市の計画」との間にはどのような提携がなされていますか？

質問6．貴地において，都市と港湾とをつないでいる「象徴的なもの」（例えば，歴史，人物，建物，施設，自然環境，産業など）とは何ですか？

質問7．貴地の港づくり（港湾行政）の「哲学と組織と，管理手続き」は，貴地の街づくり（都市行政）のそれとおなじですか，ちがいますか？

質問8．港づくりと街づくりの連携のための「プロジェクト開発」と，「人的資源開発」と，そして「リーダーの探索と開発」をどのようにしていますか？

質問9．港と街との「相互交流の哲学と戦略の主体性」はどこに（例えば，市民，企業，行政，議会，特定の政治家，国家などに）あるのでしょうか？

質問10．貴地の港について，「一般市民の理解と参加促進」を獲得するための「教育普及活動」を紹介していただけないでしょうか？

Chukyo University, Graduate School of Business Administration
U.S.A. Port and City Research Project — Aug. 27-Sept. 6, 2005/07/26
Searching for the Revitalization Links between the Port and City

Prof. Motofusa Murayama, Ph..D., Project Leader, Mr. Junji Takeuchi (Research Associate)
Ms Jin Joo (Research Assistant), Ms Yasuko Higashi (Research Assistant)

Project Research Themes

1. Introduction of port geographical features, main facilities, and summary of historical development.
2. Regarding the port and the city: relation of geographical features and interlinking social-cultural origin of city development.
3. Introduction of the main characteristics and features of port functions, business functions and city-cultural functions.
4. Regarding future port planning: What are the objectives, targets for development, renovation and renewal? What are your dreams for the port of 100 years into the future?
5. What are the cooperative linkages between port planning and city planning?
6. Regarding the city and the port, what are the symbolic or key characteristics of that linkage relationship (for example, historical incidents, people/heroes, architectural structures, special facilities, natural environment, special industries, etc.)?
7. Regarding the port planning and development's 'port administration or governance' ----are the 'philosophy and organization and control procedures'

different from those of the city planning and development's 'city administration or governance?'
8. How do you carry out 'project development' and 'human resource development' and 'select the project leader and his/her development method' in order to cooperatively facilitate port and city planning development?
9. Regarding the philosophy and strategy of those mutual interchanges between the port and the city, where does this subjective identity lie(for example, in the citizens, corporations/businesses, government, state/city assembly, a specific statesman/woman or politician, the nation, etc.)?
10. Regarding the port, how do you promote the port and its activities to the public at large, how do you educate the public to gain their understanding, cooperation and participation?

V 「公共」・「企業家精神」・「知的エリート」・「市場主義」

以上の研究仮説と研究方法を現地展開して、その発見事項を総括し以下中間報告する（米国の個別の港湾と都市の絆についての面接情報は、別途報告する）。

先ずは、図表1に示す「米国型の港湾と都市の絆3極構造とその複合進化」である。

アメリカの港湾と都市の"絆"研究を通じて、再考させられた基本的な問題認識は、「公」と「私」の概念とは別に、「もう1つの公」と、「もう1つの私」の存在であった。

その"もう1つの"意味は、変容過程を象徴的につくりだす構造変革や革新戦略の具体的表現である。単刀直入に言えば、「公」と「私」の概念が変容しているという事実認識である。

その概念変容を、ニュー・パブリック（New Public）や、ニュー・ビジネス（New Business）と、単純に言い切っていいものだろうかという疑問も残るが、しかし「新しい行政」や「新しいビジネス／企業」のカタチとリズムへ向けた港湾と都市の絆の進化現象であることは、否定できない事実である。

アメリカの港湾と都市の現代的な絆のカタチとリズムには、間違いなくダ

イナミックな構造変革の現象を発見することができた。

さて，そこで次に現象から構造への目線で，ここで曖昧な"もう1つの"と"新しい"意味を，より明確にするために，次のような分析視点を，否定論的な視点よりも，より肯定論的な視点にたって設定してみた。

分析視点1. 固定概念から変容概念を肯定する
分析視点2. 静的仮説から動的仮説を肯定する

「公」は，国家や行政の立場で，その本来的な行動原理が「利他主義」（他者を思う）を基本思想とする。だが，上記の2つの分析視点を踏まえて「公」の意味を再考すると，「公の変容」，即ち，「私的な企業行動」（例えば，行政のビジネス化）が，その進化現象としてみられる。

同様に，「私」は，個人，家族，会社の立場で，本来的な行動原理が「利己主義」（自己をおもう）を基本思想とする。だが，上記の2つの分析視点を踏まえて「私」の意味を再考すると，「私の変容」，即ち，「公的な企業行動」（例えば，企業のパブリック化）が，その進化現象としてみられる。

ここに，「進化する公」と「進化する私」の重合する中範囲領域を，「公共」と仮称し，その内容は，「公」と「私」の融合を理想とし，段階的には，公指導型から私指導型の公共施設経営の戦略変化（進化現象）を象徴化する。

「公」と「私」とは，それぞれその起源的本質は不変の構造である。だが，不変の構造は進化の変革を内包することが，起源的に与件とするものである。そして，成長とは，変わらない構造を基底にした，次々に移り変わるシステム変化の意味である。

ここでいう，「公」と「私」の媒介項の機能をはたす「公共」，即ち，理想としての「融合」とは，「市民」や「市場」の立場である。

「市民」や「市場」の立場とは，その本来的な行動原理が「市場主義」（民主化，市民化，市場化へのおもい）である。

「市民」や「個人主義」，そして「功利主義」は欧米的思考であるが，日本的思考に近づけて解釈すると，公（おおやけ）の，"おお"（大きい）"やけ"（宅）が，統合のイエ・ムラの概念で，象徴的権威（例えば，天皇制）に包

まれた日本のイエ・ムラ型住民が，アメリカの民主型市民であり，個人である。イエ・ムラ型住民と民主型市民の両者の基本的違いが，個人主義と共同体意識の違いとして，日米比較するとき顕著な現象として露出する。

このように，日本の住民は，アメリカの個人や市民の概念よりも，組織と固体とが渾然一体化している"大きな家"の構成員という感じがする。

さて，アメリカ起源の「市場主義」の内容については，後で詳しく論じるとして，ここでは，「市場主義」（民主化・市民化・市場化）の担い手である，「企業家精神」／「企業行動」と「知的エリート」について簡単に触れておきたい。

前述の「"公の"私的な企業行動」と「"私の"公的な企業行動」とを貫いている変革への目覚めは，ビジネス・マインド（功利主義）である。ここでのビジネス・マインドの功利主義的な意味は，「己に目覚め，他に働きかけて利を得ることである」。特に，「公の功利主義／利他主義」と，「私の功利主義／利己主義」が，それぞれの自己覚醒を基点として，"せめぎあう"ことである。

「公」と「私」のせめぎあいから誕生する「公共の公私融合の概念」は，「公」と「私」，あるいは，「官」と「民」の両者に価値内包されている開発の近代化／現代化の思想と行動が付随するものである。

言い換えると，アメリカ型の港湾と都市の地域振興への近代化論／現代化論には，歴史回帰と自然調和の開発思考が，科学技術文明との共生も含めて加えられていた。

図表1にある，「"上からの"民主化・市民化・市場化」と，同様に，「"下からの"民主化・市民化・市場化」の動きには，これまでとちがって特別な意味を持たせてある。

これまで一般的に用いられている「グローバル化」の概念を，ここでは，「"上からの"民主化・市民化・市場化」と，「"下からの"民主化・市民化・市場化」との相互浸透性として理解している。

さらに，「グローバル化」の理解を，より社会良質化への包括的な意味（地球共同体的レベル）に捉えて，その社会変革特性は，「上からの近代化」と「下からの近代化」の両方向性からのハタラキ（カタチとリズム）であ

74　第Ⅰ部　名古屋を世界商品に！

図表1　米国型の港湾と都市の絆「3極構造と複合進化」
―「公」と「私」と「公共」の文化変容―

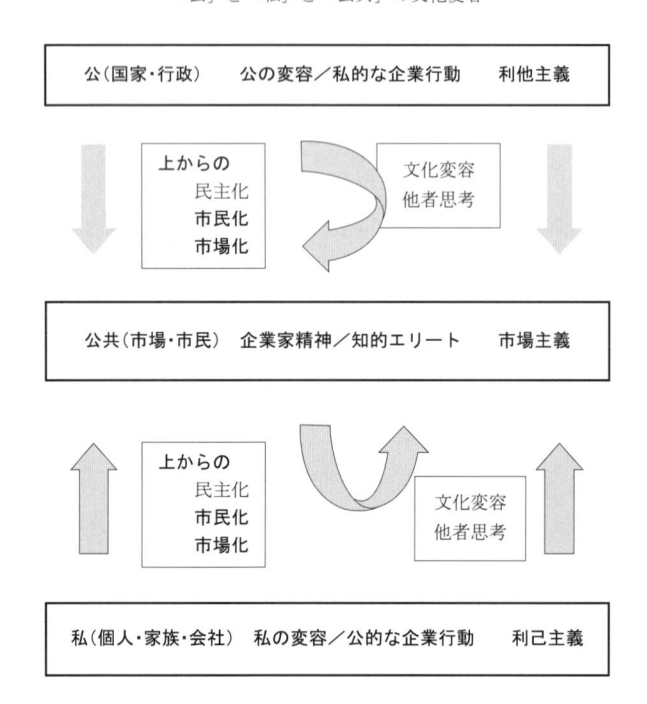

```
┌─────────────────────────────────────────────────────┐
│ 公（国家・行政）　　公の変容／私的な企業行動　　利他主義 │
└─────────────────────────────────────────────────────┘

    ↓       ┌─────────┐       ↓
            │ 上からの │  ↷   ┌─────────┐
            │  民主化 │       │ 文化変容 │
            │  市民化 │       │ 他者思考 │
            │  市場化 │       └─────────┘
            └─────────┘

┌─────────────────────────────────────────────────────┐
│ 公共（市場・市民）　企業家精神／知的エリート　　市場主義 │
└─────────────────────────────────────────────────────┘

    ↑       ┌─────────┐       ↑
            │ 上からの │  ↶   ┌─────────┐
            │  民主化 │       │ 文化変容 │
            │  市民化 │       │ 他者思考 │
            │  市場化 │       └─────────┘
            └─────────┘

┌─────────────────────────────────────────────────────┐
│ 私（個人・家族・会社）　私の変容／公的な企業行動　　利己主義 │
└─────────────────────────────────────────────────────┘
```

り，片方的ではない，相互浸透性の進化現象である。

「公」と「私」の"せめぎあい"が，相互浸透性の「公共」（公私融合の理想郷／公と私の境目のないグローバル化）を，直観的に図に描くと，その均衡図は次の図表2のようになる。

図表2の「公・私・公共の関係図」は，港湾と都市を融合する「市場の場」（公共経営の場）で，上からの近代化と，下からの近代化とが，その融合線の「市場主義」／「公共」・「公私融合」の方向に，"企業家精神の企業活力"と"知的エリートの市民活力"が，引っ張っている図である。

また，"公共経営の場"をつくりだす経営風土が，民主化，市民化，そして，市場化の場の論理に裏打ちされた市場主義が，成熟し機能している状況である。

ここでいう「市場の場」とは，「経営文化の舞台」であり，「公」と「私」

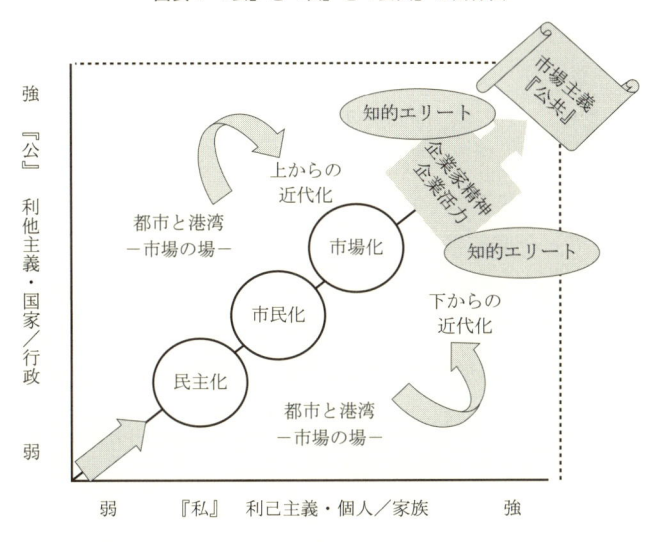

図表 2 「公」と「私」と「公共」の関係図

[図：縦軸「強──『公』利他主義・国家／行政──弱」、横軸「弱──『私』利己主義・個人／家族──強」の座標に、「民主化」「市民化」「市場化」の3つの円が対角線上に配置され、「上からの近代化」「下からの近代化」の矢印、「都市と港湾－市場の場－」（左上と右下）、「知的エリート」（2箇所）、「企業家精神・企業活力」、右上に「市場主義『公共』」の巻物状の表示がある]

とが共有する"せめぎあいの場"のことである。その場の深層は，相互にその起源的な本質を露出する「闘いと安らぎの場」であり，「対立矛盾の自己同一化の場」であり，「混沌が美しい秩序の場」であり，そして「異なる他者を自己内包する場」である。

　以上の意味で括った「市場の場」を，ここでは，公私の均衡する「公共の場」として理解し，港湾と都市の民主化・市民化・市場化のカタチとリズムが，硬直構造を柔構造化する方向でハタラク「市場主義」と呼んでいる。

　さて，それならば，この「市場主義」の経営を実践する"ハタラキ手"は誰なのかという問題が次にでてくる。そこでの1つの結論は，「企業家精神の活力再生」と，「知的エリートの市民行動」である。

　問題解決の最短距離は，起源回帰である。市場の起源は，都市のカタチとリズムを産み出した"リーダー型市民"の誕生である。彼ら／彼女らは，"商人"であり，同時に，"知的エリート"であった。その商人感性（企業家精神）こそ，「市場主義」や「市場の場」に内在する「公共」という名の第3世界を「心身二元論的一元化のレベル」で身体化している。

　"リーダー型市民"は，単なる地域住民ではない。地域住民や一般市民を

超えたレベルで,しかも"開かれた大衆文化"(popular culture)を基礎とする「企業家精神の持ち主」であり,「知的エリート」たちである。こうした"リーダー型市民"とは,現代の市民社会をつくりかえる創造者や改革者であり,「民主化,市民化,そして市場化の場づくり方向へ」と企業家精神を発揮できる"知的エリート"たちである。

言い換えると,市民起源的な企業家精神こそが,「市場主義」の経営基盤である。そして,企業家精神の再生こそが,現代のアメリカ型の港湾と都市をつくりかえるグローバルなビジネス・サーバント・マインド(Business Servant Mind)の本質に通じるものがある。

端的な言い方をすると,プロの経営者が,プロの市民であり,公私融合/公共の市場主義を一般化する地域リーダーのイメージが,アメリカ型の"リーダー型市民"像である。

VI 公共の面影:港湾と都市の絆の象徴映像

これまで,アメリカ型の港湾と都市についての,その個別性と関係性の現地理解を,「公」と「私」の両極構造から,「公共」の第3世界への変革過程(市場主義起源の融合過程)として捉えてきた。

より簡略化した言い方をすると,東洋世界に身近に感じている道教思想を借りて,「公極まり,私に転じ」・「私極まり,公に転ずる」というまとめ方もできる。陰陽に「境い目のない」ように,「公と私に境い目が消えていく」ことも,東西文化の交差点にみられる開発思考のグローバル化現象である。

だが,「陰」と「陽」の概念が基本的な要素として実在するように,「公」と「私」の実在は持続しなければならない。そうした,起源と変容の関係の矛盾を前提にして,不確かな「公共」の概念をおぼろげに,しかも,抽象的な欧米型の市民社会の原理でしかこれまで説明できなかった感じがここに残る。

さて,そこで次に,「公共の概念」を,ビジュアルなイメージ,即ち,「公共の面影」のレベルに落として捉え,私どもが現地研究で現象的に実感し,「心に残った風景」,即ち, 公私融合の"心象風景"に限定して,その映像を

整理する過程から，アメリカで発見した「公共の面影」を秩序づけてみたい。

7つの調査対象地域の港湾と都市について写真を約5,000枚撮ってきた。その映像（公共のイメージ）を，次のように分解してみた。

映像1.「都市の場」の映像：公と私の融合風景（直観的選択）
映像2.「港湾の場」の映像：公と私の融合風景（直観的選択）
映像3.「都市と港湾の接点」を象徴する映像：公共の面影（直観的選択）
映像4.「面接調査のビデオ撮影とテープ記録」：動機の聴き取り調査の客観化

映像1から映像4までのまとめが，次の図表3「米国型の港湾と都市の接点（絆／象徴映像）・公共の面影」である。この図表を簡単に説明しておこう。

Aのボックスは，都市と港湾の"それぞれの場の固有性"を求める過程でみいだした映像コンセプトである。言い換えると，都市と港湾とをそれぞれ成り立たせている「構成要素」をイメージ化した映像群である。簡単に都市

図表3　米国型の港湾と都市の接点（絆／象徴映像）・公共の面影

A. 港湾の場 A' 都市の場 場の構成要素	B. 港湾と都市 （接点の象徴） 公共の面影	C. 接点の誘因 （港湾と都市の関係進化） 開発思考
A1. 物流	B1. 建築美学	C1. つながり回帰
A2. 生産	B2. 新住宅街	C2. 結節点の拡散
A3. 商圏	B3. 商圏創造	C3. 奇想天外の場
A4. 定着	B4. 自然再生	C4. 公設民営
A5. 健康	B5. 巨大施設	人間変化
A6. 景観	B6. 交通革新	C5. 衣食住の欲望
A7. 観光	B7. 異国文化	C6. 社会の高質化
	（写真紹介あり）	C7. 脱出・超越の願望

「公」と「私」の"せめぎあいの場"（港と街の絆を求め）
そこに「公共」の"面影"が誕生：港と街の絆の象徴映像あり
矢印は1つの事例。A.B.Cは現場研究で総体化された「公共の面影」

と港湾に共通に発見できた直観的な要約キーワードと理解してほしい。

その内容を,「物流」,「生産」,「商圏」,「定着」,「健康」,「景観」,「観光」の7項目に"象徴的記号"として絞り込んだ。その象徴的な記号(言語)に,撮影した象徴的な映像を当てはめてみた。

その次のBのボックスは,港湾と都市の接点を直観させる映像を拾い集めてみた。そうした拾い集めのモノサシは,公と私の"せめぎ合いの場"のイメージである。公共の概念をビジュアルなカタチとリズムにするには,仮説的な公共の概念を,「公」と「私」を融合している可能性のイメージ(面影)の探索からはじまる。

客観化できない主観の限界を含めて,「公共の面影」即ち,「公私融合」を規範として,港と街の関係の良質を物語る映像を,同じように象徴的記号(言語)でまとめてみた。そのキーワードは,B1「建築美学」,B2「新住宅街」,B3「商圏創造」,B4「自然再生」,B5「巨大施設」,B6「交通革新」,B7「異国文化」の7つのコンセプトである。膨大な数の映像から象徴的な写真を下記のように抽出しておいた。港湾と都市の接点となる公共の面影コンセプトのイメージが,読者に伝わることを期待している。

最後のCのボックスは,港湾と都市の接点として象徴化された映像にたいして,"その映像の内面性や深層心理の探求"である。言い換えると,都市と港湾の「接点の誘引となる動機や価値観の変化」を説明するものである。

港湾と都市の関係進化は,それぞれの地域の専門家や経営陣との面接記録とその他の文献情報の収集過程と整理から吟味された。教わったことの総てを網羅できないが,簡略化した言い方をすると,ミナトとマチの関係進化の要因は,「開発思考」と「人間変化」の2つのキーワードで言い切ることにした。

"開発思考"は,「つながり回帰」,「結節点の拡散」,「奇想天外の場」,「公設民営」のキーワードでまとめた。"人間変化"は,「食衣住の欲望」,「社会の高質化」,「脱出・超越の願望」の言葉で括った。

VII.「文化変容」と「対話型デモクラシー(公私融合)」

さて,これまでの映像による,港湾と都市の関係を,ビジュアルなアイデ

ンテイテイ（visual identity）で掘り起こす作業をひとまず終えて，次なる段階の映像の深層への踏み込みをしてみたい．

前述のCのボックスに含められた「開発思考」と「人間変化」のキーワードが，現象変化の深層にある程度は触れている．だが，これだけでは十分ではないので，さらにその官民接点の誘引要素の分析を深めてみよう．

米国型の港湾と都市の関係性を，開かれた市場主義，市民社会の確立，民主主義の世俗化の視点で見直すと，日本では考えられないほどの先進的な「対話型・デモクラシーの場づくり」と出会える．

アメリカ型の公聴会（public hearing）は，視点を変えると，「公」と「私」の融合過程である．また，後述するアメリカ型のポート・オーソリテイ（port authority）は，「権力の地位」の上下関係の壁を取り除き，職業的な「仕事の能力」が，「公」と「私」の壁を平らに均す．

図表4はアメリカ型の「港湾と都市を文化変容させる"場の論理"─「公共科学」と「公共哲学」の誕生契機」を示すものである．

公共の概念を，ビジュアルな面影から，「哲学と科学としての公共」の意味に近づける努力をしてみた．そして，これまで論じてきた公共概念「公私融合」を下敷きにした「公共哲学」と「公共科学」を盛り込んだアメリカ型の「港湾文化」の解明へと接近することにした．

図表4のタテ軸にみる「管理階層：公と私」と，「専門職階層：公と私」の関係は，官と民との垂直的な権力関係ではなく，異種能力結合の縦型の権威関係である．

「地位の権力」と「職能の権威」が「対話型デモクラシー」の「公私融合」で，超境界的に交流する．

注意すべき点は，「私」と「公」は，その基本的な起源をそれぞれ失ってはいない．むしろ，「私」と「公」を強める動きと形態がある．公共の良質化が，「公」と「私」の良質化と共時化することが，公共の哲学と科学の基本前提である．

B1 「建築美学」 奇想天外 ボルチモア港

B1 「建築美学」 灯台の風景 ボルチモア港

B1 神賑いの小さな教会 サンフランシスコ港

第2章 港湾文化と大都市圏　81

B2　新住宅街　湾に面して　シアトル港

B2　新住宅街　埠頭がマンション　ボルチモア港

B2　新住宅街　水上生活　サンフランシスコ郊外

B3　商圏創造　魚市場の転換　NYイースト河

B3　商圏創造　駅ビルの転換　ボルチモア港

B3　商圏創造　埠頭の転換　シアトル港

第 2 章 港湾文化と大都市圏 83

B4 自然再生 海坊主の埠頭 サンフランシスコ港

B4 自然再生 人間も魚 ボルチモア港

B4 自然再生 浚渫汚染土壌で緑の公園 オークランド港

B5　巨大施設　昔の巨船が今ホテル　ロングビーチ港

B5　巨大施設　港が都市集客の巨大施設　シアトル港

B5　巨大施設　世界に自由を　ニューヨーク港

第 2 章　港湾文化と大都市圏　85

B6　交通革新　高速度外し歩道へ転換　SF 港

B6　交通革新　海陸空の交通ハブ　ニューワーク港

B6　交通革新　ローテック観光　SF ケーブル電車

86　第Ⅰ部　名古屋を世界商品に！

B7　異国文化　公聴会の部屋　ロサンゼルス港
　　提案者の演台に向かう理事5人衆は上段席
　　中段に局長席，下段の最前列は課長席，
　　その後ろが一般市民席，脇に傍聴席あり

B7　異国文化　公聴会の指導者は港湾理事
　　市民代表の理事5人衆（選挙で選任）
　　港湾の社長はこの理事会が推薦　シアトル港

B7　異国文化　外国人がNo.2の港湾管理者
　　中央の人（魯迅が彼の経営哲学）
　　オークランド港

図の水平軸に,「大衆型の住民」と,「ポピュラー・カルチャー型の住民」が左右に位置づけられている。

図表4　港湾と都市を文化変容させる"場の論理"
―「公共科学」と「公共哲学」の誕生契機―

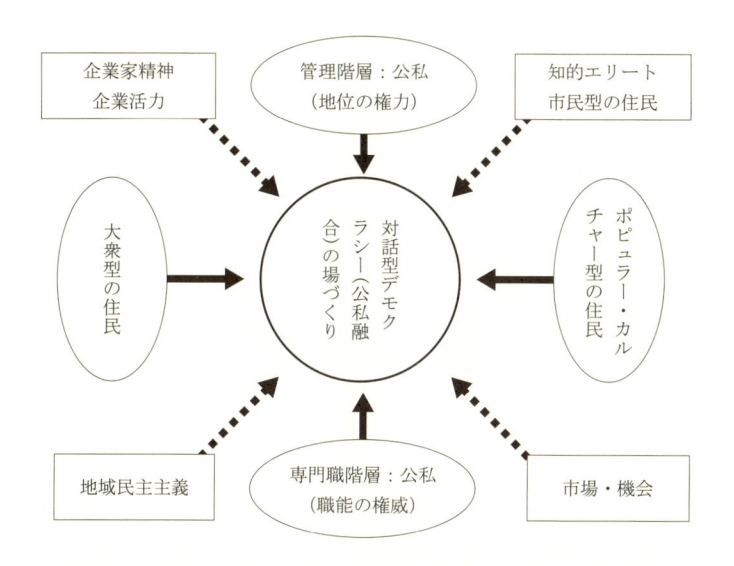

```
   企業家精神          管理階層：公私         知的エリート
   企業活力           （地位の権力）         市民型の住民

                           ↓
                                              ポピュラー・カル
   大衆型                対話型デモク          チャー型の住民
   の住民      →       ラシー（公私融    ←
                        合）の場づくり
                           ↑

   地域民主主義         専門職階層：公私        市場・機会
                      （職能の権威）
```

「大衆文化型の住民」とは,上位の階層者へある種の従属か憤慨の感情の持ち主である。伝統的にも一般的にも,地域住民は,従属の信条か,憤慨の感情かの大衆文化を価値内包している。

一方,伝統的な大衆文化とは異なった,グローバル化の大衆文化もミナトとマチの研究には避けて歩けない問題である。この種の大衆文化の階層を,民主的に開かれた「ポピュラー・カルチャー型の住民」と呼ぶことができる。

「ポピュラー・カルチャー型の住民」も地域住民であるが,従属性や憤慨性よりも,むしろ,上下関係や地位関係を消していく民主化,平等化,あるいは,超境界的に開かれた"クラブ社会的な関係"である。

地縁関係と血縁関係の濃厚な地域住民が,大衆文化を伝統文化や民俗文化を含めて生活化しているスタイルとは異なって,「ポピュラー・カルチャー型の住民」は,世界に開かれたコミュニテイ意識を無意識なものにしてい

る。

　「ポピュラー・カルチャー型の地域住民」は，伝統的な大衆文化の地域住民と較べて，港湾と都市の文化変容をより積極的に誘引する市民型の人的資源である。港湾文化を民主化，市民化，市場化する市民イメージが，ベース・ボールやフット・ボールの巨大スタジアムに集うファンのルースなつながりと類似する。

　スポーツ・ファンは，特定のクラブ社会への帰属を基軸にした集団行動をする。そして，暮らしの場を"心の寄り處"とし，地域帰属への誇りをもとめている。そうしたバラバラの個別化した地域住民が，集団化の感動を演出する「スポーツ・イベント型ポピュラー・カルチャーの場」，例えば，ニューヨーク・ヤンキース球場の試合で，大声援の渦に吸い込まれたとき，彼ら彼女らは，「地方の誇り」と「市民の誇り」とが合体した，「ポピュラー・カルチャー型の住民」に転じ，グローバルに開かれた「大衆文化／市民社会の"1"構成員」の生き甲斐や地縁の生き様を大歓声と共に自己表現する。

　ヤンキース・スタデアムの観覧席に座り，感動のドラマに参加するように，「対話型デモクラシー」の場である"公聴会"に参加し感動するドラマもある。そうした大衆文化と市民参加の"公私融合劇"から，「知的エリート」が醸成され，「企業家精神」が活性化する。

　「知的エリート」と「企業家精神」が機能する場が，大衆文化と市民参加の港と街とを結ぶ「対話型デモクラシー」と深い関係がある。別の言い方をすると，「対話型デモクラシー」の存在は，「公」と「私」の狭間にある「公共」概念の誕生契機である。

　「市場」とは，本来"開かれた"「機会」の提供の場である。「市場」と「機会」のその本来的意味は，"開かれた"民主的な「大衆文化」（ポピュラー・カルチャーも含めて）のグローバル化と連動している。また，グローバル化した市場主義と大衆文化の連動の基軸には，クラブ社会と地方の誇りで市民的行動を誘引する，アメリカの「地域民主主義」が根を張っている。

　開かれた「市場機会」と「地域民主主義」が，「公」と「私」との間の「対話デモクラシー」を促進する。公私融合の「対話型デモクラシー」の場

づくりとその広がりが,「公共経営の場」の原点となる。

　私どもが現地で出会った「対話型デモクラシー」の日常性と生活化が,アメリカの「公共科学」と「公共哲学」を織り込んだ「公共経営」と,その基底となる「港湾文化」を生み出していた。そして港湾文化とは,市民の地域愛の象徴であり,公共経営のカタチとリズムのハタラキであり,地域指導力の結晶であった。

Ⅷ. グローカリゼーション・ダイナミズムの港湾文化

図表5　アメリカ型港湾のグローバル化と,公共施設の経営コンセプト

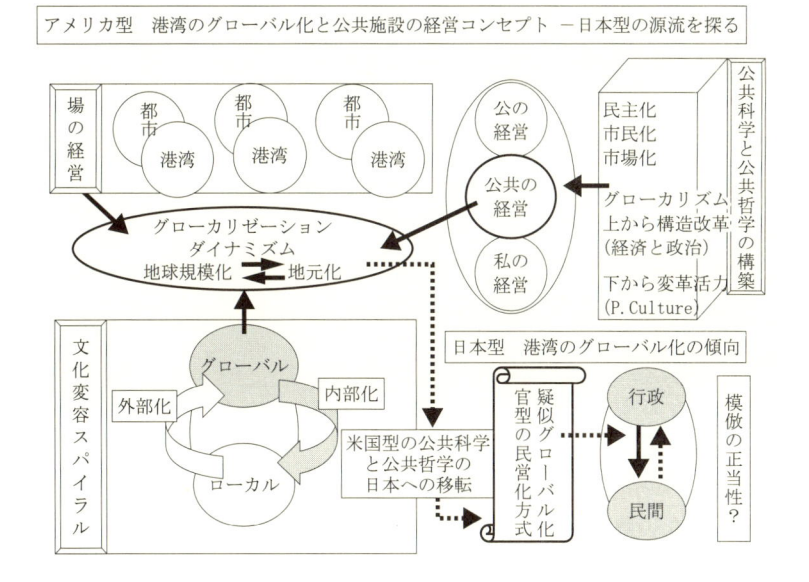

アメリカ型　港湾のグローバル化と公共施設の経営コンセプト　－日本型の源流を探る

[図：場の経営／都市・港湾／グローカリゼーション ダイナミズム 地球規模化 ⇄ 地元化／公の経営・公共の経営・私の経営／民主化 市民化 市場化／グローカリズム 上から構造改革（経済と政治）／下から変革活力（P. Culture）／公共科学と公共哲学の構築／文化変容スパイラル／グローバル・外部化・内部化・ローカル／米国型の公共科学と公共哲学の日本への移転／日本型　港湾のグローバル化の傾向／疑似グローバル化 官型の民営化方式／行政⇔民間／模倣の正当性？]

　アメリカ型の港湾文化が日本に伝わってきているだろうか。日本の港湾文化について私どもは知識不足で,日本の港湾文化を語ることができない。だが,先進モデルとしてのアメリカ型の港湾文化が,その港湾技術や,港湾経済の日本への導入過程で,日本にアメリカの港湾文化が伝播してきたことは推理できる。

　そこで,グローバル化の"模倣の正当性"の視点に立って,図表5にある

ように日本からアメリカへの思考を逆流させ，未知なるアメリカ型の港湾文化の実在を探索してみた。

結論を先に言えば，アメリカ型の港湾文化は，港湾の公共施設と公共空間についての経営について，"**グローカリゼーション・ダイナミズム**"（Glocalization Dynamism）がある。その構成要素は，次の3つの柱から成りたっている。

① 「公共科学」と「公共哲学」の構築
② 「港湾と都市の場の経営」
③ 「文化変容スパイラル」

1.「公共科学」と「公共哲学」の構築

「公」と「私」の間に，または，「官」と「民」との間に「公共」という概念を挟んでみたが，その公共の概念は，「行政の公益」と「企業の私益」の折衷主義なのだろうか。

あるいは，公共という独自の領域があるのだろうか。白紙の上に公共の概念があるのか，公のキャンバスを塗り替えて公共という概念があるのだろうか。

公共の概念を面影として映像化する試みは前述のようにしたが，公共の概念についての定説は，描きにくいものが残る。

さて，そこで，図表2の「公」と「私」と「公共」の関係図に戻って，以下に示すその構成概念の本質回帰と再生循環の論理を参考枠として，「公共科学」と「公共哲学」の原風景を分析してみよう。

(1) 民主化の論理

「民主化の論理」の内容は，民主主義，自由主義，平等主義を行動原理とし，基本的人権を遵守し，そして国家主権を基盤に国際関係で民主化の論理は，港湾文化に組み込まれる。

(2) 市民化の論理

「市民化の論理」の内容は，港湾に広く関係する知識階層によって行動づけられ，能力主義を重視し，異文化を受け入れる多文化主義を尊重し，結果の平等よりも機会提供や機会均等の平等主義の港湾文化である。

(3) 市場化の論理

「市場化の論理」の内容は，上からと下からの近代化と公私融合の均衡過程で，生活者・消費者・利用者としての港湾サービス需要者と，企業家精神と企業行動としての港湾サービス供給者との調和のハタラキのある港湾文化である。

(4) グローカリズムの公共経営

港湾文化は，グローカリズム（グローバリズムとローカリズムの交差）の「公共経営」，即ち，「公私融合」／「官民連帯」の思考様式と行動類型である。港湾文化は，その変化の源泉と変化のパターンによりその実在の意味がある。港湾文化の変化の源泉には，下記のように，「上からの構造改革」と「下からの変革活力」の2つの力学がある。

ⅰ）「上からの構造改革」としての政治と経済の意志決定が先ずある。自他関係で，「企業家精神」と「知的エリート」への"寛容さ"と"先見性"のあり方が，港湾文化の決定因子となる。

ⅱ）「下からの変革活力」は，「開かれた大衆文化」と「地域主義のエネルギー」である。港湾文化を変容させる決定因子は，行政から自立している「市民社会」と「企業活力」の存在である。グローバルに開かれた「大衆文化」（ポピュラー・カルチャー）が，構造改革の変革誘因となる。

2.「港湾と都市の場の経営」

7つの研究対象地域の港湾と都市の文化と，その関係性は，総て異なる。港湾文化と都市文化の普遍主義化が極めて困難である。

そこで「場の経営」を「場の文化」との相関関係で，「文化例外主義」と「文化標準主義」の2色刷り模様で浮き上がらせる必要にせまられた。

具体的な事例を挙げると，都市と港湾の間に境界なきシアトルにたいして，ロサンゼルス（LA）は，都市と港湾との関係に断絶がある。LAの場の経営と，その場の文化の関係は，名古屋の状況にも似ている。

3.「文化変容スパイラル」

　文化は本来変わらない構造だが，その変わらない構造を進化持続させるために，文化変容する。もちろん，文化の構造は，変わらない構造の部分（不変構造）と，変わる構造の部分（可変構造）とから成り立っているので，可変構造の文化構成要素が，文化変容するという見方もできる。

　いずれにしても，文化は変容しながら持続する構造的本質があるので，港湾文化について，その文化変容の実態がアメリカではどうなっているのだろうか。港湾文化の文化変容について，わたくしどもは大いに関心を持っていた。

　文化変容を知ることは，現象の基層の"揺れ動き"を解釈することである。そのためには，先ず"揺れ動き"の源泉（マグマ）とその仕方（スパイラル）を知る必要がある。

　さて，総ての異なる港湾文化をふくめた総合的経営を，「港湾経営文化」と広義に解釈して，その「港湾経営文化」の定義を，「闘いと安らぎの営み」「対立矛盾の自己同一過程」「カオス（混沌）はない，カオスは内なるコスモス（美しい秩序）」「異なる他者を自己内包化する」と仮にしておく（学問六縁：村山経営学から）

　以上の定義をモノサシにして，アメリカ型の港湾文化の変容現象とその変容の源泉と仕方を，直観的に次の傾向分析でまとめた。

傾向分析1．グローバル化とローカル化の"せめぎあい"
傾向分析2．内部化と外部化の"スパイラル運動"

　注意すべきとは，「グローバル化」と「ローカル化」の2元論的一元化の経営観が，「内部化」と「外部化」のスパイラル運動の経営観と，不分離の関係にある点である。「グローバル化／ローカル化」と「内部化／外部化」の2項対立の概念とその調整の経営創造が，港湾文化の変容論にとっての中心的課題である。

　単純化した言い方をすると，「内部化」とは，外部要素を抱え込める能力である。「外部化」とは，内部要素を外部へ流動化する能力である。

能力要素が資源だとすると，資源の超境界的な流動化が内部化と外部化の両極スパイラル化である。プロ野球の世界に，内部化と外部化のスパイラル運動が能力選手を流動化する。このスパイラル運動が，プロ選手の高度流動化する能力を引き出すことになる。

プロ野球の選手が，ローカル（例えば，日本国内）に内部化と外部化のスパイラル運動から飛躍して，グローバル（例えば，本場のアメリカ国内も含めた世界）に，超国境的な内部化と外部化のスパイラル運動に巻き込まれる。

かくして，「内部化／外部化の"スパイラル運動"」が，「グローバル化／ローカル化の"せめぎあい"」と重なるようになる。この事実は，ワールド・サッカーのプロの世界（異種混淆の世界観）でも同じで，アメリカ型の港湾文化は，この種のプロ・スポーツの経営文化と類似している。

「内部化／外部化」と「ローカル化／グローバル化」の相互作用は，同時的な動きと形態をとる傾向があるが，文化変容に時差のモノサシを加えると，ローカル化を内部化する段階と，ローカル化を外部化する段階では，それぞれの港湾文化によって異なる。

特に，グローバル化の内部化とその外部化との間にも，文化変容の時差がある。こうした文化変容の時差の由来は，港湾文化の近代化の歪みともいえるが，基本的な時差の原因は，ローカルとグローバルの定義の多様性と，その地域の経営風土の固有性にある。

とりあえず，これまで使われてきた，「ローカル化とは何か」，「グローバル化とは何か」の起源を再考して，その後，ローカル（例えば，地元思考と国内文化）とグローバル（例えば，地球規模の思考過程と行動様式）とが，重なり合い，融合する過程の「グロカリゼーション・ダイナミズム」，即ち，アメリカ型港湾文化のモデルを次のように分析してみた。

(1) 港湾文化のローカル化とは何か

私どもが，アメリカで考えた「港湾文化のローカリゼーション」（Localization）とは，定着文化の抵抗と未来への進化の種である。「港湾文化のローカル化」とは，次の特性を持つ。

1. 差別化優位の思考と行動を慣習化する
2. 自己本位の囲い込みと,排除の構造を戦略化する
3. 権威主義が先例を重視して伝統と保守を善とする
4. 他者依存よりも自立を求め,外部を内部化する
5. 「変わる文化」と「変わらない文化」とを分別する
6. 文化変容のダイナミズムが,起源回帰への循環再生
7. 変革が組織的かつ雪崩現象で,仕掛け人がいる
8. 「変わらない文化」は「変わらない構造」を持続する

(2) 港湾文化のグローバル化とは何か

　私どもが,アメリカで考えたグローバリゼーション（Blobalization）とは,国家間の国際関係と多国籍関係を超えたレベルであり,「地球が1つ」,「地球が短縮」,「地球が世界」,という認識である。アメリカ型の港湾文化のグローバル化とは,地球規模の発想と行動を梃子にして,地球文明の中心的指導力を志向している。

　それはそれとして,アメリカ型の港湾文化の「グローバル化の文化特性」を,次のようにまとめることができた。

1. 場の限界からの脱出と超越による問題解決
2. 環境破壊と定住化の都市問題と向かい合い,人権尊重の世界化
3. 国際ビジネスと金融市場の動きを先端的に取り込む経済性
4. 多元的な国際政治と連動する地域連邦と,新世界経済秩序への参加
5. 交通・物流機能と情報通信の技術革新の世界的普及
6. 超境界的なアクターと市民型民主組織の活性化
7. 水際線の商圏化と日常生活化
8. 大衆文化産業の世界的な流通浸透性

(3) 港湾文化の変容・その再生循環過程の基本論理

　港湾文化の変容を裏返しに言えば,港湾文化の中核構造を基軸とした港湾文化の再生循環過程である。その再生循環過程の引き金となる仕掛けが,「グローバル化とローカル化の"せめぎあい"」と「外部化と内部化の"スパ

イラル運動"」であることは，これまで説明したとおりである。
　このことを別の視点で，より現実的な問題として説明すれば，「経済の開放と文化の防衛」の2項対称性の問題であり，「国家と市民社会」の2項自立性の問題である。
　アメリカ型の港湾文化の変容過程を日本に外延させるという命題をとると，「経済と文化」，「行政と市民」の両極構造が，分離と自立の志向なのか，交流の相互浸透の志向なのかという問題が歴然としてくる。特に，「"もう1つの"名古屋型グローバリズム」や「名港型港湾文化」を研究課題とすると，アメリカ型の港湾文化の変容過程を日本の港湾文化へ移しにくい論点がたくさんありそうである。
　さりとはいっても，世界的趨勢の港湾文化のグローバリゼーションは，日本の「文化例外主義」を盾にして「文化特殊主義」の牙城に閉じこもることをいずれ阻む結果になるであろう。
　そこで，港湾文化の変容，即ち，港湾再生循環過程について，アメリカ型港湾の文化変容に共通して見られる，港湾間の競争戦略の基本論理を下記のようにまとめてみた。

　　① 共時性の論理：変革の思考は共時的におきる
　　② 起源性の論理：変革の方向は歴史や誕生起源へ回帰する
　　③ 経済性の論理：経営主体の非経済性は持続しない
　　④ 自然性の論理：部分よりも全体の秩序が戦略をつくる
　　⑤ 技術性の論理：革新が経済と社会と，文化を変える
　　⑥ 市場性の論理：都市間の競争が，産業と市場を拓く
　　⑦ 資源性の論理：企業家精神と知的エリートの活性化が立地資源

　もう一度　図表5「アメリカ型港湾のグローバル化と，公共施設の経営コンセプト」を見てもらいたい。この図は，日本型港湾の"模倣の正当性"を検証するために，アメリカ型の港湾文化の源流探索を描いている。日本型の「官と民との間」に，アメリカ型の「公」と「私」の中間にある「公共の概念」の不在が致命的である。

また、「公共の経営」と、「場の経営」と、「文化変容スパイラル」の3大潮流が流れ込むアメリカ型の「**グローカリゼーション・ダイナミズム**」、即ち、地元が地球、地球が地元の動物的精気が、日本に移し変えてきただろうかという問題認識が残る。

IX　アメリカ型港湾の経営文化の全体像

アメリカ型の港湾文化の研究段階が、「ローカル化／グローバル化」と「内部化／外部化」の2項対立の分析視点から出発して、港湾文化変容の論理をこれまで模索してきた。

次に、「**経営文化／経営人類学の視座**」で、アメリカ型港湾を解明してみたい。その狙いは、グローカリズムの公共経営を強化する「戦略と文化の融合」にある。

アメリカでの7つの港湾の現地研究を総括して、港湾の経営文化の仮定義を次のように試みた。

① 「**アメリカ型港湾の経営文化**」とは、港湾に関する諸文化と諸戦略とを包括する危機管理の経営思考と経営行動の型である。

　その港湾の経営文化の基層には、グローカリゼーション・ダイナミズムの「戦略と文化」(公共の経営／場の経営／文化変容スパイラル) がある。

　超越的な問題解決の場づくりの方向で、市民社会と行政機構は、相互に自立し、相互浸透を避ける。

　都市間競争が港湾間競争と連鎖し、街と港のアイデンテイテイを共通化する文化的象徴を産み出す。

② 「**アメリカ型港湾の経営文化の構成要素**」は、"比翼の鳥"(二元論的一元化の論理) と、その群れた"連理の樹木"から成り立つ。

　その包括内容は、5つの"比翼の鳥"が止り木する、"連理の樹木"(港湾文化と市場主義) である。その関係は次の図表6の「アメリカ型港湾の経営文化の総括："比翼の鳥"と"連理の樹木"」の通りである。経営文化とは、「管理するもの」と「管理されるもの」との両方の視点か

第2章　港湾文化と大都市圏　97

図表6　アメリカ型港湾の「経営文化」総括：“比翼の鳥と連理の樹木”

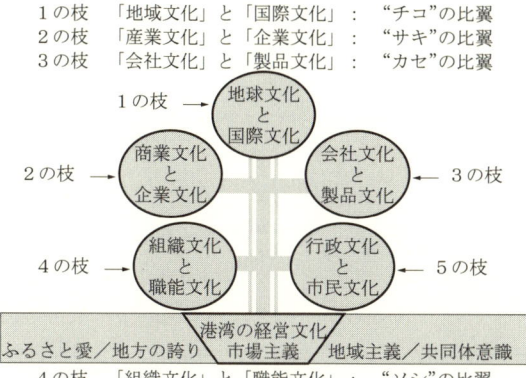

1の枝　「地域文化」と「国際文化」：　"チコ"の比翼
2の枝　「産業文化」と「企業文化」：　"サキ"の比翼
3の枝　「会社文化」と「製品文化」：　"カセ"の比翼

```
              地球文化
     1の枝 →    と
              国際文化
      商業文化          会社文化
2の枝 →  と              と   ← 3の枝
      企業文化          製品文化
      組織文化          行政文化
4の枝 →  と              と   ← 5の枝
      職能文化          市民文化
┌─────────────港湾の経営文化─────────────┐
│ふるさと愛／地方の誇り│市場主義│地域主義／共同体意識│
└─────────────────────────────────┘
```

4の枝　「組織文化」と「職能文化」：　"ソシ"の比翼
5の枝　「行政文化」と「市民文化」：　"ギシ"の比翼

らの思考様式と行動の形態である。港湾の経営文化は，この管理と被管理の結合関係をフラットにして，良好なコミュニケーションをつくり，クロス・ファンククショナルな能力連帯である。

　言い換えると，企業，行政，そして，地域社会の組織の内的秩序が，外的資源と柔軟に調和して持続し，進化する組織生態系と個体の生きる意味を再生産できる仕組みである。

　アメリカ型港湾の「経営文化」の総括にあたり，「二つが一つ」の夫婦の論理でまとめ，連立する関文化群を，“比翼の鳥"のイメージでまとめると次のようになる。

　　1の枝　「**地域文化**」と「**国際文化**」：　"チコ"の比翼
　　2の枝　「**産業文化**」と「**企業文化**」：　"サキ"の比翼
　　3の枝　「**会社文化**」と「**製品文化**」：　"カセ"の比翼
　　4の枝　「**組織文化**」と「**職能文化**」：　"ソシ"の比翼
　　5の枝　「**行政文化**」と「**市民文化**」：　"ギシ"の比翼

　都市の経営文化と較べて，港湾の経営文化のほうが，以上のように経営文

化を構成するサブ文化の連立関係に相互連関が検証しやすい利点がある。

　次に"連理の樹木"とは，"連理の枝"の別称である。鳥が，"流動的"（グローバル）な経営文化を象徴する。その一方で，樹木は"静態的"（ローカル）な経営文化を象徴する。

　樹木は，その根からそして土壌や自然から，持続と成長の生命源を吸収する。経営文化の中核構造は，この根っこの部分である。この根っこの部分をこれまで，「市場主義」と呼び，企業家精神と知的エリート（市民）が，この「市場主義」に命を注入する公共の土壌である。

　「企業家精神」と「知的エリート」は，「市民社会」との関係で理解できる。「市民社会」は，市民の間のルースな拘束のない関係で，行政から分離していることが，欧米的なあり方である。

　行政が，港湾の経営文化の中核構造ではなく，市場主義が中核構造だという意味はどういうことなのだろうか。ここに，「市場とは何か」への思考の原点回帰が求められる。

　市場とは，交換と交流の市民の集う場である。その集客と取引の能力は，定住と移動の人間の生き方への選択である。だが，定住願望が，移動願望を上回り，その定着化が，特定の場へのふるさと愛を育て，共同体意識を自生させる。さらに，定着化が，「**地方の誇り**」と，その誇りからの「**地域主義**」（地元主義）を産み出す。

　例えば，巨大なスポーツ公共施設に集う，野球やサッカーの応援ファンにみる大衆文化が，「**ふるさと愛・共同体意識**」，「**地方の誇り・地域主義**」の経営文化の中核構造を雄弁に語る。港湾の経営文化が，変わらない文化構造を，大衆文化の中に求めるとしたら，その大衆文化の中核構造は，家族愛を基盤とするふるさと愛であり，地域の共同体意識である。

　だが，大衆文化は，間違った「地方の誇」や「地域主義」の方向に群集化することがある。そうした，間違いを自己制御する方向に，「市民社会の形成」と「知的エリートの誕生」がある。

　市民社会は，市場主義を正当な規範とする。その正当性の根拠は，前述した，民主化・市民化・市場化の規範を，企業家精神と知的エリート（市民）が，「公」と「私」の間の「公共の場」で実現するからである。

したがって，「大衆文化の活力」を「市民社会の形成」に移し変える過程で，市民型知的エリートたちや，企業家精神の地域リーダーたちは，家族関係を絆にした"**クラブ社会型の**"ふるさと愛や，"**擬似共同体的な**"地域意識を集合戦略とすることがある。

X　港湾の経営主体

アメリカ型港湾の経営主体について，「民営化論の立場」と「戦略論的な視点」から，アメリカの現状分析をしてみた。

結論を言えば，アメリカ港湾は，独立法人の会社スタイルだが，所有の民営化（証券化，株式化）はしていないので，法的実体は行政支配である。海岸線が国防の拠点なのでそれは当然の成り行きである。

州政府から市が，臨海地を長期契約で借りて，土地使用権を確保する。港湾の経営主体は，ポート・オーソリテイ（port authority）と呼ばれ，市の港湾局との経営パートナー的な存在であるが，日本のような第3セクターや官依存の天下り型組織とは，全く異なる。

ポート・オーソリテイは，公社でもないし，行政でもないし，民間会社ともいえない。あえて言えば，準政府機関で，市民組織化の公企業体か，民主導の独立法人という性格である。

完全民営化は，「所有の民営化」と「経営の民営化」との一致である。「所有の民営化」の本来の意味は，所有の市場化であり，株式発行による所有の自由化と民主化や市民化を意味する。

また，「経営の民営化」の本来的意味は，外部からの経営資源の導入であり，"脱官型"経営をめざして，民間企業や，外国企業から人的・財的な能力を招き込み，経営革新することである。

空港も含めて港湾などについて公共施設のアメリカ型の民営化方式は，上記の意味での"完全民営化"とはいえない。それは，「公設民営化」と呼ばれる，アメリカ型固有の民営化方式である。

公共施設は，国家や地方政府がつくる。行政が巨大な公共施設を公的支援で建設する理由は，国家防衛と地域経済が国家戦略としての国家の責任であ

るという，アメリカ連邦政府の視点からである。

だが，「公設民営化」のアメリカ的思考は，ポート・オーソリテイの所有を仮想市民化して，その脱官型の民間的経営能力の実在をむしろ市民的に選択し監視する。

以上は，面接調査したアメリカの港湾経営執行部との討議過程から知りえた，私どものアメリカ型のポート・オーソリテイについての現場知識である。

もう少し詳しくいえば，日本の組織文化や経営主体と比較して，浮き彫りできたアメリカ型の「公設民営化の組織特性」は，次のような異文化性（日本からみたら）である。

(1) **公共施設の事業部門： 単独事業経営か，複数事業経営**
   1．港湾事業部と空港事業部の分離型
   2．港湾と空港の複合型経営 （両者近接立地か遠距離立地）
   3．港湾と空港に加えて，橋，トンネル，鉄道，地下鉄，フェリー，先端的ビル街（貿易センタービルなど），修理造船，工業センターなど包括型
   4．行政内の公式組織と，外部化された事業部組織との関係は，完全分離方式（人事と財政含めて）。行政は法による監視を原則とし，公共経営の自立を前提視する。

(2) **「公」と「私」と「公共」の"3極型"複合経営**
   1．単独の地方行政の「所有内部化」と経営の「機能外部化」
   2．独立法人化と専門職業能力の組織化
   3．専門経営者が最高経営責任者（CEO）となり，その採用人事は，市民に選ばれた取締役会・即・理事会による選任と市長の承認を要する。
   4．経営執行部の移動と定着（CEOの個人裁量）
   5．取締役（理事ともいう）とその取締役会・会長の任命は市民に代わり，市長の任命と議会の承認か，または，通常の選挙同様に市民の直接投票で決まる。
   6．取締役（理事と同じ意味）の背景は，市民代表，職業的専門家，関

連業界，労働組合関係，企業家／知的エリートなど
7．公共施設経営に対して，複合型の監視機能が公式と非公式に制度化している。例えば，市民からの苦情処理部門，市長への提案制度，取締役会の監視機能，関連コミュニテイとの定期会合，産業界と利害関係者との交流，第3者機関による監査報告書／アニュアル・レポート，市民ジャナーリズム，情報公開，社債市場の格付けなど
8．公共施設の事業部経営は，行政の市民サービスの充実であり，地域社会的欲求や，産業の市場的ニーズに対応できる"通常の企業経営"と同じで，「価値の生産」と「組織の有効性」を求めている。

(3) **港湾経営主体の基本コンセプト**
1．第3の政府　（公でない，私でもない，公共である）
2．税金を集めない（儲けて使う，独立採算制，行政から自立）
3．プロフェッショナルな集団（能力主義，企業家精神と経営活力）
4．市民原理（所有は市民，経営は信託，執行部の選任と監視）
5．異文化統合人事（専門能力による機会均等，異文化の受入）
6．財政基盤の安定（社債市場の存在，基本財産の寄付，地域独占）
7．行政関係の資産化（海岸線の契約独占，臨海地域の開発権限）
8．連結型の利益／公益センター（連邦経営，複数の行政と事業）
9．公益サービスが基本（グローカル・サーバントの経営倫理）
10．愛憎の地域象徴（例：自由の女神と世界貿易センタービル）

XI　名古屋港を世界商品に

　アメリカ型の港湾と都市の絆の研究が，港湾文化のアメリカ型モデルの探索であった。名古屋の港湾文化にとって，その背景が異なり，アメリカと名古屋の港湾文化を比較してよいかどうかの問題認識はある。
　経営人類学は，地域研究と比較文化の現場研究を踏まえて，認識科学から政策科学へと展開する。そこで，これまでのアメリカ型の「港湾と都市の絆」と，「港湾文化」についての認識論から，推理できる政策論の課題を，

名古屋の港湾と都市の絆に触れて序論的に言及してみたい。

政策課題１．名古屋型の"企業家精神"と，"知的エリート"（市民）の活性化の「港湾文化」は，あるだろうか

政策課題２．名古屋大都市圏の「都市の魅力」と「名古屋港の環境再生」とを結びつける「グロカリゼーション・ダイナミズム」は，制度化しているだろうか

政策課題３．名古屋の「港湾と都市」とのあいだに「対話型デモクラシイー」が市民組織化しているだろうか

政策課題４．「公」（官）と「私」（民）とを繋ぐ象徴的モデルをビジュアルなものにしてきただろうか

政策課題５．ハード資源とソフト資源の「融合型経営」のモデルが，どのように開発され，広報的に啓蒙されてきただろうか

政策課題６．「港と街」との「超境界的な戦略的提携」を多元的に提案し，市場化する仕組みが十分整備されてきただろうか

名古屋港を世界商品にする戦略探索の過程で，名古屋市企画課の１担当者からヒントを得た。名古屋市が世界に誇れることは，第１に「モノづくり」，第２に「ごみの分別」，そして，第３に，「武家文化」である。このヒントを道しるべにして，名古屋の港と街との絆を考える，公私融合のグローカリゼーション・コンセプトを次のようにまとめてみた。

名古屋の港と街の融合戦略コンセプト：「つくる／かたづける／のこす」

資源特性１．グローカル・ユートピア　（モノづくり）／"つくる"戦略
　　　　　　思考例・カラクリと自動車　グローバル技術文明と郷土文化

資源特性２．グローカル・コスモス　（片付けづくり）／"かたづける"戦略
　　　　　　思考例・ゴミの分別と，分散から収斂への日本の中軸立地文化

資源特性３．グローカル・シンボル　（イエ・マチづくり）／"のこす"

戦略
　　　　思考例・お宮とお城，海幸（平家）と山幸（源氏）の競合
　　　　歴史文化
アメリカ型の港湾と都市の絆研究を下敷きにして，直観的な提案を試論的に言えば，次のような経営革新の方向である。

提案1. 公共施設の結合モデル探索　（連邦型公共経営の方向）：
略して「WA2R フロント」（交通公共施設経営の融合）による連邦型広域化の戦略と呼ぶ。Water Fronts, Air Fronts, Road／Railroad Fronts の公共交通システムの陸海空の戦略的提携を将来構想として準備する。日本の新しい国土軸の建設も予測する。

提案2. 公設民営化の実験都市／実験港湾　（グローカルな民営化の方向）：
名古屋型の「ポート・オーソリテイ」（Port Authority）と民主的に"開かれた"「大衆文化」（Popular Culture）との相互浸透により，新しく広域港湾型の「港湾文化」と「公設民営化」の方式を名古屋大都市圏に向けて創発する。

提案3. 未来型の都市と港湾の"絆"開発モデル：（都市マーケテイングの方向）
名古屋大都市圏の活性化をめざし，中途半端なコンベンション都市づくりから，本格的なコンベンション都市再生をめざす。
そのためには，提案1と提案2を含む新都心形成の夢を描き，名古屋が日本の中軸としての大都市圏創造を可能にする方向で，公共哲学と公共科学の「企業家精神」と「知的エリート」の新結合を次世代資源とすることである。

以上の提案は，名古屋を世界商品に磨き，名古屋を世界商品として売り込むための，「文化創造と戦略形成」である。名古屋市の1職員が指摘してくれた，名古屋の世界商品化への文化資源は，モノづくりを誇りとし，ごみ分別で差別化し，武家文化を現代の会社に生かす都市の活力である。その言葉

の裏側に，私どもは，グローバル・サーバントとして生きようとする"名古屋型の"「公私融合の市民意識」を隠し味として感じ取れた。

名古屋にはグローバルなビジネス・リーダー（世界的私企業）の裏腹に，グローバル・サーバント（世界的公サービス奉仕者）が求める，①ユートピア（理想郷）と，②コスモス（美しい秩序）と，③シンボル（帰属象徴）があった。この3大資源こそ，名古屋を世界に売り込むための，都市マーケティングの基本コンセプトである。

XII 新・地域主義のセフィテイ・ネットワーク

アメリカ型の港湾と都市の絆の現地研究について，最初に掲げた仮説はつぎのとおりであった。

仮説1. ハードとソフトとを結合する「港湾文化」が，実在する
仮説2.「都市の魅力」と「港の環境」との融合が，地域活力となる

「港湾文化」の解明が，「公共経営」「場の経営」「文化変容スパイラル」，そして「グローカリゼーション・ダイナミズム」などのコンセプトを洗い出した。

さらに，「港湾文化の主体論」が，「公設民営のポート・オーソリテイの市民社会性」に及んだ。

最初に掲げた上記の仮説は，本稿での紆余曲折の情報提供の過程から，それなりに検証されただろうか。

そんな疑問も残る中間報告だが，その限界は，研究対象の範囲の限界と，情報の偏りなどからくる限界と，そして面接と観察の調査手法からくる，研究者の主観的判断の限界である。

最後に結論として，「名古屋を世界商品にする」というテーマでの提案に関連して言えることは，「新・地域主義のセフテイ・ネットワーク（安全網）」の構築についてである。

地域主義の安全網とは，グローバル化傾向が隠し持つ自己中心的な外圧や，NGO／NPO の間違った群集運動への防衛である。
　"名古屋大都市圏の形成にむけて，"「港湾と都市の絆」を，地域リーダーの連帯，公と私の融合，企業家精神の活力と市民型地域エリートとの協調，広域行政間の連邦化などと関連づけて，戦略再構築しなくてはならない。そのための「哲学と戦略」が，新・地域主義の経営哲学であり，地域連邦のグローバル戦略である。
　この「哲学と戦略」は，民営化のグローバル潮流への防波堤であり，同時に，超国境的な新しい東アジア共同体の動きへの，名古屋発のリーダーシップへの布石である。

　以上，地域連帯の新・地域主義を，中部経済圏レベルと，東アジア経済圏レベルの，両方の次元で言及した。その中身をもう少し詳しく説明すると次のようになる。

① グローバリズムとナショナリズムの中間媒介装置としてのリジョナリズム（地域主義）の地域連邦型の共同体思想がある
② 名古屋型のグローカリズム（新・地域主義の主張）の「港湾文化」と「公共経営」が，世界と国家とをつなぐ安全網（Safety Net）となる
③ 名古屋型のグローカリズム論（新・地域主義）は，グローバル化による経済開放と，同時にナショナル化による防衛への二つの危機管理を通じ，"もう１つの"グローバリズムの戦略的哲学を開発する
④ その危機管理の経営哲学は，「国家」と「市民社会」の"相互乗り入れ"による，「名港型の港湾文化モデルの形成」と「公共経営の戦略再構築の過程とその施設化」である（スーパー港湾構想も含めて）
⑤ 「港湾と都市の"絆の活性化"のモデル開発」が触媒となり，地域連邦モデルの開発を促進し，超国境的に公私融合の公共経営と市場機会を広域化する。また，地元の連帯的な守りを固めて，国内と国外にその連帯モデルを広げるところに，地域連帯と公私融合のグローカル化の本質がある。

膨大な資料収集と，短期的な研究から，これまで紹介してきたことは，客観の科学を幻想化した，面接と観察を中心とした主観の現象解釈学ともいえる。

本報告をより高度に磨き上げるためにも，今後の文献による仮説検証や，より理論化の方向が残されている。

とりあえず，ここまでで筆をおくとする。多くの調査協力者や内外の研究支援者への感謝の気持ちを，後世にむけてここに記しておく。本稿をもって，中京大学の共同研究者たち（竹内淳二, 遠山眞樹, 東　康子, 朱　眞玉）の研究成果を紹介する中間報告としたい。

資料1　「米国港湾研究の行動日程」

Motofusa Murayama, Ph.D. and Murayama Research Office
School of Business Administration, Chukyo University, Nagoya, Japan

Fact Finding Research Mission Schedul
(Aug. 27-Sept. 8, 2005)

Aug. 27 Sat. lv. NWO78/Nagoya-Centrair 12:45------arr Narita 14:05
　　　　　lv NW008 Narita 15:30--------------------arr SeaTac 08:15
　　　　　(Overnight: SeaTac Clarion)
　　　　　(3000 S. 176th St. Tel: 1-206-242-0200, Seattle, WA, 98188, conf.#392678 to 392686)

Aug. 28 Sun.　On site research, Seattle downtown, port, etc.
　　　　　　　　　　　　　　　　　　　　(Overnight: SeaTac Clarion Hotel)

Aug. 29 Mon.　09:30 AM Ms Stephanie Jones, Manager, Seaport Strategic Planning & Policy
　　　　　　　c/o Ms. Diana Parker, Community Project Manager, Public Affairs
　　　　　　　Pier 69, Port of Seattle Headquarters, Tel: 206-728-3769
　　　　　　　2711 Alaskan Way, Seattle, WA 98121
　　　　　　　13:30　Department of Planning and Development, City of Seattle
　　　　　　　　Mr. Mike Podowski, Urban Planning, Supervisor
　　　　　　　　　　　　　　　　　　　　(Overnight: SeaTac Clarion Hotel)

Aug. 30 Tues.　AM
　　　　　　　Lv Alaska Air, AS596/SeaTac/20:40-------arr SF 22:51
(Overnight: M. Matsumoto, 5864 Ralston St., Richmond, CA 94805, Tel: 1-510-236-6544)

Aug. 31 Wed.　10:30 AM　Mr. Dan Hodapp, Senior Waterfront Planner, Port of S.F.

Pier 1, at intersection, Washington Street & Embarcadaro Roadway
(next to Ferry Building)
Tel: 1-415-274-0625　Fax:　1-415-544-1735
Dan.Hodapp@sfport.com
(Overnight: M.Matsumoto)

Sept. 01 (Thurs.)　lv Southwest 357/09:00/Oakland-------------------arr LAX 10:15
Sept. 01 (Thurs.)　13:00 PM　Mr. Masa Morimoto, Asst. Dir. Marketing
　　　　　　　　Port of Los Angeles, 425 S. Palos Verdes Street, San Pedro CA 90731
　　　　　　　　Tel:　1-310-732-3840
Sept. 01 (Thurs.)　lv Southwest 1122/20:00 (8 PM) /LAX---arr Oakland/21:10 (9:10 PM)
(Overnight: M. Matsumoto)
Aug. 27 — Sept. 8, 2005 Fact Finding Research Mission Schedule, p. 2
Sept. 02 (Fri.)　10:30 AM Mr. Roberto Tolentino Bernardo, Communications Division
Port of Oakland, 530 Water Street, 3rd Floor,　Oakland, CA 94607
Tel. 1-510-627-1401 Fax 1-510-627-1831, rbernard@portoakland.com
(Overnight: M. Matsumoto)
Sept. 03 (Sat.)　lv NW 368/SF/06:30----------------arr.　Minneapolis/StPaul/12:05
Lv NW 778/Minneapolis/StPaul/13:09------arr.　NYLaGuardia/16:47
(Overnight NYC)
Sept. 04 (Sun)　On site research, NYC, Port
(Overnight NYC)
Sept. 05 (Mon)　(Holiday) AMTRACK ($165/roundtrip to Baltimore)
　　　　　　　On site research, Port of Baltimore
(Overnight NYC)
Sept. 06 (Tues.)　09:30 AM Ms. Carolyn Clevenger, Director of Infrastructure, NYC EDC
　　　　　　　110 William Street, NYC, NY 10038
　　　　　　　Tel: 1-212-312-4211, Fax: 1-212-618-5785
　　(downtown, between Fulton & John Street, 5 min. from NY City Hall)
　　　(Sign in at 1st Floor, go up to 6th Floor, EDC there)
Sept. 06 (Tues.)　13:00 PM Mr. Ken Spahn, Port Department (PANYNJ)

Mr. Bradley Rubinstein, Aviation (PANYNJ)
225 (233?) Park Avenue South, 9th Floor
New York, NY 10003
Tel: 1-212-435-3731 (Patty Clark/Aviation)
1-212-435-3719 (David Kagan/Gen.Mgr./Financial Services/Aviation)
(Ask for Mr. Rubinstein, he'll accompany you to the Port Dept.)

(Overnight NYC)

Sept. 07 (Wed.)　lv NW017/JFK/13:50-------------arr. 16:45/Narita (Sept. 08,Thur.)
Lv NW077/Narita/18:20--------------------------arr. 19:45/Nagoya/Centrair

資料2「名古屋港の1関係者からの視点」

面接調査テーマ
名古屋港と名古屋市の"絆の活性化"についての分析視点

平成17年8月4日　午後14時～15時45分
研究協力者：山田孝嗣（名古屋港湾管理組合　専任副管理者／国土交通省）
　　　　　　桑山幹根（名古屋港湾管理組合　総務部総務課　秘書担当）
面接担当者：村山元英（中京大学村山研究室）
問題認識と発見事項：
1. 名古屋港は掘り込み港湾で工業港。7つの川が流れ込み，航路づくり，浚渫，埋立て，行政帰属，輸出貿易港
2. お城と港の間に，堀川と那珂川の運河があるが，その川を背面にした住宅，行き止まりの水路，水質浄化の問題あり
3. 港と都心の間には，距離の長さが時間にして30分かかる問題。
4. 港のエンターテイメント拠点へ都心から真っ直ぐ来て真っ直ぐ都心に帰る。ガーデン埠頭と金城埠頭との周遊の足がない。周遊鉄道がない。
5. 都心と港湾を結ぶ鉄道や道路に景観がない。
6. 名古屋港の象徴的な顔は，3色のトリオン橋かもしれない。
7. 名古屋港には，港の歌もない，伊勢湾台風の影響もあり怖いところのイメージ，港は景観があり，夢とロマンが通常はある。名古屋の堅実性の地域文化がバブルに巻き込まれなかった。
8. 港湾関係者が，仕事着のまま車で朝通勤。港湾の現場に通うので既存の鉄道

9. 3埠頭の結婚式場が今後6ヶ月満杯予約。ホテルがないのに。イタリア村から中部国際空港へ8月25日からフェリイボート運航開始
10. 都心と港との間の物理的空間／地下鉄乗車時間30分を短縮するために，距離の心理的時間／意識の時間を形成し，物理的距離を如何に短縮させるか。その工夫は何か。物理的時間を心理的時間で変える知恵
11. 名古屋港全体を鳥瞰する景観の地（例えば丘），建物がない。掘り込み型の港湾なので，ヨコの繋がりが実感できないので，立体的に港を俯瞰できる施設や場所がほしい
12. 港のヨコ並びに名古屋市が巨大で，その周辺都市が中規模か小規模で，東京圏や関西圏とちがい，港をつないでいる行政間の規模格差
13. 名古屋港管理組合が，水際線と臨港地域の所有と管理。埋立て事業も，港湾建設も。売却か貸付（10年契約）。自主財源と，国の助成金で，県と市とが不足分を補填。組合の財源不足
14. 都市計画と港湾の計画との行政間の隔たり。愛知県や市役所の担当者の配置転換と関心領域のちがい。組合スタッフの定住と技術の蓄積とその価値
15. 名古屋市周辺の臨港都市の組合参加と投資の期待。地方税収入の問題。地方行政間の地域連帯
16. 管理組合のあり方の問題。改革は組織の内側からは出てこないから，外側の圧力を期待。今は，議会もあり自由なプロジェクトがだせない。
17. イタリア村はPFIで，こうしたPFI方式でのみ開発が可能。
18. 管理組合の経営で最大の問題認識は，横浜や神戸のように経営主体が一本化していないこと。財源不足。
19. 特定の政治とは結びついていない。港湾ボスは，力の差こそあれ，必ずいるものである。港湾運輸関係者。
20. 名古屋の都心と港との"絆の活性化"の研究にその答えがあれば，是非教えてもらいたい。
21. 名古屋港は，その地形と歴史を他と較べてもあまりにもちがいの特色があり，都心と港の"絆の活性化"への問題解決への答えがないかもしれない。また，いろいろ勉強して独自に考えることかもしれない。

資料3「名古屋市の1企画スタッフからの視点」

面接調査テーマ

名古屋港と名古屋市の"絆の活性化"について

平成17年7月21日　午後2時～5時
研究協力者：加藤（名古屋市市役所）
面接担当者：村山元英（中京大学村山研究室）　竹内淳二（中京大学村山研究室助手）

① 名古屋港管理責任者は，2年交代で愛知県知事と名古屋市長の持ち回りである。しかし，名古屋市（役所）からの人材の派遣は行っていない。すべては，名古屋港管理組合の総勢約700人のエンジニアによって港湾計画を企画実行。（ただし，ごみの埋め立て処分問題のみ関与）

② 近年完成した"あおなみ線"（名古屋駅⇔金城埠頭）。金城埠頭方面にあった住居とアミューズメントは，今まで移動手段として車のみの利用者が大多数。そのための地域を愛知県民および名古屋市民を近づけるための公共交通機関である。実際は，名古屋市としては，名古屋駅～金城埠頭まで行って貰うと乗車賃が取れることにある。現在ある金城埠頭の集客施設としては，ポートメッセナゴヤとフットサル場およびショッピングショップ。今後，結婚式場（事業者：平安閣「ゲストハウスウエディング事業」）アウトレットモール（120店舗のテナントとレストラン7店，エステやスパ，ゴルフ施設や野外コンサート施設が（名古屋港オープン・エア・パーク）建設されるため，"海および港"の集客地域として発展が見込まれる。

③ 市民が港で何が行われていてどのような場所であるのか？情報の開示・伝達が上手くいっていない。また，港がどのようなものであるのか？という教育活動等も行われていない実情もある。よって市民同士による情報伝達・知識の構築されないため，港のイメージが全く湧かない。しかし，イタリア村の成功は1つのヒントになるかも知れない。

④ "あおなみ線"をセントレア（中部国際空港）と繋ぐ構想はある。（地下に鉄道を潜らせる。名鉄と繋げる。……等々　1,000億円掛かるであろう！とのこと。）

⑤ ヘドロを除去し，堀川を清流に!!
堀川に背を向けた住宅をどのように川に向けたものにしていくのかが課題。護岸工事をしてから浚渫を行うことが望ましい。そのまま水を流すと名古屋港がヘドロだらけになってしまう。

⑥ 名古屋港の他港との違いとは？
名古屋港は，物流機能では日本一の港である（輸出入ともに日本一）。さらに京浜・関西・中部（名古屋港と四日市港合同で）が，スーパー中枢港湾にな

り世界に負けないハブ的な港づくりが必要となる。

　名古屋市は，環境に優しい自治体であるといえるであろう。(藤前干潟は世界の渡り鳥が一時休憩する(集まる)場所である。2002年11月ラムサール条約に登録され，ここ藤前のゴミ埋立処分計画を止め，一転自然の仕組みを守ることとなる。そのため，無駄なごみを出さないよう全国にも稀な細かな分別の仕組みを行なう。

　名古屋港の漁民の問題はない。政治家の特別な思いはない。(だろう)
名古屋が世界に誇れるもの(世界商品として)
ⓐ　環境……ごみの分別
ⓑ　歴史……400年に亘る武家文化
ⓒ　技術……ものづくりの技術力(バイオリン・陶器等々)

資料4「名古屋管理組合との研究交流」
記録担当：　中京大学村山研究室　東　康子

　11月16日10:30から約2時間，名古屋港管理組合の会議室で，「港湾と都市の関係」について，米国での調査結果と，それとの関係で名古屋港についての若干の提案をさせていただき，名古屋港港湾組合の専門家からのコメントをお願いしました。

　名古屋港管理組合では総勢9名の方に私たちの報告を聞いてもらうことができました。9名の方の何人かは，報告を聞きながらところどころメモを取り，うなずいたり，小さく声を発したりされていました。

　名古屋港の問題点については，日ごろ名古屋港管理組合の方々が感じられていることが当てはまっている事があるとおっしゃっていました。

　また，名古屋港への提案に出てきました「市民を巻き込む」「イベントを行う」につきましては，ちょうど今，「名古屋港百年祭」を行う計画があり，それの準備を行っているそうで，マスコット・キャラクターの名前を市民から募集するそうです。

　報告会についての感想をまとめますと，会議室に入室した際，多くの方に集まっていただいたことを知り，はじめはとても緊張しました。そして，張りつめた空気の中，報告が進むに連れ，村山先生の話術でだんだんと空気が和んでいくのを感じました。

　最後に，竹内さんの報告のとき，ディープインパクトの姿がモニターに映った瞬間，みなさんのどよめきが一番大きかったのに，私はホッと一安心し，なんだ

かとてもうれしくなりました。
　報告・討議終了後，何人かの名古屋港管理組合の方が気さくに話しかけてくださいました。管理組合をあとにしたとき，なんとなく言葉にできない充実感がのこりました。

資料5「名古屋市役所との相互交流コメント」
記録担当：　中京大学村山研究室　東　康子

　11月16日午後3時から約2時間，名古屋市役所の会議室で，「港湾と都市の関係」について，米国での調査結果と，それとの関係で名古屋市のスタッフの方々からのコメントをお願いしました。
　名古屋市役所総務局企画課の4名の方々に私たちの報告を聞いてもらうことができました。報告後の討議の中でいくつかの質問があり，名古屋市役所と中京大学との研究交流の中で次のような相互コメントのやりとりがありました。
　名古屋市役所からの質問
1. 名古屋港と街は距離的にも気持ちの面でも離れているが，アメリカではどうなのか？
2. マンション建設は，名古屋の港にもやって来ることになるだろうか？
3. 街と港の間の「距離的に離れている」という"意識の距離"を短縮できないか？

　討議からの相互交流コメント
1. 名古屋港が名古屋市内としてだけでは完結していない（東海市と知多半島も名古屋港湾地域に入るのでなかなか名古屋市としてまとめることが出来ない）
2. 報告における問題認識が的確。現状を打開することを今までいろいろ考えてきたが出来ない
3. 名古屋港の基本は産業と貿易機能が一番である。貿易による収入が港湾事業である。それでも，港湾が"市民の憩いの場にはなれないかな，とは考えている。
4. 愛される港を作りたいものである
5. 港湾が産業にのみ特化しすぎないだろうか。都市と港湾の両者の近代化における不整合な開発ジレンマがないだろうか
6. 都市近代化の過程で「産業の歴史」と「港の歴史」とが一つになっていない
7. 横浜・神戸は文化の窓口としての港湾機能を果たしている
8. 名古屋港は規模が，他の港と較べると広い

9. イタリア村は民営化のモデル事例で，その成功の輪が広がるのを期待したい
10. 横浜・神戸港は名古屋港に比べ奥行きがない。朝から晩までずっと港にいるわけではなく，港に行き，その周辺の街などで行動し，また港に戻ったりすることが気軽に出来る。名古屋港は港と街がブツッと切られている。港で現実に動ける範囲がない。あの辺りで一日動けるような風になるのが理想。しかし，現実にはハードものは難しい
11. 地域のブランド力を上げることで人が住むようになる。臨海地区に高層マンションが建つと，人が集まる
12. "あおなみ線"から港へのつながりをよくするためには，人が動きやすくする仕掛けをつくることだ

資料6.「川端直志先生のコメント」

中京大学・村山報告への川端直志先生からのコメント
平成17年11月8日　中京大学425番教室
まとめ担当・中京大学村山研究室　東　康子

歴史思考の重視（日本の港湾の原点を知ること）
① 源氏型（農民文化性）と平家型（海洋文化性）のリーダーシップの違い
② 家康は陸に籠る源氏系（東国地域），信長は海に開かれて平家系（西国地域）
③ 名古屋の港は，平家型と源氏型の両方の歴史特性を持つ

名古屋港の開発特性
① グローバル化のトヨタが最近港に出てきた意味は重い
② 名古屋は，日本でも数少ない活力のある街で，名古屋から港湾について何かをスタートすると面白い
③ 四日市と名古屋とが，スーパー港湾で1つになることは，その経営のチガイがあり難しいが，将来的には共通のテーマが必要である

日本の港湾の開発成功事例
① 横浜は都市と港の関係で，赤レンガ倉庫（歴史的建造物）の再生運動から仕掛けた
② 神戸は，港湾開発と空港開発（神戸空港）との結合で，都市イメージを再開発する方向。神戸の港は，中古車のオークション市場を開発。そのロジスチック効果で物流コスト削減に成功。他社の市場参入も歓迎し，中古車市場における日本の中心市場化に成功。港の機能再生面での成功事例

③ 海を商品化することに成功。水際線商圏の半分は海で通常では商業が成り立たない。そこで、サービス型産業を強化して持続。水面をいかに使うかの地域立地戦略がある。都市環境の中での港湾環境の水面の価値を再評価すること。例えば、都市のヒートアイランド現象に対して水面がその緩和の働きをする

アメリカ型ポート・オーソリテイの日本適用への可能性
① 従来型の社会資本の整備を、経済活動に連動させていくという考えがあれば、アメリカ型のPAは受け入れられる。
② だが、日本はもうそういう時代ではないので、アメリカ型ポートオーソリテイは、日本にはいらない。その時代は終わった。それに近いものがあったから
③ しかし、このままでいいわけではない。

中部圏の都市と港湾との関係改善への提言
① 中部＝伊勢湾というもっと広域で考える。広域のエリアで伊勢湾をどうするか、ということを考える。環境を考えることが、一番大切である。
② 抜けている港環境の魅力と都市の魅力とを港がどうやって生かしていくか。
③ ハードの設備はもういい。むしろ、ソフトの設備をどうするかの議論を集中すべきである。特に、日本政府（大蔵省、法務省、厚生省、農水省など）への提言として、物流・人流の港湾と空港についての「CIQ」（税関手続・入国審査・検疫）の流通効率を改善してもらいたい。以上

第 II 部
会社文化の国際原論

要　約

　「グローカル経営戦略」と「企業文化論」の学問と教育を楽しめる地元大学は，世界のトヨタが"身内のような"存在だからである。先生も生徒もトヨタ色が強い。だが，もっと面白いことは，トヨタの企業文化をより深く知るために非トヨタ系企業の研究をテーマにする学生もいる。例えばホンダの企業継続原理を研究した水野論文である。

　最初に紹介する中尾論文「自動車部品メーカーの海外展開―我が社のグローバル過程論」は，トヨタ系の1会社として，親離れの下心で自社の国際展開の軌跡を分析検証する。そして成功経験を海外に適用させる場合に3つのグローバリズム・パターンに直面する。
　第1は自然淘汰の適者生存で象徴されるアングロ・サクソン型のグローバリズム。第2は地域連帯と協力企業関係のトヨタ型グローバリズムである。第3は，"我が社の"試行錯誤のグローバリズムである。子会社といえども，親会社の創業者の自立心が力強く息吹く。

　第3のグローバリズムには，国内グループ経営の強みを残しながらも，外国の競争市場では親から巣立ち，親を越える「戦略と文化」の人的資源の開発が望まれる。さりとはいっても，海外で自立できる我が社のグローバルな企業戦略論と組織文化論は，収斂と分散，制度と柔軟，本社化と現地化，そして，効率原理と人間原理の両極の間を揺れ動き流動的である。中尾論文はそうした苦悩の茨道に向けて，我が社の国際化の歴史観と海外戦略の類型化

のコンセプトを網にして，"第3のグローバリズム過程"を分析的にまとめた。

水野論文「繁栄継続の企業原理—ホンダを探る」も，第3のグローバリズムの「グローカル経営戦略の国際原論」の形を説く。ホンダはアメリカ的経営でもない，もちろんトヨタ型経営でもない。類型化できないホンダ固有の企業文化とグローカル経営戦略は，創業者本田宗一郎の生き方の中にその経営遺伝子の原型がある。水野論文は，会社が持続する原理とは，その創業者の生き方と思想が共有され伝えられていくことをまとめた。その事実をアメリカのMITグループの研究成果を下敷きにして検証した。「個人と組織」の結びつきの会社文化，そして「人間と仕事」のつながりの生き甲斐をホンダの経営理念に組み換えた。そうしたホンダの創業者理念の揺るぎない持続を，水野論文が説いている。

ホンダの創業者理念論とトヨタ系の国際経営論は，ともに「自社の戦略と文化」をグローバル化する狙いがある。その根底にある思いは，揺るぎない創業者の霊魂である。企業文化の原型が，ホンダもトヨタも創業者の魂にあり，その創業的霊性が，闘える日本の資本主義精神であり，両社の科学信仰の社員根性である。

第3章

自動車部品メーカーの海外展開
―我が社のグローバル過程論―

中 尾 一 也

キーワード：海外展開の概要，状況分析とその問題認識，海外進出の歴史，海外戦略の動機分析，海外経験と学習効果，会社の国際化史と海外経験からの戦略再考，経営現地化の遅延原因を探る，海外機会への進出行動と組織戦略，グローバル化の「時間の流れ」と「戦略の流れ」，異文化経営と"現調化戦略"

はじめに

　近年日本の産業界は，これまでにない程の速さで海外進出を繰り返している。我が社が関連する自動車関係においても例外ではなく，むしろその牽引役になっているとも言える。国内市場は今後縮小へと進む事が予測されているおり，更に海外展開が進む事は必至である。

　我が社は，創業から60年にわたり，トヨタ系の自動車部品メーカーとして，トヨタのお膝元である三河地方で，トヨタだけをみながら経営を行ってきた。その会社が，海外に進出する事を余儀なくされており，実際に既に幾つかの海外進出を経験してきた。余りにも急速に海外展開が進んだ事で，試行錯誤を繰り返しながらも，トヨタにおいていかれまいと必死に海外進出のあり方を模索しているところである。

　本論文では，我が社の海外への進出の歴史と経緯を振返ることで，我が社の海外戦略を考えると共に，これまでに実際に経験してきたことを基に，そ

こから見えてくる問題点についてまとめる事で，今後の海外展開の方法を探るという手法をとっている。

ともすれば，自社の経験をまとめた事例集になりそうなところを，村山教授のご指導で，学術的な面からの思考を織り交ぜる事により，それを回避した。

同じ企業であっても，その時の環境により戦略は変わってくるものである。しかしながら，過去から学ぶ事はできるはずである。我が社の今後の海外展開を考えるにおいて本論文が少しでも役にたつ事を願う。また，また村山ゼミで勉強し，同じ様な課題を持っている他の生徒の研究文献になれば幸いである。

I　序　説

我が社（後でXYZ社とも呼ぶ）は，中部経済圏にある自動車部品メーカーである。客先である自動車メーカーの海外進出に引っ張られるかたちで，1980年代頃から急速に海外進出を展開してきた。現在では，日本国内の売上と海外の売上とが，ほぼ同等のレベルになるまで，海外売上の比重が高くなってきている。

自動車業界の情勢を考えると，今後もますます海外へのシフトが進むことが推測される。しかしながら，海外進出において問題がないかというとそうではなく，それぞれの海外進出先で幾多の問題を抱えている。また，日本本体（日本国内の事業部ネットワーク）[1]においても，急速な海外展開に対応してゆく為の体力不足が見え始めてきている。

今後の我が社の海外事業展開を成功させる為に，これまでの歴史を振り返ると共に問題点を整理し，自動車メーカーに取り残されることなく海外展開を行うにはどの様な組織であるべきかの検討を本論文で試みたい。

我が社の海外事業を振り返る前に，我が社の日本の事業概要について紹介しておく。我が社は，トヨタ自動車を親会社とし，自動車用の足まわり部品

1　日本本体という表現は，社内用語で，その意味は，日本本社を中心とした日本国内と海外展開とを結び付ける「ビジネス行動総体化の経営システム」をいう。

第3章 自動車部品メーカーの海外展開 119

図表1 会社概要

社名	XYZ社
設立	1939年
資本金	47億円
株主	トヨタ自動車 50.5%，豊田通商 15%，他
従業員数	1,100名
生産品目	自動車用足まわり部品
売上高	単独 550億円，連結 1,100億円
主な客先	トヨタ自動車，ダイハツ工業，スズキ，本田技研，三菱　他

の生産・販売を行う会社である。主な客先は，親会社であるトヨタ自動車を中心にして，ダイハツ，スズキ，本田，三菱といった国内の主要自動車メーカーを客先としている。その他の概要については，図表1「会社概要」のとおりである。

II　研究視座と研究仮説

　本論文をまとめるにあたり，自己客観化の分析手法を採用した。この手法は，自己の主観を客観化するために2人の自己を先ず設定した。
　第1の自己は「主観の自己」で"我が社"である。第2の自己は「客観の自己」で"XYZ社"である。We思考の"仲間グループ的な主観"に対して，They思考の"外部の規範的な客観"という言い方もできる。
　"我が社"のここでの定義は，「自己と会社との一体概念」で，組織文化を内側から見て，内的秩序を重んじる主観的な分析視座である。
　次に，"XYZ社"の概念は，「競争関係や外部環境に開かれた自己」であり，自己／自社への客観的な評価と吟味の分析視座である。
　"我が社"が主観的自己だとすると，「XYZ社」は客観的自己という言い方もできる。だが，主観と客観の意味世界をもう少し掘り下げてみよう。
　"我が社"の言葉の意味には，自文化中心の情緒主義が隠しきれない。そこに合理性の科学を論証できない「主観主義の限界」がある。
　一方，「XYZ社」の言葉の意味には，合理の客観主義を正当性と認めながらも，"客観主義の幻想"がついてまわる。それでも，比較の認識科学で自

社を他社との関係で戦略的に位置づけようとする。

　正当性を決める科学的な合理性は，客観主義だと言われてきた。だが，組織に生きる企業と個人にとって，組織の合理性と客観性は"不確かな正当性"への近似値的な性質の場合が多い。

　そこで，「XYZ 社」の概念を正確に捉えれば，その意味世界は，他社や外部者によって相対化された自己の存在価値であり，市場での客観的な自己の他者への説得力である。しかも，その説得力の内外の影響力は，暗黙知の組織資源として定着する性質を持つ。

　この論文では，「主観主義」と「客観主義」の対称性で位置づけている。ここでの「主観」と「客観」の仕分けは，単純化して，自己と他者との関係で区分している。その区分方式にしたがうと，「主観は自己中心思考」であり，「客観は他者許容思考」である。

　別の言い方をすると，「"我が社"の主体性」は，「自社中心主義の主観性」が本質的な組織特性である。一方，「XYZ 社の主体性」は，自己思考と他者思考とが交差する「自他相互主義の客観性」である。

　さて次の仮説設定だが，中部経済圏の会社には系列化とグループ化がまだ色濃く残っている。そこで，日本文化の中枢価値である「家元制」[2]，即ち，日本文化的な「経営価値観」[3]に根ざした"一家"の概念を，「わが社」と「XYZ 社」とを包み込む"もう1つの"「グローバリズム」という仮説設定をしてみた。

　次に，「ナショナリズム」と「多元文化主義」の対称性について，「現地会社」と「本国会社」の意識格差の問題を考えなくてはならない。この問題こそが，普遍文化主義の拘束力の勢いをもって共有され始めた「グローバリズム」の問題と対峙する。

　世界的潮流であるアメリカ型のグローバリズムを，ここでは「グローバリズム―タイプA」とし，"もう1つの"グローバリズムを「グローバリズム―タイプB」とした。「グローバリズム―タイプB」を"トヨタ型"（Toyota

---

2　家元とは，イエ文化を中軸とした組織文化で，江戸時代の藩，芸道（例えば茶道や歌舞伎）にみる"一家意識"である。日本的経営にこの"一家意識"が盛り込まれると，正と負の効果があるが，トヨタ系の"一家意識"の経営は，正の効果と解釈されている。

3　参照：村山元英「日本経営の価値体系」所収　同著『アジア経営学』文眞堂，2002年12月。

Way）と仮に定義しておいた。

　本論文は，筆者の職場経験を学問の形態に整える1つの試みである。"我が社"の主観性と「XYZ社」の客観性とを組み合わせることで，1企業の国際化の系譜をより科学的に整理し，未来への組織文化の創造と，別次元の海外戦略モデルが提案できるかもしれないという期待が，本論文の中に籠められている。

　テーマ研究の出発点は，「我が社の国際化の系譜」を明らかにすることであったがその後，そのテーマの方向性が，現場の科学に目覚めて，「国際化をにらんだ現地化問題」と「その現地主義の思想と戦略」の模索を，脱グローバリズム／超グローバリズムの新しい道筋で展開する道筋を選ぶようになった。

　分析過程で，"我が社"と「XYZ社」との分離表現が，不透明で曖昧になることがある。その混合や重合の出会いこそ，本論文が提示する重要な発見である。

　その理由は，「主観の自己」と「客観の自己」とが，その媒体と触媒とを試行錯誤で模索する過程において，主観と客観の次元では括れなくなった問題解決志向の「超越の自己」，即ち，新戦略との"偶然の出会い"があるからである[4]。

　そこで，日本本体と現地会社との両者の関係を結ぶ「思想と戦略」の仮説設定を求めてみた。その仮説を，ここでは，① 自己主体を強化する「自己中心主義」，② 他者思考で自己を他者関係で相対化する「自他相互主義」，③ 摩擦を乗り超えて直感的に超越的かつ創造的な「問題解決主義」[5]の3仮説に絞ってみた。

　「研究視座と研究仮説」の初期的な段階で筆者が最も苦労したことは，「経

---

[4] 村山教授の「超学際的方法論」（Transdiciplinary Approach）によると，超越主体論は，脱出理論と外圧理論の先にあり，新しい循環の主体形成の方法論をめざすものであり，既存の病理現象から隔絶した新創造が理想的イメージである。参照：村山元英「国際経営学の再構築への基礎理論と研究方法」，所収　同著『国際経営学原論』創成社，2004年10月，411～420頁。

[5] 村山理論の「3"ち"の経営人類学」で，地（現地），血（歴史），知（叡智）の組み合わせによる直観の科学。成田空港紛争の話し合いによる平和的解決の研究過程からの発想。参照：村山元英「経営人類学的アプローチ：地域企業のグローカライゼーション―グローバリズムとローカリズムの共生理論」所収　同著『国際経営学原論』創成社，2004年10月，404頁。

営と文化」の問題処理であった。我が社が，海外の現地経営をいかに理解し，その理解がどの程度の問題解決に有効かという，異文化評価の問題がでてきた。

異文化を無視して成功する経営手法は，「自己が世界である」という自社文化絶対主義を確立したときであろう。しかし，「文化絶対主義」は，持続できない歴史の証明がある。

したがって，「文化相対主義」を取り入れて我が社のグローバル海外展開を考えるようになる。だがこの「文化相対主義」は，必ずしも個別文化の深層を十分理解しないまま，表層的な文化論で終始する傾向がある。特に計量的な文化分析に「文化相対主義」の限界が顕著となる。

そこで，文化の固有性が多元的な存在であるという基礎前提で，「多元的文化主義」を肯定してみた。多文化の相互理解と相互行動が，異文化経営を円滑にするという我が社の「現地化思想と現地化戦略」がここに芽生える。

さて，「多元的文化主義」，即ち，「多文化主義」は，受入国の国民感情（愛国心も含めて）と対峙する次元にある。我が社を「多元的文化主義」の1経営実体として，その範疇に組み込まれるとしよう。そこで，我が社の企業文化の実体が，日本本体の企業文化のカタチとリズムで海外進出すると，受け入れ現地国の「ナショナリズム」と摩擦を起こしかねない。

もちろん，現地会社の企業文化が，ナショナリズムと無縁の場合には，異なる企業文化間の摩擦問題の解決ができるが，企業文化の中に現地国の社会問題とナショナリズムが融合している現地会社の事例が多い。

ここに，「多文化主義」と「ナショナリズム」の葛藤が見られる。「ナショナリズム」とは，"国民感情の塊"であり，国家の経済利益としての「国家利益」（National interest）とは異なる。

ここに，「多元的文化主義」の肯定が，逆に，国民感情を逆撫ですることになり，「ナショナリズム」，即ち，国民感情の取り扱いの問題が生まれる。このナショナリズムが，ふるさと愛や地域愛と重なっているので，その現地的な理解が，より奥行きの深いものになる。

以上述べてきた本論文作成に当たり構想した「企業現地化への研究視座と

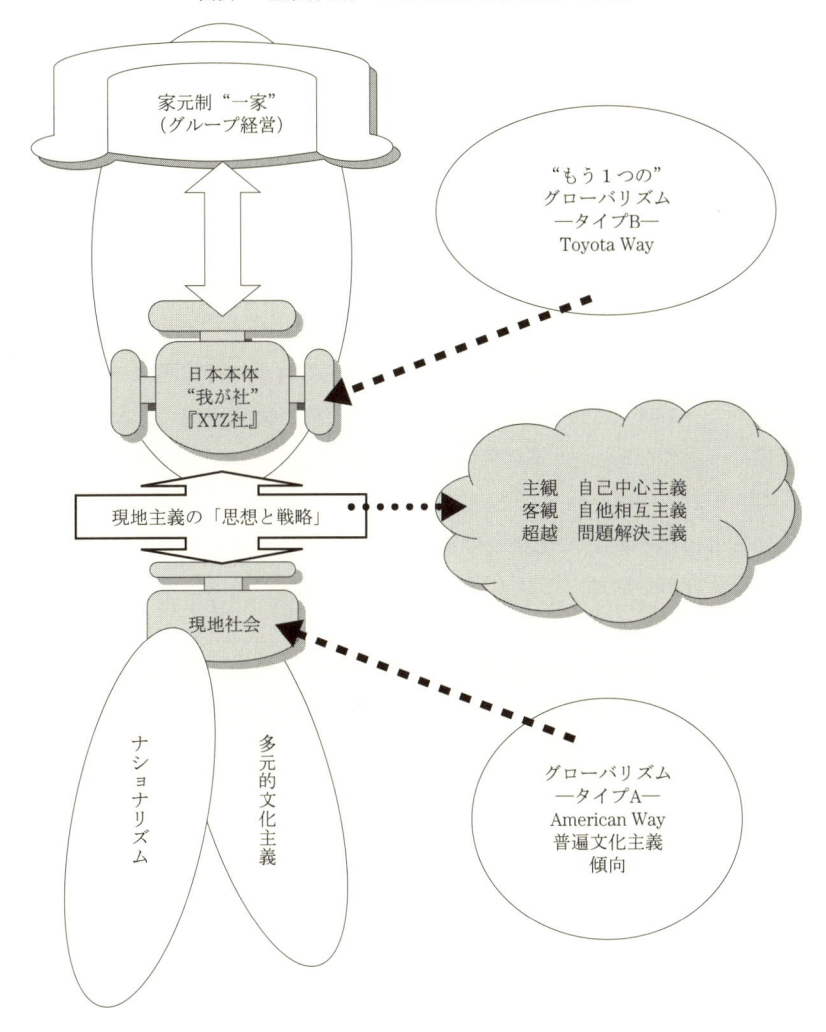

図表 2　企業現地化への研究視座と研究仮説の全体像

- 家元制"一家"（グループ経営）
- 日本本体"我が社"『XYZ社』
- 現地主義の「思想と戦略」
- 現地社会
- ナショナリズム
- 多元的文化主義
- "もう1つの"グローバリズム—タイプB—Toyota Way
- 主観　自己中心主義
- 客観　自他相互主義
- 超越　問題解決主義
- グローバリズム—タイプA—American Way 普遍文化主義傾向

研究仮説」を，図表2にまとめておいた。この図が，これからの論理構成と論文展開のガイドラインとなる。

Ⅲ　研究方法論

「方法が正しければ，結果も正しい」。このことは，経験を学問に近づけることにも通用する。

筆者の学問的方法は，経験の科学を求め，現場の対話に学問の種を探す性質のものであった。状況分析と問題認識の分野での情報収集は，直接面接手法によるもので，その方法は，より高い情報価値の"生の情報"を発見できる機会であった。

現場の科学としての研究方法は，海外と国内の職場の日常性にあった。本研究テーマへの筆者の関心が，仕事の日常性での「観察研究」を契機に「面接研究」へとつながり，「文献探索」へと導いた。

また，中京大学大学院ビジネス・イノベーション研究科の村山ゼミナールでの報告と，国際経営文化学会の第10回年次大会でのテーマ報告は，集団討議の研究方法となり，これまでの研究領域の"掘り下げ"と"広がり"の機会となった。

仮説設定とその仮説検証は，社内に埋もれた情報資源，都合の悪い未公開資料，語りにくい体験情報をいかに収集するかという課題があった。幸いなことに，筆者の研究に好意的であり，全社的な協力がえられたことを感謝したい。

前述した「研究視座と研究仮説」が，研究の対象とその目標への視点を絞込み，認識科学と政策科学を取り込んだ「仮説・検証の道筋」を示した。

次にここで紹介する「研究方法論」は，認識論的アプローチと政策論的アプローチを織り交ぜた方法であり，初期的な状況分析と問題認識の段階での面接情報と文献情報の収集が，徐々に「問題解決の指針」となる"政策形成素材"へと連動する場合が多かった。

また，我が社固有の企業文化から発生する状況とその問題について，研究手法も，時には臨機応変に，採用せざるをえなかった。例えば，酒席での親交を深めたときの対話や，気楽な環境の創出などである。社内の仲間から信頼されることが，研究手法の多元的展開の基礎条件だということも，今回の

研究調査で筆者は痛切に実感した。

Ⅳ 海外展開の概要

　我が社は，日本，米国，アジアの3極で事業展開を行っており，海外への展開方法には主として次の2つの組織戦略モデルがある。
① 資本参加会社：日本本体（日本本社）が，資本参加し経営主体をもって運営している現地会社
② 技術援助会社：資本参加はせずに技術援助のみを行って，経営主体は現地会社にある

　以上の資本参加方式と，技術援助方式とを，内容分析すると次の図表3の「我が社の資本参加している海外会社」と図表4の「我が社の技術援助のみの海外会社」のようになる。

図表3　我が社の資本参加している海外会社

地域	出資	生産品目	客先	従業員数	日本人	トップ
米国	68%	足まわり部品	米国トヨタ	450人	12人	現地人
台湾	90%	足まわり部品	現地トヨタ	31人	3人	日本人
タイ	51%	足まわり部品	現地トヨタ他	300人	7人	日本人
インドネシア	74%	足まわり部品	アフター当社	470人	9人	日本人
中国	60%	足まわり部品	現地トヨタ	450人	7人	日本人
韓国	30%	足まわり部品	現地売り当社	445人	0人	現地人
マレーシア	19%	足まわり部品	現地三菱　現地ダイハツ	150人	0人	現地人

図表4　我が社の技術援助のみの海外会社

地域	生産品目	客先		従業員数	日本人
		現地売り	輸出		
インドネシア	足まわり部品	アフター	当社	930人	0人
中国	足まわり部品	アフター	当社	1000人	0人
台湾	足まわり部品	アフター		290人	0人
南アフリカ	足まわり部品	現地売り	欧州	300人	0人
パキスタン	足まわり部品	現地売り		500人	0人
韓国	足まわり部品	現代ルノー		200人	0人

V　状況分析とその問題認識

　我が社の海外展開において，わが社が支配株主への所有戦略を超えて，経営主体（経営権）をもって現地企業を運営している会社と，それとは別に，技術援助のみのつき合いの現地会社とでは，当然のことながら，日本本体と現地会社との関係の持ち方も違ってくる。

　ここでは，わが社が経営主体をもって運営している現地会社を中心に，現状の日本本体と現地会社（海外会社）[6]の関係について次のように問題認識を整理してみた。

1.　日本本体との関係

　我が社は，日本本体において，生産製品を軸とした事業部制度を導入している。その中で，海外会社の事業部の位置づけが明確になっているかというと，必ずしもそうはなっていない。

　なぜこの様に曖昧になっているかは簡単に説明することが出来ないが，大きな要因の1つとして"連結経営の不透明さ"（Opaque Network Management）[7]ということが考えられる。

6　本稿に用いられている「海外会社」と「現地会社」の言葉の意味は，支配株式数に関係なく，海外の関係会社，関連会社，提携先，取引先などを包み込む風呂敷的な総合概念である。

7　我が社での"連結経営"の社内的な意味は，複合的な組織間を結合する組織経営のことである。言い換えると，多元化する経営システムのネットワークと，異なる組織間の職能統合のシステムを言う。海外会社と国内会社の両極の多元化をどう組織統合するかという意味でも，地域連帯の"連邦経営"の意味もある。

海外会社は独立した現地法人といえども，会社として必要な全ての機能が備わっているわけではない。例えば，研究開発，技術部門は日本本体のみにあり，その費用配賦は「ロイヤルティ」（技術指導力）という名の下に，"ある意味では実態が伴わない"費用回収の方法を採用している。
　また，日本からの出向者の給料も100％現地会社が負担するのではなく，日本本体が半分近くを負担しているというのが実態である。
　更に細かく言えば，現地からの依頼で日本本体が動いた費用を100％請求しているかといえば，なかなかそうはなっていない。
　以上の問題が良いか悪いかの議論は別として，事実がそうである。それ故に，組織表上ではれっきとした現地独立法人である海外会社を，「海外独立会社」と割り切って考える事がなかなか出来ず，日本の事業体の延長として考える風潮がある。
　時には，トップからも日本の"事業体トップ・マネジメント"に対して，海外会社の経営責任を求める様な発言がある。だがその一方で，海外会社の経営権／人事権は，全て現地にあることも事実であり，日本本体の"事業体トップ"としては，経営責任を求められても思うように動けない仕組みになっている。
　わが社のトップ・マネジメントが意図してこういう不確かな組織にしているかどうかは分からないが，"連結経営"の社内用語が不透明な問題に原因がある。
　正直な感想だが，"連結経営"という言葉を巧みに使い，「ある時は日本の責任」，「ある時は海外会社の責任」という様に，我が社の海外経営は，その責任の所在が曖昧であり，これが良い結果をもたらすのであればいいが，どちらかというと，"連結経営"の言葉の意味世界が，ただの責任転嫁のよりどころになっているというのが実態ではないかと思う。
　我が社の主観的視点からXYZ社の客観的な立場に目線を移して言えば，XYZ社の海外経営が，開かれた多国籍企業やグローバルな経営を選好せず，閉ざされた本国中心志向の日本型本社管理を重んじるという解釈もできる。
　だが，XYZ社は必ずしも本社集権的とは言えず，現地企業の自立性もあり，未成熟な発展過程ではあるが，その事業部制の特色はグローバルとロー

カルが錯綜するクロス・ファンクショナルな事業部制をめざしている。

　国境を超えたときの事業部制組織と関係会社管理の問題について，XYZ社は"連結経営の不透明さ"への対応を根源的に求められている。

　本国中心の自己中心主義から，現地国の事情をも考慮に入れた自他相互主義の海外経営への進化を，ここでは「現地主義の経営」と呼んでいる。

　その「現地主義の経営」が，日本本国へ逆流して，XYZ社固有の事業部制の見直しと，「日本本体」と「海外オペレーション」とのネットワークのあり方への戦略再構築を促す。

　ここで次の問題は，これまで，我が社／XYZ社が理解してきた"連結の経営"の意味が，第1次的には，主観の自己中心主義であったが，第2段階では，企業行動の海外展開が超国境的になったので，これまでとは異なる客観の自他相互主義を強めることになる。

　そして，第3段階では，「自己中心主義」と「自他相互主義」のそれぞれ功利主義的な限界から「超越の問題解決主義の道に創造性をもとめるようになる」。

　そこには，日本本体と現地会社の枠組み思考を"超越する"「我が社／XYZ社」がある。例えば，後述する第3のグローバリズムとしての「グローカリズムの戦略的提携」のリーダーシップ論をめざすようにする。そのモデル事例は次のような新しいリーダー像である。

　ⅰ．外に開かれた「"顔となる"リーダー」をつくる
　ⅱ．組織を引っ張る「"纏め上手の"リーダー」をつくる
　ⅲ．正念場で役にたつ「"勝てる"リーダー」をつくる

　現地会社のリーダーは，以上3つのリーダー資質を求められているが，それぞれが異なる3人3様の性質のリーダーである。もちろん，1人のリーダーが全部3つのリーダー資質を兼ね備えていれば問題解決が円滑である。だが，その期待は難しい。したがって，現状を超えて複数リーダーを構造開発することである。

2．海外会社の人事

　我が社にとって海外会社／現地会社の人事関係についての主要点は，図表

3 「我が社の資本参加している海外会社」の中にまとめておいた。

　米国，韓国，マレーシアを除くと，現地会社のトップは総て日本人となっている。

　韓国，マレーシアの現地会社については，もともと現地に存在した会社に，我が社が後から資本参加した会社である。したがって，現地会社の経営者がそのまま継続している。

　純粋に我が社が設立した海外会社で，現地人がトップになっているのは米国にある現地会社だけである。

　また，客先との交渉窓口である営業担当はというと，こちらは韓国，マレーシア以外は全て，日本人が営業を担当している。

　我が社には，経営者の現地人化についてどのような「経営思想と経営戦略」があるだろうか。

　在米現地会社については，我が社がマジョリテイ・オウナーシップでも，経営者は現地人である。その理由は，現地に有能な人材が確保できたからである。

　在韓国現地会社（我が社が30％所有）と在マレーシア現地会社（我が社が19％所有）については，我が社がマジョリテイ・オウナーシップでない。株式の過半数支配できないことが，経営者の現地化と相関関係しているのだろうか。

　韓国とマレーシアの両現地会社の「経営者の現地化」については，現地に秘められた愛国心か，自立経営の尊厳があるからである。

　経営者能力の現地採用は，現地経営者をどう評価しているかの問題である。よりグローバルな視点で，しかもローカルな経営風土を配慮して，現地の経営者能力をどのように受容するかが，我が社の現地化論として問われてくる。

　我が社の海外会社の「経営者の現地化戦略」とは，その株式所有戦略とは別の次元として考えられるのだろうか。

3. 現地会社への出向者

　我が社の現地会社への出向者の任期については，明確な規定がない。原則

として技術員は3年，営業・経理は5年を目安にしているが，会社の風土として，組織よりも個人の資質に頼った経営をしてきた傾向があり，それがそのまま出向者の任期にも反映されている。

現地にとって，使える人間であれば任期は長くなり，使えない人間は次から次へと変えられるといった傾向がある。また，現地のトップ人事に至ってはもっと曖昧で，年数ではなく，定年退職を現地で迎えてもらうという，ある意味では今後に希望をもてない人事となっている。

我が社の海外派遣人事は，現地会社側の要望での人事配置と，日本本体側の意向による人事配置との間のバランスがどうなのだろうか。

この問題認識は，日本国内と現地側の両サイドにおける，経営人的資源の蓄積過程とその開発戦略の状況に関係している。我が社は，日本の社内から海外への派遣社員について，これまで次のような視点をもっていた。

① 現地に必要な人材を適材適所に
② 健康で忍耐強く，異文化環境に順応できる能力
③ 我が社の未来構築の人材育成の一環

出向社員の任期の問題は，その社員の社内キャリアー・デベロップメント計画との関係で通常考えられている。「モノづくりがヒトづくり」と連動する。その視点から言えば，我が社の「ビジネスの国際化」と「人的資源の国際化」が，国内と国際との間の障壁を取り除く次元での長期的かつ柔軟なものへ磨き上げていく必要がある。

また，超国家的な人的資源の活用とは，未活用な人的資源の探索と発見でもあり，その後の段階として人的資源開発の問題が生じる。

主観の自己中心主義から，客観の自他相互主義へと視点を移して，XYZ社の立場から，この問題を考えてみたい。XYZ社が，「管理する・管理される」の"経営の本質"を忘却し，親会社・子会社関係にみられるような「支配と従属」「命令と実行」のタテ型主義の経営が一般化すると，そこで，XYZ社にとって中小企業の持つ本来的な弾力性と創造性の経営資源を喪失する恐れがある。

そこで，超越型の問題解決主義の視点でこの問題に対応すれば，わが社／XYZ社は，会社創立時の原点に立ち還った人間像へ循環回帰することであ

る。その時代の創立人間像は，イノベーション・イメージをもっとも強く残している。

創業期のイノベーションは，技術革新であるが，会社の国内成長と海外展開が，そのイノベーションの意味を，技術革新から社会革新の意味を持つようになる。会社の社会的存在が明確となり，企業倫理が問われてきた世界的傾向がそうさせる。

だが，イノベーションの本来的意味の革新思考は，技術革新と社会革新に共通なものがある。革新概念の共通性を次のようにまとめることができる。

 ⅰ. 革新は，洞察力と共にある。変革をつくれる社員は洞察力を重んじる
 ⅱ. 革新は，未来への種まき。社員が未来に夢みる会社の仕組みづくり
 ⅲ. 革新は，社員の多様性と仕事の仕方へ冒険する勇気と許容の構造から

4. 海外会社の職能限界

「日本本体との関係」のところで前述したように，海外会社は，研究開発と技術部門を現地に持っていない。言い換えると，現地会社は純粋に"生産工場"という位置づけになっている。

また，現地会社がその会社自身で生産技術や保全部門を持ったとしても，その技術レベルの水準が思うようにあがっていないので，ことあるごとに，我が社は日本からの海外出張者を応援派遣しているというのが実態である。

主観の自己中心主義から，客観の自他相互主義へと視点を移して，XYZ社の立場から，この問題を考えてみたい。この問題は，XYZ社による現地会社の戦略的位置づけが，現状志向の生産拠点であり，技術防衛とコスト管理を重視するからである。それ以外に，現地マーケットの成熟に伴い現地市場での営業優位の地位確保や，第3国貿易の国際ビジネス機会への対応などである。

さらに，グローバルな視点，超越的な問題解決主義の立場で，我が社／XYZ社の海外会社の職能限界をつぎのように捉えなおしてみた。

グローバル化とは，「地球が1つ」という"世界短縮"の概念であるが，残念ながら，国家が地球に1つという統合がない。むしろ，国家が地球拡散しているのが現実である。

ただ，世界がEUのように地域連邦化している現実も無視できない。日本もやがて東アジア連合などの地域連邦化の道を戦略的に選択せざるを得なくなる。

地域連邦化を前提とした海外経営は，日本本体を世界の地域連邦化にあわせて，例えば3分割することである。日本本体を「アジア本体」，「アメリカ本体」，「ヨーロッパ本体」と，とりあえず3分割することが予測できる。

もちろん，本体機能のグローバル3分割に付随して，それぞれの3地域主体が，営業職能，生産職能，研究開発，経理財務の本体職能を分有して，連結経営することになるであろう。

かくして，3地域のそれぞれの地域グローバル会社が，その地域全体の関係会社と関連会社を地域連邦化する統括会社となる。その上で，3地域グローバル会社の"グローバル連邦経営"が，我が社／XYZ社の成長未来像であり，組織進化の方向である。

以上の地域連邦化のグローバル化を前提とした，現在の日本本体と海外会社との職能上の問題解決の方向は，日本の本国中心の中央集権型管理組織の限界を克服する未来的な戦略思考である。グローバル連邦経営型の地域統括会社の組織開発が，"もう1つのグローバリズム"に沿った超越型問題解決主義の1つの「思想と戦略」である。

5. 設備・金型の問題

研究開発部門が日本にしか拠点がないことと，設備設計が日本では外注依存ということ，この2つの我が社の問題をどう考えたらよいだろうか。

基本的な問題として再考すると，日本本体における「設備開発をめぐる経営哲学」の問題がある。

設備設計をわが社の技術者が行うのではなくて，我が社の技術者は，設備メーカーに基本仕様を伝え，その仕様に基づいて設備メーカーが設計を行うために，我が社の設備の重要な部分は，設備メーカーがノウハウを持つ事になってしまい，簡単に他の設備メーカーに転注できない仕組みになってしまっている。

当然の事ながら，海外に進出するからといって，海外の設備メーカーに簡

単に発注はできない。

　更に，いつまでたっても海外の設備会社は技術・品質レベルが低いという推理的な思い込みから，思い切った「生産設備の現地化」を行えない。

　これらの要因から，いつまでたっても設備・金型は日本で生産して，海外へ輸出するということを行っており，当然費用が高くなる。

　また，設備と金型の本体が日本製ということで，修繕用の部品もいちいち日本から送らなければならず，それに伴い，調達リードタイムも長くなるので，海外会社の予備品在庫も増えてしまうという弊害を抱えている。

　我が社が，日本で自社の設備と金型を外部発注すると同じように，現地調達が海外会社で採用されず輸出依存する状況は，今後どうなるであろうか。この問題に対して主観の自己中心主義から，客観の自他相互主義へと視点を移して，XYZ社の立場から考えてみるとしよう。

　その1つの方法は，SWOT方式による戦略の見直しである。国内と海外での競争企業と我が社との競合関係を客観的に相対比較して，「強さ」(Strength)，「弱さ」(Weakness)，「機会」(Opportunity)，「脅威」(Thread)をまず整理して，選択集中の会社戦略を展開することである。

　さらに，我が社／XYZ社の超越主義の立場に立って，設備・金型の問題解決の方向を考えてみよう。その1つの方向は，企業買収や合併の戦略である。M&Aは，成長の時間短縮である。自社開発に時間がかかり，また，自社能力に限界を見出せば，外部能力を如何に取り込むかの内部能力の問題がある。

　外部能力が自社の未来形成へ，補完し，修正し，創造する潜在力ありと判断すれば，その外部資源をM&Aで，競争他社に先駆けて"連結の経営"に結びつける行動戦略がある。

VI　海外進出の歴史

　次に，我が社が創立以来，どの様な経緯をもって海外へ進出してきたか，親会社であるトヨタ自動車の海外進出動向と重ねあわせて，その歴史を振り返ってみたい。図表5の「我が社の海外進出の歴史」がこの事情を要約して

図表5 我が社の海外進出の歴史

	当社の海外進出	トヨタ自動車の海外進出
1939	当社設立	
1942	操業開始	
1962		トヨタ・モーター・タイランド設立
1968		ASSB 生産開始（マレーシア）
1970		TAM 生産開始（インドネシア）
1974	タイ企業に技術援助開始	
		テクニカルセンター USA 設立
1983	フィリピン企業に技術援助開始	
1983	マレーシア企業に技術援助開始	
	＊トヨタ自動車からの要請による進出	
1984		NUMMI 生産開始（GM との合弁）
1986	米国に新会社設立	
	＊トヨタ自動車からの要請による進出	国瑞汽車生産開始（台湾）
1987	台湾に新会社設立	
1988		TMMK 生産開始（米ケンタッキー）
		TMMC 生産開始（カナダ）
1989		TMPC 生産開始（フィリピン）
1994	台湾の企業に技術援助開始	
1994	タイの企業へ経営参画	
	＊川崎汽船からの声がかりによる	
1995	インドネシア企業に技術援助開始	
	＊技術援助先からの申し入れによる	
	＊輸出拠点の確保	
1996		TMVC 生産開始（ベトナム）
1998		TMMI 生産開始（米インディアナ）
2000	インドネシアに新会社設立	四川トヨタ生産開始
	＊日本への輸出拠点として当社の意志で進出を決定	
2002		TMMBC 設立（バハ・カルフォルニア）
		天津トヨタ生産開始
2003		TMMTX 設立（米テキサス）
2005	中国に新会社設立	広州トヨタ設立
	＊トヨタ自動車からの要請による進出	

いる。
　海外進出の歴史を振り返るにわが社の海外進出の動機は，以下の3つに大別できる。また，その内容について個別に分析吟味してみよう。
　1．客先自動車メーカーの要請による進出
　2．日本への輸出拠点としての進出
　3．自社独自の海外戦略に基づく進出

1．客先自動車メーカーの要請による進出について

　我が社は，自社製品を一般ユーザーに直接販売するのでなく，OEMによる生産販売を行っている。
　その客先は，親会社であるトヨタ自動車が全売り上げの約80％を占めている。それは，海外進出の歴史にも顕著に表れており，わが社はトヨタ自動車が進出した先に，後を追う様にして進出している。
　そしてそのほとんどは，実際にトヨタ自動車からの進出要請を受けての進出であることがよく分かる。

2．日本への輸出拠点としての進出について

　もうひとつの進出要因として見て取れるのは，日本への輸出拠点の確立という目的での我が社の海外進出がある。例えば，95年のインドネシアへの技術援助，2000年のインドネシアへの企業進出などは，日本での競争力確保のために，インドネシアに海外進出している歴史的流れがそこから読み取れる。

3．自社独自の海外戦略に基づく進出

　更に，上記2つの進出動機以外に，そもそも海外進出をどうするかといった自社としての海外戦略がある。
　我が社はOEMメーカーであるために，自動車メーカーの動向を無視して，自社独自の戦略をたてることはなかなか難しいが，自動車メーカーの海外進出の規模と進出先の市場規模，更にわが社の競合相手とのからみあいで，現地での地域戦略上の兼ね合いなどを考慮した結果が，我が社独自の海外進出の戦略的展開となることがある。

Ⅶ　海外戦略の動機分析

　我が社の海外進出動機との関係で，海外戦略を再考してみよう。

　海外進出の動機に，上述の「客先自動車メーカーの要請による進出」がある。客先自動車メーカーが，我が社に対して，進出要請を行った理由を考えると，それがすなわち我が社の海外事業の戦略に結びつくものと考えられる。

　客先である自動車メーカーにとっても，海外進出というのは未知の経験であり，その国を輸出拠点にするのでなく進出先で商売をするには，その国にもともとある競合に打ち勝たなければならない。

　そのためには，自動車メーカーとして市場の優位性が求められ，例えば，現地市場での価格優位，品質優位，サービス優位などが確立していなければ，海外進出の投資効果が得られない。

　自動車産業というのは，裾野が広いと言われている様に，今の自動車会社は，エンジン生産と自動車の組み立てを行うのが主で，ほとんどの構成部品は部品メーカーから供給される。

　進出先にも自動車メーカーがあるのだから，部品メーカーも存在するが，それら部品メーカーは自国の自動車メーカーとの商売のやり方が染み付いていて，日本の自動車メーカーの要求を直ぐに理解し対応をしてくる会社は少ないはずである。

　そもそも日本の自動車メーカー自身，進出先の会社の従業員に，何故その様な技術・品質・価格を求めるのかというところから教育をしている様なレベルであるため，部品メーカーとの技術・価格交渉などは，全てを理解している日本人が中心にならざるを得ない。

　そこに，言葉の問題なども絡み，日本で長く付き合っている部品メーカーに進出してもらうのが一番となり，我が社の様な会社に自動車メーカーからの海外進出要請があるものと推測する。

　我が社は，海外の自動車メーカーのトップ，日本人バイヤーに密着し，海外進出の動機を上手く活用し，時には自動車メーカーに恩着せをしなが

ら，一方では，海外の会社であっても日本本体の自動車メーカーに部品供給を行うのと全く同じ設備・金型を使うことで，競合に対する技術・品質優位性をアピールすることで商売の確保を行ってきた。

更に，日本で長く培った自動車メーカーとの取引経験と，日本本体から得られる客先自動車メーカーの情報を使い，自動車メーカーの要求に対し，海外の部品メーカーでは決してできない，暗黙知での対応をすることで，客先にかわいがられる戦略をとってきたといえる。

Ⅷ 海外経験と学習効果

我が社の海外経験を整理してみるとしよう。情報収集にあたり，社内の海外経験者からの研究協力を全面的に頂戴した。情報整理の箱を次の「成功体験」「失敗体験」「学んだこと」の3つの範疇（カテゴリ）に絞ってみた。

1. 成功体験

(1) トップの現地化による会社の活性化

米国会社のトップ経営者を現地化したことで，経営のあり様が日本の指示に基づく経営から，現地の考えで行う経営に変わってきた。

更に，日本式経営のある意味で暖かみのある会社風土と現地人トップの融和で，従業員のやる気・活力が上がってきた。

実際に従業員の活性化を示すエピソードとして，わが社の米国会社では，給料の高さに引かれて，他の米系企業に移る従業員が稀にいるが，何年かすると戻ってくることがある。理由を聞いてみると，我が社の方が，従業員の自主性を重んじてくれて，自分のやりたいことができる会社であり，勤めていて楽しいという回答が返ってくる。

2. 失敗事例

(1) 同業会社との合弁

米国にある現地会社は，当初米国籍の同業他社と合弁で事業を開始した。我が社はトヨタに対する日本での実績を生かし米国のトヨタとの商売を成功

させ，同業他社は，BIG3向けの商売を取ってくるということで事業を開始した。

だが，お互いの経営方針の違い（利益に対する考え方，投資に対する考え方等の違い）などがあり，結果的にはこの合弁会社は，その事業を解消した。そして我が社が事業を引き継ぐことになった。

合弁企業の設立に"いいとこどり"を狙ってもなかなか上手くいかないという教訓的な事例である。

(2) 経営責任の所在が不明確

前述した通り，「日本本体と海外会社の経営責任の所在が分かりくい組織」となっている。

このことが，海外出張の場合に顕著に現れる。本来であれば現地の要請に基づいて出張し仕事をするのだから，全て現地側負担として有償請求とすべきである。

ところが，問題が発生した場合に現地からの要請などには関係なく，日本国内においてその海外会社が生産している製品事業の"関連トップ"に対して「何とかするように」と指示が出る。

製品軸連結でみれば，日本と現地とのどちらが費用負担しても同じという解釈から，日本負担で出張者を派遣することが多い。

この様な費用負担の考えは，日本国内の国税当局にいじめられることはいうまでもないが，それ以上に現地の会社に，「何かあれば日本が助けてくれる」と言う"甘えの体質"が出来上がってしまい，現地従業員の力がついてこないという問題もはらんでいる。

(3) 営業での失敗

これも先で触れたが，これまでわが社は日系メーカーの日本人営業担当に対して，時には進出の経緯を上手く活用しながら，ある意味では"浪花節的な営業"を行い，トヨタに何とか参入したいという同業他社の低価格攻勢に対して，品質・技術・納期の優位性を説くことでそれなりに上手くやってきていた。

ところが，客先の方は，いつまでも日本人主導ではなく，徐々に現地主導に切り替えを行ってきていた。それを知らずにこれまで通り，日本人営業担

当が発注権をもっているものと思い，いつまでたってもその日本人だけから情報をもらい，売込みを行っていた。

実際には発注権も現地人営業にとっくに移っており，その営業担当は我が社が相手ではなく，我が社の競合と商談を進め，我が社の仕事を競合会社にもっていかれたというケースもある。

(4) 現地人の採用人事

現地での保全マンなどの特殊技能者は，現地の労働市場では売り手市場であり，採用が難しく，採用してからも他社からの引き抜きも多く，人材確保が大変である。

良い人材が定着するまでの間，日本から代行の者を派遣せざるを得ない。こういった派遣で発生する費用は当初の事業計画では見込んでいない場合が多く，結構なコスト増影響になることがある。

また，日本サイドとしても予期していない出張のために日本に残された人の業務負担が増加することになる。

3. 学んだ事

(1) 横領

我が社が技術援助を行っている会社（資本参加はしていない）の社長が，ある日突然会社の金をもって消えてしまった。

また，インドネシアの技術援助先では，在庫品を工場の真中の1等地で保管していたために，なぜ生産上重要な場所で在庫を管理するのか聞いたところ，道路に面した壁際の近くに置くと，従業員が壁越しに製品を工場敷地外に放り出し，外でトラックに積んで中古市場に流してしまうことが分かった。

我が社に直接的な金銭ダメージはないものの，2つとも日本では考えられない事件であり，改めて日本とは全く違う環境で仕事をすることの難しさを思い知らされた。

(2) 標準化

財務諸表・生産実績管理表など，どの国の会社にもある帳票（報告書）が，それぞれの会社毎に独自のルールで作られており，帳票を見ただけでは各社の横並びの比較が出来ないことが分かった。

日本本体においても,「連結管理」という掛け声だけは上げているものの,運用する従業員1人1人に標準化の意味が徹底して伝わっていない。

また,日本では設備・金型の標準化ができているとされていたのが,日本で量産している金型を海外に持っていっても,簡単には生産できないことが分かってきた。

全く生産できないわけではないが,同じ設備であるにもかかわらず,日本と海外では設備・金型の条件を変えており,それがきちんと日本に伝わっていない。

したがって,金型があれば直ぐに生産とはいかず,ある程度の生産準備から必要になることが分かった。

これは何も日本と海外に限ったことではなく,日本のAラインとBラインでも実は同様のことが起こっているのだが,日本国内では表面化していなかっただけの問題である。

日本国内だけで生産を行っている時は,人の対応で見えてこなかった問題が,海外会社スタッフと一緒に仕事をするとき,共有できない標準化の問題が顕在化してくる。

(3) コミュニケーション

中国での交渉において,合意内容を文章化する時に,同じ言葉(漢字)であっても日本語の意味と中国語の意味が全く違うということがあった。

突然相手方が態度を軟化させる場合,その理由を確認しておかないと後でとんでもない理解違いということが発生することもあるので注意する必要がある。

同様に,通訳を使って商談を行うときなど通訳が自分の言ったことを100%伝えていることはほぼあり得ない。せいぜい60%がいいところではないだろうか。

仮に100%伝えたつもりであっても通訳の知識レベルによっては,伝えたい内容が変わってしまっていることがよくある。重要な部分は,再確認が必要であるということを自身の経験から強く感じた。

また,コミュニケーションというと直ぐに言語の違いを想像するが,それ以前に大切な事として,同じ日本語同士でも思考方法・表現方法が乏しく,

伝えたいことを相手に伝えられないという問題が，海外とのメール・faxのやり取りで見えてきた。

その様な人が，通訳を介したら，会話は成立するはずがない。相手は生活習慣，文化が違う人であり，日本人同士のやり取りより複雑になるのは明白である。

海外とのやり取りを通じて，言語よりもまずは相手を説得させる思考・表現方法を身につけることが大事であることを痛切に感じている。

(4) 暗黙知の限界と要求側の責任

日本では，全てを言わなくても相手が意図を汲み取ってくれる風潮がある。それは会話だけでなく，設備・金型の見積・製作にしても同じである。

日本の産業構造の特殊なところといっても良いかもしれないが，要求する側は，仕様を詳細に書いて伝えなくても，口頭でざっくりした仕様を伝えると不思議とモノが出来上がってしまう。

そのやり方に慣れているので，海外で新しい調達先を探す必要が出て来た時に，本来であれば調達先候補に要求仕様書を提示しなければならないが，そんなものはあるわけがなく1から作り直すことになり，時間がないことを理由に，結局日本から高いお金を出して輸出するということが多々ある。

この様な日本流のやり方を続けていると，過剰仕様の設備であっても，要求する側に査定能力がなくなり，不当に高い買い物をさせられていることにもなりかねない。

ましてや，海外では絶対に通用しないことや，モノが出来てこないやり方をしていることが分かってきた。

(5) 労使問題

賃上げや食事の改善等を求めてのストライキだけでなく，ある特定の従業員に対する処罰が不当という理由からスライキに発展することもある。労使関係については，日本以上に気を使う必要があると感じている。

IX 会社の国際化史と海外経験からの戦略再考

我が社の海外展開の歴史，過去の経験から海外で事業（ビジネス）をする

ときの"必要と思われる知識"を下記のようにまとめてみた。

1. 営業の現地スタッフ化

　前述したように我が社の海外進出当初は，顧客が日系企業であることから，日本の企業であることを前面に打ち出した販売戦略をとってきた。

　しかしながら，客先である自動車メーカーの顧客は現地人であり，自動車メーカーが成功を収めるには，どうしても「営業の現地化」が必要となる。

　客先自体が現地化にシフトし，現地の人が力を持ってくると，我が社がいくら客先の日本人に対して，海外進出した動機等を説明し，何とかして商売をと懇願したところで，もはや聞き入れてもらえなくなってくる。

　更に，「客先のバイヤーが現地化」されてきており，我が社が進出当初は，有効的に活用した日本人同士という図式が，米国人同士という様に変わり，競合他社との間で成立する様になり，我が社がいつまでも「営業の現地化」を進めないでいると不利な要素ばかりになってくる。

2. モノづくりの現地化

　では，製品の競争力，日系メーカー特有の仕事のやり方という部分を武器に戦えるかというと，製品の競争力，特に品質については，これまで日本の最大の武器であったはずが，日本本体自体のモノつくりの優位性が薄れてきており，日系メーカーだから必ずしも品質が優れているという様にはいかなくなってきている。

　また，日系メーカーの仕事のやり方に精通しているという面においても，客先自体が海外の仕事のやり方に慣れてくると同時に，競合も日系メーカーの仕事のやり方が分かってきて，我が社の優位性は無くなってしまう。

3. 価格競争の現地化

　価格についても，いつまでも日本と同じ設備・金型にこだわり，こちらも現地調達化が進まないと，どうしても現地の競合に対して，遅れをとることになる。これまでは，それでも圧倒的な品質優位性と日系メーカー同士の仕事のノウハウなどの総合力でもって，価格面をカバー出来ていた市場優位が

今ではそうもいかない状況になりつつある。

4. トヨタ依存とその未来変化

　以上は海外での問題であったが,「営業の現地化」を進めないということは, 現地だけの問題ではなく, 日本国内でもこの問題が生じてくる。
　日本は少子高齢化の問題などにより, これ以上市場が大きくなることはないばかりか, 今後縮小傾向になるといわれている。
　そうした中で, 我が社の客先のトヨタ自動車は, 急速に世界展開を進めており, 今後もその勢いは衰える様子はない。
　我が社としては, 客先の成長戦略にあわせて, 出来うる限り付いていかないと,「トヨタが最大の顧客」であるという優位性を失うことになる。
　それが, 新たな進出先だけの問題で, もともと抱えている事業に影響しないというのならまだいいが, 我が社の代わりになる競合が出てくれば, トヨタもその競合を頼ることになり, 全体の販売戦略に影響が出てくることが予想される。
　トヨタを追随してゆく時に最も問題となってくるのは, 人材である。海外進出先の拡大にあわせて, 如何にして海外で通用する人材を育てるかがポイントになる。

5. 人的資源の現地化

　そのひとつの策として, 先行的に海外進出した国家で如何に「経営全般の現地化」を行い, そこで開発した人材を次の進出先の人材として回せるかが, 大事な人事戦略になってくる。
　「経営人事の現地化」を進めることは, 先程紹介したような横領などもあり, 人物の資質を見極めるのはなかなか難しい面もあるが, これを行っていかなければ人が回っていかないのも事実である。
　日本人の人材育成と同時に, 海外でこれはと思う人材を発掘し, 日本本体で責任の取れる範囲内で, 現地人に信頼して経営を任せることのできる人事戦略が, 今後の最大の課題になってくると思われる。
　海外で通用する人材というと, 直感的に語学というものを連想するが, そ

れだけで海外で使える国際人材かというとそうではない。

　海外へ出向する人は，たとえ技術屋であろうと，経理屋であろうと，それだけを専門にやるわけにはいかない。日本本体の代表として，現地の会社をあるべき方向に導くためのサポートをするのだから，全てにおいてのバランス感覚が必要になると思う。

　また，少数での派遣のために，全てを一人で行うのではなく，必然的に現地の人にいろんな事を任せていかなければならない。その時に必要なのは，人を動かす能力（伝える力，理解させる力，やる気を出させる力）であると思う。

　コミュニケーション手段として，語学はもちろん大切であるが，それだけではなく，むしろ日本においての従業員教育で，人を動かす能力を養う教育・訓練をさせるべきであると考える。

6. 日本本体に「現地化の思想と戦略」の定着

　人の現地化を進めると同時に大切な経営現地化の「思想と戦略」は，その会社がたとえ，日本の資本であろうとも，「現地人のための，現地の会社である」，という雰囲気を作ることだと思う。

　我が社の現状の様に，日本本体がいつまでも指示を与える，或いは現地の会社が日本に頼りきっていては，会社も人も育たないし，成長に必要な活力も生まれてこない。

　これでは，現地資本の現地の会社と戦うことは出来ないと思う。もちろん，各国がばらばらで経営をすることは論外である。日本本体と現地会社の責任・役割を明確にすることが必要と思う。

　日本本体が，「現地化の思想と戦略を定着させて」，そこからの経営方針を示し，現地のトップはその意味を理解して現地にあった形にアレンジして事業を行い，その結果で生まれる利益を日本本体に還元するという形になってゆくのが理想ではないかと思う。

X 経営現地化の遅延原因を探る

1. 経営現地化の遅れ要因を解明

　我が社の海外事業（international business）において，トップ（社長）を現地人に任せているのは米国だけである。

　出向者の数については，海外事業を始めた時から少なくなっているところはひとつもない。むしろ，海外進出の時間がながくなるにつれて，日本からの海外出向者の数が多くなっている現地会社もある。

　なぜこうも現地化が進まないのか？　よく，海外出向者の社員が，現地の社員をさして，「彼らにはそこまでの能力はないから日本人がやらなければいけない」，といった発言を聞く。

　しかしながら，決して海外の人たちの能力が日本人に劣っているとは思わないし，学歴だけであれば，むしろ海外の会社が現地採用する従業員の方が優れている事も珍しくない。

　まして，現地には日本系の会社より，外資系や現地系の会社の方が多く，そういった非日系企業は現地系スタッフだけで会社のオペレーションをして，我が社と競いあっている事実がある。ということは，我が社の「経営の現地化に問題がある」のではないかと考える。

　日本からの出向者は，自身の任期（3年～5年）の間に結果を求められるが，現地の人にとって見れば，一生働く会社である。おのずとスピードの違いというものがあるのかもしれない。

　また，文化・商慣習の違いから，めざすゴールは同じであっても考え方の過程が違うこともありえる。そうすれば，問題が起こったときの感じ方，対応の仕方も当然違ってくる。そういった背景から，現地の人は駄目だとか，任せきれないと思うのではないかと推測する。

　また，日本からの出向者は少数精鋭で，それこそその道の専門家である場合が多い。そういった人たちからみれば，現地会社の人は，まさに素人集団に見えるかもしれないが，そこで非難するのではなく，しっかりと進むべき道を指示して，現地の人に任せて，徐々に彼らの力をつけてゆくことが大切

ではないかと思う。

　日本国内の社員に対しては，入社以来，事あるごとに社内教育を行っているが，海外会社の社員に対しても同様の仕組みを導入し，現地の人の力を養う努力をしてこなかった日本側の体制こそ非難されるべきではと感じる。

2. 欧米系企業の経営現地化と対比

　そもそも現地に数多くいる優秀な人に，我が社（日本の企業）が相手にされない，優秀な人材を発掘できない理由は何だろうか？

　アジアで，外資系企業の人気を聞くと，決まって米国の企業が一番人気である。ついで，欧州，日本，もしくは欧州，韓国，日本の順になることも多い。

　現地スタッフが，外資系企業を選択するときのモノサシは次のような動機である。（順不同）

① 給料がいい
② 能力が発揮できる
③ 実力主義
④ 英語が使える

　第1の「給料がいい」については，欧米企業が本当に給料が良いのか，はっきりしたことは分からないが，第3の「実力主義」とあわせて考えると，うなづける意見である。

　確かに欧米系の企業は，日系企業に比べて実力主義が進んでおり，実際に若くても役職の高い人が多くいるし，トップ自体が現地化されていることも少なくない。

　日本の様に1億人全てが中流といって安堵し，それなりに生活が保障されている国であれば，あえて高い役職につき責任が増えるよりも，何気なく仕事をしてそれなりの給料がもらえれば良いと思う人が多いかもしれない。

　しかしながら，アジアを始めとした発展途上国は，まだまだ考えられない位貧しい人が多く，何をおいても給料であり，そのためには，少しでも上の役職につくことである（また皆それを目指して勉強している）。

　また，日本人には，古くから謙遜を美徳と考える文化があるが，海外にお

いてはほとんどこの考え方は理解されない。

　契約社会であることが大きな要因になっているかもしれないが、強烈な自己アピールなしには生きてゆけない社会である。日本の文化を変える必要はないが、やはり海外で仕事をするのであれば、その土地で受け入れられるオペレーションを考えていかないと、いつまでたっても欧米企業に優秀な人材を持っていかれてしまうのではないかと考える。

　第2の「能力が発揮できる」という選択理由は、興味深い意見である。働く側としては、そもそも能力を発揮する土壌があるかというのと同時に、能力を発揮した結果としてどういう見返りがあるのかを期待する。

　日本の会社には、その2つがないと思われているから、人気がないのではと思う。

　日本の会社は、欧米系に比べて、「経営人事の現地化」が遅れており、それは現地の意見よりも日本本体の考えが大事にされるという印象にもつながりかねない。

　第3の「実力主義に徹しきっていない」についての事情は、第2の事情と重ねての問題認識で、「能力を発揮できない・認めてもらえない」といった、アメリカでもない、日本でもない、あるいは、現地の仕方でもない、中途半端な説明と印象を現地スタッフに与える要因ではないかと思う。

　「経営人事の現地化」を進めて、同時に自由で個人の能力を認める会社であることを印象づけていく努力が、我が社に不足しているのではと考える。

　第4の「英語が使える」についてだが、どの国でも圧倒的に英語を勉強する人が多いため、日系企業と韓国系企業よりも、欧米系企業の方が、人気が高くなるのは当然である。

　しかしながら、日系企業であっても、海外で事業をするには日本語では通用しないので、現地の言葉、あるいは最低限英語を話せるようにしておく必要がある。

　言葉が話せずに、海外会社の運営を行っていけるとは思えないし、ましてや現地の客先との交渉などできるわけがない。

　通訳を使うことは出来るが、通訳を介していては、相手が本当に意図するところがわからない。

英語については，従業員獲得というだけでなく，海外で仕事をしてゆくための最低道具として，日本本体での「英語の能力の底上げ」を図る必要がある。

3. 日本国内での国際人材の発掘と育成

以上の欧米系企業と日系企業との対比で見た国際人材の採用と定着問題の内容は，現地の人に聞いた話しである。現地の人からみた外資企業の人気の理由も分析的に以上まとめてみた。

それとは別に，日本の企業側も積極的に人材を発掘する必要がある。新卒者を狙っての学校などへのアプローチは，日系企業でも比較的簡単に出来るが，管理職クラス或いは，トップ候補の発掘は簡単にはいかない。

どうしても，現在トップを勤めている人の人脈，あるいは情報を多くもっている商社・銀行などに頼らざるを得ない。

しかし，やはり他人任せでは思うような人材を発掘できないのは明白である。現地の人たちが運営している商工会，パーティーなどに日本人自らが参加し，人と合うことが重要である。

残念ながら，我が社には，海外の文化・歴史に通じ，かつその様な場所できちんとした振る舞いが出来る教養を身に付けている人物がいないというのが実態である。

現地の優れた人材を発掘するには，製品・技術の国際化だけでなく，同時に日本本体の「人の国際化」を急ぐ必要があると感じる。

XI 海外機会への進出行動と組織戦略

1口に企業の海外進出と言っても，我が社の場合には，様々な進出行動の形態と経営組織化の問題がある。

一般論的に，この問題を次のように分類してみた。

① 会社自体を日本本社からは完全に切り離してしまい，それぞれの海外の現地法人が独自に経営展開する方法もある。この方式を，現地会社の「現地自立化」と呼ぶ。

② 現地会社を日本本国の支配下と位置づけて，日本本社が海外に対して実権をもつやり方。この方式による現地会社の「本社管理化」と呼ぶ。
③ 本社自体を本国にではなく，海外の別の国や都市にも移して本社を多極化する方法もある。この方法を，「本社多極化」と呼ぶことにしょう。

会社の国際化の歴史と関連業界の特色などにより，海外進出の行動形態には，一概に「どちらが正しい」ということは，なかなか言い切れないことである。では我が社の場合はどうあるべきであるか。

我が社はこれまでも述べてきたように，トヨタが親会社であり，海外進出先も基本的にトヨタを追随する形での進出となっている。

従って，我が社の国際化の方向は，やはりトヨタがどの様なスタンスで海外展開を進めるかにつきる。

そこで，トヨタの海外展開と，それに随伴する我が社の海外展開について次に考えてみたい。

1. トヨタの海外展開

トヨタは，02年末現在で，世界26カ国に進出し，46の生産拠点を抱えているが，他社と合弁というのは，米国のNUMMI（GMとの合弁）や，中国のように外資の規制があるところだけであり，それ以外のほとんど海外進出の形態は，トヨタが単独で株を支配している。

資本を抑えることで，海外会社を日本の配下に置くという形となっている。すなわち，海外法人であっても，トヨタの経営理念と主要な経営戦略は，日本主導という現れであると思う。

一方，「経営人事の現地化」についてみると，今現在はトップを現地人に任せているのは，米国，欧州，中国など数えるほどしかいないが，それらの内，優秀な人材を執行役員に引き上げるなど，「経営者の現地化」を進めつつ，日本本社とのバランスも上手くとっている。実際に現場で働く人はというと，基本的にラインの長は現地化し，日本人はそのサポートをするという組織体制を作っている。

しかしながら，いくら「経営の現地化」を進めても，一気に加速した海外展開にトヨタの人材自身が追いついていっていないというのが実情ではないかと思う。

　こうした事情は，我が社の様な1部品メーカーとの仕事のやり方ひとつをとっても端的に推測できる。例えば，我が社が生産している製品についてだが，トヨタ内に製品の要求仕様を検討する部隊があり，我が社はその情報に基づいて具体的な設計を行ってきた。現在も要求仕様を検討する部隊はあるものの，実務部隊はトヨタの社員ではなく派遣社員と我が社からの出向者で構成されている。

　また，トヨタと我が社の仕事の分担範囲も以前に比べると圧倒的に我が社の負荷が高くなってきている。

　こういった状況は，我が社の製品のみならず，いろんな部品製造についても起こっている。これは，海外展開が進んだという理由以外にも，車両の開発スピードが，昔と比べると考えられない位早くなってきており，トヨタの人材だけでは業務が回っていかないという事を示しているのではないだろうか？

　ただし，トヨタもそれを見過ごしているわけでなく，海外の従業員教育を日本から出張して教育するばかりでなく，なるべく日本の負担を少なくするために，日本に専用の教育施設を作り，海外の従業員を日本に派遣して教育を行う事で，日本の負担を軽減する策を既に実施しており，当然今後の人材対策も手を打っているものと推測する。

　先程，資本を抑えることで海外会社を配下におく仕組みであると述べたが，その一方で，技術については，日本，米国，中国，アジアそれぞれに核となるべき技術センターを設置している。

　日本本社が戦略を考えながら，各国の技術センターとどう連携してゆくのか，実務の面では既に日本本社が海外の技術センターをコントロールできていないのでは，と思われる問題も出てきており，今後の舵取りが非常に難しいところではないかと思う。

　また，設備・部品などの現調化についてだが，設備は基本的に日本から持ち込むことが多いが，部品についての現調化率（現地調達化比率）はかなり

高くなっていると聞いている。

現調化率とはいっても，日本でもともと"付き合っている子会社"が，我が社の様に，トヨタにくっついて海外進出を同様にしているので，現地のトヨタ系を中心とする日系企業からの調達ということになる。

ただし，トヨタが海外での「経営の現地化」が進むということは，結果的には，「何も日系の部品メーカーにこだわる必要もなくなってくる」という事態へ発展する。

日本では，部品メーカーを大切にしながらトヨタは大きくなってきた。そうしたトヨタの企業イメージが日本国内では定着しているが，海外においても同じ戦略をトヨタはとるだろうか。

考えられることは，海外流に安いメーカーで且つ，その部品の品質がよければ，どんどん我が社以外の会社の部品を採用するという道を選択するかもしれない。

トヨタ系の部品メーカーとしての我が社が最も気になる関心事はここにある。

2. 我が社の海外進出行動と組織戦略

我が社の海外展開はどうあるべきであろうか？　今後我が社が海外で成功してゆくために必要となるチェック・ポイントをつぎのように考えてみた。

海外で成功するためのチェック・ポイント
① 株による支配
② 人の現地化と組織
③ 設備・部品の現地化
④ 標準化
⑤ 地域との密着
⑥ 海外で活躍する人材育成

海外進出する際に，我が社が注意すべき進出行動と組織化についての吟味の主要項目は，上記の6点である。それぞれについて解説してみよう。

(1) 株による支配

我が社の海外展開においては，やはり最大顧客のトヨタにあわせて，海外

の会社の株を支配し，我が社の影響力を持つということが，最も良い方法ではないかと考える。

　トヨタは技術センターが全世界に4拠点ある。さりとはいっても同じ車型を世界でバラバラの仕様にするのではない。「日本主導の世界同一仕様品」のモデルか，あるいは「米国主導の米国専用品」のモデルといった様な，使い分けの方針を日本本社が考えている。

　我が社の海外会社が，日本本体の「管理化」にあれば，トヨタが「日本主導の世界同一仕様品」を開発する場合，日本側で得た情報をそのまま，我が社の海外会社に横展開し，我が社においても「世界同一モデル」として開発がスムーズに行われる。

　完全に分社化されている組織の場合については，それぞれのケース毎に運用を考えなくてはならない。

　例えば，同じグループ会社であっても，「分社化」された組織では，「世界同一モデル」が，スムーズには行かないと思われる。

　そういった意味においても，我が社の置かれている状況を考えると，海外会社に対して海外会社の株のマジョリテイ支配を行い，全体戦略は日本が考えることが大切である。

　ただし，トヨタのようにお金が余っている企業ではないので，その財源をどうするかという問題がつきまとう。

　これまでは，トヨタに借りる等してきたが今後も同じスキームが適用できるとは限らない。

　我が社は，装置産業であり，会社を設立する際の投資は，他の部品メーカーと比較しても格段に多い。投資額のかからない設備投資の検討を，今以上に推し進めると共に，自社内の財務体質を強化していかないと，今後の海外展開を考えることも出来ないと思う。

　また，進出エリアについてだが，トヨタについていくといってもトヨタが進出するところに必ず進出するというわけにはいかない。進出先の市場規模，競合の動向等をよく見極めて，戦略的に海外展開を図ってゆく必要がある。

(2) **人の現地化と組織化**

一方で，人については現地化を行ってゆくことがやはり重要である。進出当初は，日本人主導で会社を運営するのはやむをえないところもあるが，目標を決めて現地に任せていかないと日本人が，日本のために行っている会社というイメージが出来上がってしまい，現地従業員の活力が上がってこない。

　そのことが，現地採用のスタッフにとって，「日本の会社は能力を生かす場を提供しない」，といったイメージにも繋がり，新規従業員の獲得に対しても足かせとなり，組織内の不協和音の連鎖のようになってしまう。

　会社設立当初から，組織上の部長，課長といった役職は現地人に任せて，日本人はサポートに徹するという形で，現地人の会社という意識を作っていくことで，会社の活力，やる気につながってゆくと思う。

　その時に，日本本体が細かな事にまで口を出してきては，せっかくの「経営の現地化」が台無しになってしまう。日本はグループの全体戦略，全体最適をみながら，ある線（挽回が可能なライン）までは現地に任せきるというスタンスに徹することが，早く現地の会社を一人前にすることにつながると思う。

　そういう意味で，経営責任を100％現地に委譲する段階型の組織戦略が大切であり，そうでないといつまでたっても日本本社の言いなりの経営となり，現地にあった経営ができない。

　また，経営現地化の遅れの経営姿勢が，朝礼暮改にも繋がり，現地社員からの信用低下，活力低下を招くことになる。

　繰り返し言うが，これまでの我が社は，海外会社を日本本体の「製品軸ごとの事業体の1部」と見る風潮があったために，海外会社への出張，あるいは日本で海外会社のために行った仕事の対価を日本本体が負担するという傾向があった。

　こうした組織戦略を続けていては，いつまでたっても海外会社に「会社としての自覚」が出てこないばかりでなく，「自分たちがやらなくても最後は日本人が日本のお金を使い何とかしてくれる」という"甘えの構造"をつくることになり，海外会社の実力がつかないことになる。

　日本本体が海外会社に，そのサービスを有償請求するようになれば，無駄

と思われることに対しては"NO"と言うようになり、自分たちで解決の方法を考えるようになる。

日本本体と海外会社とは、それぞれ別会社ということを、双方がきちんと自覚して、お金を取るべきところはきちんと請求するというような仕組みにしてゆくことが、海外会社の成長につながると考える。

さらに、海外出向者の給料についても同様のことがいえる。我が社では海外出向者の費用は100％海外負担とするのではなく、日本側が半分近く負担するという構図になっている。

そのために、海外会社としては、働きの悪い日本人に対してもそれほど関心を払うわけでなく、ある意味では、現地人並みの仕事をしていればそれで許してしまうという風潮がある。

日本人出向者の給料を100％現地に請求すれば、そんなに高いお金を払うくらいなら、自分たちで日本人の分をカバーするという気概が生まれ、現地会社の活性化、及び日本人出向者の低減につながると思う。

日本本体の任期の決まっている役員、現地に短期計画で出向している日本人にとって見れば、設立から早い段階で海外会社が利益を出すためには、今の我が社のようになんでもかんでも日本本体が負担すると言った、ある意味における馴れ合いの方が都合が良いかもしれないが、海外事業を少し長い目で見た場合、日本と海外会社は別会社であるという意識を持って、請求すべきところは現地に請求して、その上で「現地の自覚」で利益が出る体制にしてゆく方向の、人事の現地化と組織化の戦略が大切ではないかと考える。

日本本体としては、上記のゴールをめざしつつ、その目標を実現するために、基本となる人材教育については、現地の人事とコミュニケーションをとりながら、日本の教育方法を導入するなどの"サポート協力"を行う必要がある。

(3) **設備・部品の現地化**

我が社の海外事業の概要のところでも説明したように、まずは日本本体の設備開発・設備製作の考え方を変えることが重要である。

設備の製作をメーカーに行ってもらうのは止むを得ないとしても、その設計は我が社自身が行うべきである。そうすることで、設備自体の無駄が省

け，価格低減にもなるし，日本の特定メーカーでなければ製作ができないということはなくなり，海外でも調達が可能になる。

我が社の規模ではとてもそこまで手が回らないと言う声もあるが，生産する製品の種類が限られており，設備がそんなにたくさんあるわけでなく，1度設計を経験すれば，それ以降はそれをたたき台にして，安くする工夫を織り込むことが可能になる。

海外には，我が社の設備を作れるだけの能力がある会社がないといった意見も聞くが，同じ製品を生産している会社は世界中にあり，その全てが日本製の設備を使っている訳ではないので，要は我が社の戦略転換だけだと思える。

設計を我が社が行うことで，設備本体の価格低減になり，設備の現調化も出来，さらには設備の現調化を促進することで，設備の修理のために日本から技術屋を派遣する必要がなくなる。

また，予備部品についても日本から調達するリードタイムを考えた場合，どうしても多めに持つことになるが，現地の設備であれば少なくてすむ。この設備に対する考え方については，社内でも議論が盛り上がっている内容であるが，海外展開を今後も活性化していく方向を考えた場合には，是が非でも我が社自身が設備設計を行うという体制に，組織を変えてゆかなければいけないと考える。

(4) 生産の標準化

生産の標準化とは，親会社であるトヨタが実績をあげてきたやり方であり，良いところは真似すべきである。

とはいいつつも，我が社の日本本体においてですら，生産の標準化は，案外出来ていないというのが実態である。

表面上だけ標準化を行うのではなく，誰であっても，簡単な教育で，同じモノが出来るようにラインを整備しておくこと。またどの国でも同じ条件で同じモノが出来る様にしておくこと。この2つの意味を，もう一度良く考えて標準化を徹底させる必要がある。

ただし，標準化を進めるということは，裏返せば現場の作業者の考える能力を奪うことにもなりかねない。

標準化を進めると同時に職場内での提案制度等を上手く使い，常に改善を進めてゆくことが大切である。

　また，改善結果をそのラインにとどめていては各国の標準化を乱すことになる。不具合情報・改善情報を，各国（日本も含めて）へ横展開する体制を整備し，常に全世界が共通の情報を共有することが重要であり，全体の効率化につながると思う。

　また，標準化は生産の現場だけでなく，事技部門[8]にも当然展開すべきである。事技部門における標準化というのはなかなか難しい面もあるが，最低限それぞれの業務において作成する管理指標は統一しておきたい。

　もともと管理を行うということは意味があって行っているはずだが，ながく使っていると当初の目的から逸脱しているものも多くある。そういった管理指標の意味をもう一度考え，不要なモノは破棄して，全世界で共通した指標を構築していかなければならない。特に，現場の生産管理指標，経理の財務諸表などは，その数字に基づいてトップが方針・戦略を決める大事な指標である。

　そういった状況を鑑みて，改めて管理指標の棚卸を行い，同時に世界共通にしてゆくことが重要である。

(5) 地域との密着

　日頃から地域と密着して，その企業が地域から愛されれば，自然と優秀な人材の情報が入ってくるし，人材も集まってくる。

　また，地域ぐるみの不正・横領などの抑止効果もあるはずである。ただし，それを現地の総務に任せきりにするのではなく，出向者自身が地域のコミュニティーに参加して，地域住民との相互理解を深める努力が大切である。

　地域住民だけでなく行政との良好な関係を築いておくことも，その国で事業を行うにおいて極めて重要なことである。

　アジア，中国など発展途上にある国では，まだまだ法治的というよりも"人知的"な要素が色濃く残っている。そうした国においては，如何に行政と親密にしているかが，物事の判断基準になってくる場合が多い。常日頃か

8　事技部門とは，社内の事務職能と技術職能との両部門。

ら良好な関係を行政との関係で築いておくことは，その地域で事業を行う上で，非常に大切になってくる。

(6) **海外で活躍する人材育成**

海外拠点の規模が日本本体の規模を超えた今，海外で通用する人材を如何に確保・育成するかは，正直一番の悩みである。そもそも「海外で活躍する人材には何が求められているか」という疑問から，国際人開発を問題認識すべきである。

我が社では，従業員各段階においての教育が比較的充実しているが，海外出向をにらんだ人材育成はというと「語学教育」を行っている位である。

日本本体と海外会社の"橋渡し役"になっている自分の様な部署にいると海外で必要な人材は，「語学ではなく，人を説得して，人を動かすことが出来る人材ではないか」と感じている。

海外に派遣する出向者は少数である。その少数の人たちがそれぞれ自分たちだけでやれることは限られている。日本では，それぞれに専門家がいて，自分に与えられた事だけを行っていれば良かったかもしれないが，海外では出向者が先頭に立って方向性を示してゆかないと業務は回っていかない。その時に必要になってくるのが，人を説得して動かす力である。

海外会社の現地スタッフに会社の方向性を示すためには，出向者自身の専門分野だけを考えるのでは不十分である。常に会社にとってどの方向に進むのがベストかということを考えるバランス感覚が求められる。

そのためには，「他部署の業務を理解する」，「会社全体の機能を理解する」必要があると思う。

そういった人材を育成するには，我が社が現在行っているような教育だけでなく，入社した時から定期的に配置転換を行うなどして，会社がどのように機能しているか，その中で自分は何に貢献しているかを体験させ，オールマイティーな人材を育成することが大切ではないかと思う。

自分自身で業務を行えば能力はあるが，「人を説得する・動かすという経営」ができない人間が多すぎると，不必要に現地摩擦をつくりかねない。特に技術屋・経理屋などの専門職にこの傾向が強く顕れる。

よくあることだが，海外に行っても自分ひとりが仕事を溜め込み，海外の

人にやってもらうことができず，結果的には，現地会社のスタッフの実力がつかないばかりか，現地の人は何もできないと"思い込む悪循環"につながってしまう。

こうしたことを考慮して，販売など常日頃から人と接触するような部署にいれば，おのずとコミュニケーション能力の向上と共に「人を説得する・動かすという経営」が身につくことになる。やはり配置転換を経験させる事が有効ではないかと考える。

(7) **事業戦略と所有戦略の環節圏**

以上これまで述べてきたわが社の海外進出と組織戦略のまとめを，主観から客観，そして客観から超越をめざして，その全体的関係の構図を描くと図表6「事業戦略と所有戦略の環節圏：多極化への選択基準点」のように

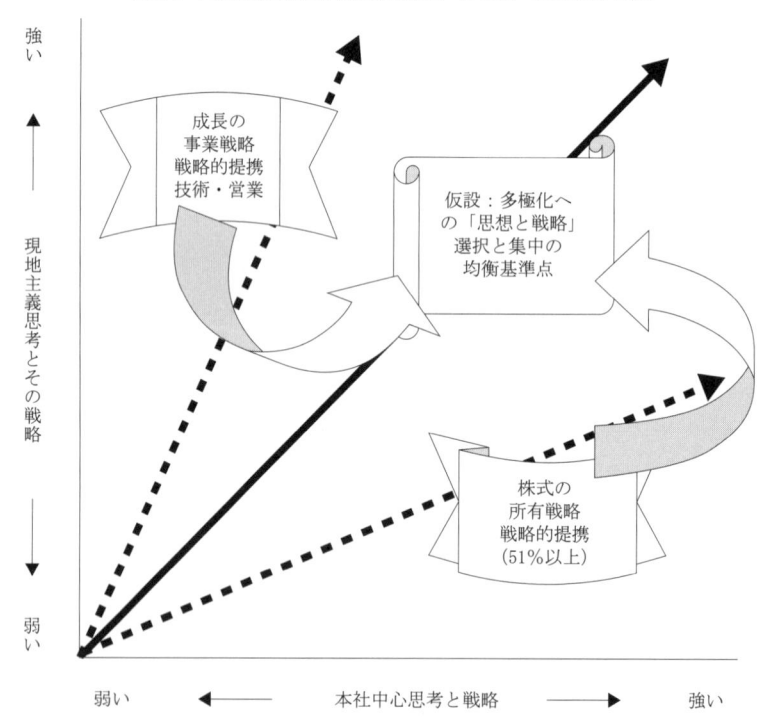

図表6 「事業戦略と所有戦略の環節圏：多極化への選択基準点」

縦軸：現地主義思考とその戦略（弱い↔強い）
横軸：本社中心思考と戦略（弱い↔強い）

- 成長の事業戦略　戦略的提携　技術・営業
- 仮設：多極化への「思想と戦略」選択と集中の均衡基準点
- 株式の所有戦略　戦略的提携（51％以上）

なる。

　自己中心主義の本社戦略は，株式所有の絶対多数を占める期待値へと進化する。その理由は，日本国内での成功する経営モデルが，所有の強制力を背景に海外移転しやすいからである。

　できたら現地会社の100％株式所有を目指すが，51％株式所有でも，マジョリテイ支配による進出企業の防衛戦略となる。

　また，進出企業による現地会社の50％を切った株式所有は，それなりの理由がある。例えば，その理由は，現地パートナーの戦略的要因や，現地政府の法規制による国内産業の保護と育成の国家戦略である。

　それ以外の理由として，現地会社の株式支配を制御する現地の事情は，前述した現地国側の国民感情と多文化主義の鬩ぎ合いである。

　例えば，自国の歴史的背景を「文化例外主義」として主張することが，ナショナリズム／ローカリズムの強化となる。一方，外国から「多元的文化主義」を肯定する方向への自国のグローバリズム／多国籍企業活動がある。

　こうした，ナショナリズムとグローバリズムの二重構造が，自他相互主義の経営をつくり，「現地主義の思想と戦略」を揺れ動かす。

　現地国のこの二重構造が，「株式の所有戦略」と「事業の多様戦略」との"取り合わせの妙"を産み出し，そして，海外会社についての「現地化の思想と戦略」の形成に影響を与える。

　この図は，ヨコ軸に「本社中心思考」，すなわち，「自己中心主義」の強弱を示す。タテ軸は「現地主義思考」，すなわち，「自他相互主義」の強弱を示す。

　「本社中心思考」は，"株式所有戦略"を惹きつける。一方，「現地主義思考」は，ビジネスの多様化，即ち，"事業多角化戦略"を惹きつける。

　その事業（ビジネス）とは，販売提携，技術援助，資金助成，教育訓練，経営指導などである。言い換えると，株式支配や合弁会社などの株式所有戦略とは異なり，株式非所有か，株式支配の届かぬ事業的な戦略的提携である。

　我が社は，前述したように，この所有戦略と事業戦略の"取り合わせの妙"に，多極化の均衡選択基準を，選択と集中の超越的な問題解決主義で模索している。現在は，その基準点を「所有戦略と事業戦略」「グローバル戦

略とローカル戦略」のマトリックス構造の中に見出している。

　最後に，この図の限界は，組織戦略と財務戦略との相互浸透性が見られないことである。所有戦略と事業戦略の"取り合わせの妙"が，ポスト効果，すなわち，合弁や技術援助契約，販売提携，経営資源供与などの戦略的提携後の経営実績の評価の問題が明らかにされていない。

　更なる問題は，"取り合わせの妙"を演出するにあたり，異種要素間の相互交流とその組織開発をいかに形成するかである。例えば，情報システムの制度化や情報処理技術化の問題である。適正にアップデートされたマニュアル経営にも，日本本体の会社哲学，経営方針，管理手続の3段階レベルで確立していなくてはならない。

　この問題認識への1つの答えは，「我が社のグローバリズムを問う」という課題を全社的にまず投げかけてみることである。

XII　グローバル化の「時間と戦略の流れ」

　さて次に，我が社のグローバル化を国際経験の「時間の真実」との相関で，選択と集中の「戦略の軌跡」を辿ってみよう。

　前述の株式所有戦略も，株式非所有戦略も，共に広義の戦略的提携である。我が社のグローバル化への海外展開は，戦略的提携の"ダイバーシイテイ"（「変革の多様性」）と"ワーク・スタイル・チェンジ"（「仕事の型変化」）である。

　海外展開の戦略的提携は，我が社の成長の系譜であり，試行錯誤の「時間の真実」と向かい合ってきた。その関係を図にするとつぎの図表7「わが社の海外展開の戦略的提携の型：時間の変化と戦略の型変化の相関図」のようになる。

　この図は，これまで述べてきた「我が社の固有の国際化の歴史」を要約し，分かりやすく簡略化して説明するものである。

　あえて，歴史の普遍化を求めれば，他のトヨタ系企業も含めた日本の会社もそうだが，超国境的なビジネスには，共通の戦略的系譜が見られる。その共通の系譜とは，図にあるように，主流の流れは「"事始めの"技術援助」

「"関係強化の"資本参加」「"現地化に成功願望の"合弁会社／新設会社」の段階的発展である。

　固有と思われがちな我が社の国際化の戦略的提携パターンは，相手国の工業化，都市化，そして国際化の歴史に呼応するかのように，多国籍企業の海外進出の"定石的な段階的パターン"ともいえる。

　ただし注意すべきことは，欧米系企業は，日本と異なり，会社そのものも1つの商品としての存在であり，M&Aの慣行を常識化している。ということは，慣れた「国内システム」を未知なる「国際システム」に延長する戦略的体制の準備が整っている。

　言い換えると，国内で馴染んだ"ポーカー"のゲームが世界のゲームとなり，そのゲームを楽しむようなグローバル化を欧米系の多国籍企業は，選択し集中的に攻めてくる。見方をかえると国内が国際に普遍化したともいえる。

　だが，わが日本の国内ゲームは，例えば，伝統文化としては"丁半博打"か"将棋"だとしよう。この"丁半博打"と"将棋"のゲームのルールが，国内で通用しても，世界のゲームにはならない。そこで，グローバル化という名の不慣れな"ポーカー"ゲームのルールを強いられて，世界市場のゲームに勝てない。そこで「ポーカー・ゲームのルールに修得の」，すなわち，グローバリズムの競争パターンに勝てる準備期間が必要である。

　我が社の戦略的提携が，アメリカ型のグローバリズム（例えば，ポーカーのルール）に従うのか，あるいは，これまで依存してきたトヨタ型のグローバリズム（グループ経営の世界化）の恩恵に乗るのかという問題に行き当たる。

　1つの解釈は，トヨタ型のグローバリズムが，アメリカ型のグローバリズムを吸収し，換骨奪胎して，「ポーカーの名手」であり，「将棋の名人」に昇華しているという仮説設定も可能である。

　この仮説に従えば，トヨタ型グローバリズムを我が社の戦略的提携のパターンに組み込む努力をすればよいことになる。だが，海外経営の本質は，危機管理と差別化戦略である。外部への戦略依存から，そして，定石のグ

ローバリズムの型からの脱出と超越の戦略的提携とは何なのだろうか。未来の戦略的提携パターンがわが社のどこに隠れているのだろうか。

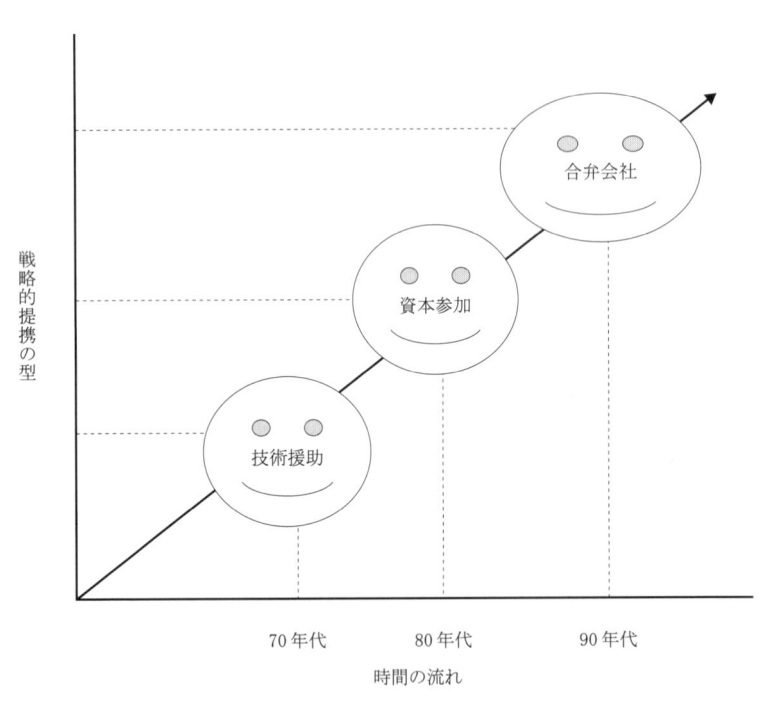

図表7　我が社の海外展開と戦略的提携の型：
「時間の変化」と「戦略の型変化」の相関図

（縦軸：戦略的提携の型、横軸：時間の流れ）

- 技術援助　70年代
- 資本参加　80年代
- 合弁会社　90年代

XIII　異文化経営と"現調化戦略"

　我が社の海外進出を成功に導くためには，その極論を言えば，「経営の現地化」と「日本本体の国際化」につきる。その波及効果が，「現調化戦略」に目覚める。

　その方向に沿って，これまでの議論に欠けていた点は，異文化コミュニケーション論と異文化経営の分析視点である。「他人の家には，他人の家なりのルールがあるように，海外には海外のルールがある」。そのルールとは，

法的に画一化された規則ではなく，相手先の慣習化した文化であり，こちらに馴染みのない思考形式と行動パターンである。

異文化交流を上手くやっていこうと思えば，お互いを理解することが大切である。ただし，各国にそれぞれで違った"文化のきめごと"（ルール）があるので，異なる文化をそれぞれの国で全て受け入れていては，各国がバラバラの経営をすることになり，効率の良い経営は出来ない。

我が社は日本の会社であり，日本を本体として全体最適をめざすわけだから，「日本本体の経営理念」を基軸にして，標準化できるところは各国共通の標準化をし，他はなるべく現地化を進めるというのが理想ではないかと考える。

また，日本本体が中核になるわけだが，「日本本体が日本文化に固執しているようでは上手くいかない」。

海外の文化の良いところは良いところとして取り入れ，社内の日本文化は，常に変化できる組織文化でなければならないと考える。

進出先の海外会社で仕事をする過程には，「異文化経営」の熟練者となり，「現地との調和」／「現地調達の利」を磨く練達の士にならざるをえない日常性がある。

1. 異文化経営

日本の企業にとって，異文化経営は何故難しいのだろうか？

日本は，島国であることから歴史上他の国と深く交流をした経験を持たず，また，それにより出来上がった文化特性なのか，或いは，日本人自体がそもそも閉鎖的な人種であるのか分からないが，海外の人・異なる文化と接触する事が極めて下手な人種であると思う。

欧州は，隣国が陸続きであり，歴史上領土の奪い合いが繰り返され，国を超えての結婚による混血が誕生した結果，欧州自体がひとつの共同体になっている。そういった国は，体験的に異文化交流の術を身に付けているのではないかと考える。

また，米国は欧州と違い歴史は浅いものの，独立以後，国自体が開放政策を行っており，NY，LA，CHICAGOなどの大都市は人種の坩堝であり，日

常の生活の中で自然と異文化とのコミュニケーション能力を培っている（ただし，時にコミュニケーションではなく，ある意味圧倒的な力を背景にした独裁者的な行為も目立つが……）。

更に，アジア，特に中華系の民族も広く海外に出て活躍をしており，それこそ世界中に独自のネットワークを持ち，異文化交流という意味においては，日本などより遥かに優れている。

日本と諸外国の違いは，異なる人種・異文化との交流を経験しているか否かであり，本国においてその経験を持たない日本人が，海外で違う環境におかれたからといって突然現地の人と交流が出来るものではない。よく見られるのは，日本人だけのコミュニティーを作って，そこに留まり，海外にいながらにして海外の人たちとの交流がないという事である。

この問題は当然，会社自体にも及んでくる。その結果，日本の企業が，海外へ進出して業績をあげても，閉鎖的で，いまひとつ知名度が上がらない，人気がないという要因にも繋がっているのではないかと推測する。

これでは，いつまでたっても日本人の為の日本の会社という印象を払拭できないばかりか，海外の人を深く知ろうとしないが為に，我が社の出向者の様な，「海外の人は能力がない」的な発言に繋がり，負の連鎖を作るだけである。

2. 現調化戦略

日本の会社が，文化の違いを意識せず日本のやり方を押し付けたらどうなるだろうか？日本本体と同じ経営理念の下，立派な経営者が事業を行えば国の違いに関係なく事業は成功しないのだろうか？

確かに日本で成功したやり方であれば，どの国でも通用すると思いたくなるが，そうはいかないというのが我が社の経験則である。思想は日本のものであっても，実際に会社で働くのは現地の人であり，その人たちの力をどれだけ引き出すかが経営である。日本では，良いと思われていたやり方が，海外では通用しない事は珍しくない。同じ結論を導くにも，現地には現地のやり方があり，それこそが文化・商慣習の違いから生まれるものだと思う。

また，もっと大きな視点で見た場合，日本の会社が海外で成功を収めた時

に，現地の文化を知り，現地に溶け込んだ結果の成功であれば，認めてもらえると思う。これが，日本のやり方を無理やり押し付けた結果の成功の場合は，進出地域から反感を買う事にも成りかねず，問題が大きくなれば貿易問題にまで発展する事も否定できない。

海外に進出して，本当の意味で成功するには，進出地域に溶け込み，その国の文化を受け入れると同時に，日本人の思想・日本の文化も受け入れてもらうという相互理解によって，初めて会社が愛され，永く企業活動を行える原動力になると考える。その結果，海外の優秀な人材が日本の会社に興味を示す事になり，より強い会社へと成長できるのではないだろうか。

進出先で利益をあげたら直ぐに引き上げるという様な会社であればまだしも，我が社の様な製造業は一度進出をしたら，撤退も思うようにならない為，やはり地域と調和しながら永く会社を運営していく事が大事であり，その為にも常日頃から現地との交流が成功のポイントになってくると考える。

同時に，わが社から国際的に通用する人材を育成するためには，若いうちから多くの仕事を経験させて，どんな仕事であっても業務（job）としてだけではなく，その仕事の事業感性（business sensitivity）を抱かせる教育が必要である。そうしたビジネス感性の人材を1人でも多く育てることが，日本本体だけでなく海外会社で成功する条件だと考えている。

XIV 結 論

これまで我が社が海外展開を行ってきた70年代後半から80年代までの日本企業に対する海外の評価と，昨今の評価は明らかに変わってきている。

80年代の様に，日本の経営が世界的評価の対象であった時代背景であれば，日本企業が海外進出するにおいて，進出先との協調を考えず，むしろ日本の経営こそが正しいといった自己中心的な進出でも，ある程度は通用したかもしれない。

時代は変わり，日本経済の力は弱くなり，日本の経営についても評価が変わってしまった。日本が下降線をたどるのを横目で見ながら，韓国，中国といった新勢力が台頭してきて，日本と競い合いながらグローバル競争を行う

ようになってきた。

　筆者は，自社において日々海外事業と接する業務をしており，実際に米国企業の拡張，中国への進出に直接かかわってきた。

　その経験を生かし，本論文では我が社の海外事業展開を振り返ると共に，今後我が社が日本及び海外で今以上に拡大をする為には，どうあるべきか方向性を検討してみた。

　我が社の海外展開の第一歩は，74年にタイに技術援助を行う事から始まり，今では，資本参加している企業が7社，技術援助のみの企業が6社で，合計13社に及んでいる。

　それらの事業で経験したことを整理し，今後進むべき方向性を考えるにあたり，立ちはだかってきたのは，「経営戦略と企業文化」の問題処理である。

　本論分では，多文化の相互理解と相互行動が，異文化経営を円滑にするという「多元的文化主義」を肯定して，その上での，「現地化思想と現地化戦略」が必要である事を提唱してきた。果たしてこの仮説は正しかったのであろうか？

　結論からいうと，絶対的な力をもった企業が，短期的に成功を収めるだけであれば，自己中心的な進出でも可能と考えるが，我が社のような，一般的な企業が，永くグローバルに活躍するには，この「多元的文化主義」思想なくしては成功しないものと考える。

　さりとは言っても，実際には思う様にこの思想に基づく現地化戦略を実行できないところに我が社の問題が潜んでいると考える。

　現地化ができないというのは，日本本体のトップ・マネージメントが思い切って現地に任せることができないという問題もあるとは思うが，本質的には，現地の会社を任せるだけの人物がいない，任せる事ができる人物を見つける事ができない日本人の資質に問題があると考える。

　企業を任せる人物を見つけ出せない日本人というのは，日本人が異文化交流を得意としない為，然るにこれはと思う人物を見つけ出せないということである。

　ここには，日本の歴史背景から導かれる異文化交流の経験が絶対的に不足

しているという根深い問題があり，我が社だけでなく日本企業全体が抱える問題と捕らえるべきである。

日本企業の海外進出は既に始まっている。日本国内においては，少子高齢化が進み，且つ日本も含めた企業のグローバル化が進む環境下，日本の企業は，今後今以上に国境を越えて海外へと進出していかなければならない事は必至である。

日本は，明治になって鎖国を終え，海外へと門戸を開いた。そして終戦により日本の再構築が始まり，勤勉な国民性を武器に，一躍世界のトップに踊り出てきた。しかしながら，バブルが弾け，経済のグローバル化が進む中，日本の企業は，再び世界で通用する企業へと変革を求められている。

日本企業が海外で成功する為に成すべき事はいくらでもあるが，進出した海外に根ざして，永く受け入れられる企業になるには，現調化戦略とそれを行う為，異文化を理解し，且つ対等に交流ができる国際人の育成を早期に行う事こそ必要であると考える。

あとがき

論文を書き終えて，ふと考えたのは「戦う集団はいかにあるべきだろうか？」また，「強さを継続する組織はどんなものだろうか？」ということである。

筆者は"三国志"を愛読しているが，そこで登場する国は，曹操の様なスーパーマンがいる国もあれば，劉備の志・人柄に惹かれてできあがった組織もある。また，呉の様にスーパーマンを抱えながら，急ぎすぎたが為に運を掴めなかった国もある。それぞれの国において，組織の有り様は全く違うものの，それぞれがしのぎを削りあう強国であった。

企業の場合も全く同じであり，今をときめくトヨタは集団の力，日産はゴーンによる改革，本田，松下は創業者の志・理念といったように強い集団でありながらも，その組織形態は様々である。

組織には，こうでなければいけないという型はなく，それぞれの組織が，その目的を達成する為に，一番適した形であれば良いという事がいえる。

強さを継続するにはどうあるべきかということにおいてだが,身近な例として スポーツの世界に目をやると,個人競技であれば連覇はあるが,集団競技になるとなかなか連覇は難しい事が分かる。

「同じような人員構成・組織でありながら連覇が出来ないのは何故だろうか」。そこには,勝った事で生まれるおごり,油断といったちょっとしたメンタルの緩み,また組織の力の継承が出来なかった事が,集団の力を低下させる原因に結びつくのではないかと考えさせられる。

これは,企業においても同様であり,日本経済の凋落もまさにそこに原因があるのではないかと考える。

本論文では,海外で成功する企業を考えてきたが,海外・国内にとらわれず,まずは強い組織を作る事が先決である。その上で,本論文で提唱した海外に飛躍する組織は,どうあるべきか考える必要がある。

論文著作を通して強く感じた事は,海外で成功するには,異文化を理解する事が大切であるという事である。

国が違えば民族,宗教,そして文化が違ってくる事は当たり前である。その何もかも違う環境下で,企業が成功をするというのは言葉で言う以上に難しいものがある。

歴史上,そして今でも繰り広げられている戦争の要因は,民族間の争い,或いは宗教問題に絡むものばかりである。過去から繰り返し,今なお続いている民族・宗教問題がありながら,一方では,企業は海外進出を余儀なくされているというのが実態である。

政治と経済を分離して考えるべきなのかもしれないが,企業が海外で不正を行う,或いは一方的に利益をむさぼれば,必ず政治問題に発展するというのが現代である。

但し,政治と違って経済では,現地化という概念が存在する。現地化を上手く行う事で,現在のトヨタの様に,現地に受け入れられながら,企業規模を大きくしてゆく事も可能なはずである。

大切なのは,日本本体の経営理念をしっかりと受け継ぎながら,オペレーション上は現地にあうやり方にアレンジをしていく事である。その為には,現地化が絶対条件となってくる。

企業を取り巻く環境は，日々変わり続ける。企業自身は，変えない部分の「経営思想・理念」と，変わる部分の「実際の運用」を明確にした上で，変わりつづけることができる企業こそが，強い企業であると考えるし，我が社自身がそうなれることを願う。

参考文献

斎田久夫（2004）『奥田イズムがトヨタを変えた』日本経済新聞社。
梶原一明（2002）『トヨタウェイ（進化する最強の経営術）』ビジネス社。
下川浩一，藤本隆宏（2001）『トヨタシステムの原点』文眞堂（2002）。
村山元英（2004）『国際経営学原論』創成社。
村山元英（2002）『アジア経営学』文眞堂。
村山元英（2005）『戦略と哲学―経営者開発論』文眞堂。
古田秋太郎（2004）『中国における日系企業の経営現地化』税務経理協会。
皆木和義（1998）『松下幸之助と稲盛和夫経営の神様の原点』総合法令社。
藤井行夫（1988）『松下幸之助の人の動かし方』三笠書房。
川井建男（2003）『ドラッカー的未来社会』宝島社。
A.P. スローン（訳　田中融二，狩野貞子，石川博友）（1967）『GM とともに』ダイヤモンド社。

第4章

繁栄継続の企業原理
―ホンダを探る―

水 野 幸 美

キーワード：繁栄継続企業の概念設定，企業評価の価値規範，先行理論，研究調査の範囲と方法，ホンダの創業者，基本理念（創業の理念の継承），経営能力の継続性，利益と規模を超越する存在感，繁栄継続を身体知化する企業家精神，繁栄継続の企業原理「ビジョナリー・カンパニーの企業観」の検証

はじめに

「持続する企業（会社）とは何か」を世界水準で考えたい。ほとんどの企業が，最初は，1個人会社であったり小規模会社であったりするが，時空を超えて生存し成長し続けることのできる企業は，持続できない企業と比べれば"稀有な存在"と言える。「その違いはどこにあるのか」。この素朴な疑問を解き明かしてみたい，というのが本研究に着手するきっかけとなった。

会社という言葉は，福沢諭吉が作った造語で，「会所」と「社中」を組み合わせたものである。即ち，「仲間（人）が集まるところ」というのがその語源の持つ意味である。当然そこには，「会社は，人と同化し，命を有し，人格も持つ」という生物連鎖の生態的な意味が篭められている。

筆者がここでいう"稀有な存在"としての企業とは，規模や利益の大小，あるいは成長率に秀でているという，経済合理性の追求のみを意味するものではない。たとえば昨今，社会事象にもなってしまった「企業倫理に根ざす

不祥事」などを連想させず，むしろ「敬愛の情」さえ抱かせるような企業文化を確立している，そういう企業の実在である。誠実な顔を持ち，実際その行動にも正義とそれに裏打ちされた社会性を感じさせる，そういう企業の持続体質である。

このような企業を選択，モデルとし，その企業研究を通して，「繁栄継続の企業原理」を探ろうというのが，本研究の目的となった。そしてそれは，過去や現在に限定されるものではなく，普遍的にして本質的な原理であり，企業進化の生命リズムとも言えるものだ。

なお，資料入手にあたっては，本田技研工業株式会社の広報部コーポレートプロモーション室（現・広報部コーポレートプロモーションブロック）様にたいへんなご協力をいただき，感謝の思いでいっぱいである。また，本研究を進めるにあたって，村山元英教授からのご指導を頂戴した。

序　章

「繁栄継続の企業原理」（「繁栄持続の企業原理」というも同じ）には，"物理的な"経済論理と"生物的な"生態論理とある。前者は既存の合理的アプローチ（営利性持続思考）であり，企業の継続性を計量科学的に検証できる。後者は，科学としての経済学そのものを生物社会の持続法則（sustainability doctrines）で見直す視点を加えた，"生態的アプローチ"（または，総合社会システム思考）の継続性の概念である。

これからの理論展開する前提条件としてお断りしておきたいことは，ここでいう"生態的アプローチ"とは，企業経営の中の社会問題（social issues in management）に地球環境を含めた生物の秩序原則が価値内包されていることである。生物の自然秩序原則が企業経営を含めた社会の総合システムにも普遍化していることを，本論文では理論仮説としている。

筆者が本論文で求めた「繁栄継続の企業原理」とは，"経済的アプローチ"と"生態的アプローチ"の"組み合わせの妙"を戦略的に成功させた経営スタイルである[1]。経済原則と生物原則の"組み合わせの妙"を仮に「企業進

1　中京大学「経営戦略論」講義の村山理論を演繹させる。詳しくは村山元英, 国際経営学の誕 ↗

化の有効性」と本論文では呼ぶことにした。

　企業研究の経営学はこれまで経済学が基盤とする物理的な秩序法則で支えられてきた。この事実認識以外に，もう1つ見落としてならない企業研究の視点は，企業が"生きもの"であり，生命リズムの"人間の塊"[2]であるという認識論である。ここに制度論的な企業論と進化論的な企業論との融合が，企業経営の実在と実践と，そして哲学をめぐっての分析過程に散見できる。

　ミクロとマクロの領域を含めて生物的な社会進化の組織リズムを持つ「繁栄継続の企業原理」は，環境適合と内的調整に成功してきている。環境変革の取り込みに成功し，変革を内的秩序に融合できる組織能力が，「企業進化の有効性」の意味である。

　企業の進化概念は，人間の進化からの類推的捉え方であり，「食の位相」としての維持（持続性）と，「性の位相」としての繁殖（成長性）にむけての真っ直ぐな視点である。言い換えると，会社の「進化の有効性」とは，会社の「持続性」と「成長性」の"組み合わせの生命リズム"が，外部への環境適合と組織内での内的調整に成功してきた"文化遺伝子の蓄積能力"である。

　「企業進化の有効性」を実現した企業経営のモデルを描くことが出来ないだろうか。そうした筆者の願望が，研究モチベーションとなって「企業進化の有効性」を現代企業に求めてみた。次に「企業進化の有効性」を支柱とする「企業の持続性原理」を探索した。かくして，「企業進化の有効性」を定着させた「繁栄持続の企業原理」を行動規範とする企業経営モデルを，「繁栄継続企業」と呼ぶことにした。「繁栄継続企業」の定義とは，かくして，社内的かつ社会的に，そして国内的かつ世界的に「企業進化の有効性」を規範化し，「企業の持続性原理」のグローバルな共有化に成功した企業経営モデルである。

　企業進化は環境の所産である。その環境変化の最近の特性について若干目を向けてみよう。わが国ではいわゆるバブル経済が崩壊し，その後の90年代は「失われた10年」とも言われている。市場はモノ余りの状態が続き，

生Ⅱ『社会経営学の視座』文眞堂，平成16年10月，を参照。
2　「生き甲斐」，「能力向上」，「人格形成」の場として人間の職場環境。

総じて企業収益は悪化した。また，食品や自動車，電力など幅広い業種において頻発する企業不祥事は重大な社会問題になっている。

特に，最近の企業不祥事は，その企業の製品やサービスに瑕疵があったというだけではなく，消費者や当局に対し隠蔽や偽装工作を行うなど企業の法令順守や企業倫理に根ざすものが多く，企業の存在そのものを問うような深刻さを孕んでいる。

一方で，こうした社会事象も背景にした企業の社会的責任（CSR）への取り組みが企業にとって重要な課題となってきた。CSR の定義は一義的ではないが，これまで重視されてきた株主や取引先への利益還元など経済的側面にとどまらず，環境や一般消費者，従業員，地域社会といった社会的側面と，地球環境のサステーナビイリテイ（持続可能性）にも配慮すべきというものである。

このように，企業を取り巻く環境が厳しさと複雑さを増す中で，「優れた良い企業であり続ける」ための「繁栄持続の企業原理」が，戦略再構築的に改めて問われてきた。

創業以来，困難や危機に遭遇しながらも，着実に成長し発展し続けることのできる企業と，そうでない企業の違いはどこにあるのか。実際に持続的繁栄を可能としている企業研究を分析研究し，「企業進化の有効性」を確実なものにする「繁栄継続企業」となりうる普遍的な規範理論とは，何なのであろうか。「繁栄継続企業の持続原理」を象徴する記号探しが，これから紹介する本研究の目的である。

そこで先ず，「繁栄継続企業」を概念設定する「企業評価の構成要素」を抽出して，そこから規範理論を求める方向で，「繁栄継続の企業原理」を求めてみることにした。

I　繁栄継続企業の概念設定

1. 企業評価の価値規範

企業評価の構成要素は，会社の経営行動を客観的に分析吟味するモノサシである。そのモノサシをここでは，「企業評価の価値規範」と呼ぶことにした。

毎年，日米英のビジネス専門誌は，「優れた会社」「世界で最も賞賛される企業」「世界で最も尊敬される企業」という「企業評価の価値規範」，即ち，企業実績吟味の概念的枠組み（多元的な価値規範）で企業順位の世界ランキングを発表している。

そこで2003年度のそれをまとめると次のとおりだ[3]。

(1) 「優れた会社」の価値規範

（日本経済新聞社，日経リサーチ社による）

① 柔軟性・社会性……社会貢献，リスク管理，顧客対応，環境経営，法令順守など
② 収益・成長力……経常利益額，株主資本利益率，売上高平均増加額，営業，キャッシュフローなど
③ 開発・研究……研究開発従業員比率，最高技術責任者（CTO），特許出願状況など
④ 若さ……取締役平均年齢，部課長昇進年齢，中途採用者比率など
⑤ 専門家による総合評価……記者や有識者による企業5段階評価，記者による経営者評価（決断力，先見性，国際感覚について）[4]

(2) 「世界で最も賞賛される企業」の価値規範

（米経済誌フォーチュン社による）

経営の質，製品・サービスの質，革新性，長期的な投資価値，財務体質の健全性，人材獲得・育成能力，環境への取り組み，資産活用，グローバルビジネスへの洞察力[5]。

(3) 「世界で最も尊敬される企業」の価値規範

（英ファイナンシャルタイムズ社，プライス・ウォーターハウス・クーパー社による）

---

[3] 「優れた会社」は日本経済新聞の2004年2月23日号に，「世界で最も賞賛される企業」は『フォーチュン誌』の2004年3月8日号に，「世界で最も尊敬される企業」はファイナンシャル・タイムズ紙の2004年1月20日号に，それぞれ公表された。

[4] 調査対象は，東京証券取引所上場企業と有力な非上場企業の計2,111社。各社の調査データや財務指標と，有識者などによる総合評価。2003年度1位ホンダ，7位トヨタ。

[5] 世界主要企業の幹部1万人以上の評価集計。2003年度1位ウオルマート，8位トヨタ，24位ホンダ。

インテグリティ（誠実性），企業統治，株主価値，社会的責任など[6]。

以上3つのそれぞれ企業評価システムの違いはあるものの，評価の価値規範は概ね共通したものとなっており，「収益力」や「財務力」といった"経済的な評価側面"だけではなく，「法令順守」や「社会貢献」，「企業倫理」，「社会的責任」に関する"社会的な評価側面"を多く挙げられている。

言い換えると，持続する会社の概念が社会的に「尊敬される」という意味世界である。

今後一層こうした，「経済的評価」と「社会的評価」の有効な組み合わせによる「尊敬される」企業概念が，企業の持続性原理を定着させていくことになるものと，筆者は信じている。

したがって，企業が繁栄を"継続できる"ためには，上記に挙げたグローバル化している価値規範を短期で手放すことなく長期間にわたって保持し向上させていけることが必須となる。

さて，以上列挙したバラバラの企業評価のモノサシをよりまとまりのあるものにするため「集約的な価値規範」を次に求めてみた。「集約的な価値規範」とは，これまで紹介した参考枠の価値規範のモノサシ以外に，「日本的な期待値のモノサシ」[7]を含めて，ここでは"企業維持"とその"成長持続"への「自己確信」（self-efficacy）[8]の内容である。

言い換えると，個人と組織とを貫いて存在する「自己確信」が，長期に継続的なリーダーシップの確立と相関することが，前提視されている。そこで，「繁栄継続企業の自己確信」，即ち，超境界的なリーダーシップ能力を形成する企業の「集約的な価値規範」を，次の6つに絞ってまとめてみた。

① 変革力[9]
② 技術力の醸成

6　世界主要企業のCEOを対象とした調査。2003年度1位GE，3位トヨタ，15位ホンダ。

7　日本企業についての持続誘引となる期待値は，筆者のこれまでの企業経営における経験知と身体知，そして中京大学大学院BI研究科での学習成果を重視した。

8　ここでの「自己確信」の意味は，良質なリーダーシップを媒介にして，情報共有により組織構成員の相互信頼が確立していて，組織行動の中に仕事する個人が自己実現している状況をいう。

9　P.F.ドラッカーは，自著の『新訳　経営者の条件』（上田惇生訳）ダイヤモンド社，1995年1月，の中で，人間社会において唯一確実なものは「変化」であって，自らを変革できない組織は，明日の変革に生き残ることはできないと述べている。詳しくは同書の76頁を参照。

③ 優秀な経営者の輩出
④ 高質な従業員の育成
⑤ 収益力の向上
⑥ 社会貢献

以上6つのリーダーシップの価値規範，即ち，「自己確信の源泉」は，1つのキーワードで記号化することができる。その象徴的記号は「敬愛の情」である。

一般消費者や取引先，企業評価機関などからも普く「敬愛の情」の培養に成功すると，その会社は，以上「6つのリーダーシップの価値規範」の相互にプラス作用しシナジー効果をもたらすことができる。

図表1は，「6つのリーダーシップの価値規範」のマトリックス構造を示す。この段階で初期的にいえる繁栄持続の会社の論理とは，「リーダーシップ」を「自己確信」する，以上6つの「集約的な価値規範」を満足させることである。

ここに集約した「企業の価値規範」の象徴的記号（価値の記号）は，指数的表現が困難である。その理由は，前述したように，計量化できる「経済性原則」（経済的アプローチ）以外に，ここでは計量化の科学的枠組みに入り難い人間と組織の「生物性原則」（生態的アプローチ），即ち，「社会性原則」が重視されて，企業の価値規範が，量と質の両者の範疇に混在しているからである。

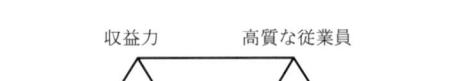

図表1　「繁栄継続企業」のリーダーシップ・6極ネットワーク

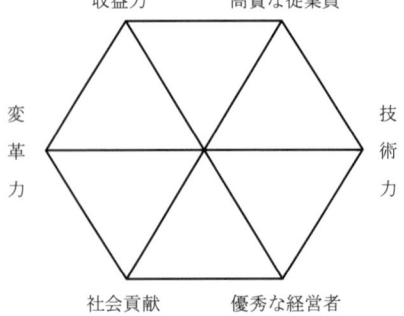

言い換えると、以上6つのそれぞれ固有の価値規範は、「経済性原理」と「社会性原理」との境界を相互に解消する方向での、グローバル化の外的誘引と内発的発展の論理で結ばれている。

このように考えると、ここで求める「自己確信型のリーダーシップの論理」とは、営利性と社会性の異種要素間での境界をなくしていくことを、知識創造する組織論であり、その行動規範論である。

以上の理論仮説や初期的命題を前提として、本研究の目的は、「繁栄継続の企業原理」を構成する普遍的要素を探ることとした。

2. 先行理論としての「繁栄継続の企業原理」

「繁栄継続の企業原理」の先行モデルとして、スタンフォード大学グループの「ビジョナリー・カンパニーの企業観」を取り上げてみた[10]。「ビジョナリー・カンパニー」(the visionary company) とは、"敬愛の情"に検証された「基本理念」[11]、即ち、「時代を超える生存の原則」の確立した会社である。

これまで述べてきた「自己確信」型のリーダーシップの組織論を確立してきた経営体が、ここでいう「ビジョナリー・カンパニー」である。スタンフォード大学グループによる「ビジョナリー・カンパニー」のその価値規範と行動様式の「基本理念」は、次のようにまとめることが出来る。

(1) 「基本的な価値観」と「存在の目的」

「基本理念」とは、組織が進むべき指針であり、実現を目指す理想であり、組織に活力を生み出すものでなくてはならない。そしてそれは、組織にとって不可欠で変わることなく堅持される「基本的な価値観」と、企業の根本的

---

10 James C.Collins and Jerry I.Porras, *Built to Last*, Curtis Brown Ltd. New York, 1994. 訳書『ビジョナリーカンパニー』(山岡洋一) 日経BP出版センター、1995年9月。日本語訳書の副題が「時代を超える生存の原則」。

11 実務家は、「企業理念」や「経営理念」の用語を使う。一方、学者は「企業哲学」や「経営哲学」の用語を使う傾向がある。行動から思想への理念と、思想から行動への哲学と、その基点の違いがあったとしても、理論と実践とが共時的に循環する現実の経営の場では、理念と哲学の違いが明確ではないという印象を筆者は日常感じている。ビジョナリー・カンパニーの概念は、企業理念と企業哲学をよりアメリカの行動原理であるプラグマチズムに沿って、行動指針の基本理念として用語統一している。

なる「存在の目的」から成る。

　具体的には，企業の「基本的な価値観」とは利益の追求のためや外部の環境変化によっても決して変えてはならない不変の思想である。そしてそれは，簡潔明快で誰にも解りやすく，一方では強い説得力を感じられるものでなければならない。例えば，ヒューレット・パッカード社の「企業理念」は「個人を尊重し，配慮すること」である。

　また，企業の根本的な「存在の目的」とは，なぜ会社が存在しているのかということへの自己覚醒である。例えば，ヒューレット・パッカード社の「存在の目的」は，「電子機器を通じて，科学の進歩と人類の幸福のために社会に貢献すること」である。

　「基本理念」は，いかなる環境変化にあっても堅持し，絶対に変えてはならないもので，文化，戦略，戦術，計画，方針などと混同しないことが何よりも重要である。

　ときとして，「基本理念」以外のものは，変えざるを得ない場合がある。例えば，慣習化した規範の文化や戦略，製品ライン，目標，業務方針，組織構造，報酬体系などは，会社の進歩と前進のために変えることが出来る。

　ヒューレット・パッカード社の例で言えば，「個人を尊重し，配慮する」ことは「基本理念」（基本的な価値観）として変えられないまでも，同社の職場で毎日10時に果物とドーナツを従業員に配ることは，慣行であり「基本理念」ではなく，環境の変化によってこの慣習は変えることができる。長年にわたる慣行であって変えることに抵抗や軋轢を感じるものであっても，会社の進歩と前進につながるのであれば，それが「基本理念」とは言えない限り断固たる態度で変えていく。こうした「基本理念」が繁栄継続のためには絶対的に必要不可欠となる。

　松下幸之助もまた，著書『実践経営哲学』（PHP研究所）[12]のなかで次のように述べている。

> 　正しい経営理念をもつと同時に，それにもとづく具体的な方針，方策がその時々にふさわしい日に新たなものでなくてはならない。この"日に新た"ということがあってこそ，正しい経営理念もほんとうに永遠の生命をもって生

---

[12] 松下幸之助『実践経営哲学』PHP研究所，平成13年5月，151～152頁。

きてくるのである。

松下イズムも上述の「基本理念の堅持と進歩への意欲」と同意義の内容を示す好例である。

(2) 「人的資源」と「組織づくり」

基本理念を堅持するためには，それに熱心に取り組むしっかりした組織づくりが不可欠となる。具体的にはつぎのような組織づくりである。

① 入社時のオリエンテーションとそののちの研修によって，技術や技能とともに理念を教育し，価値観，規範，社史，伝統などを教える
② 社内に「大学」や「研修センター」を設ける
③ 社内から人材を登用する方針を徹底して守る
④ 「英雄的な行動」や規範になる人物の神話を，絶えず吹き込む
⑤ 独特の言葉や用語を使い，価値判断の基準をはっきりさせるとともに，特別なエリート集団に属しているという感覚を持たせる

(3) 「経営者能力の継承」

経営能力に継続性を持たせるためには，優秀な経営陣の継続性（生え抜きがベスト）が保たれていることが重要で，これは基本理念の堅持と強い相関を持つ。

繁栄継続企業には，設立以来いずれかの時点にすばらしい経営者が出現することが必要であるが，必ずしも創業者でなくともよい。

重要なのは，すばらしい経営者も永遠に存在することはできないということだ。したがって，経営幹部の育成と後継計画の適時的確な実践によって，社内の有力な後継候補が輩出され続け，「経営者の継続性をもたらす好循環」をもたらすことが不可欠となる。

(4) 「大胆な目標設定」

単なる目標ではなく，実現が不可能と思われるような大胆な目標を設定することは，進歩と前進を促す意欲につながる。大胆な目標とは，次の通りである。

① 説明する必要がないほど，きわめて明確で説得力があるものでなければならない
② 「目標」であり「掛け声」ではないことを忘れてはならない

③ 組織的に活力がみなぎるものでなければならない
④ 簡単に達成できるようなものであってはならない
⑤ きわめて大胆で，興奮を呼び起こすものでなければならない
⑥ 目標達成後に充足感が安心感となり，組織の活力が損なわれることのないよう，常に次の目標を準備しなければならない
⑦ もっとも重要な点は，これらの目標は企業の「基本理念」に沿ったものでなければならない

(5) 「首尾一貫性の共有浸透」

「基本理念」を堅持し，会社の発展を確実なものにするためには，会社の組織行動に「基本理念」が首尾一貫して浸透していることである。組織行動の中に「基本理念」の首尾一貫性の確立が，その会社の成功を裏づけるもっとも重要な鍵となる。別な言い方をすると，「基本理念」の共有を組織の末端にまで浸透させることが，会社の成功にとっては必要不可欠な条件である。

「基本理念」を目標，戦略，方針，経営陣の行動，企業文化，職務計画など，企業の動きのすべてに浸透させることが，ここでの主張である。「基本理念」を中枢にして組織内に経営の首尾一貫性を確立する上で注意すべきことは，組織全体がその会社の「企業理念」と「理想」（夢）を誤解することのないように社内にそれらを浸透させることである。

以上，スタンフォード大学研究チームの「基本理念」を中軸として展開する「ビジョナリー・カンパニーの企業観」を要約して紹介したが，もう一度その基本理念のコンセプトを次の「基本理念5原則」にまとめてみると，次の通りである。

① 「基本的な価値観」と「存在の目的」
② 「人的資源」と「組織づくり」
③ 「経営者能力の継承」
④ 「大胆な目標設定」
⑤ 「首尾一貫性の共有浸透」

さて，この「基本理念5原則」が，前述した「集約的な価値規範」（即ち，

「リーダーシップ・6極ネットワーク」と、同じの内容なのだろうか。

「集約的な価値規範」を再度紹介すると、その内容は、① 変革力、② 技術力の醸成、③ 優秀な経営者の輩出、④ 高質な従業員の育成、⑤ 収益力の向上、⑥ 社会貢献であり、その6つの"6極ネットワーク"の相乗関係が自己確信型のリーダーシップの形成基盤となる。

「集約的な価値規範」との関係で、これまで述べてきた上記の「ビジョナリー・カンパニーの企業観」である「基本理念5原則」はどのような関係で相対化できるのだろうか。

両者の分析視座は、異なる言葉で「繁栄継続企業の経営原則」の構成内容について触れている。

だが、別のキーワードで括ると、両者は、「リーダーシップ」と「組織共同体」と、そして「企業理念」の3つのキーワードで集約できる。その反面、両者の概念は、構造とシステム、営利性と公共性、個人主義と集団主義の境界が曖昧となり、その曖昧さの中に、企業の新しい持続論理を求めているようでもある。

ここで問題提起したいことは、「会社の論理」と「社会の論理」との不整合である。企業経営のリアリテイでは必ずしも理論どおり[13]に「会社の論理」と「社会の論理」とを融合させない。その"矛盾のドラマ"を抱え込んでいることが、経営の日常性である。

現実的な言い方をすると、「社会の進化」が、「企業の進化」を上回り、「企業進化が社会進化に遅れをとること」が、こうした企業と社会の進化差異の"矛盾のドラマ"をより深刻化する。

そこで、企業は、その進化の過程で「変わるシステム」と「変わらない構造」とに区分して、「変わらない構造が変わるシステムをつくりだす」仮説で、「システムと構造の連関」を分析することにした。

かくして、"変わらない"構造としての基本理念」と「"変わる"システムとしての価値規範」とその2つの領域を分類して、その上で、両分野の認識を深めると同時に、その両分野の中範囲の存在に光を当てて「企業進化と社

---

13 ここでいう理論とは、先に紹介した「経済性の営利性原則」と「生態性の社会原則」とを意味している。

会進化の矛盾」を発見し消去していく経営実践を筆者は求めるようになった。

「企業進化と社会進化は対立矛盾の自己同一過程[14]であり，その矛盾の過程でも"進化の有効性"を実現している企業はあるだろうか」。

そうした探索努力を通じて，筆者は自動車産業のホンダの企業研究を研究対象として選んでみた。

これまで紹介した研究仮説と方法論的視座とを当てはめる方向で，これからのホンダの企業研究を展開してみたい。それには先ず，同社についてこれまで述べてきた，「システム・価値規範」と「構造・基本理念」の融合と不整合の総合的経営を分析研究し，同社の無形資産化した「企業文化の基層」にあるものを解明してみたい。

II 研究調査の範囲・なぜホンダか？

まずここでは，「研究調査の範囲」について述べたい。その後で，IIIの「研究調査の方法」，IVの「ホンダ[15]の企業研究」として創業者，基本理念，経営の継続性などの視点から研究調査を進めてみたい。Vでは，ホンダの研究結果を問題討議として事実分析し，「繁栄継続を身体知化してきたホンダの企業家精神」について解説する。VIでは，それまで述べてきたことを基底にした「繁栄継続の企業原理」を筆者なりに結論づけたい。

なお，「繁栄継続企業」が国内外に普く存在すると考えられるが，研究対象をホンダに絞った背景は以下の理由によるものである。

(1) 日本を代表する基幹産業たる自動車業界からの選択

自動車工業会発行「2002 日本の自動車工業」によれば，自動車製造業の製造品出荷額は，1970年の5.5兆円から2000年には40.0兆円と7.3倍に増加し[16]，全製造業の4.4倍を大幅に上回る。その結果，自動車製造業が全製

---

[14] 村山経営学では，経営と文化とを同じとしてとらえ，その定義の1つが，「経営・文化とは，対立矛盾の自己同一過程」である。

[15] 正式名称は，本田技研工業株式会社で東京都港区南青山に本社を置く。2004年9月末現在の資本金は86,067百万円で連結子会社数は324社。2004年3月期連結従業員数131,600名。

[16] ホンダの同時期の売上高（単独）増加率は9.6倍で，自動車工業全体の7.3倍を30％以上上回っている。（同社公表資料から1970／3～71／2 単独売上高316,331百万円⇒2000／4～01／3 同3,042,022百万円）

造業の出荷額に占める割合も，同期間で7.9%から13.2%と高まった。

また，2001年の自動車関連輸出額は9.8兆円で，日本の輸出総額の20%を占めるに至り，さらに，自動車工業会の最新の調査結果によれば，日本メーカーの海外生産台数は2003年に860万台を超え，1985年の89万台から実に9.7倍に増加した。これらを踏まえ，日本を代表する基幹産業と言える自動車業界から対象企業を選択することとした。

(2) **自動車業界からなぜホンダか**

日本の自動車業界には，現在も，モータリゼーション先進国には類を見ない10社を超える四輪車メーカーが存在している。しかしながら，トヨタの子会社であるダイハツ・日野を除けば，純粋な民族系自動車メーカーとして"純国産"であり続けているのは，トヨタとホンダだけである。

1998年のダイムラー・ベンツとクライスラーの国境を越えた合併劇を契機に，世界の自動車メーカー各社は合併・再編に乗り出した。こうした潮流の中で，巨額な資金が必要となる燃料電池やハイブリッド技術など環境技術への対応や，収益悪化，過剰債務問題へ対処するため，トヨタ・ホンダを除く日本の自動車メーカーは，外国資本の受け入れを余儀なくされたからだ。

そして国内自動車メーカービッグ3の直近の企業実勢は，次の図表2「トヨタ・ホンダ・日産の2003年度（2003年4月～2004年3月）業績の概要」のとおりとなっている。

図表2から，生産・販売・利益などにおいては，ホンダはトヨタのおおよそ半分で，GMやフォードに追いつき，追い越すまでに巨大となったトヨタとの規模の違いは明らかである。

しかしながら，1株当たり純資産，1株当たり当期純利益，自己資本比率，自己資本利益率はホンダがトヨタを上回ったりその差はわずかで，言わば定量的な経営の質においては両社は拮抗している。

そして何より，ホンダはわずか資本金100万円の個人企業からスタートし，その特長を存分に活かして独創性を発揮し，グローバル化の嵐に飲まれることなく海外への事業展開も進め，世界に冠たるビッグネームになった。ホンダは，企業規模を超越したところに永遠の存在感を示してきたと言える。

図表 2　トヨタ・ホンダ・日産の 2003 年度（2003 年 4 月～ 2004 年 3 月）業績の概要

	トヨタ	ホンダ	日　産
四輪車世界販売台数	6,719 千台	2,983 千台	3,064 千台
二輪車世界販売台数	—	9,206 千台	—
連　結　売　上　高	172,947 億円	81,626 億円	74,292 億円
連 結 当 期 純 利 益	11,620 億円	4,643 億円	5,037 億円
1 株当たり純資産額	2,456.08 円	3,054.90 円	493.85 円
1 株当たり当期純利益	342.90 円	486.91 円	117.75 円
自 己 資 本 比 率	37.1%	34.5%	25.8%
自 己 資 本 利 益 率	15.2%	16.9%	26.3%

出典：2004 年 3 月期各社公表資料による。

　以上の理由から，ホンダをわが国における「繁栄継続企業」の"代表例"とみなし，ここに本研究の研究対象として選択することにした。

　学問は歴史的事実に立脚しているといわれている。本研究もそうした学問的視点に立って，ホンダの社史を文献調査と休日の史跡調査を含めて次のようにまとめてみた。

ホンダ創業期の足跡

- 1906　本田宗一郎出生
- 1928　浜松にアート商会支店を設立
- 1939　東海精機重工業社長（ピストンリング製造）
- 1946　本田技術研究所設立（自転車用補助エンジン開発）
- 1948　本田技研工業設立（資本金 100 万円，従業員 34 人）
- 1949　本格的オートバイ「ドリーム号」開発，藤澤武夫が常務で入社
- 1952　大衆向け「カブ F 型」発売ヒット，本田宗一郎藍綬褒章受賞
- 1954　株式店頭公開
- 1955　二輪車生産台数国内トップ
- 1957　東証上場
- 1958　大衆向け「スーパーカブ」大ヒット
- 1959　米国販売会社「アメリカンホンダ」設立
  マン島 TT レース（二輪）初出場にして 125CC クラスでメーカーチーム賞受賞

1963　初の四輪車（軽トラック T360，スポーツカー S500）発売
1964　F1 レース初参加
1965　F1 メキシコ GP で初優勝
1967　軽自動車「N360」発売大ヒット（発売3ヶ月で首位）
1969　初の小型車「H1300」発売（売れ行き不振）
1970　四専務による集団指導体制へ移行，N360 欠陥車騒動で告訴（翌年不起訴）
1972　CVCC エンジンマスキー法規制値合格（世界初），低公害車シビック発売
1973　本田宗一郎社長退任，藤澤武夫副社長退任

　歴史研究にはそれなりの史観とキーワードが求められる。筆者が社史を通観してホンダの企業文化史を一言でまとめるとすれば，「夢とロマンが織り成す"やらまいか"ヒストリー」と言い切れる。
　"やらまいか"は，浜松市など静岡県西部の方言で，「やってみよう」「やろうじゃないか」というチャレンジ精神を示す言葉だ。
　土着の精神を日本的霊性の言葉とする"やらまいか"が，ホンダの「夢追うロマンチシズムの企業家活動とその精神史」をもっとも真っ直ぐな心で言い表しているように思える。この言葉の象徴性は，起業，ベンチャー，挑戦，再生などの経営における死生観と冒険精神である。
　一方で，歴史の事実以外に，学問の本質は計数の真実である。そこで，ホンダの営業実績を創業期から本田宗一郎社長の退任までの期間における数値で表してみると，次の図表3のとおりである。

図表3　ホンダ単独の営業実績推移（創立から本田宗一郎社長退任まで）

（金額単位：百万円）

期　間	売上高	売上5年合計	従業員数	資本金
1949/2期（6ヶ月）	14	—	推定20名	1
1954/2期（12ヶ月）	7,729	10,615	2,185	60
1959/2期（6ヶ月）	8,347	43,357	2,705	720
1964/2期（6ヶ月）	41,876	280,963	6,816	9,090
1969/2期（6ヶ月）	97,749	663,577	13,165	18,180
1974/2期（6ヶ月）	191,841	1,588,636	18,287	19,480

資料：本田技研工業㈱の公表資料による。

Ⅲ　研究調査の方法

　本研究に関する情報収集は，ホンダの公表資料の原点情報を探索することを主眼として，同社の公開する「記念施設」等への"フィールド・ワーク"と，企業現場からの声による「プライマリ・リサーチ」と，そして，関連文献や基礎的な参考文献による「セカンダリ・リサーチ」によった。

第 4 章　繁栄継続の企業原理　187

　「セカンダリ・リサーチ」は電子情報も含めて，ホンダ 50 年史『語り継ぎたいこと　チャレンジの 50 年』[17]や同社公表の「ホームページ」[18]などを主な情報源とした。
　"フィールド・ワーク"の一貫として，栃木県芳賀郡茂木町ツインリンクもてぎ内にある【Honda Collection Hall】[19]と，静岡県天竜市立光明小学校内にある【郷土・本田資料室】，並びにホンダ創業の地【山下工場跡地（静岡県浜松市山下町）】を訪れ，創業の精神や理念，会社や製品の沿革などについて体感し知覚した。筆者の身体的感性をモノサシにして，ホンダの企業理念史を実感する努力を試みた。
　また，ホンダ 50 年史『語り継ぎたいこと　チャレンジの 50 年』の資料入手にあたっては，本田技研工業株式会社の広報部コーポレートプロモーション室（現・コーポレートプロモーションブロック）様から心のこもったお世話をいただき，かつ企業現場からの貴重な声も頂戴できた。
　研究の限界については，直接的にはホンダの経営執行部との接点がなかったことや，研究の多くを文献調査に頼らざるを得なかったこと，そして経済的・時間的な限界があげられる。
　なお，研究論文を作成するにあたっては，ゼミ恩師の村山元英教授のご著書『経営管理総論』の中にある「第 11 章　研究調査方法の科学的管理論」の方法論的手順に従った。研究調査の方法について，ゼミ授業での中間発表の機会や，研究室での討議過程，そして，「国際経営文化学会」での論文報告の場で，村山教授から多くのコメントと研究指導を頂戴したことが，本研究をまとめる有効なガイドラインになった。

17　本田技研工業株式会社の創立 50 周年記念事業の 1 つとして，社史編纂委員会によって 2 年の歳月を掛け，平成 11 年 3 月 25 日に発行された。「総集編・大いなる夢の実現（冊子）」「12 の部門で綴る 50 年（CD-ROM）」「映像と音で綴る 50 年（CD-ROM）」の三部作から成る。「ホンダフィロソフィの原点はどのようにして形成され，従業員の指針となってきたのかを探り，次代のホンダを担う人たちに語り継ぎたい」との思いが込められている。
18　本田技研工業ホーム・ページ『www.honda.co.jp』
19　平成 10 年 3 月，本田技研創立 50 周年を記念して栃木県に開館。ホンダの足跡を顕す 2 輪・4 輪のホンダ市販車・レース車などをはじめ，先達となった外国車やライバル車も展示している。

IV　ホンダの企業研究

【Honda Collection Hall】に足を踏み入れた瞬間,「ホンダには夢がある」と強く感じた。エントランス・ガラス面に刻まれた本田宗一郎自筆の「夢」の文字は象徴的にそれを顕し,訪問時の来訪者は,圧倒的に若者やライダーが多かった。そして,「自転車用補助エンジンを付けた自転車」から「最新鋭のF1マシン」までホンダ歴代の製品群を見れば,夢を体現してきたホンダを体感する。

ホンダの企業研究は,常に大きな夢を抱き,その実現に向けて果敢なチャレンジを続け,同社を世界のビッグ・ネームに仕立て上げた創業者・本田宗一郎についての検証からまず始めたい。

1. 創業者

ホンダでは本社の経営メンバーに本田一族はいないし,ホンダの社長人事で本田家出身者が話題になることはない。

創立25周年を迎えた1973年10月,創業者で社長の本田宗一郎は,最良のパートナーであった副社長・藤澤武夫と共に退任し,45歳の河島喜好にバトンタッチした。

「潔い引き際」「爽やかな退任」などと大きな反響を呼んだが,血縁関係のない異例の若さの新社長を選ぶことで,本田は身をもってホンダが同族会社でないことを内外に示した。

一方で,一代にして零細二輪車メーカーを世界のビッグ・ネームに仕立て上げた本田宗一郎は,紛れもなく「極めて高いカリスマ性を持った創業者」であった。

ホンダの社長退任後,本田は,1981年春には勲一等瑞宝章を受賞し,世界各国からも勲章や博士号を贈られている。また1989年にはアメリカの自動車殿堂に日本人としてはじめて殿堂入りし,1990年にはF1に対する貢献でFIA(国際自動車連盟)からゴールデンメダル賞を受けた。これはフェリー・ポルシェ,エンツォ・フェラーリに次ぐ史上3人目の栄誉であった。

第4章　繁栄継続の企業原理　189

　今，ホンダ本社の経営メンバーに本田一族の名はないが，「本田宗一郎なくしてホンダを語れず」は衆目の一致するところだ。
　以下，戦後の日本を代表するビジネスヒーローであり，かつ経営者と称される本田宗一郎の生い立ちとホンダ創業期に論を進める。

(1)　「本田宗一郎の生い立ち」と「ホンダ創業期の歩み」
① 天才技術者の原点

　本田宗一郎は，1906年11月17日，静岡県磐田郡光明村（現天竜市）に父・本田儀平，母・みかの長男として生まれた。儀平は腕の良い鍛冶職人，みかは機織りの名人で，天才技術者となる先天的条件は十分なものがあった。
　また，貧しくものびのび育てられたが要所要所でのしつけは厳しく，自由奔放な本田が，他人に迷惑をかけるのを何より嫌い，また約束の時間をきちんと守ったという几帳面さは，父親の徹底した教えに起因するという。
　儀平は，その後鍛冶屋のかたわら自転車販売店を開業し，持ち前の腕と研究熱心さから，近辺で評判の自転車店になっていった。
　宗一郎は，高等小学校[20]卒業が間近いころ，自転車業界誌「輪業の世界」で，東京で一流の自動車修理工場であった「アート商会」の広告を見た。幼いころ，村に初めて現れた自動車に大感激した。彼は，自著『本田宗一郎 夢を力に』（日本経済新聞社発行）の中でこう回想している。

> 鼻を地面にくっつけ，クンクンと犬よろしくかいだり，手にその油をこってりとまぶして，オイルのにおいを胸いっぱい吸い込んだ。そして僕もいつかは自動車をつくってみたいな，と子供心にあこがれた。

　本田宗一郎は，「アート商会」に懸命の奉公依頼の手紙を書き，承諾の返事を受け取った。高等小学校を卒業した1922年4月，15歳だった本田は，東京・本郷湯島の「アート商会」の丁稚小僧になった。
　「アート商会」は東京でも数少ない自動車修理工場のひとつで繁盛しており，修理工も15人ほどいたという。最初のころ本田の仕事は子守りばかり

20　現在の静岡県天竜市立光明小学校。構内に本田宗一郎の数々の業績や資料を紹介している「本田・資料室」を開設している。

で，初めて自動車修理の仕事ができたのは半年ほど後であった。

そしてその約1年後に起こった関東大震災は，多くの修理技術を習得するうえで大きな契機になった。宗一郎の熱中する仕事ぶり，臨機応変にきく機転，自分で考え工夫する発想の豊かさ，勘の良さについて「アート商会」の主人・榊原郁三は，この少年の非凡な才能をすぐに見抜き，目を掛けるようになる。

榊原は修理業にとどまらず，ピストンの製造までを手掛けた企業家でもあった。本田は，修理の技術にとどまらず，顧客への接し方や技術者としての誇りまで，エンジニアとして，経営者として，必要な素養を教えてくれた榊原を尊敬する人物に挙げている。

また「アート商会」には多種多様な車が修理に持ち込まれた。貪欲なまでに知識欲旺盛な本田には，絶好の実地勉強の場となった。のちに2代目社長・河島に，「知識だけではなく，溶接から鋳造から名人級」と言わしめた本田のエンジニアとしての源流「現場・現物・現実」，ホンダの三現主義の原点はここにある。

さらに，本田をモーター・スポーツの世界に引き入れたのも榊原であった。当時すでにマン島TTレースや，ルマン24時間レース，インディアナポリス500マイルレースなどが自動車誌に紹介されていた。1923年，榊原をリーダーにレーシング・カーの製作が始まり，本田もそれに加わった。

いまも【Honda Collection Hall】に展示されている通称・"カーチス号"もこのとき作られた。"カーチス号2は，翌1924年の第5回日本自動車競争大会に，ドライバー・榊原真一（郁三の弟），ライディング・メカニック・本田宗一郎で初出場し初優勝した。本田17歳，モーター・スポーツへの情熱はこのとき芽生え，以降生涯消えることはなかった。

② 自立から創業

1928年4月，本田は21歳の若さで榊原の弟子の中でただ1人，のれん分けを許され「アート商会」浜松支店を開業した。修理の腕はもちろん，若さと才能を存分に発揮した本田は，のちに「浜松のエジソン」と呼ばれるまでになる。

強力な放水ポンプを付けた消防車，ダンプトラック，乗客数を増やすため

のバス改造, リフト式修理台など次々に新機軸のモノを創り出した。開業時1人だった従業員も1935年ころには30人余りに増えていた。

　1936年, 修理業に飽き足らなくなった本田は製造業への転進を図る。知人・加藤七郎らの後援を受け, 同氏を社長にして「東海精機重工業株式会社」を設立した。

　本田は, 昼は「アート商会」で働き, 夜はピストンリングの開発にひたすら打ち込んだが失敗を繰り返した。

　浜松高等工業(現,静岡大学工学部)の聴講生にもなり, 顔つきが変わるほどの苦労と熱中の研究が2年も続いた。

　その結果, やっと試作が成功した本田は, 1939年「アート商会」浜松支店をあっさり弟子に譲り渡し,「東海精機重工業」に社長として入社するが, 今度は製造技術の習得に2年を費やす辛苦を経験する。

　その結果, トヨタや中島飛行機を納入先にするまでになり, 従業員も最盛期には2,000人に達した。

　しかし, 1941年の太平洋戦争突入によって「東海精機重工業」も軍需管轄化に置かれ, 1942年にはトヨタの40%資本参加によって本田は社長から専務に降格された。

　その後も本田は, 工場で働く女子挺身隊のためにオートメーションのピストンリング製造機を考案したり, 日本楽器(現, ヤマハ)の川上社長の依頼で, 飛行機の木製プロペラ自動切削機も考案するなど, いかんなく発明家としての才を発揮した。そんな中で戦火はますます激しくなるが, 1945年に終戦, 本田宗一郎も大転換期を迎えるに至る。

　終戦となって「東海精機重工業」の大株主のトヨタからは, トヨタの部品を作ったらという話しがあったが, 自分の個性を伸ばし思ったとおりのことをやりたいと考えた本田は, 45万円[21]でトヨタに「東海精機重工業」を売り渡し新たな自分探しの道を選んだ。

　その後, 自称「人間休業」を宣言し, 約1年の月日が流れた。そして1946年夏, 繊維産業の盛んであった浜松という土地柄から, 自身で考案したロータリー式織機の製作を試みようと「東海精機重工業」の山下工場跡地

21　本田宗一郎『本田宗一郎　夢を力に』日本経済新聞社, 平成13年7月, 52頁。

に工場を建て「本田技術研究所」を設立した。

しかし資金不足が致命的で，織機製作は実を結ぶに至らなかった。その後も，花模様入りのスリガラス製造とか，網み竹をモルタルで固める屋根板製造などにトライしたが，本田の天職ではなかったのであろう，本田らしくなくあっさり途中であきらめている。

それからいくらも経たないその年の9月，「アート商会」浜松支店経営当時の友人が知人から預かっていた，旧陸軍の6号無線機発電用エンジンに出会う。本田はたちまちアイデアが閃いた。「これを自転車用補助動力に使おう」。人生における決定的瞬間とはこういうときを言うのであろうか。後のホンダにつながる運命的出会いであった。

③　創業―夢のはじまり

自転車に補助エンジンを付けるというアイデアはイギリスなどで製品化されていたが普及までには至っていなかった。戦後，劣悪となった日本の交通事情の中で，山のような荷物を自転車に積み運ぶ人たちにとってこの補助エンジン付き自転車は必ず喜ばれ役に立つ。そう確信した本田は，ビジネスチャンスを自身が最も得意とする"自動車の分野"で掴もうとした。

戦後のこの時期，実はほぼ同時発生的に自転車用補助エンジンがあちこちで登場したが，その中で，ホンダの発端となったこの2ストローク50CC改造エンジンは最も早い時期に登場した。早い時期といってもそこに至る経緯は，のちの本田（＝ホンダ）を彷彿させるものがあった。

エンジンを置く位置を真ん中にしようか後ろにしようか，ベルト駆動にしようかチェーンにしようかなどなど，本田は目の色を変えて3日から4日昼夜を通し考え，体を動かしたのである。

さらに本田のさち夫人をテストドライバーに使ったり，1基1基取り付けたあとに試走してから売るなど，少なくとも「本田技術研究所」の名をはずかしめないだけの自転車用補助エンジンに仕上げていった。

こうしてできた自転車用補助エンジンは口コミで評判になり，名古屋，大阪，東京などの大都市から買い手が浜松にやってきた。第2代社長・河島が，初めての学卒エンジニアとして入社したのもこの頃であった。河島の最初の仕事は，月曜日に運び込まれる10台ほどの無線機発電用エンジンを1

週間かけて改造・試運転し，待っているかつぎ屋（いまのディーラー）に売り渡すというものであった。

　しかし，改造用エンジンが底をつくのは目に見えていた。本田は次の準備に取り掛かる。いよいよ真に自分たちのエンジン開発，ホンダ製エンジンの製作であった。

　試作エンジン第1号は，伝説のエントツ・エンジン[22]である。本田はユニーク極まるこのエンジンを思いつくと，河島を相手に終生変わることのなかったスタイルで，すなわちしゃがみこんで工場の床にアイデアスケッチを描いて見せた。商売だけ考えれば，無線機用エンジンをコピーすればそれでよいが，そんなマネごとは絶対に我慢できないのが本田の真骨頂である。後々，エンジニアたちの設計に，「どこが新しいのか？」，「どこがヨソと違うのか？」，と真っ先に質問するのが口癖となったが，この独創のスピリットこそホンダの際立つ特長のひとつである。

　このエントツ・エンジンは，燃料の節減とパワーアップを狙いとしたが，当時の工作精度も材料もアイデアに追いつかず幻のエンジンとなった。進歩的で斬新過ぎたがゆえの失敗で，こうしたことはこれからのホンダに何度も起こるが，ホンダ最初の試作エンジンがそれであったのは象徴的だ。そしてこの失敗を糧に，ホンダ初の市販製品・「ホンダA型」（自転車用補助エンジン）が誕生する。

　「ホンダA型」は，オーソドックスな2ストローク・エンジンに見えるが，吸気系がありきたりのピストン・バルブでなく，ロータリー・ディスク・バルブをクランクケース側面に付けたもので，キャブレターもシリンダーの横ではなくクランクケースに付いていて，当時としては画期的であった。さらに特許を取ったクラッチ兼用の手動式ベルト変速装置など，ホンダらしさは十分なエンジンであった。しかも，こうしたメカニズムだけでなく，それ以上にホンダらしさという点はそのつくり方にあった。

　それは，ダイキャスト化である。ダイキャスト化は量産化を意味し，どう見ても大量生産工場からは程遠い町工場の中で，誇大妄想と言われるような

---

[22] 試作だけに終わったホンダ初のオリジナルエンジン。凸型ピストンと凸型シリンダーを持つユニークな構造から，通称・エントツエンジンと呼ばれる。

生産手段は大きな冒険であった。

　金型の内製化など技術的な困難さを承知の上で理想を追求する。これがホンダのチャレンジ・スピリットの原点だ。「ホンダA型」の生産は1947年11月に始まったが，工場設備にも後のホンダを予感させる独自のアイデアが見られる。1948年2月に新設された野口町のエンジン組立工場に，本田発案でホンダ初のコンベヤーラインが敷かれたことだ。

　従業員数や製品台数からは，決してベルトコンベヤー化するようなスケールではなかったにもかかわらずだ。ここにもホンダの未来への夢を窺い知ることができる。コンベヤーラインそのものは，作業する姿勢が楽で，部品の移動距離が短く，スペースが少なくて済む組立ラインという，それまでにない概念で考えられていた。

　基本思想は，現在のホンダの工場にも受け継がれている。自身が手作業の達人，素晴らしい職人技の持ち主であったゆえからか，

　　ウチの製品は，組むのに腕だのコツだのが要るようじゃ駄目なんだ。工場の従業員も，販売店の修理工も，おれみたいなやつばかりじゃない。名人芸がいるようなものはつくるな。

と本田は口を酸っぱく言っていたという。

　職人気質と正反対の，新し過ぎるくらい近代的な経営者の感覚だ。ダイキャスト部品の巣穴やコンベヤーラインが円滑に稼動しないなど問題はあったものの，ともあれ"HONDA"の名を初めてタンクに飾った「ホンダA型」は，大好評で買い手に受け入れられた。

　この第一作・「ホンダA型」で波に乗った1948年9月24日，「本田技研工業株式会社」が設立された。資本金100万円，従業員34人，浜松市板屋町でのスタートであった。このあと「ホンダA型」に続いて，90CCの「小型三輪貨物車B型」の試作，96CCの「ホンダC型」（外注特製フレームのモーターサイクル）と続き，いよいよ本田の本格的なモーターサイクルづくりへの挑戦が始まる。

　④　あくなき夢への挑戦

　1949年8月，ホンダの最初の「モーターサイクルD型」がデビューし，二輪車世界一への第一歩が踏み出された。名前は"ドリーム"，夢を追

い続けるホンダを象徴するネーミングであった。ユニークで斬新なデザインへの進化，鋼板をプレスしたチャネルフレームの採用，当時黒色と決まっていたボディカラーを美しいマルーンに，と「ドリームＤ型」は道路でひときわ目立ち，ホンダの名を大いにアピールした。

　売れ行きも出足好調であった。しかし1949年は，アメリカ政府とGHQからのインフレ抑止の命令で日本政府はデフレ政策をとり，突然不況の嵐が吹き始めた。加えて，クラッチレバーをなくし運転操作の簡略化を狙った「ドリームＤ型」の画期的なメカニズムがかえって不評となった。

　かくしてホンダ最初のモーターサイクル，「ドリームＤ型」は売れなくなり，ホンダ最初のピンチにもなる。それでも本田は，

　　人生，失敗なんていくらでもある。いいと思ったことをやって，しくじったのは無駄にはならん。これじゃイケネエんだってことが分かっただけでも，儲けものなんだぞ

と意気軒昂だったという。ここでも失敗を糧に将来へチャレンジしようとするスピリットが際立つ。そしてこれが，ホンダ初の4ストロークエンジン搭載の「ドリームＥ型」の成功につながっていく。

　朝鮮特需で日本経済が息を吹き返す中，ホンダも立ち直る余裕が生まれると，本田は「浜松でボソボソやってたって，たかが知れてる，東京へ出るんだ」と，1950年9月東京に工場を開設し自身も東京へ引っ越し，将来への飛躍を目指した。

　そして1951年10月，ホンダ初の4ストロークエンジン搭載の「ドリームＥ型」が発売された。

　後に「4ストロークのホンダ」と呼ばれるほどのホンダが，万を持しての4ストロークであった。「ドリームＤ型」が月産最高160台程度だったのに比べ，「ドリームＥ型」は半年後に同500台，1年後に同2,000台，3年後には年産32,000台を記録した。この時期のホンダの危機を救ったばかりか，本田の予言どおり，ホンダは「ドリームＥ型」によって大きく伸び飛躍のきっかけとなった。そして"三つの喜び"というホンダの基本理念となる言葉は，「ドリームＥ型」が発売された1951年の12月号『ホンダ月報』（1951年9月創刊の社内誌）に，本田宗一郎の文章として初めて現れて

いる。

さらに翌1952年，大衆向け商品として発売された「カブF型」は，藤澤の独創的な販売戦略も功を奏し，その年の12月に月産9000台を記録した。「ドリームE型」の大ヒットと「カブF型」の爆発的売れ行きで，ホンダの業績は目覚しく向上した。

創業の1948年9月にわずか34人であった従業員も，1953年2月には1,337人になった。1952年10月号の『ホンダ月報』には，のちに社是の冒頭にもなる文章「世界的視野に立って」と題した本田の一文が発表され，その内容は次のようなものであった。

> ……日本において一流になったということで，一度眼を世界的視野に転じます時，現在私たちが到達しておりますレベルはまことに恥ずかしく寒心に堪えないものであります。……良品に国境はありません。……日本だけを相手にした日本一は真の日本一ではありません。……世界一であって初めて日本一となりうるのであります。……

当時わずか資本金600万円の企業が「なんという大言を」，というのが普通の見方であろう。しかし今のホンダを知るならば，本田はまさしく世界的視野を持ち，夢を追い求めるチャレンジャーであったと認めねばならない。そしてこの頃のホンダこそが，のちのホンダの礎となる。

(2) 「カリスマ人的資質」と創業者・本田宗一郎

本田宗一郎には「偉大なるベンチャー」という呼称がよく似合う。世界のホンダになったいまでも，ホンダにはチャレンジャーのイメージがよく似合う。体制への迎合を嫌い，常に高い目標を抱き，現状に満足せず，自身の信念に従いまっすぐに突き進む。

本田宗一郎亡きあと，13年経った今でも，本田とホンダは見事なまでに重なり合う。戦後屈指のビジネス・ヒーローであり，かつ名経営者として名を残す本田には，カリスマの称号がぴったりだ。一般的にカリスマを形成する構成要素[23]は，次のような特性の人間的資質から成り立っている。

① 卓越した能力……ものをつくる能力，統率力など
② 豊かな人間性……上記①にもかかわらず心底憎むことができず，む

---
23 溝上幸伸『ホンダイズム—本田宗一郎の5つの遺伝子』ぱる出版，平成13年，58頁。

しろ親しみを感じる人間性
③ 強運……禍をしのぎきって，次にやってくる福をぐっとつかむ，強い生命力
④ 強固な信念……内なる正義を持ち，私心のないことを知らしめる，一貫した信念
⑤ 退任物語……苦難や試練にどう対処し，切り抜けたかというストーリーやエピソード，そして，爽やかに退任劇。

本田が以上の人間的なカリスマ要素を備えていた事実として，数多くのことがらが"語り"（物語のリアリテイ）受け継がれてきた。本田宗一郎"神話"が真実の企業理念書として社内に実在するかのようである。その例をいくつか紹介しよう。

物語1「卓越した能力」：本田のアイデアは天才的で，何もないところから線を引き，それを次第に複雑な形とし，最後には画期的な形とする。しかも，カンの鋭さはピカイチで問題点も一目で見抜いたという。

物語2「豊かな人間性」：「バカヤロー」と怒鳴って，鉄拳をふるう。スパナやハンマーを投げつけたり，三角定規の角（とがっている）で頭をたたいたりというのも日常茶飯事。

　「おまえなんか会社を辞めちまえ。いますぐ辞表を書け，辞表を」とがんがん怒り，口答えできない部下を完膚なきまでに叩きのめす。その口調の激しさはまさに雷。怒られた社員は本当に辞めるつもりになって，翌日辞表を持っていくと，「俺が悪かったから辞めるなんて言うな」で肩をポンと叩かれて終わってしまう。

　こうした本田という人物の魅力的な個性が醸し出す。

物語3「強運」：1949年のドッジラインによる日本の不況で「ドリームD型」の不振，1954年の新製品「ジュノオ」をはじめとする「カブF型」など主力製品の同時不振，1969年から71年にかけての欠陥車問題など，普通であれば倒産してもおかしくない危機をしのぎ，しかもその直後にクリーンヒットを飛ばせる。

物語4「強固な信念」：後ろ向きのやり方や，その場しのぎの対策など，楽な道を取ろうとすることを真っ向から拒絶する。こんなエピソードがあ

る。新工場建設用地を決めかねていたとき，愛知県のある都市では本題はあとまわしで接待攻勢。呆れた本田が次に訪問した鈴鹿市では，今度は渋茶一杯でお茶菓子もなし。

しかし当時の杉本鈴鹿市長は，工場予定地の海岸線からの距離や四季を通じての風向き，潮風の影響など納得の行くデータを多く提供してくれた。本田は自分たちの求める要素とぴったり合うものを感じとることができたいへん満足したという。

それは，自分たちをまじめに事業に取り組んでいる人間として理解してもらえた点にあったと述懐している[24]。本道をはずれることを徹底的に嫌うという思想，良心だ。

また，クルマという人命にかかわるものを生産している以上，手抜きや怠慢は絶対に許さず，私心なく常に技術の極限を求め続けた純粋さ。私利私欲に恬淡で，遊びはもちろん，職場の仲間との慰労会などでも自腹で通すなど公私混同を自ら厳しく戒めた潔癖さ。これらはみな強固な信念に基づくものだ。

物語5「退任物語」：巨大自動車メーカーを一代で築き上げた事業家としての成功物語は，連綿と語り継がれた。モノづくりに賭ける天才と狂気，少年時代からの夢を絶やさず追いつづけた創造性とロマン，幾多のすこぶる人間的なドラマ，そういうものがあったからこそ，人々の共感を呼び語り継がれた。1973年10月，創業からわずか25年で本田社長は藤澤副社長とともに退任し，会長などに留まることなく会社の経営から一線を退き，「爽やかなバトンタッチ」として後々まで絶賛されることになった。数え切れない本田の「物語」は，引き際の鮮やかさによって際立った。

宗一郎のカリスマ型経営者要素を，能力の継承の視点で再度整理してみると，次のように個人の文化が組織の文化に継承されている。

ⅰ 「卓越した能力」は"独創的な技術力"に
ⅱ 「豊かな人間性」は"人間性を尊重する社風"に，
ⅲ 「強運」は"失敗を克服する強い意志"に
ⅳ 「強固な信念」は"チャレンジングスピリット"に，

---

24 本田宗一郎『私の手が語る』グラフ社，平成15年，60〜61頁。

v 「退任物語」の説得力は、"社内の暗黙知の基本理念"に

以上の「物語のリアリテイ」は、観念的理論や欧米型の科学理論を越えて

これら本田宗一郎の持つカリスマ要素を遺伝子とし、"次代へ継承する"ために機能した。

こうして本田宗一郎の持つカリスマ的経営人格は、本田個人の要素で終わることなくホンダ経営の原点となり、会社の基本理念として生き続けることになる。

(3) 「協働人格の創業者パートナー」・藤澤武夫

ホンダの創業者は本田宗一郎である。しかし本田ひとりで今日のホンダを創り上げることが果たしてできたか、それを断言するのは難しいようだ。

それを証するがごとく『語り継ぎたいこと　チャレンジの50年「総集編・大いなる夢の実現」』(本田技研工業) には、本田終生のパートナー・藤澤武夫の生い立ちや実績、本田との補完的関係について多くの紙面を割き、その功績を讃えている。

また本田自身、藤澤を「何より大切な存在」と評し、二人三脚の経営者として「藤澤がいなければいまの自分はない」と述懐している[25]。

「つくる本田、売る藤澤」として、本田は、営業体制の強化や資金づくりなど会社経営の中核機能について、藤澤に全面委任した。これは、人が何に卓越した能力を発揮できるかを考え、その成果を引き出すことを第一義に考えた結果である[26]。

本田がモノづくりに没頭できたのは藤澤あってのことで、カリスマといわれる本田をカリスマにしたのは、藤澤の貢献によるところが大と言われる。もう一人の創業者とも称される藤澤武夫についてつぎに触れてみたい。

藤澤は、1910年11月、東京に生まれた。父・秀四郎は銀行員で、転職を重ねた結果、映画館のスライド広告を製作する宣伝会社を経営した。

その後、関東大震災が一家をどん底に落とし、貧しい労苦の生活を強いられた。その後、不向きと思われたセールスの仕事が彼の才能を呼び起こし、同時に「誠心誠意」取り組むことこそ、何者にも変えがたい大切なことと体

---

25 前掲書、12頁。
26 P.F. ドラッカー『新訳　経営者の条件』(上田惇生訳) ダイヤモンド社、1995年、99頁。

現させた。

　彼自身，会社を設立するなどの経緯を経て，ホンダ創立後間もない1949年8月（「ドリームD型」発売直後），本田宗一郎との運命的な出会いを迎える。本田宗一郎42歳，藤澤武夫38歳。お互い一目で気に入ったと言われている。双方，自分に持っていないものを相手が持っているというのが理由だった。

　天性の直感力や洞察力は，人のそれをも本能的に感じたのか。彼らと身近に接した人々は，

　　見せかけのポーズ，虚勢など，この二人の前では全く通用しない。ウソがつ
　　けない。性格は違っても，両人とも眼力のすごさは瓜二つだった。

と述懐している。

　二人は，お互いの能力を見抜き，それを認め合い，見果てぬ夢を本気で語り合い共有し合える，人生を賭けるに足る相手，信頼して悔いないパートナーを発見したのだ。後に言われる「つくる人・本田，売るひと・藤澤」，このとき，適材・適所をお互いに見極めた。

　「売るひと・藤澤」の真価は，1952年4月「カブF型」の発売に発揮された。「カブF型」は藤澤待望の"大衆向け商品"であった。万を持して，藤澤は販売ネットワークの構築にアイデアを練った。

　当時ホンダの代理店は20軒ほどで"大衆向け商品"を売るには全く非力。そこで藤澤は全国にある自転車販売店に目をつけた。

　当時まだダイレクトメール流通システムのなかった時代にダイレクトメール作戦を展開し，しかも前金で商品を販売することに成功したのだ。

　「三菱銀行・京橋支店」の身元保証ともいうべき支店長名の手紙も功を奏した。当時まだ，ホンダは三菱銀行からの融資はなく，本来であればそれほどの支援を得られる関係にもなかったが，藤澤の「誠心誠意」の対応が同行の理解と信頼を獲得し，同行からの全面協力を得られたのだ。この販売網の構築や三菱銀行からの信頼獲得は，のちのホンダ飛躍の基礎固めとなった。

　本田とのパートナーシップを如実に現すこととして，1954年10月の総額4億5千万円の最新鋭工作機械輸入計画への対応がある。資本金600万円の会社が，4億5千万円の機械を買うというのは，大冒険にて無謀。

普通の金庫番ならば，そんな計画は阻止しようとする。しかし藤澤は，「社長，もっと買えよ。ほしい機械をどんどん入れてくれ。そのかわり，すぐ動かしてくれよ。」といって機械の購入を勧めたという。

本田を技術者として信頼し，その眼力を信じたからで，その根底にあったのは信頼関係にほかならない。

ホンダ飛躍を決定付けたのは，1958年夏発売の「スーパーカブ」の大ヒットだが，これも本田・藤澤の連携プレーの賜だった。全く新しい商品の構想固めを主目的に，1956年，本田と藤澤は欧州視察に連れ立った。当時，藤澤は本田に，大衆向け汎用商品として50CCのオートバイを創ってほしいと要望していた。これがなければホンダの発展はないと強く迫ったという。

スピードと馬力の先端エンジンにこそ関心を持つ本田は，当初これには乗り気でなかったようだが，最後には本田持ち前の技術者魂が頭をもたげその製作に没頭し，ついに不朽の名車「スーパーカブ」が完成される。本田は藤澤に，自慢げに「スーパーカブ」の特長をまくしたて，「で，何台売れる」と尋ねると，藤澤は「これなら売れる。月に3万台かな（当時日本中のオートバイの月間販売台数が4万台ほど）」と答え，本田さえも目を向いたというエピソードがある。

藤澤のさらに驚くべき凄さは，開発段階から販売価格を提示していたことだ。しかも3万台売れなければコスト割れするような低価格でである[27]。まさに先見の明とはこのことだ。

かくして「スーパーカブ」は一世を風靡し，いまなおホンダの代表的商品であり続ける超ロングセラーとなり，ホンダの基本理念である「"三つの喜び"」を体現する最初の製品となった。

本田の卓抜した技術者としての才に加え，商品コンセプトやマーケットバリューを明確に打ち出した藤澤との協同作業が，ホンダを世界一の二輪車メーカーに仕立てる名車を生んだのだ。

本田と藤澤は，出会ってからしばらくの間は，毎日毎晩，夜を徹して語り合ったといわれている。語り尽きない高揚した日々が続いたという。

藤澤自身，このころ話し合ったことがホンダのタテ糸になったと振り返っ

27　本田宗一郎『本田宗一郎　夢を力に』日本経済新聞社，平成13年7月，184頁。

ている[28]。個性も，得意とするフィールドも異なる二人であったが，双方ともヒューマニズムとロマンチシズムを感じながら，「ホンダ哲学／基本理念」の基本を醸成し共有化したのであろう。

お互いの誠を心底から分かち合った二人は，パートナーであると同時に，切磋琢磨し合う良きライバルとしても認め合った。爾来四分の半世紀，二人は世界のホンダを目指し，夢の実現に向け激走した。

(4) 死後まで独創を貫徹

1991年8月5日，本田は84歳にて，「夢とロマンを追い続けた生涯」を全うした。

生前本田は，自分が亡くなった際には，素晴らしい人生を送ることができたことを感謝するため，世界中の新聞に「ありがとうございました」とお礼を掲載してほしいと話していた。

さらに，クルマづくりに携わるものとして，葬式で大渋滞を起こし迷惑をかけるようなことは許されないとも言っていた。こうした本田の遺志を尊重し，創業者の死去に対して一般的であった社葬ではなく，当時では前例のなかった「お礼の会」という形で，しかも渋滞などを避けるため3日間の長時間開催にて行われることとなった。

本社・青山会場には，本田生前の感謝の気持ちを表す「皆様のおかげで幸せな人生でした。どうもありがとう」というメッセージとともに，穏やかな表情の本田の写真が掲げられた。

「お礼の会」には，親交のあった人々だけではなく，本田の生き方に共感し感銘を受けたという人や，ホンダファンなど，62,000人を超える老若男女が来場し本田を偲んだと言われている。

本田は製品や技術に対し「おれの人格の一部」と表現していたが，「お礼の会」には，本田が常に夢を追いかけ実現してきた製品群が展示され，それらは生前の本田のエネルギーを会場全体に発散した。

本田と親交の厚かったソニー創業者・井深は，展示してあったホンダ・ソニー共同開発の思い出深い発電機の前で，「もう少しつくれ，まだこっちには来るなよ，という本田さんの声が聞こえるんだ」としばらく佇んだという

28　前掲書，202頁。

エピソードも伝えられている[29]。

世間一般の価値観にこだわらず，あくまで自分を支えてくれた人たちや社会への感謝を全面に出した「お礼の会」。本田の物語は，文字通り，人生の終焉をもって完成された。最後の最後まで独創を貫徹し，それを強く主張して。

2. 基本理念（創業の理念の継承）

現在ホンダは，"ホンダ・フィロソフィ"と称して，「基本理念」「社是」「運営方針」を掲げている。その内容は次のとおりである[30]。

(1) **基本理念**：
① 人間尊重
② "三つの喜び"（「買う喜び」，「売る喜び」，「創る喜び」）

(2) **社是**：
わたしたちは，地球的視野に立ち，世界中の顧客の満足のために，質の高い商品を適正な価格で供給することに全力を尽くす。

運営方針：
① 常に夢と若さを保つこと。
② 理論とアイデアと時間を尊重すること。
③ 仕事を愛しコミュニケーションを大切にすること。
④ 調和のとれた仕事の流れを作り上げること。
⑤ 不断の研究と努力を忘れないこと。

『語り継ぎたいこと・チャレンジの50年「総集編・大いなる夢の実現」』（本田技研工業）によれば，これらは創業から鈴鹿製作所発足までの約12年間で形成され，今なお"ホンダ・フィロソフィ"であり続ける。

同書に示された「基本理念」としての"人間尊重"と"三つの喜び"の意味は次のとおりである。

人間は本来，夢や希望を抱いてその実現のために思考し創造する自由で個性的な存在です。"人間尊重"とは，自立した個性を尊重しあい，平等な関

---

29 本田技研工業・社史編纂委員会『語り継ぎたいこと　チャレンジの50年「総集編・大いなる夢の実現」』平成11年3月，322～323頁。
30 本田技研工業ホームページ，www.honda.co.jp，2004年12月。

係に立ち，信頼し持てる力を尽くすことで，ともに喜びを分かちあいたいという理念です。自分のために働け，これはこうした理念を一人ひとりに問いかけていく言葉です。ホンダは　自立・平等・信頼を人間尊重の理念の柱とします。

　"三つの喜び"とは，"人間尊重"に基づいてホンダの企業活動に関わりを持つことになる全ての人たち一人ひとりと，喜びをともに分かち合える信頼関係を築いていきたいという，信念をあらわした言葉です。私たちは，企業活動を通じて商品を買ってくださる人には「買う喜び」を，商品の販売・サービスに携わる人には「売る喜び」を，そして商品を生み出す一連の企業活動に携わる人には「創る喜び」を，と喜びを分かち合えるようにしなければなりません。この三つの喜びを誠実に追求し実現することは，同時に株主を含め社会からの信頼を勝ち得ることであり，企業の社会的責任を果たすことであると考えます[31]。

　"人間尊重"については，「辞めてしまえ」などとこっぴどく叱っておきながら，そのあとで「俺が悪かった。辞めるなんて言うな」で終わってしまう。こうした本田の人への心づかいの気持ち，ほとばしるヒューマニズムがそのベースになっている。

　またホンダでは，役職に関係なく技術の前では全ての技術者が平等であり，各員が自立した本音の議論こそが，トップや従業員間に相互信頼を生じさせるとの思想が根付いている[32]。宗一郎の技術者精神が，彼のカリスマ性とは裏返しに，職人文化固有の自立・平等・信頼の価値観に基づいていることは明確である。

　一方で，"三つの喜び"については，1951年12月の『ホンダ月報』に初出された。当時の『ホンダ月報』には，"三つの喜び"をわが社のモットーとすることが記されている。その内容はつぎのとおりである。

　　① 　造る喜び：技術者がその独自のアイデアによって文化社会に貢献する製品を造り出すことは何物にも替え難い喜びである。

---

[31] 本田技研工業・社史編纂委員会『語り継ぎたいこと　チャレンジの50年「映像と音で綴る50年」』平成11年3月。
[32] 片山　修『本田宗一郎と知られざるその弟子たち』講談社＋α新書，平成14年4月，32頁。

② 売る喜び：良くて安い品は必ず迎えられる。よく売れるところに利潤もあり，その品を扱う誇りがあり喜びがある。売る人に喜ばれないような製品を作る者は，メーカーとして失格者である。
③ 買う喜び：製品の価値を最も良く知り，最後の審判を与えるものはメーカーでもなければデーラーでもない。日常製品を使用する購買者その人である。「ああこの品を買ってよかった」という喜びこそ，製品の価値の上に置かれた栄冠である。

要約すれば，"人間尊重"と"三つの喜び"のホンダの「基本理念」は，単純な真実であり，誰にでも分かりやすく説得的であり，その原型を保ちながらいまなお同社の「基本理念」として継承されている。

次に「社是」と「運営方針」とは，1956年1月の『ホンダ社報』23号に掲載されたものであり，これが現在の「社是」や「運営方針」の原典といえる。最初に発表された当時の「社是」と「運営方針」は下記のとおりであった。

1956年の社是：

わが社は世界的視野に立ち，顧客の要請に応えて，性能の優れた，廉価な製品を生産する。わが社の発展を期することは，ひとり従業員と株主の幸福に寄与するに止まらない。良い商品を供給することによって顧客に喜ばれ，関係諸会社の興隆に資し，さらに日本工業の技術水準を高め，もって社会に貢献することこそ，わが社存立の目的である。

1956年の運営方針：

1. 常に夢と若さを保つこと
2. 理論とアイデアと時間を尊重すること
3. 仕事を愛し職場を明るくすること
4. 調和のとれた仕事の流れを作り上げること
5. 不断の研究と努力を忘れないこと

ホンダの「社是」，「運営方針」を約半世紀以前の昔と比べても，いまなおほとんど原型どおりである。ホンダの「社是」，「運営方針」はよくある事例のように，「社是」や「運営方針」の策定目的を第一義的に考えて策定され

たものではなかった。

「社是」について言えば，1956年1月の『ホンダ社報』の掲載から遡ること約3年前の1952年10月号『ホンダ月報』に，本田は「世界的視野に立って」と題した一文を発表している。その内容はタイトルどおり次のような声明である。

「製品を世界的水準以上に高める」

「良品に国境はなく，日本だけを相手にした日本一は真の日本一ではない。世界一であって初めて日本一となり得る」

以上の内容が連綿と述べられている。要は，1956年1月に，「社是」という特別なものとしてにわかに生まれたものではなく，職場になんの違和感もなく受け入れられた思想表現であり，言わば「夢」に包まれた本田の思いがそのまま表現されたものであった。

それだからこそ，時流に沿った内容へ部分的な字句の書き換えはあるものの，半世紀を経ていまなお，この原典的思想は，現在の「社是」に変わることなく引き継がれた。変わらない構造としての会社の「基本理念」とは，こうした性質のものである。

このほか，現在の"ホンダ・フィロソフィ"または「ホンダらしさ」を形成する重要なエッセンスとして語り継がれ，継承されてきた創業の理念は，次のとおりである[33]。

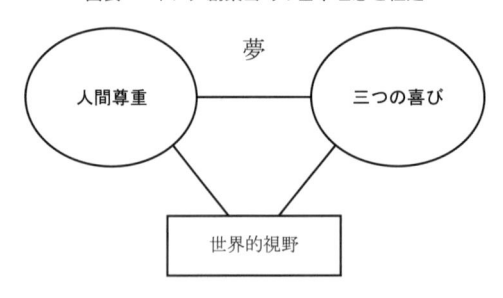

図表4　ホンダ創業当時の基本理念と社是

夢

人間尊重　　　三つの喜び

世界的視野

33　本田技研工業・社史編纂委員会『語り継ぎたいこと　チャレンジの50年「映像と音で綴る50年」』平成11年3月。

① 美しく芸術的であってこそ初めて，長い実用に耐えられる
現代の卓越した技術者は，優れた技術者であると同時に，秀でた芸術家でなければならない。科学者の知恵と芸術家の感覚とを併せ持たなければならない。
② 事業の根本は，先ず時代の大衆の要求を知ることである
経営者として最も大切なことは，時代の趨勢を見通して，会社の進路を定めることであるが，この判断の根底に，時代の要求を見抜く識見を必要とする。
③ 我々の主人は顧客である
顧客は良い製品は買ってくれるが製品を作る我々の苦労は，どんなひどい苦労でも，苦労賃は払って下さらない
④ 若さこそ創造の根源である
常に創造してゆくこと，それを連続的に未来永劫次々とやってゆかぬ限り，つまり創造を停止した時，その企業は過去のものとして置き去りにされ，発展は中止される。その人が，情熱を傾けることができれば，それはどこまでも自分のものであり，借着でない創造力が生まれる。
⑤ 工業的道義心
良い製品をつくって，世の中に貢献する人が技術者として人格者であり，また偉い人なのである。人の偉さは世の中に貢献する度合の如何にあると信じる。技術者は大衆が求め，大衆に役立つよい製品を安値に製造し，技術を通じて世の中に貢献することに努めねばならない。
⑥ 120%の良品を目指す
製品に対する最善・最大の親切は，「完全なものを造る」ことである。このことは同時に顧客に対する最善・最大のサービスでもある。製品こそ最大の宣伝者であるといわれるが，製品の悉くがわが社の全技術・全信用を担う全権大使であると言いたい。
⑦ 主体的な行動を
誰かがやるだろうというのではなく，俺がやらなければと自信を持ってもらいたい。何故なら，若い人はこれから必ず家庭をもたなければならない。その時には，誰かがやるだろうとはいえないはずだ。

⑧　世界のホンダにならねばならない

　　日本だけを相手とした日本一は，真の日本一ではない。あくまでも日本という狭い意識を捨てて，世界人を目指して進まねばならない。技術が世界に通ずる限り，われわれの視野は，常に世界に注がれていなければならない。良品に国境なし。

⑨　アイデアの泉たる人間が高く評価される時代がやってくる

　　機械化と合理化は極端に進むであろうが，それでも，いわゆる，それらの文明を作り出す能力即ち，アイデアだけは絶対に排除できない。

⑩　真理と理論の探求。

　　何が若者にこの情熱を持たせたか。何が本田技研を今日まで発展させたか。真理と理論は最高に尊ぶべきもの。それ故に，これが探求に全身全霊を打ち込んだ結果以外の何物でもないと考える。理論は万国に共通し，一国一社に障壁を作らない。

⑪　時間が一番価値あるものとなる

　　どのように優れた工夫や発明でも，必要なときに提供せられなければ，なんらの価値もない。多くの人は事業の要素を資本・労働・経営の三者に求めるが，今一つ重要なファクター，即ち時間のあることを見落としている。現代においては，経済と距離は時間に置き換えられたのである。

⑫　常に正義を味方とすること。

　　最後の勝利を決するものは正しいか否かということであって，強いか弱いかが勝敗を決するのではない。本当に困り抜いた最後の時に，その問題を解決できるか否かが人間の能力の差であり，正義に味方している限り，必ず道は開け，困難は打開されるものである。

　このように，「創業の理念」は創業から半世紀以上経ったいまなお，そのエッセンスを凝縮し「ホンダ・フィロソフィ＝基本理念」として引き継がれている。そしてそれは，ただ字句として，言葉として残されたのではない。先人から後輩へと，その必要性や重要性が認識され，実践されるなかで，見事なまでに継承された。

3. 経営能力の継続性

　創業者が偉大で，しかもカリスマ性が強いほど，次代がその理念や資質を引き継ぐのは容易ではないようだ。多くの企業でそうした事例が散見される。この点について，ホンダはどう対処し，偉大な創業者スピリッツ，創業の理念を継承したのか。

　㈱本田技術研究所の設立，大部屋役員室体制への移行，経営危機の克服，そして将来を見据えた上での創業者本田宗一郎と藤澤武夫両トップの退任などから，ホンダの経営能力の継続性について次に検証する。

(1) 「㈱本田技術研究所の設立」と「基本理念の継承」

　1957年4月の株主総会で本田は，「設計に関する基礎的研究や試作品についての実験研究の意義は極めて大きく，会社安定の基礎をなす」と，研究部門の重要性を力説した。

　そして同年6月には，本社や製作所とは別個に独立した組織を有する技術研究所を発足させ，1960年7月には，㈱本田技術研究所としてホンダ本体から独立させた。

> 研究というものは失敗の連続であり，99％以上は失敗と覚悟しなければならない。そういうものを本田技研工業というあくまで生産オンリーで利潤を追及する会社の中に置くと，どうしても立派な研究を続けることができない。また，生産の流れの中では組織が大事にされるが，研究所では個人の能力発揮が大切になる。従って，研究所は別組織にするのがよい。

というのが本田の考えであった[34]。

　そして，重要な分野で強みを持つ人的資源が，最大限有効に活かされる組織をつくる[35]ということを実践した。

　一方で専務であった藤澤は，1960年5月の「管理研究会」（課長クラスの会）で，研究所の理想像として本田同様の考えに加え，「本田技研がここまで伸びてきたのは社長・本田宗一郎の考えた図面が良かったからだ。

　しかしいつまでも1人の天才の能力に頼ってはいられないから，それに代わる集団としての能力をいかに組み合わせ，全体として向上させていく仕組

34　本田宗一郎『本田宗一郎　夢を力に』日本経済新聞社，平成13年7月，94頁。
35　P.F. ドラッカー『新訳　経営者の条件』ダイヤモンド社，1995年1月，24頁。

みをつくり上げていくかを考えるべきだ」、と述べている。

これには、当時四輪業界への進出を視野に入れ、この研究所の独立を、ホンダが将来にわたって発展し続けるための体制づくりにつなげよう、との思い入れが窺える。

この思い入れは、1968年4月に、まずは技術部門から「専門職資格制度」としてスタートし、それ以降、営業・経理などを含め、優れた専門能力を有するエキスパートを育て、彼らの力が最大限に発揮できる"変わる"システムとして確立された。

"変わらない"構造の「基本理念」を基層として、"変わる"システムの「価値規範」がここに組織展開したのである。

1961年11月の新社屋完成時の案内書に、本田は次のように述べている。

> 企業発展の原動力は思想である。従って、研究所と言えども、技術より、そこに働く者の思想が優先すべきだ。真の技術は哲学の結晶だと思っている。私は「世界的視野」という思想の上に立って、理論とアイデアと時間を尊重し、世界中の人々が喜んで迎えてくれる商品を送り出すことに、研究所の真の意義を感じている。

これは本田から将来にあてたメッセージにほかならない。

かくして、本田技術研究所は、本田・藤澤両トップの思想を受け継ぎ、本田の持つ技術の粋や取り組み方を継承し、それによってホンダが独創的な開発力を持ち続け成長を続けることを可能とした。

ホンダ歴代の社長がすべて技術系出身者であることは、端的かつ単純な事実としてそれを裏付ける。

本田のもとで、創業時の苦楽をともにした側近中の側近・河島喜好は、ホンダ初の学卒エンジニアとして45歳の若さで2代目社長となった。

3代目社長・久米是志も直接に本田の薫陶を受けた技術者で、TTレース用、空冷F1用、空冷2気筒N360用、H1300用などのエンジン開発の中心にいた。

4代目社長・川本信彦は、レースが好きでホンダに入社、研究所一筋でF1エンジン開発などに従事した。川本は、社長退任後も研究所フェローとして開発現場に復帰したほどの根っからの技術者だった。

5代目社長・吉野浩行は，ホンダが四輪に参入した当時に入社し，一貫して開発に従事した。

6代目社長・福井威夫は，本田宗一郎の魅力とレースに憧れホンダに入社し，CVCCエンジンの開発やF1の最高責任者を務めた。

こうまでトップが技術者であることを明確にし実践している日本の自動車メーカーはほかにない。技術志向を強めすぎることによって企業としてのトータル・バランスを欠くリスクを犯してまで，徹底的に技術にこだわる姿勢を明確にするところに，ホンダらしさの企業文化が確立している。

(2)「大部屋役員体制」への移行と「基本理念の継承」

創業者の一番大事な仕事は，次の世代に経営の基本をきちんと残すことだと，藤澤は常々言い，ポスト本田・藤澤体制，すなわち後継者育成の必要性と重要性について考えていた。

藤澤は，早くから取締役ではない若い部・次長クラスの数人を取締役会に出席させ，意見を求めることさえ行った。それを通して彼らを鍛え，マネジメント能力を養っていったのである。

実際，1962年4月，それから約10年後にホンダ2代目社長となる河島喜好が，34歳という若さで取締役に就任するなど，1～2年の間に若い取締役が次々誕生した。

そしてその1年後には，河島を含め，川島喜八郎，西田通弘，白井孝夫といった，のちに4専務体制を構成する4人のすべてが，部・所長の兼務を解かれ，本社大部屋役員室で執務するよう命じられる。

4人がその真意を理解するには数ヶ月を要したというが，このとき4人は「取締役とは何をすべきか」というテーマについて真剣に考え，本田と藤澤が出会った頃のようにお互いの性格が分かり合えるまでに議論しあった。

藤澤の意図は，本田や藤澤がいなくなったあとの「集団指導体制」の構築の準備にあったが，彼らはみなその期待に応え役員室のオピニオンリーダー的存在として，その後のホンダの事業展開を自信を持って進めるようになっていく。

このように，ホンダにおける経営者の自己確信型のリーダーシップとは，

現世代が刻苦し全身全霊を傾けて築いてきた事業を次の世代が受け継ぎ，そのまた次の世代にとっての基礎を作り上げるという懸け橋となることであった[36]。

こうした経緯を経て，1970年4月の株主総会を経て，本田・藤澤両人による創業期以来の指導体制から，河島・川島・西田・白井の4専務による，いわゆる集団指導体制への移行がなされた。

4専務はいずれも，若いときから本田・藤澤の薫陶を受け育っていた。したがって，彼らこそ，「創業の理念」，即ち，「企業の基本理念」を間違いなく継承しうる次期後継者たちと見極め，両トップ退任に向けての布石を打ったのである。

こうして，本田・藤澤両トップの退任から遡れば，実に十数年かけ後継者育成に取り組んだのだ。

(3) 経営危機の克服

ホンダも幾多の経営危機に遭遇した。創業間もない1949年の「ドリームD型」販売不振，資金的な問題も大きく未曾有の危機と称された1954年の「ジュノオ」・「カブF型」・「ドリーム」・「ベンリイ」の同時販売不振，社内を二分した1968年の水冷・空冷論争などがそうである。しかし，ホンダの歴史上，おそらく最大の危機は1969年に端を発する欠陥車問題だろう。

欠陥車問題は，1969年6月に運輸省が欠陥車問題への対応を自動車業界に指示し，リコールの届出強化を発表したことから，本格化してきた。ホンダはいち早く，「Nシリーズ3機種9項目のリコール」を届け出たが，リコール問題の社会性と一部マスコミによる「N360の安全性」に対するキャンペーンは，主要自動車メーカーを喚問する国会での論議に発展した。

出席した専務の西田通弘は，毅然とした態度で，N360は欠陥車ではないことを主張した。このあとホンダはすぐさま各方面の記者団を集め，国会答弁を含めホンダの安全についての取り組みを西田から説明した。その内容は1969年11月発行『ホンダ社報』特別号によって社内にも次のように伝えられている。

---

36 前掲書，76頁。

ホンダは従来から人間尊重の立場で，安全運転に関するさまざまの施策を行ってきた。そして今回，一連の安全問題を契機に，今までの取り組みをいっそう強化することを決定した。またN360の安全性についてとかく言われているが，我々の徹底的な調査によれば，欠陥車というような主張はとうてい受け入れることはできない。先の国会審議のその後の経過に合わせて，疑義を解明したい。

　以上の書き出しで，ホンダの詳細な調査結果と安全運転普及本部の設置趣旨について記載されている。堂々とホンダは逆風を真正面から受けて立った。

　しかし，さらにホンダはこの問題に引きずりこまれる。翌1970年8月18日，「N360で事故」を起こして死んだ京都のユーザーの遺族が，同乗者の証言を元に，事故は車の欠陥によるものとして，ホンダ社長の本田宗一郎を未必の故意による「殺人罪」の疑いで東京地検特捜部へ告訴したのである。

　告発を受理した東京地検では，原因調査のために開発責任者を呼び出した。本田は，「難関にぶつかったときこそ，その問題を注視して，真正面からとらえよ」との言葉を送ったという。

　このあと東京地検特捜部では，「N360の欠陥と交通事故との因果関係」の調査を，運輸省交通安全公害研究所と東京大学生産技術研究所に依頼した。新聞発表によるその鑑定結果は，「事故と車体との因果関係を強く結びつけるものはない」とのもので，これを受けた東京地検特捜部では翌8月に不起訴処分という判断を下した。

　その3ヶ月後の71年11月，同じ東京地検特捜部が，日本ユーザーユニオンの活動の代表格だった専務理事と幹事の二人を，ホンダに対する恐喝未遂事件で逮捕した。これによって，ホンダに対するイメージは一夜にして一変した。ホンダは，本田の言葉通り，難関に対し真正面から真摯に取り組んだ。そして創業以来唱えてきた「人間尊重の精神」は，まがいもなく正義に通じた。そのことが，ホンダをして欠陥車問題を克服する決め手になった。

(4) 潔い引き際と経営能力の継続性

　1970年4月の総会後から間もなく，1971年8月，日本中を揺るがす変動相場制への移行がなされた。本田も藤澤も，「なんで為替が変わるんだ。も

うわれわれには付いていけないよ」と，冗談とも本音ともつかない言葉を発したという。

そのわずか8ヶ月後の1972年4月，4専務を中心とした役員室は劇的に変化する外部環境に対応するため，企業体質を抜本的に見直すことを目的とした全社的規模での改革運動導入を決定した。「ニュー・ホンダ・プラン」，いわゆる「NHP」である。河島を全社委員長とし，三十代から四十代前半の若手12人が専任メンバーとして推進に当たった。

これは河島を中心としたホンダが，確実に動き始めた第一歩であり，世代交代を促す大きな原動力となった。こうした動きを確かめるがごとく，1973年3月藤澤は，今期限りでの退任とそれを本田に伝えるよう西田に命じた。中国出張中であった本田は，帰国し羽田空港にてそれを聞いた。そして「おれは藤澤あっての社長だ。副社長が辞めるなら，おれも一緒。辞めるよ」と西田に告げた。

西田から報告を受けた藤澤は，本田との長い付き合いの中で初めて大きな誤りをした，と感じたという。本田にゆっくり考えてもらう時間が必要と考えてのことだったが，やはり最初になぜ本田に直接，自分の意向を相談しなかったのかと。藤澤は，1973年8月の「退任のごあいさつ」で，退任が決まった後のある会合での本田との会話について触れている。

　　本田「まあまあだな」
　　藤澤「そう，まあまあさ」
　　本田「幸せだったな」
　　藤澤「本当に幸せでした。心からお礼を言います」
　　本田「おれも礼を言うよ。良い人生だったな」
これで引退の話しは終わりました，と。

こうして，本田宗一郎と藤澤武夫の，創業期からの二人三脚は終わった。本田65歳，藤澤61歳，まだまだ現役で十分活躍できる年齢でのトップ交代。加えて，次期社長内定の河島は二人と全く血縁関係になく，しかも45歳という異例の若さだったことも大きな反響を呼んだ。

河島は，社長就任の1ヶ月後に第一次石油危機に遭遇する。以降，物価高

騰が続く中にあって，河島は「ホンダ車は値上げせず」という施策を打ち出し，この難局を乗り切った。

1973年8月の日経新聞取材に本田は，

> 25年も社長をやっていると知らず知らずのうちに，経営者の感覚は鈍ってくる。自分だけ若いつもりでいても，従業員や社会の要請からずれているものだ。最近それを痛切に感じるようになった。これが第一線を退く決意をした最大の原因だ。

と述べている。

図表5 「本田宗一郎社長退任後のホンダ単独営業実績の推移」
（経営の継続性に関する定量的検証）

（金額単位：百万円）

期　間	売上高	売上5年合計	従業員数	資本金
1974/2期（6ヶ月）	191,841	—	18,287名	19,480
↓	↓	} 3,524,294	↓	↓
1979/2期（12ヶ月）	922,280		20,989	29,600
↓	↓	} 7,551,430	↓	↓
1984/2期（12ヶ月）	1,846,028		27,969	49,065
↓	↓	} 11,796,705	↓	↓
1989/3期（12ヶ月）	2,636,769		30,022	68,894
↓	↓	} 13,660,200	↓	↓
1994/3期（12ヶ月）	2,505,258		31,036	85,758
↓	↓	} 13,802,441	↓	↓
1999/3期（12ヶ月）	2,962,170		28,688	86,067

資料：本田技研工業㈱公表資料による。

若い後継者を育て，早く道を譲る。こうしたホンダ流のトップ人事は，激動の時代に立ち向かう大きな力となった。

　河島も，「社長になったときに，真っ先に考えたことの一つに，"引き際の潔さ"をホンダの美風として残したいということだった」と言い切っている。

　そして，河島自身，3代目社長・久米を後継者として選び，道を譲ったのは55歳のときであった。

　若くして後進に道を譲ることが，常に正しい選択とはいえないかもしれないが，「知らず知らずのうちに，経営者の感覚は鈍ってくる。自分だけ若いつもりでいても，従業員や社会の要請からずれているものだ」，という本田の退き際の「基本理念」を，河島は「変えてはならないもの」として引き継いだ。

　それから約20年，現在の6代目福井社長までトップ交替のタイミングには，この基本理念について確実な継承が窺える。

4. 利益と規模を超越する存在感

　ホンダの2004年3月期の連結売上高は8兆1,626億円，これは日本の国家予算の1割にあたる。規模的に見ても日本を代表するビッグ・カンパニーだ。

　しかしながら，既述のように，生産及び販売台数，売上高，純利益，どれをとってもトヨタと比べればホンダはトヨタの半分にも満たない。数値的な部分だけを捉えれば，その優劣は言うまでもない。

　現在の6代目社長・福井は，「販売台数，売上げ，利益という具体的な数値目標にこだわりすぎるのは少し次元が低いのではないかという反省に立ち，社長就任以来もっと"ホンダらしさ"を際立たせることに軸足を置いてきた」と述べている（『週刊ポスト』2004年8月6日号）。

　元来，ホンダの研究開発を進める視点は，儲かるとか，儲からないとか，そういうことにはこだわらず，技術の革新性や先進性に置かれているといわれている[37]。

　ホンダイズム（Hondaism）と称される"ホンダらしさ"は，世界のどのメーカーとも相容れない強烈な個性を発揮し，まさに利益や規模の大きさだ

---

[37] 片山　修『本田宗一郎と知られざるその弟子たち』講談社＋α新書，平成14年4月，53頁。

けでは説明できない「存在感」を感じさせる。何がそうさせるのか。
　以下，代表的事例に基づき検証する。
(1) 「モーター・スポーツ」への飽くなき挑戦―F1 へ賭ける夢
　ホンダの存在感を示す1つの象徴的表現は，日本の自動車メーカーとしては今でも唯一の"F1 チャンピオン"ということである。
　「モーター・スポーツ」の最高峰への飽くなき挑戦と勝利への執念，実績である。これこそが，本田の「アート商会」当時からの生涯消えることのない情熱の賜物であり，ホンダの企業 DNA（文化遺伝子）でもある。
　最初の世界最高峰への挑戦は，「マン島 TT レース」[38]への出場であった。世界最高レベルで勝つことが世界のオートバイ市場で勝つことを可能とし，また戦後の日本人にプライドを蘇らせることにもなる。
　こうした本田の思いは 1954 年 3 月の「マン島 TT レース」出場宣言として社内外に明らかにされた。
　この年の 1 月，ホンダは株式を公開したものの，レース出場宣言後，折からの不況と新商品の販売不振が重なり，創業来の危機に直面する。こうした逆境の中で，本田は持ち前の旺盛な挑戦心を発揮し，5 年後の 1959 年 6 月，創業 10 年あまりの後進メーカーにもかかわらず世界最高峰への初参戦を果たす。
　初戦の結果は 6 着であったが，それからわずか 2 年後の 1961 年には念願の初優勝と最優秀賞を獲得し，ホンダのオートバイは世界一であることを全世界に実証した。
　レースで勝つという解りやすい形で，多くの人に実力を示す。そしてレースという過酷なテストを通じて得られる新技術を実用車に投入する。「レースは，走る実験室」と定義する，こうしたホンダ流のやりかたは，以降現在に至るまで一貫した基本姿勢となっている。
　「TT レース」での優勝は，本田技術研究所に「次は四輪，俺たちならやれるし必ず勝てる」との気概を持たせた。1963 年の「軽トラック」，「小型ス

38　英国マン島で行われたオートバイ・レースでツーリスト・トロフィ・レースの略。ドイツやイタリアなど当時の世界最高レベルのオートバイメーカーが参戦し，ここで優勝することは，オートバイ関係者の夢であった。

ポーツカー」発売から1年後の1964年1月，ホンダは「F1レース」への出場を宣言した。

　国内四輪車最後発メーカーが，ほかのどのメーカーも考えすらしなかったチャレンジを，本田は決断したのだった。まだ四輪車の経験浅いホンダ技術者の陣頭指揮を本田自らが執った。1962年8月からプロトタイプ・エンジン「RA270」の本格的レイアウト図面の作成が始まり，1964年2月にはF1試作車がテストコースを走った。210馬力・11,800回転を記録したとき，本田はたいへんなご機嫌だったという。

　こうして念願のF1エンジン開発を成し遂げ，ヨーロッパメーカーとの共闘によるF1参戦を目論んだが，最終的にはシャーシもホンダ製ということになり，アイボリーホワイトに日の丸をあしらった「F1マシンRA271」は，1964年8月，記念すべき第一戦「ドイツ・グランプリ」へ参戦した。

　結局この年は3戦を戦いすべてリタイアという結果に終わった。しかし，チームのメンバーは，学んだことを来季に活かすことだけを考え，悲観などしなかったという。"失敗の積み重ねの上に成功がある"というホンダの真骨頂は，この後のレースにいかんなく発揮されることになる。

　翌1965年10月の最終戦「メキシコ・グランプリ」，スタートからフィニッシュまで終始トップを走り続けた「RA272」は，ついに念願の初優勝を果たす。初参戦からわずか1年余の世界制覇であった。日本の四輪車最後発メーカー・ホンダは，ここに，エンジン技術，車体技術とも世界に通じることを実証した。本田は優勝後の記者会見でこう語っている。

> 我々は，自動車をやる以上，一番困難な道を歩むということをモットーでやってきた。勝っても負けてもその原因を追究し，品質を高めて，より安全な車をユーザーに提供する義務がある。そして，やる以上，一番困難な道を敢えて選び，グランプリレースに出場したわけです。勝っておごることなく，勝った原因を追究して，その技術を新車にもどしどし入れていきたい。

　ホンダは1967年9月，イタリア・グランプリで2度目の優勝を果たすが，一方で軽四輪市場への進出や低公害エンジンの開発などに伴う資金捻出の必要性と，F1参戦の初期の目標であった「四輪車の技術習得」は達成できたとの判断から，1968年のシーズンをもって，日本メーカーとして史上

初制覇という輝かしい偉業を残し，ホンダのF1挑戦第一期が終わった。

「レースはホンダの企業文化です。勝ち負けではなく，ホンダの車に乗っていただいているお客様に，最高の技術をお見せするため，そして楽しんでいただくため，レース活動を再開します」。1978年，2代目社長河島はホンダのレース復帰を発表した。

10年以上もの間にF1の技術は飛躍的に進歩しており，第2期は，エンジンをヨーロッパの車体メーカーに供給する共同作戦の方法で参戦，エンジンに全エネルギーを集中した。そして1983年7月イギリス・グランプリで15年ぶりにF1復帰を果たす。

厳しい極限のチャレンジの中で若い技術者を育てるという狙いから，F1は初めてという若い技術者で構成されたチームは苦戦したが，復帰後10戦目の1984年7月，ダラス・グランプリで第2期の初勝利を挙げると，人も金も投入しチーム規模を拡大強化，新エンジンの開発に取り組んだ。

その成果は，翌1985年のシリーズ4勝，1986年の9勝と繋がり，1986年にはホンダ念願の"コンストラクターズ"（製造部門）のタイトルを獲得した。同年最後のオーストラリア・グランプリに，最高顧問・本田は夫人同伴で観戦し，「われわれの夢をつなげてくれてありがとう。素晴らしいワールドチャンピオンを獲ってくれてありがとう。よくやってくれた」と言って，チームの面々の前で正座し深々と頭を下げたという。

その後もさらにホンダの躍進は続き1987年に11勝を挙げると，1988年にはアイルトン・セナ，アラン・プロストのドライバー2枚看板を擁し，16戦中15勝，しかも15勝中10勝がワンツーフィニッシュ（1位・2位を独占）という凄まじい戦果を残す。その後も勢いは止まらず，第2期10年間の勝利数は151戦69勝と5割近い勝率となり，F1でのホンダの評価は世界的なものになったが，第2期復帰10年目の1992年9月にホンダはF1休止に踏み切った。

「世間はF1でホンダが勝つものだという期待を，常にかけてくるようになった。だから技術的に冒険はできなくなった。チームメンバーにも疲れが出てきた。バブルがはじけて，ホンダを取り巻く環境から言っても，一度，見直す時期を迎えた」と当時の社長・川本は語っている。こうしてF1史上

に輝かしい金字塔を打ち立てたホンダのF1第2期の幕は閉じられた。

2000年に復帰したホンダは，現在第3期7年目を戦っている。表彰台には上がるものの，いまだ真ん中には立てていない。出るからには勝たなければ意味がない。

世界一になる夢，独創の技術を主張すること，そして次代を担う技術者を育てること。本田宗一郎の遺伝子は，実に40年前，初めて世界最高峰の四輪レースに臨んだときと同じように，レースを通じていまのホンダに引き継がれている。

国産メーカーで唯一の"F1チャンピオン"，まさに利益や規模を超越する存在感を誇示している。

(2) **環境技術のフロント・ランナー**
　　　　　――世界で初めてマスキー法をクリアしたCVCC

ホンダは幾多の経営危機に遭遇し，そのたびに起死回生のヒットを飛ばす。借りを何倍にもして返す。1960年代終わりから1970年代初めにかけてホンダは存亡の危機に直面する。

世に有名な水冷・空冷論争と欠陥車問題である。時をほぼ同じくして現出したこの問題は，ホンダの将来を左右する正に危急存亡の危機であった。しかし本田は，持ち前の正義心と強運でこれを乗り切ると，世界の自動車史に名を残すほどに巻き返す。

米国では，1970年にマスキー上院議員が提出した大気清浄法が議会で承認された。環境保護政策の一環として自動車の排出ガスを厳しく規制しようという法律である。具体的には，CO・炭化水素（HC）は5年後の1975年から，窒素酸化物（NOx）は6年後の1976年から，共に従来比10分の1にするというものであった。世界中の自動車メーカーから，これをクリアすることはほとんど不可能であると言われた非常に厳しいものであった。

本田は，「四輪最後発メーカーであるホンダにとって，他社と技術的に同一ラインに立つ絶好のチャンスである」という期待を込めて，大気汚染研究室（AP研）を発足させマスキー法対策に挑んだ。

試行錯誤と本田自らのアドバイスにより，ホンダの真骨頂である「独創」から，あのCVCCエンジンが生まれた。まだ研究途中の段階で本田は，

「1975年の排出ガス規制値を満足させるレシプロ・エンジン開発のめどが立ったので，1973年から商品化する」と公表に踏み切った。

2階に上げて梯子をはずしてしまうホンダ流のやり方で，従業員の士気高揚と開発の促進を促す狙いがあった。そして，1972年10月に，CVCCエンジンの全容が国内外のジャーナリストに発表されることになる。

従来のレシプロ・エンジン本体をそのまま使うことができるため，現在の生産設備を活かせる。またシリンダーヘッドから上を交換するだけで済むので，他メーカーのエンジンに応用でき，広く低公害化が図れる。

また，エンジン内部できれいな燃焼をするため，触媒などによる排出ガス浄化装置は不要で，2次公害の恐れがないなどが特徴で，他社にない自前技術の創作であった。

国内外に直ちに大きな反響を呼び，米国EPA（環境保護局）のテストが実施され，1972年12月CVCCエンジンは1975年規制のマスキー法合格第1号となった。2年後の1974年11月には，シビック・CVCCモデルの四輪車もEPAの認定審査をパスし，米国市場への輸出が始まる。これを契機に，アメリカでは「二輪のホンダ」としての名声に加え四輪でも知名度を高め，現在の強力な販売網構築への架け橋となる。

このCVCCエンジン開発にあたって特筆すべきは，本田は，かねてから公害対策技術は公開する方針を表明していたが，まさに有言実行，このCVCC技術は他の自動車メーカーにも公開されたことにある。

トヨタ自動車は，技術者をホンダに派遣し技術内容の説明などを受け，その結果としてCVCC技術を評価し，技術供与に関する契約に調印した。このトヨタとの調印が国内外他メーカーに与えたインパクトは大きく，その後，フォード・クライスラー・いすゞの各メーカーにも技術供与されるに至る。ホンダの環境技術は，世界を席巻したのである。

結果として，このCVCCエンジンの開発は，ホンダを世界の四輪メーカーに導くきっかけとなった。

しかしホンダは，マスキー法への対応を環境への対応と位置づけ，1企業の枠を超え自動車産業の社会的責任問題として取り組んだのだ。それは，早期に排出ガス対策の技術の向上が図られるべく，積年の労苦の末に開発した

新技術を惜しげもなく業界に向け公開してしまうことであった。

このことによって，当時まだ四輪最後発メーカーでありながら，まさに利益や規模を超越する「企業の存在感」を示したのは明らかだ。

(3) あくなき夢への挑戦とその実現
　　　　—世界初二足歩行ロボットと航空事業への参入
① 鉄腕アトムをつくれ

ホンダでは，儲かるとか，儲からない，ということが研究開発を進めるかどうかの判断材料にはならない。ホンダの研究開発の原点は，目先の利益にはこだわらない，あくまで技術の革新性，先進性にある。未来への可能性，未知の技術にチャレンジしようとする気迫といっていい。その典型が「二足歩行ロボット」の開発であった。

1996年12月，ホンダ本社でヒト型ロボット「P2」が公開された。当時はまだ試作機の位置づけだったが，それでも紛れもなく"世界初"。のちに「P3」を経て「ASIMO」となる。

「二足歩行ロボット」は，20世紀中の完成は難しいと言われたほど，極めて高度な技術を要した。公開翌日の新聞には，各誌とも"世界初"の見出しが躍った。同時になぜ自動車メーカーがとの疑問も。しかし，ホンダ創業来の基本理念・"三つの喜び"のなかの「造る喜び」，即ち，「技術者がその独自のアイデアによって文化社会に貢献する製品を創り出すことは何物にも替え難い喜びである」の言葉を思い起こせば，その疑問は解けるであろう。

「時代に先駆けるアイデアが経営を繁栄に導く」という本田宗一郎の言葉も現実味を帯びる。限界を超えるところに目標を定めなければ，イノベーションは起こせないとの信念[39]，これこそが世界一，"世界初"に執念を燃やし，夢と思われることを実現してしまうホンダの真骨頂である。

ホンダがロボット研究をスタートさせ，ヒト型ロボット「P2」を公開するまでには10年を要した。極秘に進められたプロジェクトは，動物園での動物の歩行観察や，義足で登山を続ける登山家との会見など[40]，尋常ではないプロセスを経て成功にたどり着く。

39　片山　修『本田宗一郎と知られざるその弟子たち』講談社＋α新書，平成14年4月，24頁。

中心的役割を演じたエンジニアは,「鉄腕アトムをつくれ」と指示を受けた[41]。尋常ではない辛苦を乗り越え,世界初を成し遂げる原動力がここにある。「鉄腕アトム」というマンガの主人公を目標とし,その「夢」の実現に向けて本気で邁進できる組織の集中力は,「仕事を楽しめる環境がある」ことから生まれる。

本田は「惚れて通えば千里も一里」という諺をよくたとえに出し,「それくらい時間を超越し,自分の好きなものに打ち込めるようになったら,こんな楽しい人生はないんじゃないかな」と述べているが[42],この「鉄腕アトム」の発想こそこれに通じる。徹底的な現場活動に基づく「三現主義」や,他に類を見ない「独創的な技術の追求」,技術の前では上下なくみな平等とする「自由闊達な風土」など,いわゆるホンダイズムといわれるホンダらしさは,このロボット開発にも確実に引き継がれ,ホンダの強烈な個性の発揮と会社の存在感も国内外に示している。

② 航空事業への参入

2004年2月16日,ホンダは米 GE と小型ビジネスジェット機用エンジンの共同事業化について合意した。ホンダが開発中のエンジンを GE の米国内工場で量産するという計画で,計画達成は2～3年後と間近である。ホンダは,2003年12月既にエンジンや機体を独自開発した6人乗り小型ジェット機「ホンダジェット」の試験飛行に成功しており,GE と共同事業化するのは同ジェット機搭載のターボファンエンジンだ。同クラスのエンジンより燃費を10%向上させた自信作だ。

ホンダが初めて航空機エンジンの開発・研究に着手したのは1986年,実に18年が経過している。ロボット開発の辛苦同様,華々しく一朝一夕にして出来上がったものではない。創業者・本田宗一郎は,小学校2年のとき大人の自転車を夢中でこいで,20キロ離れた浜松の練兵場まで飛行機を見に行き,大変な感激をしたという経歴を持つ。航空機事業に対する本田の夢はこのとき芽生えたに違いない。

6代目社長の福井は,「ホンダ創業来の夢であった航空事業への参入がい

---

41 前掲書,20頁。
42 本田宗一郎『本田宗一郎 夢を力に』(日本経済新聞社 平成13年7月) 237頁。

よいよ実現に近づいた」と感慨を込めて語っている。遥か以前の創業者の夢を，6代あとの社長が違和感なく語ることができるのは，ホンダの基本理念の継承の確かさを実証している。

自動車会社と航空機との関連は古くから実在するが，確固たる成功を裏付ける事実はない。それに敢えて挑戦するのはいかにもホンダらしい。8ヶ月後の2004年10月，ホンダは創業者の夢をまた実現に一歩近づけるべく，航空エンジン専門事業会社「ホンダ・エアロ」を設立した。

以上，3つの事例から，ホンダの「利益と規模を超越する企業の存在感」の意義検証を試みてきた。

その結果として共通して言えるのは，後継ホンダマンたちが，本田宗一郎を創業者として，しかもカリスマ性を帯びた創業者として認識しながら，ホンダイズムと称される本田の「基本理念」を正しく引き継いだということだ。

そしてホンダ自身や取り巻く環境など内外の変化に適合させつつ，本田を乗り越え，「自分たちのホンダイズムを構築していった」ということだ。それが，「新たな創業」ともいうべき"ロボット開発"や"航空機事業参入"を実現させた。このことこそが本田宗一郎亡きあとも，ホンダが「利益と規模を超越する企業の存在感」を誇示し続ける最大の理由である。

V　繁栄継続を身体知化するホンダの企業家精神

前章で，「創業者」「基本理念」「経営能力の継続性」「利益と規模を超越する企業の存在感」という視座から，ホンダの企業研究を進めた。本章では，これら研究結果をもとに，ホンダが「繁栄継続を身体知化しているホンダの企業家精神」とその「経営者スタイル」を探ることにした。

1.　創業者の視座

ホンダの創業者・本田宗一郎は，ホンダを一代にして世界の会社ブランドに仕上げた実績や，国内外から贈られている数々の栄誉などから，戦後の日

本を代表する屈指の"ビジネス・ヒーロー"として賞賛を集めている。類まれな創業者に，その創業型の経営者スタイルを探ることにした。

(1) **夢を抱き，その実現に向けて果敢にチャレンジ**

夢中は「夢の中」。夢を描けるということは，遮るものを感じることなく思うがままに自分を貫くことができるということだ。

そして，失敗しても，それを糧に将来へチャレンジできることが夢の実現につながる。本田がピストンの製造技術習得に2年を費やし，顔つきが変わるほどの辛苦のあげくその実現を果たしたことこそ，夢中のなせる業だ。常に世界を視野に，その頂点を目指そうとした夢。

創業者・本田は夢を抱き，その実現に向けて果敢にチャレンジし続けた。

(2) **技術的な困難さを承知の上で，理想を追求**

妥協することなく我が求めるものを追求することは容易くない。誰にでもできることではない。世界でもトップクラスのレースに参戦し，その頂点を目指すことの困難さを本田は十分に承知していた。しかし，あえて実現困難なものに理想を追い求め，それを成し得たときの満足感や達成感が明日につながることも本田は熟知していた。

創業者・本田は，技術的な困難さを承知の上で，理想を追求した。

(3) **正義心**

クルマという人命にかかわるものをつくるという意味において，本田は社会的責任を果たすことを純粋に求め続けた。その根底には，徹底した正義心がある。私利私欲に恬淡で，公私混同を自ら厳しく戒めた潔癖さなど経営者としての倫理感は，正義心や私心のなさに基づいている。正義心は，創業者・本田の道を開いた。

(4) **現場を源泉とするカリスマ性**

「卓越した能力」「豊かな人間性」「強運」「強固な信念」「語り継がれるべき物語」，これらカリスマの要素を，本田宗一郎は持ち合わせていた。それを象徴する職人的と言われる勘の良さ，臨機応変の機転，他は眼中になく自分で工夫し発想する独創のアイデアなどを指し，「天才・本田」とも言われる。

しかし，そうした才能を際立たせる基底には，人並みならぬ辛苦と努力が

あった。派手な面とは対極の，現場に立脚した辛苦・努力こそが，カリスマ・本田，天才・本田の源泉である。

(5) 非凡なキーパーソンとの出会い

尊敬する人物との出会いは，尊敬される人物になるための重要な要素となる。本田が15歳という少年時代に，本田が尊敬する人物と述懐する榊原郁三と出会えたことは，本田をして偉大な創業者と成すに欠くべからざる要素となった。

本田終生のパートナー・藤澤武夫との出会いは，それなくして創業者・本田宗一郎が存在できたかどうかというほどの意味を持つ。

非凡なキーパーソンとの出会い（本田自身の眼力とも言えるが）は，本田をして非凡な創業者と成した。

(6) 我を忘れる熱中

やりだすと止まらない。寝食を忘れ打ち込む。家へ帰らないことも苦にはならない。創業者・本田は，まさに仕事の前には我を忘れる熱中を持ち合わせた。

(7) 得意とする分野を持つ

平均的，全般的に出来るのではなく，これなら誰にも負けないという得意分野を持てることが，創業者には必要となる。これが突出した特長となって企業を成功に導く可能性となるからだ。本田は，類まれな技術者として，まさに秀でた得意分野を持っていた。

(8) 企業に永遠の生命力を吹き込む

本田は，創業3年後の1951年に，「三つの喜び」をわが社のモットーとして発表した。さらにその翌年には，「世界的視野に立って」を発表している。これらは半世紀以上たった今なお，基本理念として，社是として，ホンダの進むべき指針となっている。また，世間を驚かせた45歳河島へのトップ交代は，ホンダが社会の公器として将来にわたり社会に貢献していくことを願い，それを明示したものであった。

これらは代表例に過ぎない。本田亡きあとのこれまでのホンダの足跡は，創業者・本田が，一代にしてビッグ・ネームに仕立て上げたホンダに，一代で終わることのない「永遠の生命力」を吹き込んだことを立証している。

2. 基本理念の視座

(1) 創業の理念や行動の集積

　ホンダは，現在，ホンダ・フィロソフィとして，「基本理念」「社是」「運営方針」を掲げている。これらの原型となっているのは，創業者・本田が社内報に発表した理念や日常の行動であり，言わば自然発生的に形成されたものであった。従って，組織にもごく自然に受容され，語り継ぐことを可能にした。

　企業の指針とすべき基本理念が，創業の理念や行動の集積からの生成物であることが，ホンダ基本理念の第一の特長である。

(2) 明確さと理解のしやすさ

　ホンダの基本理念のキーワードは，「夢」「人間尊重」「世界」「顧客」「良質な製品」「価格」だ。

　「夢」「人間尊重」「世界」は，企業としてあるべき理想を感じさせる。「顧客」「良質な製品」「価格」は，モノ作りの会社として，常に意識し高水準の成果を追及すべき対象物だ。そしてこれらは，企業として社会的責任を果たし社会に貢献していくという姿勢を強く感じさせる。

　そしてなにより重要なのは，単に美辞麗句や高邁で理屈めいた語句を並べるのではなく，明確にして理解しやすいことである。これが組織内での徹底と継承のしやすさにつながっている。

　内容の適切さは論外の事実として，明確さと理解のしやすさが，ホンダ基本理念の第二の特長である。

(3) 継承と実践

　上記(1)と(2)の特長を活かし，ホンダは，半世紀以上経ったいまなお，創業来の基本理念を見事なまでに継承し，実践してきた。

　現在の6代目社長・福井は，『週刊ポスト』（2004年8月6日号）の中で次のように述べている。

　　ホンダの源流は"三現主義"でそれを徹底しホンダらしさを問い直したい。
　　……大きなチャレンジをした結果の失敗には，その失敗を乗り越えるために，次のテーマを与えることが重要だ。……F1はホンダ全体のパワーだ。F1を経験した技術者は，いくつかの挫折を経験し，自信を兼ね備えて量産開発にま

わる。F1参戦は将来のホンダにとって大きなメリットがあるはずだ。

以上の福井社長の言葉には，創業の理念の継承が明白となる。この発言には今日に至るまでホンダ創業の変わらない理念の継承を確認でき，なおかつ後継経営者へのバトンタッチが継続している証しである。

ホンダが創業の理念を貫き通し，継承し，実践してきたこの事実こそが，「基本理念」の実在と実践，そしてその理論の確立を実感できるものである。

3. 経営能力の継続性の視座

(1) コア・コンピタンスの将来にわたる確保

本田は，藤澤との協働作業によって，ホンダの重要なコア・コンピタンスのひとつ「独創の技術開発力」を将来にわたり確保するための戦略として，1960年7月に技術研究所を「㈱本田技術研究所」として本社・製作所から独立させた。

「㈱本田技術研究所」の設立に先立ち，本田は「研究は99％以上が失敗との前提に立ち，利潤を追求する組織とは別にすべきだ。個人の能力発揮の大前提ともなる」と述べ，藤澤も「いつまでも1人の天才の能力に頼ってはいられない」と公言し，それぞれが研究所設立の趣旨を明確にしている。

また1968年には，「専門職資格制度」をスタートさせ，人事面においてもこれを補完する政策を準備した。

ホンダの生命線ともいうべきコア・コンピタンス「独創の技術開発力」は，この組織変革と新人事制度の創設によって将来にわたる確保が図られ，重要な経営要素の継続を可能とした。

(2) 後継経営層の育成

次代を担う後継者育成の重要性については，本田・藤澤体制が磐石な時期から強く認識され，対応がとられていた。取締役でない有望な若い部・次長クラスを取締役会に出席させ，1962年ころからは，34歳の河島（約10年後に2代目社長）ほか若い取締役が多く誕生し，1963年にはのちの4専務体制を構成する，河島・川島・西田・白井が本社大部屋役員室で執務する体制がつくられた。いわゆるワイガヤ会議の原型である。

この後，ホンダが巨大企業への道を歩むとともに，トップマネージメント体制のあり方も変化したが，重要な後継者育成の戦略は，本田・藤澤体制がまだ磐石な時期にもかかわらず，10年余りをかけ次代を担う後継者育成に取り組まれたことだ。

この将来への布石は歴代トップの創出につながり，現在のホンダの繁栄をもたらす主因となった。

(3) 時期を捉えた世代交代

後継の育成と強く関連するが，本田・藤澤体制からの世代交代は特筆すべき事実である。本田65歳，藤澤61歳というトップとしてはこれから円熟期を迎えようかというときに，しかも45歳の河島を後継に選んだ世代交代は，内外から大きな反響を呼んだ。

しかしそれは，変動相場制への移行という大きな時代の流れの中で，社内では4専務体制が機能してきたことを見極めた上での世代交代であった。本田は飛行機になぞらえ，着陸するときが最も難しいと言っていたが，「若さこそ創造の源泉である」との理念を具現化する絶好の時期と捉えたに違いない。

若さへのこだわりは状況に応じて取捨選択すべきことではあるが，この「時期を捉えた世代交代」は，経営の継続性という視座において，ホンダ繁栄継続への重要な構成因子と言える。

4. 利益と規模を超越する企業の存在感の視座

モーター・スポーツへの飽くなき挑戦に勝利し，世界初の「マスキー法」をクリアし，世界初の二足歩行ロボットの開発，また航空事業への参入など，ホンダは「利益や規模を超越する企業の存在感」を示すようになってきた。

この「企業の存在感」はどこからもたらされるのであろうか，「企業の存在感」を誘引する構成因子と出会う。その構成因子は，"変わらない"構造としての「基本理念」の具体的表象である。次に，そうした構成因子で抽出してみることにした。

(1) 夢

創業6年で世界最高峰の二輪レースへの参戦を宣言，その7年後には初

優勝。四輪へ軽四輪にて進出したわずか1年後に世界最高峰のF1参戦を宣言，その2年後には初優勝。この夢のような話は現実なのだ。しかも1988年，F1における16戦15勝は輝かしい夢の金字塔だ。いまだに，日本の自動車メーカーのF1優勝はホンダしかない。

　決してクリアできないといわれたマスキー法，これをクリアするメーカーが後発ホンダと誰が予測したか。当時，ほとんど不可能といわれた環境対応を可能とするのは夢の技術であった。

　自動車メーカーが二足で歩くロボットを作る。二足歩行ロボットとは無縁の自動車メーカーが，20世紀には無理といわれた夢を現実とし，世界初の快挙を成し遂げる。

　ホンダ創業来の夢であった航空事業への参入。しかし環境対応に多額の投資を必要とする自動車メーカーにとって，航空事業への新たな投資は致命傷になりかねない。

　決して利益や規模で突出することのない企業が，世界の他のメーカーに先駆け初めてそれを成しうるのは至難の業だ。しかしそれは繁栄継続にとって欠くことのできない活力をもたらす。「夢」は，ホンダが繁栄を継続させる不可欠な因子だ。

(2) **失敗を責めない**

　夢があっても，チャレンジできなければその達成は不可能で，それを可能とする土壌の存在が必要だ。理屈ではわかっていてもその実現は困難だ。

　それを実現するホンダと他社との違い，それはチャレンジの結果の失敗を責めないで次なるチャンスを与える点だ。1％の成功を導くチャンスを用意する，ホンダ繁栄継続の重要な構成因子だ。

(3) **世界を視野に社会へ貢献**

　日本一を達成するために，世界一を目指す。本田宗一郎創業来の理念だ。ホンダの足跡を見れば，それを体現してきたのは明らかだ。しかしなぜそこまで執念を燃やせるのか。それは，究極的には，モノ作りを通じて社会へ貢献したいとの一念にある。

　補助エンジン付き自転車は，戦後劣悪な交通事情の中で必ず喜ばれ役に立つとの思いが，ホンダ初の製品となる自転車用補助エンジンにつながった。

また艱難辛苦の末に開発したCVCCエンジンの環境技術を，惜しげもなく公開したのも顕著な例だ。ホンダは，利益を超え存在する意義をここに見出す。

VI 繁栄継続の企業原理（結論）

繁栄継続企業としての「ホンダの企業研究」によって，ホンダが繁栄を継続する条件理論とでも言うべき，「持続性の構造原理」を支える構成因子を以上のように若干探ってみた。

さて，これまでの「ホンダの企業研究」の成果を踏まえて，次に理論仮説として経営モデル化した先行理論の「ビジョナリー・カンパニー」との比較研究の段階に踏み込みたい。

本研究の「繁栄継続の基本原理」が，現象記述論，分析認識論，基本価値論，そして比較政策論への段階的作業を経過してここまで議論が進められてきたが，やっと終着点の「繁栄継続の企業原理」の提言段階にたどり着いた感じである。

本章では，当初に紹介したスタンフォード大学グループの研究成果である「ビジョナリー・カンパニーの企業観」（理論仮説）と「ホンダの企業観」（経営実践）とを対比させて，企業の基本理念論／"変わらない"構造論の視座で，「繁栄継続の基本原理」を結論づけてみるとする。

1.「ビジョナリー・カンパニーの企業観」の検証
(1)「基本的な価値観」と「存在の目的」

ビジョナリー・カンパニーの企業観にみる"第1理論仮説"では，「基本理念とは，組織が進むべき指針であり，実現を目指す理想であり，組織に活力を生み出すものであって，利益の追求のためや外部の環境変化によっても決して変えてはならない不変の価値観」でなければならず，「簡潔明快で誰にも解りやすく，強い説得力を感じられるもの」であることとした。

その一方で，「進歩と前進につながるのであれば，基本理念以外のもの全てを，断固たる態度で変えていくことが必要だ」とした。

「ホンダの基本理念」は、時流に合わせた字句の修正はあるものの、創業来半世紀以上を経た現在でもほとんど原型のまま継承され、企業の進路を定める価値規範や基本理念として機能してきた。その背景には「ホンダの基本理念」が、創業の理念や行動の集積から生成されたものであり、「夢」「人間尊重」「世界」「顧客」「良質な製品」「価格」というキーワードが示すように、「企業としてあるべき理想」と「明確で、理解しやすい企業としての存在理由」を具体的に客観化しているからである。

一方で、二輪事業に始まり四輪事業への進出、ロボットや航空機事業への取り組みなど、ホンダの企業進化する力は強力だ。そしてどの分野においても世界を凌駕する「企業進化の有効性」がある。こうした偉業を成すには、先進性に裏打ちされた独創性、アイデア創出力が不可欠な要素となるが、これらの企業特性は常に進歩と前進を目指す企業進化への自覚と意欲の充実によるものである。

以上のホンダ型持続性の構成因子と、ビジョナリー・カンパニーの"第1理論仮説"である、繁栄持続会社の「基本的な価値観／企業存在の目的」とは見事に重なるものである。

(2) 「人的資源」と「組織づくり」

ビジョナリー・カンパニーの"第2理論仮説"は、「人的資源の育成／組織づくりと行動展開」である。基本理念を堅持するためには、それに熱心に取り組む人材確保としっかりした組織づくりが不可欠である。

ホンダの基本理念には、顧客に受け入れられるような高水準のモノつくりが掲げられている。㈱本田技術研究所の分離独立は、これを単なる理念に終わらせることなく現実的に実践し、また将来へ継承させることを可能にした代表例だ。

また、創業者・本田宗一郎やそのパートナー・藤澤武夫の残した言葉や業績を、ホンダの繁栄と重ね後世に伝えようとしているし、歴代社長は"社内生え抜き"でしかも技術者とするなど、基本理念の正しい理解と確実な継承を常に意識した取り組みがなされている。

ビジョナリー・カンパニーの"第2理論仮説"の「人的資源／組織づくり」の持続論は、ホンダ型持続性の構成因子とも調和している。

(3) 「経営者能力の継承」

ビジョナリー・カンパニーの"第3理論仮説"は,「経営者能力の継承」である。繁栄継続企業には,設立以来いずれかの時点にすばらしい経営者がいたことは事実だが,そのような経営者も永遠に存在することはできない。

したがって,経営幹部の育成と後継計画の実践が必要であり,それが優秀な経営者(生え抜きがベスト)を輩出し続け,経営の継続性をもたらすことであった。

ホンダは,まだ本田・藤澤体制が磐石な時点で,経営組織の見直しを含め次代を担う後継づくりに10年余りを費やし,次期経営体制を確立した。世間を驚かせた世代交代劇も,その実は十分に準備がなされた結果の賜物であり,「夢と若さを保つ」という理念の具現化にほかならなかった。爾来,6代目の現社長・福井に至るまで,歴代社長はすべて"社内生え抜き"で,しかも技術者出身である。

以上のホンダ型経営者能力の継承は,まさに第3理論仮説どおりである。ただこの第3仮説では,「すばらしい経営者は設立以来いずれかの時点に出現」としているが,ホンダの企業研究を通じ確信しえたことは,「創業者がすばらしい経営者である」ということだ。

基本理念は,将来にわたり企業運営のよりどころとして,決して変えてはならない「不変の主義」である以上,創業者の意思や行動の集積されたものとして創業時に固められるのが最善となる。それが基本理念の確実な継承にも有効であることをホンダが証明している。

会社を繁栄継続に導く構成因子としては,アメリカ型では「設立以来いずれかの時点にすばらしい経営者」とするが,ホンダ型では「創業者はすばらしい経営者であるべき」をベストと考える。

(4) 「大胆な目標設定」

ビジョナリー・カンパニーの"第4理論仮説"は,「実現が不可能と思われるような大胆な目標を設定することは,進歩と前進を促す意欲につながる」というものだ。

ホンダは,創業間もないころから「世界最高峰のレースで勝つ」ことや,「日本中に相当する販売台数を1社にてあげてしまうバイクを開発する」,

「世界で最も厳しい環境規制を最初に達成する」など，まさに大胆で，明確で，説得力があって，尋常では達成できるようなものではなく，それでいて興奮を呼び起こし活力をみなぎらせるような目標に挑戦してきた。

第4仮説は，ホンダ型の「大胆な目標設定」とまさに結合する。

(5) 「首尾一貫性の共有浸透」

ビジョナリー・カンパニーの"第5理論仮説"は，「基本理念を堅持し，進歩と前進を促すためには，組織に一貫性を持たせることが，もっとも重要なポイントである」というものだ。

ホンダの，あくなき夢への挑戦は「目標」や「戦略」「方針」と同期化している。それらを達成する過程には，「自立」「平等」「信頼」が基底にある。企業文化や経営陣の行動は，基本理念そのものだ。まさに企業の動きすべてが，一貫性を持って基本理念と連動しており，むしろそうでないものは排除される。

第5仮説は，ホンダ型とまさしく符合している。

2. 繁栄継続の企業原理

「ビジョナリー・カンパニーの企業観」に基づいた5つの仮説（基本原理）は，企業経営の継続性をもたらすためには，「設立以来いずれかの時点にすばらしい経営者がいる」というより，「創業者はすばらしい経営者であるべき」がベストという点を除いては，ほとんどの仮説がホンダ型と符合することを検証できた。

これらの結果も踏まえ，本研究の結論として，「繁栄継続の企業原理」を次のように集約してみた。

① "夢"を共有し，実現のために障壁を設けない。
② 創業者は，企業に"永遠の生命力"を吹き込む。
③ 基本理念は，"創業の理念"や行動が集積されたもので，明解で理解しやすいものである。
④ 独創的な"中核能力"保持に執着する。
⑤ 社会貢献への強い意思と"正義心"が事業活動の基底にある。

注意すべきことは，抽象概念の企業原理を「会社の基本哲学」としてみる

図表6　「繁栄継続の企業原理」と「経営システム思考」との相関

【繁栄継続の企業原理】

- 創業の理念や行動が集積された明解で理解しやすい基本理念
- 事業活動の基底にある社会貢献への強い意思と正義心
- 夢を共有し実現のために障壁なし
- 創業者は企業に永遠の生命力を
- 独創的な中核能力保持に執着

成功する
【経営システム思考】

- 変革力
- 技術力の醸成
- 優秀な経営者の輩出
- 高質な従業員の育成
- 収益力の向上
- 社会貢献

ことである。次に，「会社の基本哲学」が，実践的な「経営システム思考」に組み込むことにより，哲学のカタチとリズムを現実的に産み出すことである。図表6は，生きている経営の企業原理と経営システム思考との関係を示すものである。

(1) **企業継続原理1：「基本理念は創業の理念や行動の集積で理解しやすい明確さ」**

　基本理念は，組織を進むべき方向に導く指針となり，組織が実現を目指す理想であり，組織に活力をもたらすものでなければならない。しかし最も重要なことは，それが不変の思想として，未来永劫組織に継承されなければならないということだ。そのためには，基本理念は，創業の理念やそれに基づく行動が集積されたものとして生成され，明解で誰にも理解しやすいものとして，自然と組織に溶け込むものでなければならない。

　繁栄継続の企業原理は「経営システム思考」の中に"創業の基本理念"を内在させる。基本理念が自然と組織内部に溶け込み，あらゆる場面で組織の行動に影響し反映されるものになれば，「繁栄継続の企業原理」総てに影響を与える。その結果，その企業原理とシステム思考とが複合する形で，持続と変革のリズムを円滑にする。

(2) **企業継続原理2：「社会貢献への強い意思と正義心が事業活動の基底にある」**

　企業の存在意義の根本は，自社の提供する製品やサービスなどを通して，社会に貢献することにある。その向上や，イノベーションによって抜きん出

た企業力を発揮する真の目的を，利益を超越し社会への貢献に求める崇高さは，企業の永遠の進歩と前進をもたらす源となる。

また企業は，厳しい市場競争の渦中にあって勝ち負けに固執し，道義上の問題を起こしやすい。どんな状況にあっても，私利私欲や公私混同に走ることなく正しい道を選択することが，企業の明日を保証する。

事業活動を進めるうえで，社会に役立つことを第一義とすべく強い意思と，正義心に基づく行動を基底に置くことは，企業の繁栄継続にとって究極の原理だ。

繁栄継続の企業原理は「経営システム思考」の中に"強い正義心"を内在させる。

上記(3)の「解りやすい基本理念」と同様に，「社会貢献への強い意思と正義心」は，他の「繁栄継続の企業原理」に影響を与え，それらと複合して繁栄継続のシステム思考形成に機能する。社会への貢献や正義心は，企業活動に限らず，何をするにおいてもその基底にあるべき崇高なものであり，前提となるべきものであるからだ。

(3) 企業継続原理3：「夢を共有し，実現のために障壁を設けない」

経営層だけでなく組織全体で夢を共有し，失敗を責めるなど夢の実現を妨げるような障壁は，決して設けないことが必要だ。

夢は，理想を追求する精神と挑戦する行動の源となる。挑戦の障壁を設けず，辛苦の末に，それが実現できたとき至福の喜びがもたらされ，また次なる夢への挑戦につながる。そういう企業には，自立（自己の責任の名のもとの），平等（機会の平等），相互信頼（固い組織結合）が芽生え，自発的な活力がみなぎることになり，繁栄継続をもたらす。

繁栄継続の企業原理は，「経営システム思考」の中に"夢"を内在させる。夢は理想の追求である。理想の追求とそれに挑戦する行動や自発的な活力は，「変革力」を生み，「技術力の醸成」を可能にし，「優秀な経営者」と「高質な従業員」を共に育み，「収益力の向上」をもたらす。そして理想は「社会貢献」と強い相関にある。つまり，「夢を共有し，実現のために障壁を設けない」ことは，全ての経営の価値規範に通ずる極めて重要なシステム編成原理となる。

(4) 企業継続原理4：「創業者は，企業に永遠の生命力を吹き込む」

創業者は，すばらしい経営者でなければならないが，その生命には限りがある。繁栄を継続するためにはそれを肝に銘じ，企業に"永遠の生命力"を吹き込むことを怠ってはならない。

創業者は，後継経営層の育成を組織的に実行するとともに，その効果を見極め適時的確に世代交代を促すことだ。もちろんこれらの行動は，以降も継続的に実行されねばならないが，創業者からのバトンタッチが最も難しいという一般論を踏まえれば，創業者が企業に"永遠の生命力"を吹き込めるかどうかが最も重要で必要なこととなる。

繁栄継続の企業原理は「経営システム思考」の中に"永遠の生命"を内在させる。後継者は，その生命の持続を象徴する。

後継経営層の育成は，それ自体が「変革」への意思表示であり，「優秀な経営者の輩出」に直接的に関わる。そして，優秀な経営者は，「技術力の醸成」や「高質な従業員の育成」を可能にするし，それによって「収益力の向上」がもたらされるであろう。

つまり，創業者が「企業に"永遠の生命力"を吹き込む」ことができれば，全ての面で，経営者継承のシステム思考を具備することが可能となる。

(5) 企業継続原理5：「独創的な中核能力保持に執着する」

企業がブランド力などによって際立つ存在感を示すためには，顧客の期待を上回る商品やサービスを提供し続けることが必要で，そのためには他にはない独創的な中核能力を備えることが不可欠となる。

肝心なことは，こうした存在感を将来にわたり誇示しようとするならば，決して独創的な中核能力を手放さないことだ。企業におけるあらゆる動きの中で，独創的な中核能力の重要性と必要性を認識させ，その保持に執着することが，企業の繁栄継続につながる。

繁栄継続の企業原理は，「経営システム思考」の中に"独創的な中枢能力"を内在させる。

独創的な中核能力保持への執着は，同時並行的に「技術力の醸成」や「高質な従業員の育成」につながり，様々な環境変化に対応できる「変革力」を具備できる。当然のこととしてそれは「収益力の向上」をもたらすことにな

るし，トップ・マネージメントとの一体感が必要とされることから，「優秀な経営者の輩出」を促すことにもなる。

また，優れたブランドの創出は消費経済などに有効に作用し「社会貢献」に通じる。

以上，スタンフォード大学グループの「ビジョナリー・カンパニーの持続企業の論理」を基軸にして，「ホンダの繁栄持続の可能性」を検証し，かつまた，これまでホンダが歩んできた企業家精神と企業家活動の軌跡を分析してみた。

過去の繁栄のプロセスが，将来にも適合するという保証はないという考え方もある。しかしながら，決して変わることのない構造，変えてはならない構造があることも自明の理だ。なぜならば，成功する経営システム思考は，変わらない構造としての企業の持続原理から由来するからである。

最初に企業の継続原理を，合理性の「経済性原理」と生物的な「社会性原理」の両輪で仮説設定し，その均衡関係をめざした。また，「会社の論理」と「社会の論理」の融合する未知なる秩序原則をも求めてみた。

その事例研究として，ホンダ型の経営の生き様をアメリカ型の経営理論の俎上で料理してみたが，その分析結果は，意外にも「変わらない経営の本質」との出会いであった。

経営の本質とは，"果実の成果論"でもあるが，"育成の過程論"であることも，本研究プロジェクト研究で十分認識できた。

また，歴史分析では，経営の本質が，"変革の瞬間論"であり，その瞬間への偶然の出会いを呼び込める日常性の努力にあることも知った。

かくして結論として言える筆者の繁栄継続の企業原理とは，個人と組織とを一体化して，社会と会社を未分離にする個人の生き様づくりであり，生命起源回帰と変革へ冒険する感動の喜びであり，持続する社会・自然秩序からの許しの構造である。

そうした意味での「繁栄継続の企業原理」とは，時間の経過や企業を取り巻く環境変化に関わらず，企業が繁栄を継続するための，普遍的にして本質的な"変わらない"構造原理であり，企業進化の生命リズムである。

参考文献

ジェームズ・C・コリンズ／ジェリー・I・ポリス（山岡洋一訳）（1995）『ビジョナリーカンパニー』日経 BP 出版センター。
『語り継ぎたいこと・チャレンジの 50 年』（1999）本田技研工業株式会社・社史編纂委員会（委員長　高梨正見）。
溝上幸伸（2001）『ホンダイズム―本田宗一郎の 5 つの遺伝子』ぱる出版。
本田宗一郎（2001）『本田宗一郎　夢を力に』日本経済新聞社。
片山　修（2002）『本田宗一郎と知られざるその弟子たち』講談社＋α新書。
日経ビジネス編（1996）『なぜこの会社が強い』日経 BP 社。
日本プラントメンテナンス協会編（2004）『GOODNESS』日本プラントメンテナンス協会。
山本　治（1996）『ホンダの原点』成美堂。
大河　滋（1998）『ホンダをつくったもう 1 人の創業者』マネジメント新社。
佐藤正明（2000）『ホンダ神話』文芸春秋。
大下英治（2003）『人間・本田宗一郎　夢を駆ける』光文社文庫。
本田宗一郎研究会（1998）『本田宗一郎語録』小学館文庫。
本田宗一郎著　片山修編（1998）『本田宗一郎からの手紙』文春文庫。
本田宗一郎（2003）『私の手が語る』グラフ社。
本田宗一郎（1989）『本田宗一郎一日一話』PHP 研究所。
本田宗一郎（1996）『俺の考え』新潮文庫。
井深　大（1995）『わが友　本田宗一郎』文春文庫。
山田徹也（2003）『トヨタ式とホンダ流　どこが違うか』こう書房。
塚本　潔（2001）『トヨタとホンダ』光文社新書。
池原照雄（2002）『トヨタ vs ホンダ』日刊工業新聞社。
小宮和行（2003）『障子を開けてみよ。外は広いぞ』あさ出版。
長谷川洋三（2002）『ホンダの DNA 継承術』日本経済新聞社。
本田宗一郎（1992）『得手に帆をあげて』三笠書房。
碇　義朗（1986）『燃えるホンダ技術屋集団』ダイヤモンド社。
片山　修（1990）『ホンダ明日への疾駆』角川文庫。
上之郷利昭（1992）『本田宗一郎の育てられ方』講談社文庫。
西田道弘（1986）『語りつぐ経営』講談社文庫。
日守雅彦（1986）『本田技研下克上経営』講談社。
北岡俊明（1992）『本田宗一郎の経営学』産能大学出版部。
亀山清隆（2003）『本田宗一郎に学んだホンダのヒトづくり・モノづくり』実業之日本社。
城島明彦（1989）『ホンダ魂―F1 制覇へ賭けた 2000 日』世界文化社。
中部　博（2002）『ホンダ式―高収益・自己実現の経営』東洋経済新報社。
　　　　（2002）『目で見てわかるホンダの大常識』日刊工業新聞社。
片山　修著（1999）『ホンダの兵法』小学館文庫。
松下幸之助（2001）『実践経営哲学』PHP 研究所。
塩野谷祐一／中山伊知郎／東畑精一訳（1977）『シュムペーター　経済発展の理論（上）』岩波書店。
P.F. ドラッカー著　上田惇生訳『経営者の条件』（1995）ダイヤモンド社。
P.F. ドラッカー著　上田惇生訳（1996）『現代の経営（下）』ダイヤモンド社。
村山元英（2003）『経営管理総論』文眞堂。
B. トイン＆ D. ナイ共著　村山元英監訳（2001）『国際経営学の誕生 I　基礎概念と研究領域の視

座』文眞堂。
B. トイン & D. ナイ共著　村山元英監訳（2004）『国際経営学の誕生Ⅱ　社会経営学の視座』文眞堂。
B. トイン & D. ナイ共著　村山元英監訳（2000）『国際経営学の誕生Ⅲ　組織理論と組織行動の視座』文眞堂。

第III部
経営者の自己開発

要　約

　経営者は孤独である。その孤独さが学問と教育への関心を深める。大学研究室はそうした経営者の孤独の受け皿であり，自己開発の場である。

　地位の上昇は，下から情報閉鎖の憂き目に会う。不確実な情報での疑心暗鬼の妄想の経営が経営者人生を浮き沈みさせる。そこで迷わない自己主体性が，基礎に還れる自己発見である。大学研究室はそうした教育機会の提供であり，経営学が教育学であることを実践し，経営者のリアリテイ（逃げられない現実）を理論化する。

　これから紹介する栢森論文と遠山論文は，名古屋青年会議所での経営者啓発の洗礼は受けてきた。だが，創業者の後継者としての教育機会は，彼と彼女にとって自らが求めるしかない。

　栢森は経営者のリーダシップへの自己確信を求めて，「コンプライアンスの戦略形成と経営哲学の探求— DK 社の積み上げ研究過程論」を書き上げた。コンプライアンス経営を，下からの社内情報の積み上げと，市場競争の外部環境からの正当性を梃子にして築き上げようとする。法令順守の企業文化を組織ぐるみでつくりあげようとする経営者努力は，一方で，大学研究室での飛躍したコンセプトとの出会いを確実なものにし，油断できる仲間と自由な研究交流を満足できるものとした。
　栢森の研究は社長に昇格しても同じテーマを追いかけている。社長学は危

機管理と企業文化への取り組み姿勢であり、彼の研究テーマそのものが、自己を経営者にする課題であった。

　遠山論文は、「グローカル経営者開発論―青経塾と生きる」をテーマにして、家族の日常性と教育機会を理論化した。親子の関係や地域の関係、そして会社や組織の関係は拘束であり開放である。彼女はそうした関係の拘束を肯定しながらも、真に開放できない絆の拘束に生きてきたようだ。
　だが、「八事MBAコース」の戦略の学問と教育の機会は、親が創立した青経塾に入塾して、「青経塾と生きる」ことを彼女に決断させた。迷いのない人生選択は、自己に学問を確立することである。遠山は、地域と企業を結び、"幸せを呼ぶ"中小企業のグローカリズムの経営者開発論を、やっと発見できたのである。親や会社が伝えられない経営者教育が、大学の一見して無用の学問研究と繋がることもあるようで面白い。

　経営学は経営者をつくる学問である。

第5章
コンプライアンスの戦略形成と経営哲学の探求
―DK社の積み上げ研究過程論―

栢 森 雅 勝

キーワード：方法論・理論モデルの探索，コンプライアンス「多元環境」，コンプライアンス「哲学／戦略」，コンプライアンス「組織／人材」，コンプライアンス「行動／教育」，コンプライアンス「事例研究」，「事例研究」からの教訓，「共生戦略の"実務"過程」，「共生戦略の"学問"過程」，「共生戦略の"人間"過程」，「共生戦略の"場の"過程」，学問は楽しい

はじめに

　過去，雪印食品は，外国産牛肉の偽装工作という不祥事が発覚し，消費者・取引先を失って，会社が消滅することとなった。また，東芝が直面したクレーマー事件は，1消費者をクレーマー呼ばわりしたことがインターネット上の個人のホームページで告発され，影響が全国的に広がっていった事件であった。今では，連日，企業が起こした不祥事が取り上げられるようになった。

　企業と社会の関わり方が変わりつつある中で，企業にも内部統制を図るためにコンプライアンス体制を整えるところが増えてきている。

　また，政府としても，経済産業省は平成15年6月に「リスク新時代の内部統制」，平成16年9月に「企業の社会的責任（CSR）に関する懇談会 中間報告書」などを発行し，時代に沿うように企業に内部統制を求めてきている。

しかし，その内部統制の実現については，マネジメントとしてではなく，会計監査論的に捉えられている。私どもは，自社でのコンプライアンス体制の構築と運営に関わり，その経験を通じて，会計監査論的な手法に限界を感じていた。ここに本研究テーマをとりあげた原点と目的がある。

DK社のコンプライアンスの研究を進めるにあたって，考えさせることが多々あった。経験はあくまで経験であり，個人の限界がある。そこで，大学院での基礎と理論とを学ぶことで，私の個人レベルを超える視点でちがった考え方に接することができた。コンプライアンスと企業の関係について，色々と気づかせてもらえた指導教授には感謝している。

序　章

コンプライアンス（compliance）とは，「法令順守」と日本語で訳されている。それに類似した訳語が，「法令遵守」や「規制主義」である。ギリシャ時代の古典に還ってその語源的意味を探ると，comは"伴に"，pliance（plighth）は"約束を与える"ということになる。

コンプライアンス（compliance）という言葉をつくりだした当時の社会構造が，「支配と服従の専制主義」の時代であったか，あるいは「自由と平等の民主主義」の時代なのか。専制主義と民主主義のどちらに力点を置くかによって，コンプライアンスの意味合いが異なってくるので面白い。

ギリシャが，民主原理の市民社会であり，市民意識を中枢とする都市国家であることを想定すると，COMPLIANCEが「民主主義の思想」を支柱とするものと仮定できる。そこでのコンプライアンスの意味は，自律する精神であり，自らを律する倫理的なことがらであったにちがいない。

だが，ギリシャが民主主義の都市国家といえども，戦争や防衛のための有事な事態に直面するときには，COMPLIANCEは軍事目的に沿って「専制主義の思想」が優先した歴史も存在する。そこでのCOMPLIANCEの意味は，法による統制や強制の概念となる。

外国語起源のCOMPLIANCEが，日本語化したコンプライアンスと同じかどうかの問題はこのように歴史的な時代背景からの解釈の視点にある。

日本語のコンプライアンスの意味には，欧米起源型の「民主主義の思想」と「専制主義の思想」の複合構造を現代史的に引き寄せて，コンプライアンスの概念が日本的に今定着しつつある。

コンプライアンスの日本的状況を正しく理解するためには，以上の語源的解釈と，海外の経営風土との比較研究の上で，さらに超越的な立場からのグローバルな共通理解を得られる方向で，その概念が明らかにされなくてはならない。

本論文での私の研究仮説は，次の通りである。

「自他主義の幸福論をめざすコンプライアンスの，戦略形成とその基盤の経営哲学の創造を検証する」。

ここでの"自他主義"の意味は，「自己の利」と「他者の利」，ないし，「自己の不利」と「他者の不利」とを相互交流させる経営を通じて自他相互の幸福を実現させることである。

"自他主義"の過程には，主観が幸福の誘引となり，"自己犠牲"も時には共有し合い，実現した幸福感を共有することである。

次に，コンプライアンスの"戦略形成"と"哲学創造"の意味は，両者を分離することなく一体的に捉え，戦略の中に哲学が価値内包されているという，経営実在の認識論である。コンプライアンス問題の経営学的解明には，これまで，「戦略論と哲学論」とを両輪とする組織論がなかったので，本論文では，その検証可能性に挑戦したいと願っている。

コンプライアンスの「戦略・哲学の両輪仮説」の検証過程は，文献資料を超えて現代に生きる経営者の苦悩の中にある。わが社のコンプライアンス問題を身体知的な知識モデルとして，経験からの理論を探索すると同時に，その理論を成り立たせている"未知なるもの"（哲学の存在）を私は探索してみたい。

本論文「コンプライアンスの戦略形成と経営哲学の探求」の副題である，〈DK社の積み上げ研究過程論〉とはそういう研究意図の現われである。

研究方法論は，村山研究室の「科学的研究の調査モデル14段階説」[1]を

1　参照：村山元英「研究調査方法の科学的管理論」「問題解決の管理過程論―幸せを呼ぶ自己設計14段階説」所収『経営管理総論―身体的経営一元論』文眞堂，2003年4月，266～333頁。

用いて,「状況分析―問題認識―仮説設定―仮説検証―提案作成」の道筋を経る努力を試みた。

セカンダリ・リサーチよりも,プライマリ・リサーチに力点を置いたので,経験的知識や会社文化特性を,どのように普遍化すべきかという「学問の客観主義の問題」が,研究方法論の展開上ついて回った。

わたくしのコンプライアンス理論は,そうした限界を含めて,特殊論から普遍論を,あるいは,固有性から共通性へと,「一般理論」を引き出す方向での"冒険の論理"も多分にあることをはじめにことわっておきたい。

次に,多元的に広がる"身体的な経験知"や,DK社の"企業文化特性"のコンプライアンス問題を「拾う網」,即ち,現場の情報整理の「概念的枠組み」(コンセプト)として,村山教授の「経営人類学の理論モデル」[2]を演繹させてもらった。

本研究は,経営人類学的なフィールドワークであり,現場への参加と観察を中心とした資料収集の作業であった。そうした研究過程には,コンプライアンス問題との日常性の仕事との出会いが,学問研究の素材であり,同時に戦略形成と哲学創造を日常的に思索する機会でもあった。

「わが社が,学問を楽しむ豊かな宝庫であった」という発見に,我ながら驚いている。

I 方法論・理論モデルの探索

村山教授の経営人類学アプローチに見られる方法論と理論モデルは,「共生の論理」である。「管理する・管理される」関係の経営基本観や,「地方が世界・世界が地方」のグローカリズムの経営哲学や,「生かされる者は,生かすものを生かす」の経営生態観などから成り立っている[3]。

また,村山教授の「経営人類学」は「国際経営学」との"表裏一体の関

---

2 次の2つの村山論文を参照されたし。村山元英「経営人類学的アプローチ:地域企業のグローカライゼーション―グローバリズムとローカリズムの共生理論」／「国際経営学の再構築への基礎理論と研究方法」所収『国際経営学原論―現象から実在へ』創成社,2004年10月,397～419頁。
3 参照:村山元英「内的交響としての経営学」所収『経営学原理』文眞堂,1998年9月,63～112頁。

係"にあり，両学問分野に共通する経営概念が，「対立矛盾の自己同一過程」「混沌（カオス）は内なる秩序（コスモス）」「闘いと安らぎの営み」の定義から，最近では「異なる他者をいかに自己内包化するか」の"異種混淆の世界観"へと進化してきている。

　村山教授の経営概念そのものが，本論文で取り上げたコンプライアンスの意義そのものを包含するものである。このことは，上記のことからも言及できる。コンプライアンスは，組織としての「協働体システム」がより有効にハタラクために，物理的・機械的な仕事関係と，生物的・社会的な人間関係の二重構造を結合させる媒介均衡の中枢価値観である。

　単純な言い方をすれば，コンプライアンスとは，異種要素間の絆となる信頼基盤であり，企業倫理などの共有できる意識構造であると同時に，人間の尊厳を遵守する法律体系などの依存できる制度的権威の起源である。

　また，コンプライアンスが，法令遵守の意味から，さらに，法令の精神的基盤である公序良俗の社会構造論や，企業の理念・企業の長期ビジョン，そして企業の文化・哲学に還元して「会社とは何か？」の企業の本質論にせまることもできる。

　こうした形でのコンプライアンス問題の取り上げ方は，最終的には経営学を1企業の問題としてではなく，地球の生活史や地球の生命秩序の中で見直すことを意味している。

　さて，これからDK社のコンプライアンス問題の解明に引っ掛けて，「DK社の戦略形成と経営哲学の探求」を浮き彫りにするための"写し鏡"（先行理論モデル）を先ず紹介してみたい。

　村山教授が第1回「国際マーケティング学会」（1994年にチリのサンパウロで開催された）で発表した「四角錐・共生戦略モデル」[4]が，本研究の先行理論モデルであり，方法論的ガイドラインを提供してくれる。

　コンプライアンスの戦略形成と哲学創造のモデルは，図表1に示す四角錐の底辺となる「基層構図」と，それを取り囲む4つの「支柱構図」から成り立つ「ピラミット構造」である。その展開図の内容は次のとおりである。

4　村山元英『国際経営学原論―現象から実在へ』創成社，2004年10月，408～409頁に「四角錐・戦略モデル」の原図がある。筆者はこの図を組み替えて利用した。

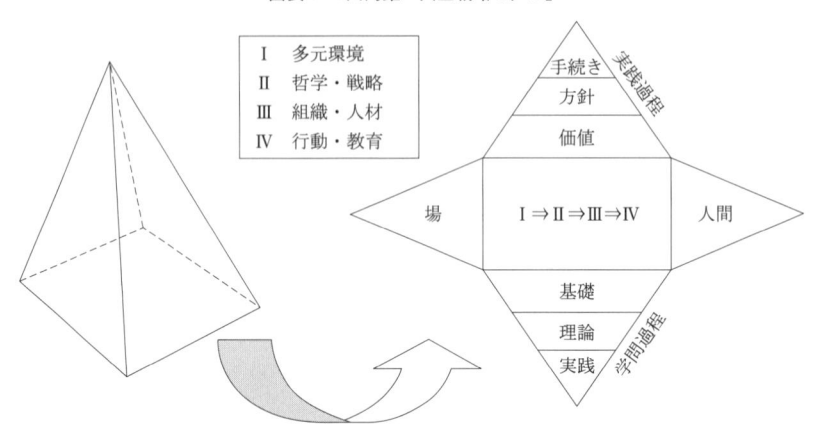

図表1 「四角錐・共生戦略モデル」

```
Ⅰ　多元環境
Ⅱ　哲学・戦略
Ⅲ　組織・人材
Ⅳ　行動・教育
```

実践過程：手続き／方針／価値
場　Ⅰ⇒Ⅱ⇒Ⅲ⇒Ⅳ　人間
学問過程：基礎／理論／実践

(1) コンプライアンス経営の基層構図：「共生戦略の展開」

　コンプライアンスの意味を個別化しないで，総体化の意味範疇で理解したい。言い換えると，外部環境と内部組織との間の"首尾一貫的な"思想と行動の融合過程としてコンプライアンスを，私は考えている。
　このことは，図表1の「四角錐・共生戦略モデル」に示された「基層構図」のⅠ「多元環境」→Ⅱ「哲学・戦略」→Ⅲ「組織・人材」→Ⅳ「行動・教育」の流れ（フロー）である。
　「変化する環境が会社の哲学をつくり，会社の戦略をつくる」。その次に「その哲学と戦略が会社の組織をつくり，会社の人材をつくる」。そして，「会社の組織と人材が会社の行動をつくり，会社の教育をつくる」。
　次に，図表1の「四角錐・共生戦略モデル」に示された「支柱構図」の4つの断面図を次のようにまとめてみた。ここでいう支柱の概念は，前述の「基礎構図：Ⅰ・Ⅱ・Ⅲ・Ⅳ・のフロー」を基盤とした，最終的には1つになる4つの錐である。それぞれの錐は，スターチックな状態概念ではなく，ダイナミックなフロー概念である。
　第1錐：「共生戦略の"実務"過程」
　　「価値／哲学」→「方針／政策」→「手続／管理」のフロー
　第2錐：「共生戦略の"学問"過程」

「基礎／哲学研究」→「理論／基軸研究」→「実践／現場研究」のフロー

第3錐：「共生戦略の"人間"過程」

「個人と組織」，「公益と私益」，「支配と服従」，「社会人と企業人」，「物理秩序と生物秩序」，「官僚性と開放性」，「競争と共生」，「生活と職業」，「遊びと仕事」，「機械文明と精神文化」，「規範化と自由化」などの二律対抗性を"身体的一元化する経営人間観"[5]。

第4錐：「共生戦略の"地域・地球"過程」

「現場／職場」→「地元／地域」→「都市／国家」→「地域連邦／準グローバル化」→「グローカル社会／完全グローバル化」のグローバル・トレンドへの世界観と"グローカリズムの経営哲学"[6]の確立。

さて，DK社の「コンプライアンス戦略形成と哲学の探求」の課題は，以上の村山教授の「四角推・共生戦略モデル」の中にどのようにあてはめることができるのだろうか。

DK社におけるコンプライアンス問題ついての，これまでの現場参加と観察による情報収集や，その他の状況変化に応じた調査の手法を駆使して得られた生の情報資料を，以上の「四角推・共生戦略モデル」の中に落とし込んでいくという方法論と作業が本研究活動で採用された。

本研究は時間をかけた積み上げ方式と，関係者を巻き込んだ研究手法である。言い換えると組織ぐるみの参加型調査の方法を開発することになった。

こうした現場中心の研究過程で，村山教授の経営人類学における仮説設定と情報収集，そして仮説検証ために，4つの分析視座を用いた。その4つの「分析視座」は次の「超・学際的な分析視点」「考現学的な分析視点」「基礎的／哲学的な分析視点」「3"ち"（地，血，知）の経営人類学の分析視点」

5　村山教授の身体的経営一元論とは，正確には人間の身体進化にみる体壁性と内臓性の二元的一元論で，経営学の基本原理を人間の身体と相似させて，しかも「人間を宇宙や地球の誕生起源に回帰させた生命リズム」，即ち，コスモロジーの経営哲学を解明する方法論的視座である。身体的経営一元論の基礎概念は，村山元英『経営管理総論』文眞堂，2003年4月，の84〜106頁にある。

6　「グローカリズムの経営哲学」とは，求心性と遠心性との均衡をアナロジーとした，LocalとGlobalの収斂原理である。詳しくは，村山元英「グローカリズムの経営哲学―トヨタ系企業の基層文化を探る」所収『中京企業研究』第25号，中京大学企業研究所発行，2003年12月。

である。簡単にその内容を次のように説明しておくとしよう。

(2) **超・学際的な分析視点：**

図表2の「超・学際的な分析視点」にあるように，「超える（Beyond）」「境い目がない（No Boundary）」「開かれた（Open）」の建築設計マインドが，仮説設定の下敷きになる。

ある仮説設定が，その後の情報収集による検証で，証明された仮説になるとしたら，その仮説は政策になる。したがって，コンプライアンス研究の仮説設定にあたり，その研究の初期的段階で，「BEYOND」「NO BOUNDRY」「OPEN」の政策デザイン・コンセプトが望まれる。

図表2　超・学際的な分析視点

①超える（Beyond）
②境目がない（No Boundry）
③開かれた（Open）

超える（Beyond）　境目がない（No Boundary）　開かれた（Open）

(3) **考現学的な分析視点：**

図表3の「考現学的な分析視点」は，観察と現場で「現象体験」「判断停止」「本質直感」のリズムを重視することである。身体的経験で感じたり，現象を観察して感じる意味には，2つの方向がある。第1の意味は，普通の人間感性による直感である。第2の意味は，本質を知る哲学的な"直観"である。

図表3にある「本質直感」と「本質直観」の意味の違いは，本質を考えない者の感覚的な直感と，本質を哲学的に直観する者との相違をしめす。経営者の資質は，現象に隠れた本質を直観できる"哲学的資質"の持ち主か，本質よりも現象そのものを直感する"感覚的資質"の所有者に分類することができる。

しかし，現実的な視点にたつと，「感性の直感」と「哲学の直観」との区分が未分離な場合が多く，感性が哲学の起源でもあり，哲学が感性なくして誕生しないことから，わたくしは，直感と直観のちがいにこだわらないこと

にした。

　DK社のコンプライアンス研究過程で，現象を直視し，その現象への判断停止をして，そして，その後の空的心境で，現象の本質直観をする方向に沿って，仮説設定と情報収集する試みを，以上の「考現学的な分析視点」にもとづいて私は心がけてみた。

図表3　考現学的な分析視点

①現象直視　　　　現象　　　　判断　　　　本質
②判断停止　　　　直視　　　　停止　　　　直感
③本質直感

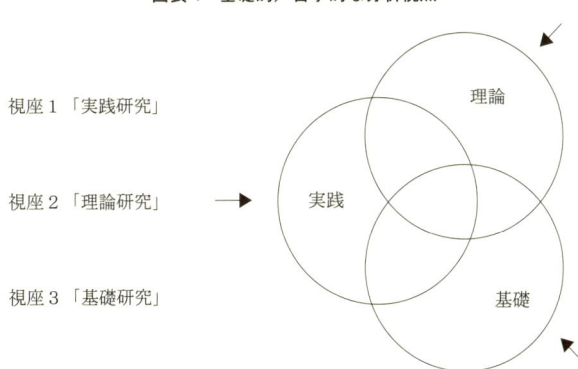

(4) 基礎的／哲学的な分析視点：

　図表4の「基礎的／哲学的な分析視点」は，「基礎研究」→◎←「理論研究」→◎←「実践研究」→◎←「基礎研究」：の相関図は，「哲学→§←実在→§←現象→§←哲学」の相関図に移し変えることも可能である

　コンプライアンス経営について，「基礎研究で発見できる経営哲学」の意味世界は，先ず「理論研究で発見できる経営実在」と，そして次に，「実践研究で発見できる経営現象」とを貫いて時間の蒸留ともいえる不変の揺るぎ

図表4　基礎的／哲学的な分析視点

視座1「実践研究」　　　　　　　理論
視座2「理論研究」　　→　　実践
視座3「基礎研究」　　　　　　　基礎

ない思考であり，その思考が戦略起源となるものといえよう。
　経営の現場の理論とは，観念論や抽象論よりも，実在する何かである。したがって具体的な表象性のあるものとしてコンプライアンスの理論は，実在するものとして理解される。例えば，時間とか成果を単位として，コンプライアンス経営現象（観察）や，コンプライアンス実践（体験）が実現したとき，その現象や実践に内在する"経営哲学へのこだわりの達成感"が，コンプライアンスの理論が実在した証明となる。

(5)　3"ち"の経営人類学」（地・血・知）の分析視点：
　村山理論としての経営人類学は，「動物的精気の人間論」であり，それは「生の営みの多様性」を学問とする道の展開である[7]。同教授はその後，「地」・「血」・「知」の「3"ち"の経営人類学」を提唱している。
　DK社のコンプライアンス研究にこの分析視点を当てはめると次のようなことになる。
① 地：会社誕生の地域風土，即ち，「地域文化」からコンプライアンスを透視する感性。
② 血：会社起源とその後の持続経緯を背景にした会社固有の「歴史観」からコンプライアンスを透視する感性。
③ 知：現場にコミットメントしてきた身体的体験の「経験知」や「現場の知識」が，コンプライアンスの真実を知る感性。

以上「3つの経営人類学的な分析視点」を，方法論・理論モデルとしての「四角錐・共生戦略モデル」の中に加えて，これから以降はわが社の「コンプライアンスの戦略形成と経営哲学の探究」の現場研究領域に踏み込むとする。

Ⅱ　DK社のコンプライアンス「多元環境」
（基層構造：「共生戦略の展開」Ⅰ）

1. 市場変化への環境認識

　企業倫理，コンプライアンス，CSR（企業の社会的責任），SRI（社会的責任投資）などと，言葉を変えながら，ここ数年来企業には自己管理された行

7　村山元英・小柏喜久夫共著『経営人類学―動物的精気の人間論』創成社，1998年3月，3頁。

動が求められている。その背景には，会社と消費者の力のバランスが消費者側に大きく移動しているということが考えられる。

「東芝のクレーマー発言」が大きく報道されたことがあった。個人が東芝にひどい対応を受けてクレーマー扱いされたという内容であったが，その騒動の発端は個人のホームページであった。無数あるインターネット上の1つのホームページが，その後に東芝に対する様々な活動を引き起こすことになった。個人に対する応援ホームページの増加，東芝に対する多くのクレームの電話，そして東芝製品の不買運動。個人の発信する情報が，インターネットの普及により企業に対抗できる力を持ちうるという先駆けとなった。

その後，「雪印食品」の一連の騒動は，食の提供の基本的な「安全性」に対する疑念となり，全国的に雪印の不買運動を引き起こし，雪印という歴史のあるトップシェアの企業が消滅するにいたった。

こうした企業不祥事の時代の流れは，今も継続している。「三菱自動車」だけではなく，「NHK」さえもが企業の不祥事の話題となってきた。

企業の不祥事は，なぜ起きるのだろうか。市場構造の変化に的を絞って言えば，企業不祥事件の原因となる環境変化の内容を，私どもは先ず次の様に市場構造の変化をめぐる"5つのキーワード"にまとめて理解している。

市場変化1.「情報の発達」
市場変化2.「流通の発達」
市場変化3.「商品の差別化の消滅」
市場変化4.「顧客要望の多様化」
市場変化5.「消費者意識の変化」

企業はビジネス活動を通じて，利益を得て，そこで初めて存続する。市場のニーズに応えられる企業が売上を伸ばし，選ばれなかった企業が消滅していく。

当たり前の事だが，過去の日本の経済環境は，必ずしも商品を自由に選択できる環境ではなかった。

市場の環境変化と取り組んできた"わが社の"市場競争の経験知をまとめ

ると、一般に言われている市場変化の特性と同じ道筋を歩んできている。その経緯を戦後の家電メーカーの変化に沿って、市場変化の特性がメーカーへ与えてきた影響力を次のような段階論にまとめてみた。

段階1：「商品の製造能力の競争」

戦後すぐの、商品が不足している環境では、材料を調達し、商品に加工できる能力が企業間の競争に勝つ要素であった。松下の"水道蛇口論"であげられるように、良い商品とサービスを供給できれば、市場はそれを受け入れてくれた。

段階2：「流通での競争」

次の段階では、流通ルートでの競争となった。製造した自社商品を市場にどれだけ届けられるか。この時に、家電メーカーは自社販売網づくりを競った。自社商品を主力に取り扱う小売店を組織化した。

段階3：「小売業の発達と小売りからの撤退」

やがて、資本を活用した大規模販売店が発達し、小売りの中心となっていく。ダイエーやカメラ量販店など、薄利で量を販売する小売店が消費者に受け入れられるようになる。流通での影響力の低下を恐れたメーカーと量販店の間で様々な小競り合いが生じるが、消費者の選択、時代の流れを戻そうとしたメーカーの思惑は失敗に終わる。

ただし、量販店の台頭には、製品の品質の保証が関わる。自動車のように販売店自身が技術を持ち、修理を行うような業態では、消費者はどこで購入しても同じサービスとはならないため、量販店への小売りの移行は起こっていない。（メンテナンスを前提としたリース売りが主体の製品も同様）。

段階4：「流通の発達と流通からの撤退」

メーカーが小売りにおける影響力を失いつつある一方で、流通も独自の発達を遂げていた。以前は各メーカーが流通網も持っているか、卸売業者が小売店への配送を担っており、さらにはメーカーへの直接の発注権限を小売店ではなく、卸売業者が一手に握っている状況もあった。しかし、宅配便が発生し、競争により発達していく中で、流通会社は戸別の配送能力と効率を両立させることが可能になった。小売りから影響力を失ったメーカーには、すでに自社流通網は付加価値ではなく、負担となっており、メーカーも卸売業

者さえも流通を放棄し，流通会社を利用するようになった。

段階5：「商品による競争」

小売り・流通での影響力を失ったメーカーは，商品のみで競争をしなければならない状況へと変わっていった。商品のみによる競争は，果てのない機能と価格の競争となった。しかし，付加機能による競争は，市場全体が要求する物ではなく，他の商品によっても置きかえ可能な同じ様な商品での競争でもある。

段階6：「顧客要望の多様化」

品質は良くて当然，どこで買っても品質の保証はされる。小売りの流通の発達で，消費者はどこの販売店でも商品を購入できる。商品は市場の一部にしか反応がないような機能と価格で競争が行われている。欲しいと思う基本的な機能は，どの商品も備えている。

つまり，消費者には商品を選択する基本的な基準は満たされている状況の中では，何をもって商品を選ぶかという普遍的な基準は残っていない。商品を選ぶ基準は自然と多様化してきた。基準が商品にのみに限られることもなくなった。品質，価格，機能，ブランド，販売場所，イベント性，企業イメージなど様々な基準で選ばれるようになった。

段階7：「情報の発達」

ひとつにはインターネットによる個人の情報発信能力の発達。もうひとつには，様々な基準による判断結果の氾濫。

市場環境の成熟変化が顧客要望の多様化を許すことになったが，それは単にある特定の層が商品を購入しないだけではなく，その評判が他の価値基準を持つ層にも影響力を及ぼすようになった。

段階8：「企業倫理遵守への圧力」

国民性なのか，時代環境の変化なのか，あらゆる面において完璧であることが企業と商品に要求されるようになった。どこかで商品や企業が不評であると，それは他にも広がり，結果として売上減少という，企業活動にとっても致命的な影響を及ぼす。

それが，企業をコンプライアンス，CSR活動へ駆り立てる背景であると考える。

元来，企業活動はパフォーマンスの高い商品やサービスを提供し，それが多くの者に受け入れられることで事業領域を拡大していくのが本来の姿である。

　顧客志向は本来の姿であるが，適正な管理体制確立へ企業を駆り立てるのは，消費者の無言の圧力が増していることを感じ取っているのであろうと推測する。

　私の研究能力の限界もあり，「多元環境」を構成する社会環境，政治環境，文化環境，法律環境，国際環境などの研究とその紹介は省略して，DK社の市場環境の変化のみを中心にこれまで"考現学的な分析視点"（「現象を直視→判断の停止→本質を直感」）で述べてきた。

2　社内環境の状況分析と問題認識

　これまでは，DK社の基層構図の"外部環境"である市場構造の変化に光を当てて分析してきた。次にDK社の"内部環境"としての「会社概要」と「企業史的特性」に光をあてて分析を試みるとする自己客観化の研究視点から，ここに紹介するDK社の情報公開を通じて，我が社の信用創造をより増す機会になればと願っている。

DK社の会社概要：
- 創業　昭和39年（設立　昭和48年）
- 資本金　6億7千4百万円（発行済株式総数 14,783,000 株）
- 事業内容　パチンコホール向けコンピューターシステムの開発・製造・販売（同分野では，シェア 40%）。パチンコ遊技機用の電子基板の開発・製造・販売
- 業績　394億円（平成16年3月期）
- 従業員数　472名（平成16年9月現在）うち正社員405名，準社員67名
- 組織　事業領域に対応した2つのセクタ（情報セクタ（パチンコホール向け），制御セクタ（パチンコメーカー向け）），総務センタ，4つの室（経営企画室，法務・知財室，IT推進室，監査室）
- 事業所　4ヶ所：本社，本部事業所，高蔵寺事業所，春日井事業所

・拠点　17ヶ所：北日本支店，札幌営業所，盛岡出張所，関東支店，茨城営業所，北関東営業所，新潟出張所，中部支店，金沢出張所，松本出張所，西日本支店，岡山営業所，高松出張所，九州支店，広島営業所，宮崎出張所，表参道デザインスタジオ．

企業史特性：

　平成16年3月東証一部へ昇格（上場は，平成14年11月東証2部）現在の社長は3代目．創業者が平成8年に社長を退任して，その次の社長が2年間，現社長はその後を受けて平成10年からである（創業者の関係者ではなく，社内からのたたき上げ）．

　社員構成は，前述したように「正社員」405名，「準社員」67名，また「常駐の派遣社員」が90名程度（制御44,情報24,企画開発4,CS 1,SIS 3,総務3,生産10），（相談役・顧問3名，役員6名）．

　つまり，3種類の雇用形態を持つものが同一部署で働いている．

　またパチンコホール向け設備ビジネスでは，どうしてもパチンコホールの閉店後の設置・メンテナンス作業が不可欠であり，業務上，深夜作業を行う者がいる．

　DK社におけるコンプライアンスの必要性の認識は，一時期社内が混乱したことに端を発している部分もある．

　創業者である初代社長が，かねての宣言通りに社長から退いたのが平成8年．

　その当時，DK社は成長の絶頂期にあり（売上572億円，対前年売上425億円から35％増），その急成長に対応し2年間で社員数を約400名から約500名に100名増員した時であった．

　2代目の社長となったT氏は，営業畑の出身で，学生時代のバイトからDK社に関わっているたたき上げの幹部であった．2代目社長は，会社の大目標として1000億円企業を掲げていた．

　しかし，不況に関係ないと言われたパチンコ業界も，今にして思えばCR機によって起きたパチンコブームに過ぎず，初年度の577億円を境に，翌年は456億円に売上が転落していった．

　創業者は，パチンコ業界の変化に危機感を覚え，350億から400億円の売

上で赤字に転落しない体制に変化させるように2代目社長に要請した。

　しかし，2代目社長は営業によって業績を回復可能であると考え，創業者の意向を組織に伝えることなく，営業経費を増やし，経費削減に取り組まなかった。

　そして，いよいよ売上の回復が見込めず456億円に売上が減少することが明確になったときに，2代目社長は社員を指名解雇することによって，従業員の削減を目論んだ。

　これが，社員を重視してきた創業者の逆鱗に触れた。その結果，社長としての一切の権限を，当時専務であったK氏に委譲する話となった。

　T氏は，これを不服として社長を辞任した。わずか2年間の社長の在任となったわけである。

　また，T氏は在任中に，売上増を狙って，かねてから開発中であった新製品を強引に市場へ投入していた。（開発体制の不備もあり，新製品は長期にわたって開発されていたにもかかわらず，その時点では完成品としてリリースされていなかった）

　しかし，市場に投入された新製品は，完成度が低く，リリースした直後から営業もメンテナンスも，顧客からの多すぎるクレームに振り回される状況に陥った。その一方で，前年までの業績好調であったときの施策（全社員でのハワイ旅行，長期休暇制度，多額の賞与）などが，順次廃止されていった。売上のダウン，増えるクレーム，賞与の減額，これまでと違う先の見えない状況に，社員はやる気を失っていた。

　そのような状況で創業者との溝が深まっていくなかで，T氏は隠れて自分の会社設立のために社員の引き抜き工作を行っていた。自分と親しい役員を仲間にして，有望な社員には，会社には将来性がないことを話して，新会社への勧誘を行っていた。そして当然，社内の混乱には拍車がかかっていった。

　2代目社長がやめた後も，会社に不信感を抱き，会社の将来性も悲観して会社を去る者は止まらなかった。2代目社長の辞職に続いて全社で約1／5近くの100名前後の社員が辞めていった。

　しかし，残った者も決してやる気が高かったために残ったわけではなく，創業者社長の時のようなカリスマ的な会社に対する信頼・期待は，二度と

戻っては来なかった。

3代目社長のK氏は，まず減少する売上へ対応できる会社づくりが当面の課題となった。

それと同時に「品質」の回復が至上命題であると認識していた。それゆえ，施策にはトップダウンにより強引に進められるものが多かった。

その中で会社に受け入れられないと感じた者や，また将来を期待されながらも疲労困憊し，会社を去っていく者が絶えることはなかった。

そのような状況が変わったのは，「売上の増加への反転」，不具合の多かった製品にとって変わる「新製品の登場」「会社の上場」があり，環境が変わったことが実感として捉えることが出来るようになってからである。

前述した図表1「四角錐・共生戦略モデル」の「多元環境」は，その後の「哲学・戦略」と「組織・人材」と「行動・教育」の起点である。

また，「多元環境」→「哲学・戦略」→「組織・人材」→「行動・教育」のフローに沿って，わが社の企業史を，その流れにあてはめてみるとしたら，そこでの発見は，「場の問題」，「人間の問題」，「実務の問題」，そして，「理論（学問）の問題」が渾然一体となって蠢いていることが感じ取れる。

「四角錐・共生戦略モデル」に沿っていえば，多元的な外部環境と変革する内部環境の実態が，先ず「会社の哲学と戦略をつくる」。その次に会社のその哲学と戦略との一体性が，暗黙知となって社内組織に浸透し，その暗黙知の哲学と戦略を身体化した人的資源を形成する。その人的資源の社縁共同体が，会社の個人と組織の経営行動となる。そして組織の中の個人たちは，相互に影響しながら，相互に教育し合う循環関係を制度的かつ非制度的な恩恵にあずかることが予定されている。

このように仮説設定された「四角錐・共生戦略モデル」を多元的環境レベルで分析すると，DK社の企業史の固有性が，環境変化への対応の不適合と適合のリズムがあることと，外部環境と内部組織との不整合が創業期にありがちな趨勢をしめしている点である。

ここでの結論は，「四角錐・共生モデル」が機能しない瞬間と過程があるとしたら，指導者個人の哲学と戦略が，多元的環境と不適合か，組織の秩序

と人材の配置と不整合のときである。

Ⅲ　DK社のコンプライアンス「哲学／戦略」
（基層構造：「共生戦略の展開」Ⅱ）

1. 言葉が哲学

　哲学は，言葉で表現される。その哲学は意識であり思考である。コンプライアンスに関わる制度・体制が整備されているかどうかではなく，全ての社員がコンプライアンスを意識しているかということが，DK社の哲学問題である。

　意識は"語られた"言葉と，"語られない"言葉（非言語の行動スタイル）で伝達される。

　言葉と行動のモデルが見えないときは，個人は組織の上位者の行動を読み取り，そのスタイルの中から規範とする思想を感じとり，模倣行動をするようになる。

　社内に哲学不在のとき自らの判断基準を他者に委ねることがある。哲学不在の集団は経営の危機を招く結果になりがちである。

　従って，コンプライアンスを定着させるためには，組織の最上位者である社長をも含めた会社全体の首尾一貫した，コンプライアンスの経営哲学が，組織行動の原理として確立されて，しかもその思考が全社的に情報共有されていなくてはならない。

　そのためには，制度や規則だけでなく，組織のトップからの"生の言葉"で「コンプライアンス」の哲学を発信する必要がある。

2. 哲学と戦略の一体性

　哲学が，戦略の中で具体化する。哲学創造の成功が，戦略形成の成功をもたらす。正当性の哲学が，正当性の戦略と表裏一体の関係になる。哲学と戦略とを繋ぐメデイアは自他主義による目標の達成である。

　自他主義による目標とは，会社の環境適合と社内秩序の持続的発展である。ここに，利潤についての哲学的思考と戦略的思考とが問われてくる。コ

ンプライアンスの経営哲学とその戦略の融合は，企業の持続的成長が「管理する者・管理される者」との間の"生命連鎖"を基軸とした自他主義の幸福論である。

利潤志向の成果主義の経営哲学と，社会志向のコンプライアンスの経営哲学とは，二律背反する調整過程である。各事業セクタ長は，業績貢献と社会貢献との挟間で，その中範囲的な"挟間の経営哲学"を求められてきた。

3. 善なる哲学・戦略

民間企業 DK 社は，競争に打ち勝たなければ生き残っていけない。生存の哲学・戦略が，市場競争原理と向かい合い，それを抱え込み超越していかなくてはならない。

社会的な環境の変化により市場は，法令違反・倫理違反などの反社会的な活動を起こした企業を淘汰するようになってきている。コンプライアンス活動を，どうやって企業活動に相反することなく組み入れるか。その答は「悪いことをしない」ではなく「信頼を得るための活動」をすることである。

前者の「悪いことをしない」思考形態は，自他"否定的"志向であり，コスト高と手間の負担増を招きやすい。後者の「信頼を得るための活動」の思考形態は，自他"肯定的"志向であり，ビジネスの拡大との接点をもたらす。

私は，"全ての商取引は，お互いの信頼関係があって初めて成立する"というビジネス価値観を持っている。このことを再認識することで，「善なる哲学・戦略としての」自他"肯定的"志向のコンプライアンス観を研究の出発点としてきた。

4. 啓蒙活動と企業倫理

コンプライアンス活動において重要なのは，犯した違法行為を見つけ，処罰することでなく，違法行為を犯す前に気づき，やめるような環境を整備することである。そのために，「管理強化」ではなく，「啓蒙活動」を主体とする戦略を形成する。

何を啓蒙するのか。それは企業倫理であり，職業倫理であり，そして社会

倫理や，地球倫理である。倫理は法律と違って強制力を伴わないので，個人の自覚や，自己覚醒に待つしかない。

現場のその場とその時の行動規範として，「良いこと」「悪いこと」のケジメをつける価値判断のモノサシが，ここでいうビジネス倫理観である。

DK社のビジネス倫理観は，歴史の浅さからその経営文化の構築過程と，経営哲学の創造過程との関連で，試行錯誤で確立していくしかないというのが現状認識である。

したがって，DK社のコンプライアンスの哲学／戦略は，この会社の組織文化と社員倫理とが，渾然一体となっている。言い換えると，DK社の経営哲学・経営文化・経営倫理が未分化状態ともいえるので，コンプライアンスの経営戦略も，そうした混沌状況に巻き込まれないように形成していかなくてはならない。

また，その哲学創造と戦略形成は，その啓蒙運動を媒介として，社内の人的資源管理と人的資源開発をめざすものである。

5. 違反への哲学・戦略

コンプライアンス違反行為への懲罰は，管理強化になり，「組織の健全化」から乖離していく懸念がある。このためDK社のコンプライアンス哲学・戦略は，「懲罰は行わない」こととし，「啓蒙・教育」，「指導」，「監視・発見」の体制づくりと運用に力をそそぐことにした。

また，組織内における処罰は，重要な人事権として位置づけて，取締役会に判断を委ねている。

Ⅳ　DK社のコンプライアンス「組織／人材」
（基層構造：「共生戦略の展開」Ⅲ）

1. 内部監査の時代

会社の規模が小さい時期から，めずらしく監査室が存在し，主として帳簿・在庫監査を行っていた。積極的に不正・不法行為を摘発することはなく，摘発のきっかけは，社外・社内からのクレームにより事実調査を行い，

懲罰などの処分を行っていた。処分は年に1〜2件程度。

平成8年にそれまでのパチンコブームが去り，会社業績が577億から平成9年には456億に悪化したのをきっかけに，当時の社長を筆頭に社員数の約1/5の100名近くが会社をやめ，社内は大きく混乱した。

その後業績は持ち直し，平成14年に東証2部上場を果たすが，同じ時期に給与体系の変更を行い，社内からはあいかわらず不満の声が聞こえている。

2. 「コンプライアンス準備委員会」の創設

平成15年4月より，DK社のコンプライアンス体制を構築するために社内に「コンプライアンス準備委員会」が発足した。その狙いは，会社としての「コンプライアンス委員会」の設立を最終的に目的とした。「準備委員会」のメンバーは，副社長，監査役，法務2名，経理1名，情報セクタ1名，制御セクタ1名，監査室1名の合計8名である。

主たる討議事項

「準備委員会」の議事録から議題の変遷を追いかけると，次のような事柄が議論された。

平成15年4月〜5月期
① コンプライアンスとは何か
② 基本理念は何か
③ 防ぎたい事故・問題点は何か
　※この時にコンプライアンスに対する文献と共に，「組織事故」も取り上げられ，管理に対する警鐘とされている。

平成15年6月期
① コンプライアンス委員会と取締役の権限
　※この運用を担う事務局の設置，懲罰の機能を持たせない，啓蒙と内部通報，の基本方針が決められた。

平成15年7月〜8月期
① コンプライアンスとして，基本理念に含むべき要素の洗い出しと整

理
② 基本理念の素案の作成
③ 推進担当者の設置

平成15年9月期
① コンプライアンス委員会，事務局，推進担当者のそれぞれの役割と活動内容を明確化

平成15年10月～11月期
① コンプライアンスに関わる規定案の作成

3. 「コンプライアンス委員会」の誕生と組織化

平成16年6月のDK社の「コンプライアンス委員会」が正式に発足した。DK社のコンプライアンス体制は，"三重階層"で構成されている。それは，「コンプライアンス委員会」，「コンプライアンス事務局」，「コンプライアンス推進担当者」である。

「コンプライアンス委員会」は，活動方針・活動内容の決定と社長に対する意見具申を行う。その構成メンバーは，顧問弁護士1名，副社長，情報セクタ長，制御セクタ長，取締役1名，常勤監査役1名，社長顧問1名，事務局長と，合計8名である。

「コンプライアンス事務局」は，「コンプライアンス委員会」の方針を受けて，実質的な運営を行う。「コンプライアンス推進担当者」は，各部署において啓蒙活動を行い，全社員への意識づけと各部署における具体的なリスクの発見を行う。またこの機会に，事務局は「コンプライアンス行動憲章・行動指針」と「コンプライアンス組織体制図」をまとめ，全社的に発表した。

4. 規則化／規範化の問題

コンプライアンスについて規則を作る本来の目的は，事故・トラブルの発生を防ぐことである。組織内に定着させた手段的な規則は，個人の行動を制限するような性格となる。

規則による管理には，次の①「規則の限界の問題」，②「過剰規定の問題」，③「定着，運用，管理の問題」の3つの問題がある。

(1) 「規則の限界の問題」

　事故やトラブルが発生するのは，行動だけの問題ではなく，様々な環境の影響の下で発生する。環境が変われば，事故につながる行動も変わるのが常である。

　しかし，規則は変化する環境に対応できない。つまり，規則によって全ての事故やトラブルに対応することは，本質的に不可能である。それにも関わらず，行動のみを制限することによって，事故・トラブルを防ごうとするのが規則の限界である。

　つまり，ある環境下では全く安全な行動も，規則によって制限されることで非効率さを招く。

(2) 「過剰規定の問題」

　規則による管理は，ひとたび事故やトラブルが発生すれば，再発防止策として，新たな規則が加わる。

　規則の追加は組織としての学習能力ではあるが，常に増大していく規則は，人が注意を払うことができる限界を超える。

　また，環境が変化していく中で，追加された規則はそれまでの規則との整合性がなくなることも発生し，規則そのものが矛盾を含んだものにもなる。

(3) 「定着，運用，管理の問題」

　規則は，社員の間に定着し，適切に運用されることで有効になる。書いただけで定着していない規則は，規則本来の意味を持たない。

　規則が有効に機能するのは，規則の指導・啓蒙があり，各人に定着していること。

　そして，適切な管理が行われて，規則に違反したときには，それが明らかになり，適切なフィードバックがあることが必要である。

　規則は，どんなに細かく作っていったとしても，現実の全てのリスクには対応できず，却って，過剰規定や定着，運用，管理のマイナス面を大きくするだけである。

　だから，細かな規則を作って全てのリスクに対応しようとするのではなく，それぞれの業務に近いリスクへの理解を促す。言い換えると，行動を制限するのではなく，行動する前の判断の強化を狙う。

5. 集団内の交流活性化

コンプライアンス活動の定着のため，チーム活動を重視している。地域社会で見られるように，コミュニティとしての交流が活発なところでは治安が良いということがある。

会社でも，地域社会でも，家庭においてさえ，その集団内での人との交流が少ないと，その集団（コミュニティ）に対する帰属意識が薄れ，疎外感を招きやすく，集団内の規律に対する意識が低下するものと私は考えている。

つまり，集団内での交流の活性化はつぎのような「組織形成と人的資源管理」の交流原則で誘引される。

交流原則1.「仲間意識や集団への帰属意識を高める作用」

組織への忠誠心や帰属意識というが，個々が集団として感じているのは，上長であり，同じ部署の社員であり，同期であろうと考える。ゆえに同じ集団の仲間との交流が盛んに行われることは，自然とその集団の規律に対する意識の向上となる。

交流原則2.「互助の発生」

誰かがトラブルなどで困っている時に，周囲の人間が気づき，助けるようになる作用。周りからの助けがあることは，安心感を与えるとともに，せっぱ詰まって，個人が善悪の判断すらつかなくなる状況に陥ることを防ぐことにもなる。

交流原則3.「相互監視作用」

仲間意識が高まれば，仲間の誰かが不正行為を行おうとしていれば，それを抑制するように働きかける。また，誰かが自分を気にかけている，見ているという意識が，不正行為を抑制する方向に判断が行われる。

コンプライアンス活動の目的は，規則を作ることではなく，処罰することでもない。会社の構成員それぞれの不正行為や事故，トラブルを未然に防止することである。

集団内での交流の活発化は，コンプライアンス活動の目的に有効であると考え，チーム活動を重視する方針を私は持つことにした。

6. 組織ぐるみ参加と人的資源開発

さて次に，DK社のコンプライアンス体制では，各部署に推進担当者を任命し，活動の定着を狙っている。その推進担当者には，次のことが期待されている。

(1) 「コンプライアンス意識の全体共有」

コンプライアンス活動が定着するか，定着しないかは，コンプライアンスに関わる制度・体制が整備されているかどうかではなく，全ての人間がコンプライアンスを意識しているかということである。

全社員のコンプライアンスへの意識を高めるため，全ての社員がコンプライアンス活動に参加することを狙っている。

「コンプライアンス推進担当者」は，社員1人1人への働きかけを行い，全社員をコンプライアンス活動に巻き込み，各部署での意識を高めることを期待されている。会社としての発信文書や役員の言葉だけでなく，身近にいる人間からの声がけも十分に有効であると考えている。

(2) 「総ての個人がチーム活動を推進する担当者としての役割期待」

コンプライアンス活動が，会社から個人への働きかけや強制ではなく，チームとして意識を高め合いながら，コンプライアンス活動を引っ張っていくことを期待されている。

(3) 「危機管理情報のアンテナ役として」

各部署に内在するリスクの情報を集めることも総ての推進担当者・社員に期待されている。コンプライアンス体制を構築し，主として運用するのは，本社・本部のスタッフ部門である。

しかし，スタッフ部門では，業務に関わるリスクをすべて洗い出すことは不可能である。そこで，実際に業務に関わる人から，「相談」「質問」などの形で集める必要がある。

コンプライアンス体制としては，相談窓口を設けているが，「各部署の推進担当者」からも現場実態にあったリスク情報を集めることを期待されている。

7. 経営執行部の姿勢

コンプライアンス活動の定着は，制度・体制の整備を超えて，経営者や経

営執行部の姿勢である。人は誰でも組織の上位にいる行動を見て，自らの判断基準に反映させようとする。

だから，コンプライアンスを定着させようとすれば，組織の最上位者である社長をも含めた会社全体の課題であるという形が必要だと考えた。そのために体制や規則だけでなく，組織のトップからの言葉で私どもは情報を発信した。

8. 達成主義とのジレンマ

コンプライアンス活動の方針を決定する「コンプライアンス委員会」に各事業セクタ長も委員として参加する。

"事業の責任者"を委員として，この「委員会」に参加することで，理想と業績のせめぎあいを「委員会」の場で行う。

理想の追求だけでも，業績の追求だけでもコンプライアンスは定着しない。現実から遊離した理想論ではコンプライアンス活動の施策が軽んじられ，単なる現状の追認では何も変わっていかない。「コンプライアンス委員会」で，その落としどころを探ることができる体制とする。

V. DK社のコンプライアンス「行動／教育」
（基層構造：「共生戦略の展開」IV）

1. 管理行為と教育活動

コンプライアンス活動をどうやって企業活動に相反することなく組み入れることができるか。

まずは，悪いことが出来ないような内部牽制組織の体制づくりが会計監査論的には，考えられる。このことは「管理強化」であり，「管理の科学」の仕組みの開発である。例えば，次のような内部牽制組織としての牽制行為があげられる。

牽制行為1. ひとつの業務を複数の人間が関わるように，業務を重複させる。

牽制行為2. 不正，事故が発生してもすぐに判明するように記録を取るな

ど，細かく報告，記録する。
牽制行為 3. 社員の行動や記録に不審な点がないか，細かくチェック，監視し，管理する。
牽制行為 4. 事故やトラブルに結びつく可能性のある行動を規制するような，細かな規則づくりを行う。
牽制行為 5. 規則の有効性を高めるため，処罰を重くし，厳罰化する。

「管理強化」として，上記のような牽制行為が考えられる。しかし，見てわかるとおりにこのような牽制主義的な管理原則はコスト・手間の増大を招く方策である。そればかりでなく，企業の競争力を損なう方策であるともいえるので，コンプライアンスに取り組む企業の管理方針としては，下策であると私は考えている。

上記の「管理強化」のための牽制行為は，法令違反・倫理違反につながる「結果」を避けるために，社員の「違反行動」に注目した管理方針であるといえる。

何が「違反行動」を起こさせているのか，その原因や背景に注目すれば，違反防止への別の管理方針なり，行動ガイドラインを考えることができる。

個人それぞれの「行動」は，それぞれの判断の結果である。状況に応じ，適切な判断ができれば，適切な行動を取ることが出来る。

この判断が適切でなければ，結果として行動は間違ったものになる。だから法令違反・倫理違反につながる行動を防ぐのは，それぞれの自律的な適切な判断が不可欠である。

コンプライアンスに取り組む別な管理方針とは，個人それぞれが適切な判断を行えるように働きかける教育である。何が判断をもたらすのか。個人は，何に基づいて判断を行うのか。それは，その個人に法令違反・倫理違反についての知識があるかどうかの問題である。

「法令違反をするな」と一言で表現できても，現実には，一般の人は法令に通じていないのが普通である。だからこそ，法律家・弁護士がいるとも言える。知識とは，法律の文言ではなく，それぞれの業務や立場に応じて，「してはならないこと」を伝えることである。

さらに求められている個人の能力は，危機管理意識，即ち，「リスクの想

定能力」である。

　規則によって行動を規制しようとする目的は，事故やトラブルの防止である。事故やトラブルを起こさないために，通常は組織内定着の規則によって社員行動を制限する。

　しかし，社員の行動を制限する規則よりも，避けなければならない事故やトラブルの要因や，そこに至る過程を伝えた方が，未然の事故防止として効果的な場合がある。

　コンプライアンス活動において重要なことは，犯した違法行為を見つけ，処罰することでなく，違法行為を犯す前に気づき，やめるような環境を整備することである。そのために，「管理強化」ではなく，「啓蒙活動」を主体とする管理行為や社内の教育活動を，私は優先的に考えている。

　過度の「管理強化」による「厳罰化」には，十分な注意が必要である。「厳罰化」は，規則の有効性を高めるための1手段だが，大きなデメリットも内在する。そのデメリットは次のようなものである。

① 対象者に組織内での活躍の場を大きく損なう。その者に対して，適正な指導として反省を促すことではなく，組織から排除することとなる場合がある。
② 犯した行為に対してペナルティが重すぎると感じることは，結果として行為を隠させる圧力となる。社内的に行為を隠させる土壌を招くという悪影響となる。さらには，違反が表に出にくくなることで，組織としての再発防止策が取れにくくなる。つまり，組織として取り組み，事業に関わるリスクを見つけ出し，環境・業務を変えていくことが困難になる。
③ ペナルティが重すぎることは，同僚の違反行為に気づいた人がそれを顕在化させることをためらわせることになる。

　コンプライアンス活動を社内に確立することは，社内規則の整備ではなく，むしろマネジメントの問題である。罰することだけでは良いマネジメントとは言えない。マネジメントにはコンプライアンスの「教育指導」，意識の「定着」，違反の「再発防止の手だて」が不可欠である。実際，これまで

のコンプライアンス活動の中で一番通報が多かったことは,「本人に悪意のない問題行動」だった。
　やはり,私は,まずコンプライアンス行為への情報共有と意識改革をめざす社内の「教育活動」と「啓蒙活動」の重要性を痛感している。

2. 違反処分への行動指針

　会社として懲罰を行わないということではなく,コンプライアンス活動として懲罰の権限を持たないことである。
　適正で有効な懲罰を作り上げることは,それだけでかなりの作業量が見込まれる。コンプライアンス活動と一体にすることで,かえってコンプライアンス活動の本来狙う「啓蒙」活動の比重を落とす恐れがある。だから,コンプライアンス活動から「懲罰」を切り離している。
　「懲罰」とは,そもそも何であるか。懲罰の目的は「健全な組織づくり」であると考える。はたしてそうだろうか。「懲罰」が狙いとするペナルティ効果は,次のように考えられている。
　業務に関するペナルティの種類：
　　① 不適切な行為によって得たメリットへのペナルティ効果
　　② 適切な管理が行われていないことのペナルティ効果
　　③ 業務結果を出せなかったことに対するペナルティ効果
　また,主として組織内に対する警告（処罰対象・禁止行為の情報発信）でもある
　懲罰が行われる対象は,行為に対する処罰では個人,業務に関する処罰では管理者（部署）が考えられる。
　懲罰の重さは,軽いものとして警告,叱責などから最も重いもので懲戒解雇まである。
　組織における処罰の適正さは,本来目的の「健全な組織づくり」から考えると,「公正さ」よりもむしろ「納得性」と考えられている。
　例えば,適正な懲罰を狙ったシステムとして,つぎのような国のシステムが先ずある。
　　禁止行為：全て文章によって記述

懲罰の軽重：文章によって，幅を記述

文章として記述されている内容も，憲法，法令，省令，勧告などのいくつかの段階があり，状況に対応しながら形成されていく。また，法令となった後でも，法令のみでなく判例を積み重ねていくことで，範囲や軽重が段々と明らかになっていく。

民間企業として，国と同様にシステムを形成できるだろうか。企業は「組織の健全化」として，いくつかの段階で，処罰問題を扱っている。それは次のとおりである。

　　段階 1. 「規則の作成」
　　段階 2. 「啓蒙・教育」
　　段階 3. 「指導」
　　段階 4. 「監視・発見」
　　段階 5. 「逸脱行為を処罰」

段階 1 の「規則の作成」において，法律に記述されている内容を規則として書き直しても意味がない。むしろ，会社の「規則の作成」は法律に書かれていない禁止・違反行為を明記することとなる。

「啓蒙・教育」以後の段階をどうやって処理するか，という問題が次にある。現実的には，事前にすべてのリスクを想定して規則に記述することは不可能である。だから，法律を超える禁止・違反事項は，起こった事故や生じたトラブルを反映して作られていくしかないと思われる。

「規則」による管理は万能ではない。私の経験知では，記述された文章は，状況・環境の変化には無力である。

最後の段階 5 の「逸脱行為を処罰」することは，国のシステムでは，事前に法律として決められており，また判例の積み重ねによって，具体的な範囲が明確になっていく。しかし，民間企業においては，全ての禁止・違反行為を記述することが現実的ではなく，それゆえ懲罰の軽重をルールの中に明記することも不可能である。

また，懲罰そのものの有効性にも，民間企業では所詮限界がある。そもそも民間企業という組織における懲罰は，会社を離れれば一切の効力を持たない。つまり，厳罰化によって，規則を守らせることが難しい環境である。

第5章　コンプライアンスの戦略形成と経営哲学の探求　273

　組織内で規則を守らせるためには，規則を作るだけで終わらず，規則を定着させるための活動と守らせるための管理行動が必要となる。この定着活動と管理行動が行われないと，規則そのものが軽んじられることとなる。
　そうなってしまうと，規則違反で処罰されることが，「違反行為へのペナルティ」としてでなく，「運が悪かった」とか「処罰するための規則」と捉えられるようになり，本来満たすべき「公平性」「納得性」を損なう。
　それは，規則の運用や会社方針に対する疑心暗鬼につながり，ますます本来目的の「組織の健全化」から乖離していく懸念がある。
　このためDK社の「コンプライアンス委員会」としては，「懲罰は行わない」こととし，「啓蒙・教育」，「指導」，「監視・発見」の体制づくりと運用に注力する方針としている。
　前述したように，組織内における処罰は，重要な人事権として位置づけて取締役会に判断を委ねる運用を定めている。
　コンプライアンスを逸脱する行為への対応として，懲罰についての背景と懸念について，ここまで述べてきた。しかし一方で，懲罰は「アメとムチ」という言葉にあるように，望まれる適正な行動づけのための訓練として見るべきであるという考え方が，コンプライアンス委員会の準備段階の論議がされた。
　それは，適正な行動づけのためには，懲罰だけでなく報償にももっと注意を向けるべきであるとの考え方である。
　最終的には，懲罰を取締役会に判断を委ねることとして，コンプライアンス体制の中には反映されていないが，懲罰と報償を行動づけのための訓練と捉えること自体は，妥当であると考えている。

VI　DK社のコンプライアンス「事例研究」

1. 活動事例A（「コンプライアンス準備期間中①」）

　2003年7月　A支店に監査室が内部監査のために訪れる。通常，内部監査は各部署を年に2回訪れる。監査対象は主として，帳簿，契約書，金銭台帳，日報精算，在庫・資産などである。

その時には，支店の事務を行っている社員Bから監査室に相談があった。その相談とは，「支店長のCが会社の各種手当てを個人的に着服している」という内容であった。

具体的には，出張旅費の虚偽申請，単身赴任者に対する帰省手当を実態がないのに申請・受領，会社配布の携帯電話の私用などであった。

監査室は，以下の方法にて事実の確認を行った。
・A支店　社員からのヒアリング
・出張旅費請求の日報精算の記録
・精算のための領収書
・携帯電話料金の記録

上記の中から「不一致」「不自然な行動」について，本人に言及し，本人よりの事実の証明証拠として航空機のマイレージ使用履歴，クレジットカードなどの使用履歴などを求めた。

残念ながらC本人が虚偽の申請を認めたため，社長の了承の下で，支店長から降格・異動処分となり，また指摘に受領した金額はC本人より会社に返金させた。

この件が明らかになったときに同様の虚偽の申請がないか，残りの4支店についても申告を命じた。その結果は，
① 帰省手当の不正受領は，該当者17名中の4名が該当。
② 行動日報の虚偽報告は，日常的に行われていた。
③ 携帯電話の私的な利用は，その他にも数多く。

※①の不正受領が発覚した4名は，降給・返金の処分が行われた。

では，本事例が発生した背景に何が考えられるか。

(1) **背景A　「認識の違い」**

Cは支店長という役職にあった。だから会社に対する悪意はないと考えられる。それでも発生したのはなぜか。

帰省手当に関しては，本来は「単身赴任者に対して，月に2回家族に会えるための旅費の手当」である。Cは，これを「単身赴任者に対する手当」「申請すればもらえる」「申請しなければ損」という認識を持っていた。この認識は1人だけでなく，複数の人間がそう考えていた。

(2) 背景B 「日常的な違反行為」

出張旅費の日報による精算は，業務上必要不可欠なものである。出張は，本来業務で行われるものである。そして業務の終了は，ルール上自宅・事務所に戻ったときや業務を離れて飲食を行ったときとなっている。

ゆえに，出張のついでに，同僚と飲みに行く，知人を訪ねる，遊ぶなどの私用を行ったときには，業務終了の時点で帰社・帰宅したものとして記入するようにとの指導が行われていた。実態と異なる虚偽の申請が慣習として行われていた。

これが，日報へ事実と異なる内容を記載することに対しての心理的抵抗を低くしていたと思われる。日報を行動記録ではなく，精算の申請書類と誤認させる背景であったのではないかと考える。

(3) 背景C 「チェック体制の限界」

旅費精算のチェックは，普通に領収書で行っていた。この件では，領収書を会社に提出した後にチケットのキャンセルを行い，現金化していた。また，携帯電話は業務で使用していたのか，個人的な目的で使用したのか，基本的にチェックは不可能。この件では，業務で使用するはずのない，パケット通信料金が高額であったために指摘できた。チェックの有効性は，厳密な管理よりもむしろチェックされている心理的な敷居を上げる所にあるものであると考えられる。

(4) 背景D 「複数の実行者」

着服，私的流用は，懲戒免職が当然の処分である。しかし，この件では，複数の人間が同様の認識を持ち，同様に受け取っていた。この状況で，どこまで個人の責任として追求することが妥当であるのか。「違反行為は処罰されるべき」だが，しかし，その前提として「違反行為であるという認識があったのか？」「コンプライアンスが徹底されていたのか？」その点を考えさせられた。

2. 活動事例 B（「コンプライアンス委員会」の発足時）

6月の「コンプライアンス委員会」の発足時に，E事業所より劣悪な労働環境で働かされているとの通報が社員Fよりあった。職場環境の悪さ，上

司への不信を訴える。

E事業所は，メンテナンス，物流の拠点である。業務の内容は製品の受け入れ，検査，保管，梱包，発送が主である。メーカーである以上は必要な業務であるが，ともすれば社内では，重要性を低く見られがちである部署でもある。

F社員は，4月より現部署に配属になるが，職場環境に不満があり，6月の通報となった。

通報を受けた窓口として「コンプライアンス事務局」が現場の職場環境を調査する。確かに環境が不備な面があり，該当部署へ早急な整備を指示した。また上司への不満に対しては，解決に向けて話し合いの場を設定した。

本問題の背景：

F社員は，強い不満を持っている社員である。他人と協調して業務を円滑に行うことが出来ず，これまでも高い評価を受けたことがない。

会社は3年前（2002年）から給与体系の見直しを始め，それまでの年齢給制度から職能資格給制度への制度の変更を決定した。職能資格給制度は2003年度より適用が開始された。年齢が高く，能力が低く評価された社員は，新制度の給与水準が低くなる。その差額は，徐々に償却するものであると説明された。

新制度は，旧制度のいくつかの不満（頑張って実績を上げても評価されない。40歳という若い年齢からの役職定年，ポストの責務に見合わない手当，残業手当の不備）を解消するものであり，また人件費総額は減少させないとの主旨で，検討され，設計されている。しかし，新制度の導入については，年齢が高く，評価されていない社員からの不満の声があった。

F社員は，まさにその年齢が高く評価されていない社員であった。彼からのヒアリングを通じて，コンプライアンスへの通報内容には関係のない給与体系の変更が，彼の不満の根底にあることがわかっている。

F社員の姿勢は，働きによって自己の評価をあげるのではなく，何かと自身の処遇の不満を周囲にぶつけていることに現れている

コンプライアンス活動とは，リスクマネジメントであり，正面から取り組むことで仕事の質の向上が図れる活動であると考えている。しかし，この事例では通報者が上司にプレッシャーをかけるために，不備な点を追求する手

段とされてしまっているように感じる。
　「人の欠点を声高にいうための活動にしない」ことと「正すべきは正す」をどのように実現するかは，コンプライアンス活動の定着を図る上での留意点となるように思われる。

3. 活動事例　C（「コンプライアンス委員会」の発足後　7月）

　7月に前述のE事業所より，職場環境の悪さについて通報があった。
　この通報が入った時点では，前述の通報を受けて，コンプライアンス委員会とE事業所　部門長，事業セクタ長と対応を検討中であった。
　新たな通報の入信にたいして，コンプライアンス委員会としては，E事業所内における安全衛生活動が周知されていない懸念を通知，前述の対応策に加えて，事業所内の全員の「周知」と「参加」を心がけるように指摘した。
本問題の背景：
　このE事業所は，法の定めに従って，衛生安全委員会が存在している。
　活動記録や議事録から，E事業所の衛生安全委員会が活動していることは明確であった。
　その活動の中で，同委員会は，E事業所内で安全衛生についてのアンケートを行い，意見・要望を拾い上げていた。
　しかし，E事業所内で拾い上げた意見・要望は数が多く，それら全てを一つずつ，検討し，対策を行っていた。
　衛生安全委員会がきちんと活動していたにも関わらず，なぜ通報があったのか。
　定着に関係する問題点が，そこにあると考える。解決策のひとつは，情報の発信であろう。
　しかし，そこに1つの疑問がある。安全衛生委員会に限らず，コンプライアンス委員会でも，大きくは取締役会でも方針・施策の決定は，全員ではなく，一部で行われる。そして，決定された内容のみが発表される。
　そのように決定された内容だけでは，情報発信としては，頻度も量も不十分であるのかも知れない。定着のため，意識づけのためには，情報発信の頻度・量を増やすための施策が必要であると感じる。

4. 活動事例　D（「コンプライアンス委員会」の発足後　8月）

2003年8月に社外より社員Hが社外との取引に絡んで賄賂を受け取っているとの通報メールあり。

通報メール中には「社内的に握りつぶすことがあれば，業界団体，マスコミにオープンにします」の文言もあった。

通報メールは，8月23日に続き，8月27日，8月31日に2通の計4通が会社宛に発信されていた。

通報メールを受けて，「コンプライアンス事務局」で調査を開始した。

社外よりの通報メールは匿名ゆえに，デマ・脅迫の可能性も念頭に置いた調査となった。調査方法は，まず社内の近くにいる人間にヒアリングすることで行われた。

賄賂などの不正の事実は，見つからなかったものの，残念ながら社員Hの行動には，当社の倫理規定を逸脱しているという疑惑が残った。

そこで，不正行為の事実はなかったものの，取引会社とのつきあい方において疑念がある社員Hを関連取引からの担当をはずすことになった。後任の責任者として，彼の上司がその任につくことになった。

取引そのものについては，6月ごろから部材不足の可能性が発覚し，9月の納品に間に合わせるように関係各社との交渉・調整が行われていた。取引関係の見直しも検討事項となっていた。通報メールはその最中に発信されていた

後任の上司の下で，関係各社から事実確認および取引の見直しが進められた。

社員Hは担当をはずされただけでなく，自己の全てを否定されたとして同年11月末に辞表を提出して退社。後任の責任を引き受けた上司も30年来のベテラン社員Hを失ったことをきっかけの1つとして辞表を提出し，退社することとなった。

本事例では，以下の事柄を課題として実感した。

(1) 課題A　「事実確認の難しさ」

対策を練るにも，処罰を検討するにも，まず「事実確認」が基となる。しかし，1民間企業の社内活動としてのコンプライアンス活動には，強力な調

査能力はない。特に本事例では，作業環境や会社資産のような形のあるものがなく，また社外での不正行為の疑いとなると，調査手段のとりようがないのが現実である。

結局，ヒアリングが調査の主体とならざるを得ないが，受け取った情報には発信した人間の意志が入っている以上，その信用性も情報の発信者の立場を考えに入れた上での限定的な情報にすぎないと考える。

(2) 課題B 「処罰と調査」

本事例では，社員Hは公式には処罰をされていない。ただし「担当替え」が，トラブルへの疑念から行われた。しかし本人は，これを処罰と感じ，会社を辞職することとなった。

処罰があってもなくとも，「コンプライアンス委員会」からの調査が行われた時点で，当人は「犯罪者扱いされた」と感じたとの発言もあった。コンプライアンス活動の中で「調査」は，様々な通報に対する最初のアクションである。「調査」がなければ「事実」が確認できず，その後の対策・判断もない。

しかし「調査」される側は，その時点で「疑われている」「犯罪者扱い」との意識を持った。それは「自分が会社に信用されていない」「自分よりも相手のわからない通報を信じるのか」という不信感を引き起こしたと考えられる。

不信感を持たせたことは，コンプライアンス活動の主旨に反するので，社内の「調査行為」に対する誤解を解く必要があることを実感した。

Ⅶ 「DK社の事例研究」からの教訓

(1) 調査の限界：

通報内容が事実なのか，デマなのかを見極めるために事前の調査が必要となる。

理想的には本人にわからないように調査すべきとあるが，現実としては難しい。

調査活動としては，現実的には周囲へのヒアリングが中心となり，本人に

わからないように調査を行うことは不可能であり，それでも物的証拠が得られるような案件はほとんどない。

そして，ヒアリングが中心となる以上，その内容には発信者の意志が必ず含まれる。ゆえに，そこには「事実」「推定」「断定」「意志」が混在することになる。

　事実：当人が見た情報
　推定：当人が得た情報に基づいた仮定
　断定：当人の意志，思いこみで，事実とは無関係

ここにさらに「意志」が入り込む。

　話を聞いた人間が，自分と同じ意見を持つように期待する作為
　自らの結論や感想から，不要と思われる情報を伝えない不作為

その中で，事実にいたる情報を得ようとすることもまた，ひとつの推定に過ぎない。

"相手のことを考える"ことは結構面倒なことで，「自分がその立場にいたらどう感じるか」という推測は，相手に対して自己を投射しているに過ぎず，"相手のことを考えている"ことにはなりえない。

相手のことを考えることは，「相手の求めるもの」「避けているもの」「その時の環境」「相手が取りうる選択肢」を考え，その上で「相手が取った行動」を見ることで，何を望んでいたのかという相手の意志がやっと見えてくる。

さらにヒアリングをする対象者は，当事者の周囲にいる人や業務上かかわっている人であり，ヒアリングを行う担当者の方が，当事者より心理的な距離は遠くなる。つまり，そこに「意志」が入り込みやすい状況である。

そして，この影響は行為そのものの不正・違法行為の疑いが強ければ強いほど，ヒアリングによる調査では何も出てこない結果となると推測される。

事実，活動事例Dでは，ヒアリング結果に多くの矛盾があった。社外からの通報も含めてそれぞれの立場で，会社の対応を左右したいという意志が強烈に含まれているものだと考えている。

だからヒアリング主体の調査だけで，事実・真意に至ることは不可能に近

いと感じている。

もうひとつの調査に対する懸念は，調査を行うこと自体が「犯人扱いされている」と取られてしまうことである。これに対しては，コンプライアンス活動の中で，調査や通報に対する考え方を定着させていくことが対策として考えられる。

つまり，「調査や通報は処罰を目的としたものではなく，組織のリスク・マネジメントとして，不正・違反行為の背景・環境を探り，再発防止策を打っていくことである」という認識である。

(2) 情報保護の徹底：

情報の流れとしては，通報者の匿名性を保持するシステムとしている。しかし，社内のことであり，関係者は自ずと限られてしまうのが実態。

そのことが，通報された当事者にとっては，通報者が誰であるかの憶測・邪推を呼んでいる様子がある。

仕組みとしては，情報の流れを完全に絶っているが，そのことがいわれのない報復を招くのではないかと心配している。

(3) 全員参加の促進：

これは，コンプライアンス活動の定着の重要な課題である。まずは，定着・啓蒙を考えたときの鍵になるのは，各個人のコンプライアンス活動への参加の頻度。参加の回数を増やすことが，意識づけに大きく寄与すると考えている。

「細かい規則は作らない」ことが方針であっても，定着のための活動は必要不可欠。つまり，コンプライアンスを定着させるために，規則という形ではなく，想定されるリスクを記述したリスクケースという形式を選択するという方針に過ぎない。

他に定着のためのツールとしては，指さし確認，掲示物，標語など様々な物が考えられる。まずは，手元ですぐに取り出せるツールとして，名刺サイズのエシックス・カード（倫理カード）を作成し，配布することが決定している。

次には，リスク・マネジメント（危機管理）としてのアンテナとしての機能と必要性がある。コンプライアンス活動の運用を主として担うのが本社・

本部のスタッフ部門であるがゆえに、実際の業務に関わるリスクは、その担当部署から情報をあげてもらう必要がある。現在は、相談記録やチーム活動での議事録から拾い上げることを考えている。

そして、人の交流を活性化する一助としたいという考えもある。それが、規律への意識向上、互助、相互監視に寄与すると考えている。

上記の点を勘案し、コンプライアンス活動の定着の仕組みとして、全社各部署に推進担当を任命し、全社員がコンプライアンス活動に参加させることを準備している。

当面の課題は、まずどのようなテーマ、内容、方法で、このチーム活動を継続的に活性化させるか。その活動は、正しいことを伝える一方的な活動ではなく、リスクを伝え、リスクについて話し合い、共有する場を形成することが鍵となる。また現場でのリスクのアンテナでもあるので、チーム活動には双方向の情報交換が必須となる。

そこで、リスクの事例を想定して事前研究し、実際の業務に基づいて想定されるコンプライアンスを逸脱するような事例、または判断に悩むような事例をまとめてみた。それらの想定事例がDK社の社員向けに参考事例として紹介してある。

(4) **無意識の過失：**

コンプライアンス活動での一番多いのは、認識のない違反行為、悪意のない逸脱行為である。

結局、当事者の遵法意識が高くとも、違反を犯してしまうし、件数としては一番多い。

法令の知識の不足、業務知識の不足とも言える。これを単純に個人の常識の欠如として、捉えて良いのだろうか？

知識の不足を補うこと、意識づけをおこなうことが「啓蒙活動」であるが、「啓蒙活動」を全てコンプライアンス活動で補いきれるものではないと考えている。

「啓蒙活動」としては、入社時、部署への配属時などに行う教育訓練があり、日常的な上長によるチェックがあり、個人への定期的な教育プログラムが考えられる。

啓蒙活動として知識を与える内容によっては，コンプライアンス活動としてよりも，それらの教育訓練のプログラムの中に組み込むべきものがあると考えられる。

だから，必要な業務知識が全体的に足りないと気づいたときには，コンプライアンス活動としては，人事部門へ要請を出すことが適切なやり方である。

どんな企業でも異動は日常的に行われている。しかし，それに必要な法令知識を与えている企業がどれだけあるのだろうか？　おそらく，この教育訓練の問題はどこの企業でも起こっている一般的な問題だと考えられる。

(5) 修正行動の自律組織：

通報される内容は，事の大小はあれども，確かに何らかの非がある。

しかし，通報によってのみ対応が取られるのは，活動として非常にいびつであることを感じている。処罰の前に，警告があり，同じ社員同士としての注意があり，何をすべきでないかの啓蒙活動があるべきである。

「ルールを逸脱する行為＝処罰の対象」が原則であるが，「通報された行為＝処罰の対象」とすることには違和感を感じるようになってきた。

通報には，常に「それが氷山の一角でないのかという疑念」がある。疑念は「不平等」「運が悪かった」という感情につながり，本来の「公正さ」「納得性」を損なうことにつながっていく。

また，通報があったということは，本来ルールを逸脱したときに注意，指導を行う当事者の管理者や一言ぐらい言える周囲の人が，当事者に注意をしていないことが伺える。そこからは，「管理者の適切な管理」や「部署としての規律遵守の雰囲気がない」，「人間関係において，お互いに無関心である」背景が考えられる。

この懸念を一切顧みずに，「通報された行為＝処罰の対象」を実行するならば，通報される対象となる恐怖が広がることが考えられる。それは，ある日突然に，「正しくない」と告げられ，処罰を受ける恐怖である。

人は悪いことをしているという意識がある時の方が慎重であるがゆえに，認識のない違反行為，悪意のない逸脱行為の方がむしろ通報される対象となりやすい。それが処罰の対象となることは，当事者にとっては突然に湧いてくる処罰となるだろう。

もちろん，適正な管理が行き届かず・雰囲気が熟成されていないからこそ通報制度が必要である。しかし，コンプライアンスの定着を図っていく上では，通報があったことに対して，当事者だけの処罰を考えるのではなく，むしろ組織としての再発防止策に力点をおいて対処するほうが適正に働くと考えられるのではないだろうか。

そのバランスと落としどころは常に課題として残ると考えている。

(6) 逆機能の弊害：

何かして，処罰されるのであれば，何もしないのが一番。企業として，ことなかれ主義が台頭することは，企業としての活力を奪う致命的な考え方である。

実績を上げた人は会社の将来を担うため，管理職に昇格したにもかかわらず，管理職であるが故に批判を受けやすい。しかも，批判の内容は，ほとんど業務・業績に無関係である。

業績をあげるために何をしてよいわけではないが，業績を上げることができる人を批判し，処罰することは活力を削ぐことになる。批判を受けるようなことであっても，処罰を行う前にいくつかの段階を踏むことが必要ではないだろうか。その上で，組織としては処罰以外の周知の方法を探る必要があると考えている。

(7) 組織と個人の関係：

個人が組織の一員であり，コンプライアンスが個人と組織の関係で再考する必要がある。組織としての処罰は，個人の処罰以外の"周知の方法"の多元性を探る必要がある。結局，処罰とは，不適格の人の組織からの排除である。個人の自己犠牲で，組織とその指導者の違反行為が隠蔽されることが多々ある。

Ⅷ　DK社の「共生戦略の"実務"過程」

これまでの議論は，DK社を1つの"協働体システム"として捉え，生命連鎖と相似した会社持続性の共生戦略の視点を中軸にして，DK社のコンプライアンスの「基層構造」を展開してきた。

さて，次なる段階では，その基層構造に繋がる支柱的な関連構図を，4つの研究過程論に分解してみた。それらの支柱構図は「実務過程」「学問過程」「人間過程」「地域／地球過程」の4方向の分析視点である。

言い換えると，これまで述べてきた「四角錐・共生戦略モデル」の「多元環境」→「哲学／戦略」→「組織／人材」→「行動／教育」の基本構造を基軸にした"4つの支柱的錐"を個別にとりあげて，DK社のコンプライアンスを再考する試みである。

その目的は，本研究が1企業の特殊性と私の主観主義で構成されている限界があり，その内容を別の次元，即ち，普遍主義の視点で客観化されなくては，私自身の学問的規範性が問われると自問自答したからである。

そこで，先ず"第1の支柱構図"として考えた共生戦略の経営を"実践"そのものとして，DK社の「共生戦略の"実務"過程」の構図を「価値／哲学」→「方針／政策」→「手続／管理」の流れとして捉え，その内容を，①「価値→方針→手続」と，②「哲学→政策→管理」の2つの流れの組合せとして考え，その組合せ過程をこれから分析してみたい。

1. CP共生戦略：実務過程の「価値／哲学」

CP（コンプライアンスの略語）への取り組みにあたり，管理と被管理者との共生関係の「価値観」を本研究では，「共生の哲学」と仮定した。だが，序章にあるように，CPの語源的起源である「専制主義の管理思想」と，「民主主義の平等思想」との間でのコンフリクトが，組織経営に内在する必然性を明白にする。

別な言い方をすると，「管理すること・管理されること」の経営の実践が，上下関係の亀裂をつくりやすいことが歴然となった。

「管理・被管理」の関係思考を超える経営の実践哲学は何なのだろうか。その1つの探索方向性は，哲学を単純に「考え方」（思考）として定義し，現場実践の「考え方」を，身近な管理者の言葉や行動スタイルとして定着させることである。

その考え方の起源には，「個人が良くなって，組織が良くなる」という個人主義と，「組織が良くなって，個人が良くなる」という集団主義のせめぎ

合いがある。そのせめぎ合いの調整が折衷主義である。だが，その折衷主義に正当性の実践科学がみいだされないとき，共生の哲学が揺れ動き，両思潮の混乱を産むことになる。

そこで，哲学の曖昧さと抽象性の限界を包みこむ方向で，現場の判断をより明示できる行動モデルを探索するようになる。かくして，哲学を倫理と読みかえた管理モデルが誕生する。

ビジネスや職業における「経営の倫理」は，「宗教の倫理」や「社会の倫理」の延長で捉えるのが，欧米的起源であるが，しかし，この3つの倫理観には重ならない現実がある。ここに，「経営の倫理」を規範化して特別に経営教育する企業のあり方が本質的に問われてきた。

2. CP共生戦略：実務過程の「方針／政策」

現場の実践主義の立場から経営倫理を包含する経営哲学を基軸として，CP共生戦略を政策化することが，会社の組織開発と人的資源管理の準備となる。

ただし，注意すべきことは，CP哲学・戦略を欠いたCP方針の決定は，その後の参加と促進に支障をきたすことがある。

DK社の「CP準備委員会」「CP委員会」「CP推進部」が，上からの近代化か，下からの近代化かの，経営効率原理の原点が問われている。参加型経営の民主化原理で，下からやる気を起こさせる方法もある。だが，その方針は傍観者型の社員で構成される企業文化の場合には，企業文化の再構築の作業をともなうという遠回りの道筋が待つ。

そこで，企業は，トップダウン方式で"上からの近代化としての"CPを実践しがちである。その結果，企業文化の動揺から予期しない悲劇が，管理と被管理の関係で突発する結果になる。そうした悲劇は，「現場を知らないトップ」と，「現場を知らせないミドル」と，「現場とトップの隔たり」が主たる要因である。

リスク・マネジメントの視点でいえば，「トップの生存への恐怖」，「ミドルの中抜きへの恐怖」，「現場の知られたくない恐怖」が，すべて通報の危機感という"恐怖政治"の形と動きへと変容し，本来あるべき共生の経営戦

略を形や動きとした「企業文化の醸成」に"負の効用"をもたらすことがある。

DK社の事例研究からこのトレンドが読み取れる。同社のCPの実務過程で，上からの近代化方式から，下からの近代化方式へのその後の政策転換の方向性に，CPマネジメントの試行錯誤の実務過程を見出すことができる。

3．CP共生戦略：実務過程の「手続／管理」

実務のCP経営管理は，制度化，法制化，組織化，そして画一化の方向に進む。本研究論文に組み込まれた多くの文献資料は，DK社の貴重な制度化過程の"生の情報"である。

経営管理の実践は，その会社の「価値／哲学」「方針／政策」の露出である。経営者の「ものごとへの考え方」や，社員と会社の行動ガイドラインが，具体的かつ現実的なリズムとスタイルで表出するのが，標準化された社内手続きであり，組織管理の過程である。

こうした管理の科学は，現場の科学として自他受容されることが基本的前提である。特に，CP管理の自他受容は，会社に帰属するのか，仕事に帰属するのかの，参加者意識によって異なる。

「職業に帰属すること」が，プロフェッショナル意識であり，そこには流動する能力差別化の意識と，その能力意識と共生する正当性の職業倫理への帰属意識が個人主義的に確立している。

だが，「会社に帰属すること」を第1順位とする集団主義の会社員にとっては，「会社がもう1つのわが家」とする甘えが，隠し持つ暗黙知として内在する。欧米型のCP管理手続きの強化を，会社人間の「性善説」か「性悪説」かの立場で言えば，あきらかに"性悪説の視点"である。

日本的経営としてのCP管理手続きの強化は，欧米起源型の社員"性悪説の視点"と馴染まない限界もある。これまでの伝統的な温情型「家族主義」や「集団主義」の管理論や手続論には，家族や村落の信頼関係を価値基盤とした性善説が底流にある。

そこで，日本的経営としてのCP経営管理とその手続きの精緻化と合理化には，社員への「性善説」と「性悪説」を"使い分ける"もう1つの隠れた

「日本文化の深層構造」への理解が問われてきた。

IX　DK社の「共生戦略の"学問"過程」

　さて次に，CPの経営について実務家の視点とは別に，研究者の学問的な視点からその普遍性のシステム論を追求してみたい。DK社のCP研究過程へのアカデミズムの分析的方法論をあてはめると，「基礎研究／哲学研究」→「理論研究／基軸研究」→「実践研究／現場研究」の"第2の支柱構図"を描ける。

　DK社のCP研究の学問過程は，①「基礎研究→理論研究→実践研究」と，②「哲学研究→基軸研究→現場研究」の2つの流れの組合せである。その流れの組合せの意味を次のように考えてみた。

1. CP共生戦略：学問過程の「基礎研究／哲学研究」

　DK社のCP問題を，基礎研究の領域で分析する方向性は，経営学を編成している「科学の定義の見直し」や，「文明論の再構築」のレベルにあるのかもしれない。

　企業が社会的制度だとすると，その社会の定義や，制度の意味が，陳腐化した科学概念や文明論に立脚している場合には，企業のCPの科学思想や文明観も陳腐化した過去の遺物を背負っていることになる。

　そこで，CPの根源的理解を既存の経営学の体系に求めるよりも，経営学の前提にある地球の持続構造と地球の生活史の中から，環境との共生を基本哲学とした自他主義のCPの哲学を創造することが考えられる。

　村山教授の持説にあるように，物理的法則の科学文明観でCPを捉えるよりも，むしろ，自然秩序の生物的科学文明論でDK社のCP問題を再考すべきともいえる。

　生物連鎖の生命論が，そこでの企業の哲学となり，CP経営の哲学となる。その方向性に沿った基礎研究の領域は，地球の持続構造や地球の生活史を形にした「人間の身体の研究」や「胎児の世界の研究」である。

　また，村山教授の「身体的経営一元論の世界観」が，グローバルとローカ

ルとの超境界性を自然法則とする「グローカリズムの経営哲学」をも意味しているので，地域研究や比較文化の研究が，CP経営の基礎研究の領域となる。

　文明や文化の本質に還る基礎研究が，結果的にはCPの経営哲学の創造機会と出会えるのではなかろうか。CPへの学問過程は未成熟な分析視点でしかいえないが，経営学を支える周辺の常識や教養を深めるために物事を基礎的かつ自然的に考え，そして物事の基本に沿って行動する習癖の中にCPの経営哲学が，自己の中の語らないアカデミズムとなる。

2. CP共生戦略：学問過程の「理論研究／基軸研究」

　哲学を前提とした理論，そして基礎研究で検証された基軸の理論モデルが，ここでいうCPの基軸理論である。

　基軸理論とは，一般理論としての普遍性を持ち，先行理論モデルとして多くの他者が依拠する論理構造である。つまり，相互に説得力のある自他主義の行動規範モデルである。

　コンプライアンスが，"法令遵守"と言われる由縁はここにある。法律が説得性や強制力をもつ。支配と従属の関係を確実に既定する手段は，法的制度である。慣習法と成文法の法体系の違いはあるにしろ，法の秩序が，CP理論の要になることは，制度論的には自明の理である。

　忘れてならないCP理論は，社会契約説である。法の拘束以外に，私どもは，契約社会に生きている。その契約の意味は欧米型の意味と半ば共通する信頼の絆である。有形・無形の形として社会的に容認されている契約，即ち，相互理解の拘束力がどんな社会にも存在するものである。こうした意味での社会契約の中に篭められた相互信頼関係が，ここでは抽象的な学問レベルで考えられたCP理論である。

　DK社のCP経営問題で，管理と被管理との間での信頼関係が問われた事実は，社内に自他主義の「契約の論理」が不在であったこと，「曖昧さの論理」が企業の創設期や成長期に正当化されていたことが重なった不幸である。

　DK社に求められた暗黙の契約思想とその論理が，信頼関係の蓄積の結晶

である。だが，真の信頼関係とは言葉にならない論理，即ち，倫理的規範である。だが，そこで倫理論か，反倫理論かの識別を簡単に規範化できない信頼関係の動揺が明白となった。

CPの論理が，抽象的であり，曖昧だと，そのことが曖昧で信頼関係の欠如した経営者イメージと重なる。論理の明解性が哲学の明解の延長であり，行動のガイドラインとなる基軸モデルに揺らぎが少なくて済む。無理した学問的な抽象論よりも，日常性の言葉や，しかも分りやすい事例が，CPのもう1つの学問としての理論のようである。

3．CP共生戦略：学問過程の「実践研究／現場研究」

「基礎の研究があり，理論の研究があり，そして実践の研究がある」。同様に，「哲学の研究があり，基軸（規範）の研究があり，そして現場の研究がある」。

もちろん，これまで述べてきた「実務過程」と「学問過程」の両方にいえることだが，その"逆流のスタイル"や"循環のスタイル"が，CP共生戦略の実質的内容である。

言い換えると，「現場が哲学の基礎であり」，「実践の研究が，基礎の研究に繋がる」とも逆説的に言える。

DK社のコンプライアンスの研究物語が，その物語の原点が常に現場志向であった。現場の情報から規範的な経営行動や，倫理的に正当性の経営実践を促進する狙いがあった。その意味では，本研究は現場中心の積み上げ方式による研究過程論である。

ただ率直にいえることだが，その現場が個人としての作業現場であり，環境問題や社会問題との接点での会社組織の根幹を揺るがすようなトップ・マネジメントの現場ではなかった。

ここでいう現場とは，内部監査の延長ともいえる不正発見と修正行為のための現場管理と，社員の行動憲章ともいえる社内倫理の啓蒙活動の強化が主たる現場問題であった。

ここに，学問としてのCPの現場と実践とが，正規の監査手続きの強化や拡大と同じ意味解釈の内部牽制組織なのだろうか，という疑問が生じる。こ

うした疑問は，コーポレート・ガバナンスの問題意識へと発展する。

DK社にとって会社を取り巻く利害関係者とのかかわり合いで，情報公開による説明責任（accountability）が，経営者責任の重要な課題となってくる。

かくして，経営責任の立場上，経営者はその経営実践に油断なき監査の視点を現場に注いでいる。法令遵守がそこでは，"手続き遵守"としての「現場の科学的管理の作業」となってきた。

そうした現場と実践への規制や規定を設けても，社員行動の倫理まで強制的に規制できないし，また，拘束できない現場の科学の限界がある。

X　DK社の「共生戦略の"人間"過程」

CP共生戦略の「基層構造」と関連する"第3の支柱構図"は，「"人間"の過程」である。言い換えると，DK社の協働体システムの中で働く人間観をどう位置づけるかの，状況分析と，問題認識と，そして政策決定の課題である。

経営の中の人間像を分析すると，「社会の論理」と「会社の論理」の二重構造の人間観を描ける。

会社人間は，もう一方で社会人間である。経済合理性と社会人間性とが，同じ人間の中で生きている。そうした二元性が人間の生命誕生以来の因縁ともいえる。そうした二律背反性を下記のように列挙してみた。

① 「個人と組織」
② 「公益と私益」
③ 「支配と服従」，
④ 「社会人と企業人」
⑤ 「物理秩序と生物秩序」
⑥ 「官僚性と開放性」
⑦ 「競争と共生」
⑧ 「生活と職業」
⑨ 「遊びと仕事」

⑩　「機械文明と精神文化」
⑪　「規範化と自由化」など

　DK 社のコンプライアンス違反者が，上記の二律背反性のジレンマに落ち入っていたことが，事例研究で如実となっている。このことが，倫理と反倫理の二律対抗性を"身体的一元化する経営人間観"として浮き彫りにする。

　さて，DK 社の人間過程を，社員の"生き様"として理解し，善悪をめぐる人間の定義を，次の「倫理の人間」「文化の人間」「哲学の人間」と 3 系列で捉えなおしてみよう。

　「倫理の人間」：善悪をその場で瞬時に判断する
　「文化の人間」：善悪を区分しないで併合する
　「哲学の人間」：善悪を時間の経過で考え抜く

　DK 社の一般社員と管理者には，善悪をその場で瞬時に判断する「倫理の人間」としての役割期待が強く顕れている。このことは，自己防衛のために企業組織の管理保守主義が強まる傾向を示す。共時的に個人の創造的な冒険する勇気と，自己犠牲の愛社精神を制約してくるようになる。

　もし，DK 社の人間が，企業文化の蓄積過程から，「文化の人間」，即ち，善悪を区分しないで併合するスタイルの人間集団だとすると，CP 経営の善悪をめぐる価値規範がより柔軟性を持ち，同時に"聖俗併合"のメリットとデメリットの経営活力を産みだすことになる。また，企業組織が創造的であるが，共時的に破壊的な偶発事件への危機管理も必要とする。

　次に，DK 社の人間が，善悪を時間の経過で考え抜く「哲学の人間」といえるだろうか，という問題認識を私は持っている。DK 社の社歴は短い。まだ創業期の延長期である。また，社内の「哲学の人間」存在は，一般社員レベルも含めて，経営執行部が経営戦略を立案する過程で避けられない課題である。哲学内在のリーダーとその者たちの戦略が，社内に蓄積した「哲学の人間」存在の層の厚さに依存することはいうまでもない。

　かくして，善悪の評価や規範のモノサシが，社内の「哲学の人間」の提言によって異なる顔となる。ここでの哲学の真実が，会社生存の時間の長さで検証される。時間の真実と共生した社内の「哲学の人間」は，「倫理の人間」と「文化の人間」とを組合せ，使い分ける能力者である。

1人の会社人間の精神進化過程で，以上3つの「倫理」，「文化」，「哲学」の人間像を追いかけてみると，その3つの人格が未分離状態で混在していることがわかる。

CP経営を個人の自己経営のレベルで捉えると，OJTやOff JTの自己学習の成果が，倫理のヒト，文化のヒト，哲学のヒトへと人格変容の動きと形を顕してくる。

教育によってヒトがつくりかえられることが，CP経営の人間観であるが，その方向性には，倫理，文化，哲学を総合化する人間原理の追求が前提条件として実在する。

善悪の経営現象を，倫理のヒトは，「規範の秩序」を鏡にしてその現象の実在を映し出す。

一方，文化のヒトは，善悪の経営現象を，「混沌の創造」を鏡にしてその現象の実在を映し出す。

さらに，哲学のヒトは，善悪の経営現象を，「直観の真実」を鏡にしてその現象を映し出す。

自己の中の「3つの経営主体」が映し出した実在は，それぞれ異なった顔の実在である。

共生戦略モデルの支柱構図の中の"人間の過程"で表出する，人間の実在の違いをつくりだしたものは何なのだろうか。CP経営の人間像の問題を，「現象→実在→哲学」の流れで分析すると，「倫理を哲学といえるだろうか」「文化を哲学といえるだろうか」，そして「真の哲学がCP経営戦略にあるのだろうか」という壁にぶつかる。

そうした壁を，創造的破壊する視点が，現場からの私の「超・学際的な分析視座」である。別な言い方をすると，DK社の既存組織にまつわる人間観を，「開き」(Open)，「超えて」(Beyond)，「境目をなくす」(No Boundary)方向へと私自身が自己変革し，その自己変革から組織改革を求める人間観の確立が，「超・学際的な分析視座」の中に映し出される私自身のCP哲学と戦略である。

またこういうこともいえる。私の求めるCPについて経営哲学の創造とその戦略形成を目指すとき，そこには，必然的に「直感の真実」が問われてく

る。その場合の私にとっての「直感の真実」とは,「考現学的な分析視座」(「現象直視→判断停止→本質直観」)で,DK社の人間観察と,同時に人間共生の苦悩を共有することである。

XI DK社の「共生戦略の"場の"過程」

DK社のCP共生戦略の基礎構造に関連する"第4の支柱構図は,「場の論理」である。

場の概念を大別すると,物理的な"空間の場"と精神的な"意識の場"と,そして,空間と意識とを融合する"経営の場"がある。ヒトはその3つの場に帰属して生きている。

"空間の場"の状態をCP経営の関連で列挙してみると,つぎのようになる。

① 「現場／職場」
② 「地元／地域」
③ 「都市／国家」
④ 「地域連邦／地球規模」

次に"意識の場"を定義すると,集団関係や,組織関係の雰囲気の"気持の世界"であり,人間関係や仕事関係での"心の通じる世界"である。村山理論の地元が世界,世界が地元の「グローカル・マインド世界」である。仕事のやる気や,達成の満足感や,生き甲斐の感性がこの"意識の場"の中枢構造である。

そして,"経営の場"とは,組織行動の場での情報交流を促進して,ヒトの無意識レベルを意識レベルに組み替える関係開発と組織開発を通じて,技術創造や知識創造の経営を実現することである。

DK社の"場の過程論"は,極めて閉鎖的であるという感じは否めない。「空間」,「意識」,「経営」の3つの場が限定的である。この事実を村山理論の「3"ち"の経営人類学」(地・血・知)の分析視点」で見直すと,DK社の"場の過程論"はつぎのような特性発見で認識できる。

地:DK社の"経営の場"が,名古屋を中心とした歴史風土的「空間の

場」が本拠であり，パチンコ産業を中心とした組織文化の「意識の場」である。創業者が大阪出身の職人気質と商人感性の持主で，出身地の地域文化と，会社誕生の地域文化との相乗効果もある

血：DK 社の"経営の場"が，会社起源とその後の持続経緯を背景にした会社固有の「歴史観」から成り立っている。歴史には，書かれた歴史，語られた歴史以外に，"消された"歴史や"書かれなかった"歴史がある

知：DK 社の"経営の場"が，現場にコミットメントしてきた身体的体験の「経験知」や「現場の知識」の蓄積の場である。知の体系，知の技法，知の哲学が，DK 社の「"経営の場"に生きてきた個人の感性の中にある」

以上の 3 "ち"の経営人類学の分析視点で，DK 社の"場の過程論"を再考すると，その場の経営コンセプトが，DK 社固有の「"企業文化の場"の経営」という意味になる。

この問題認識は，DK 社の固有文化について，その固有性を文化特殊主義として肯定するのか，逆に，文化普遍主義の立場から否定するのかの方向へと分岐する。

もちろん，文化の特殊と普遍についての議論が先になされなくてはならないが，村山理論の 3 "ち"の経営人類学の分析視座が，グローバルとローカルとを未分離にして，「グローカリズムの経営哲学」に支えられている前提で論を進めたい。

DK 社の"場の過程論"は，この「グローカリズムの経営哲学」との関連で位置づけられる。DK 社固有の CP 経営を，グローカリゼーション・ダイナミズムで理解するとしよう。そこには，問題解決への超越主義が求められる。

この超越型の問題解決思考が，グローバル化といわれる普遍思考や標準思考や，そして状況思考の限界を超えた，グローカルな企業文化観である。

DK 社の"場の過程論"は，グローバル規範を吸収して，その限界を克服して，なおかつグローカルに生きる企業文化の経営体である。

XII　結論—学問は楽しい

　序章に紹介したように，本論文での私の研究仮説は，「自他主義の幸福論をめざすコンプライアンスの，戦略形成とその基盤の経営哲学の創造である」と「戦略・哲学の両輪仮説」の検証である。

　日常の業務活動を通じて，私は，個人と組織の「関係」，「構造」，そして「価値」にみられる"自他主義"を，DK社のCP経営の現実（物語性）の中に探求してきた。

　自他主義の幸福論は，当事者間における「相互利益」と「相互不利益」の循環過程を如何に相互理解するかという，会社の擬似宗教的な楽観主義やロマンチシズムとしてかたづけるわけにはいかない。

　否定できない絶対的な"時間の真実"の流れに組み込まれた「企業努力」とは，組織の中の個人1人1人が，「会社とは何か」という本質を主体的に求めて，その自己覚醒から，"生きている"個人と"生きている"会社とが共生している実感の「戦略と哲学の両輪仮説」を証明することであった。

　「会社とは何か」への答えには個人差がある。コンプライアンス経営は，その個人差を"平らに耕す""教育課程"である。DK社の「コンプライアンス推進担当者」はその課題を背負って，会社ぐるみでDK社の未来へ持続する経営構築をめざさなくてはならない。

　DK社にとって「会社とは何か」という存在の実在は，虚飾を捨てれば「業績の説得力」であり，「中小企業の生きる道筋」である。業績が生存の条件であり，会社の実在である。

　利潤の業績主義や競争原理を絶対視する「企業経営の本質論」で「会社とは何か」の本質論を展開すれば，合理主義の経営論が一番わかりやすい実在となる。

　だが，コンプライアンス経営がもたらした経営革新の問題提起は，技術革新や，情報革命，そして高度に国際化する社会流動がもたらした資本主義の市場原理や競争原理の構造的な変容から由来するものである。従って，世界的傾向としての資本主義の構造変容とそのグローバル競争化へ対応する中小

企業の経営哲学と経営戦略が，未来の経営構築と共生する意味から真剣に求められている。

　DK社は，中小企業の「儲けること」と「生きる道筋」の会社の本質的論理は変えないであろう。だが，市場変動は社会変動がもたらす会社への影響を吸収する構造の柔軟性は準備せざるをえない。構造柔軟性への論理構築が，これまで展開してきた，わが社・DK社のCP経営である。

　まとめとして言えば，DK社のCP経営は，「四角錐・共生戦略モデル」を基軸として構築されている。その共生戦略モデルの中身は，「基層構造」(「多元環境」「哲学・戦略」「組織・人材」「行動・教育」) と，それを支える「4つの支柱構図」(「実務過程」「学問過程」「人間過程」「場の過程」) で構成されている。

　そして，非定量手法による分析科学の視点から，「超・学際的な分析視点」「考現学的な分析視点」「基礎的／哲学的な分析視点」「3"ち"(知, 血, 地) の経営人類学の分析視点」を本研究の実施過程に組み込んでみた。

　その狙いは，わが社の私個人を外部理論で普遍化し，自己を客観化しながら，DK社を学問的に科学する1つの試論的展開である。

　その成果が，私自身の自己変革の契機となり，CP経営を基軸としてDK社の組織行動にある種の変革と，その波及効果が期待できればよいと願っている。

　残された課題は，コンプライアンス意識の教育活動を通じた社内浸透である。その教育方針が，初期的には単純に「規制遵守」という社内慣習をつくることから出発するしかない。

　ルールを共有する健全なる「スポーツマンシップ」や，「正しい仕事倫理」を，会社の共通資源とする教育の実施が，これからの私の経営者責任である。本研究の成果内容がその意味で，DK社の今後の社内教育の指導原理になることはいうまでもない。

　「管理強化」から「共生の戦略」へのDK社のCP経営の実態には，規範主義の構造を変えないで，自他主義の主観的な幸福を追求する理想論がある。その理想を現実に近づける条件は，「自他の有利」だけではなく，「自他の不利」とも相互交流させるコミュニケーションの開発を通じて，自他相互

の幸福を実現させることである。

　そうしたコミュニケーション効果を通じて，"自他主義"の主観が協働して生きる幸福論への引き金となり，"自己犠牲"も時には共有し合い，協働体システムの幸福感の実現を共有することである。自己犠牲が，創造的破壊の論理であり，そうしたリーダー階層の組織開発と人的資源開発も将来準備されてくるにちがいない。

　本論文では，村山理論を土台にして，CPの"戦略形成"と"哲学創造"の両概念を分離することなく，管理・非管理間の「共生戦略の展開」としての"基層構造"の実証研究をDK社の現実（物語性）の中に求めてみた。その理論仮設の検証は，戦略の中に哲学が価値内包されているという経営実在の認識論であり，DK社の実務現象の理論的な研究過程であった。

　CP問題の経営学的解明には，これまで，戦略論と哲学論とを両輪とする組織論がなかったので，本論文では村山理論の「戦略・哲学の両輪仮説」検証に挑戦した研究過程である。

　CPの「戦略・哲学の両輪仮説」の検証過程が，文献資料を超えて「"現代に生きる"1経営者の身体知の中にある」ことが証明できただろうか。身体的な経験知を学問的に普遍化する努力を本論文で企てたが，その目的を実現するには，時間不足を言い訳にできない経営者責任の意識が先行している。

　限られた時間内に達成できた本論文の完成感は，私自身の研究能力の限界を自らが認めながらも，中京大学とのコンプライアンス（規定・制度）を共通媒体として私の経営者責任を実現したという実感である。

　言い換えると，私自身が中京大学・大学院ビジネス・イノベーション研究科との共生戦略を遵守し，そのコンプライアンスの精神に沿ってDK社のことを書き上げた達成主義である。

　結論を言えば，わが社のコンプライアンス問題を身体知的な知識モデルとして，経験からの理論を探索すると同時に，その理論を成り立たせている"未知なるもの"（哲学と戦略の存在）を探索する冒険が面白かった。中京大学　村山教授の下で「学問する楽しさ」を教えてもらえたということが結論である。

参考文献

高　巖（2003）『コンプライアンスの知識』日本経済新聞社。
ジェームズ・リーズン（1999）『組織事故』日科技連出版社。
KPMG ビジネス・アシュアランス共著（2003）『コンプライアンスマネジメント』東洋経済新報社。
南村博二（2004）『わたしたちの企業倫理学』創成社。
森本三男（1994）『企業社会責任の経営学的研究』白桃書房。
リスク管理・内部統制に関する研究会（2003）『リスク新時代の内部統制』経済産業省。
伊藤邦雄（座長）ら共著（2004）『企業の社会的責任（CSR）に関する座談会』「企業の社会的責任（CSR）に関する座談会」中間報告書，経済産業省。
弁護士　鳥飼重和　講演（2003）『株主代表訴訟制度と監査役の役割』日本監査役協会。
弁護士　小川浩賢　講演（2002）『企業活動と刑事罰』(株) 商事法務。
弁護士　國廣　正　講演（2003）『内部通報制度の実務的検討』(株) 商事法務。
森沢　徹ら講演（2004）『経営戦略としての企業の社会的責任（CSR）』野村総合研究所。
村山元英（2004）『国際経営原論』文眞堂。
村山元英（2003）『経営管理総論』文眞堂。
村山元英（1998）『経営学原理』文眞堂。

第6章

グローカル経営者教育論
―青経塾と生きる―

遠 山 眞 樹

キーワード：「ひとづくりの宿命」に生きる，同系理論の探索と仮説設定―"研究のすじ道"づくり，「青経塾」を分析研究，内発的発展の論理を探す，中小企業とその経営者像，青経塾の歴史分析視座，「青経塾の誕生」と分析視座，「3"ち"の経営人類学」の分析視座，経営者育成の場を求めて，「動物的精気の人間論」の分析視座，直感を磨く能力開発をめざし，青経塾と武士道，『峠』読書会：河井継之助と武士道を学ぶ，現代企業のグローカル武士道論，青経塾の組織文化と行動規範，研修文化の仕組みづくり，象徴的記号分析，青経塾の行動規範，青経塾の目的，青経塾の塾主，地域性（地元名古屋との結びつき），三十周年記念事業，組織理論からの分析視座，青経塾の歴史概要，青経塾の塾生概要，青経塾の教育システム，教育原理，研修プログラム，青経塾のリーダーシップ論と経営哲学，経営哲学の共有，「経営者の社会性」，「経営者の科学性」，「経営者の人間性」，同類組織との比較研究―己を知り，相手を知る，青年会議所との相対比較，盛和塾との相対比較，法人会との相対比較，青経塾の未来。

はじめに

　第二次世界大戦後，日本経済は壊滅的打撃を受けたが，その中から多くの中小企業が生まれ，自由闊達に事業を展開し，お互いに競い合い，切磋琢磨する中で，日本経済は活性化されていった。このように戦後の日本の高度成長期を支えたのは，企業活動旺盛な中小企業，中小企業経営者だった。
　私はそんな中小企業経営者である父親の後姿を見て育った。父親は，気骨精神に溢れた経営者であり，そして，またこの国の中小企業のことを心から思っていた。私を取り巻く人間関係は，父親のもとに集まる中小企業経営者の方々ばかりであった。時に父親は，同志である経営者たちとお酒を酌み交わし，熱く語りあっていた。
　子どもの頃からそんな機会にふれ，志を高く持ち，生きようとする中小企業経営者たちの姿を見ながら，人間として人格を磨き，経営者として立派に生きることが，人生の生き方の手本のように感じられた。その反面，自分にはどのような生き方が幸せなのか，自分の存在は何なのか，掴めきれずにずっと生きてきたようにも思う。
　また，母親はそんな父親をしっかりと支えた。四人の子どもを育てながら，家庭を守り，元気よく働いた。父親は仕事で不在の日が多かったが，母親の存在で家庭はいつも温かかった。今でもそんな母親の姿は変わらない。良妻賢母，日本の母（妻）の鏡のような，尊敬すべき女性である。
　本論文では，これまで自分を培ってきた経験や，父親の創設した中小企業経営者育成のための実践研修塾「青経塾」の軌跡，周囲の中小企業経営者の方々の生の声をもとに，中小企業経営者の「教育未来組織のあり方」を考察し，「青経塾」の未来への可能性を学問的に探るという手法をとることにより，大局的な立場でより開かれた自己客観化と，経営者教育の論理形成をめざした。
　外部からの評価する自分自身の目も問われ，客観性，論理性に欠けた内容に偏ることを，指導教授の村山元英教授のご指導により，回避した。
　本論文は，今後，中小企業経営者の育成にかかわる方々にとって，少しで

も役に立つことを願う。また，同じような課題を探求する生徒にとっても，参考となる研究文献になれば幸いである。

I 序　論
―「ひとづくりの宿命」に生きる―

　本論文テーマの「グローカル経営者教育論―青経塾と生きる」の"グローカル"（Glocal）とは，指導教授の「グローカリズム経営哲学」[1]から由来する。"グローカル"とは，グローバル（Global）とローカル（Local）との混成語で，和製英語である。その意味を簡単にいえば，「地元が世界，世界が地元」の経営観である。

　"閉ざされた特定地域的のレベルの話"を「ローカル」としてとらえると，一方，「地域文化の遺伝子を中核に」"開かれた地球規模の話"が「グローカル」Glocal ＝ Global in Local ＆ Local in Global）ということになる。

　そして，本論文で問題提起した「グローカル経営者教育論」とは，中部経済圏の地に根を据えて頑張りながら未来，そして世界をめざす，中小企業経営者としての経営者教育論を意味する。

　さて，「青経塾と生きる」の論文副題にあるこの"青経塾"について，若干はじめに説明しておきたい。青経塾とは，「青年経営者研修塾」の略称である。

　青経塾は，"ひとづくり"を中心に据えた，名古屋をはじめとした中部圏を活動基盤とする中小企業経営者育成のための実践研修塾である。

　青経塾のひとづくりの精神とは，例えば，次の言葉を大切にし，その実践活動を重視する。

　　「人生は感動である」
　　「私心を捨て，素直な気持ちでものごとに挑戦するあり方を学ぶ」
　　「人は人によって磨かれる」

---

[1] 参照：村山元英（2003）「グローカル経営管理論」『経営管理総論―身体的経営一元論』文眞堂，74〜78頁。同著（2000）「地域知能の素顔―グローカリズム千葉実験」『千葉大学経済研究』第15巻第3号，千葉大学経済学会，295〜348頁。同著（2005）"聖域"となる経営哲学―トヨタ型2元的1元論」『戦略と哲学―経営者開発論』文眞堂，381〜405頁。

「経営者である以前に立派な人，立派な日本人であること」

こうした教えを"実証していく"ための自己研修型組織が，青経塾のひとづくり特性である。

青経塾の塾是（羅針盤）には，「自己啓発と豊かな心で真の経営を創造しよう」とある。この塾是に沿って，限られた1特定地域で1,100名以上の塾生を有し，生き方を学びあいながら自己研鑽と相互研鑽を続けている経営者の塾は他に例がないといわれている。

この塾是の背景にある根源的な思想は，陽明学である。"実践哲学としての"陽明学を基本とし，「知行合一」「一期一会」に生きることを，青経塾は経営者行動の規範原理とする。言い換えると，経営者の人間主義経営こそが社会に貢献する。そのためには，人間主義起源の人生哲学を持つことにある。

さて次に，「青経塾と生きる」ことの意味だが，生きるということは，意志を持って，今，この瞬間，瞬間を，燃焼する心の状態を意味する。

そして，「ひとづくりの青経塾と生きる」"塾生の生き方"は，経営者実践教育を通して，人生の羅針盤となる指針，理想や思想，哲学を持つことである。人間の生きる意味ともいえる，「心を高めること」，「魂を磨くこと」に精進し，「経営者としての能力を正しい方向」に活かし，「真の経営」を創造し，「豊かな人生」へと"実践開花"につなげることが，「青経塾と生きる」"塾生の生き方"である。

この私塾は，私の父親の遠山昌夫が，昭和49年に創立し，現在その塾生が，1,100名に達している。三人姉妹の私は父親と生き，父親を身近に感じ，そして青経塾と生きてきた。そうして生きてきた私の人生を"もう一つの"かたちにするために，私なりの「経営者教育論」を試論的に構築してみたい。

中京大学大学院ビジネス・イノベーション研究科に在籍するようになり，この機会こそ，私のなすべき研究課題は，「青経塾の経営学と教育論」を1つの学問的体系に向けて取り組むことである。大それた言い方かもしれないが，身近にある父親と青経塾を，親子関係を超えて，第3者の目でより冷静にかつ客観的にとらえ直してみたい。

私は幼い頃から「経営者とは」,「経営者として生きることとは」,という問題認識を常に問われる環境に育った。私の父親は,名古屋にある建築塗料メーカーの創業者であり,今でも現役の経営者である。彼は「会社は社会のもの」,という信念の持ち主である。その信条と信念は,株式上場というかたちで実践してきた[2]。

　父親が会社経営とは別に,「中小企業は国の宝である」という信条の下に,ボランティア活動を起こし,そして32年前に青経塾を創設した。青経塾は,名古屋を基盤に夢のある中小企業経営者をこれまでに1,100名余りを育成してきた。

　私は,父親の後ろ姿を見て育った。また,母親を含めてわが家の人的環境と交流関係のほとんどが経営者であり,「経営者とはどう生きるべきか」,と常に考える機会が身の回りにあった。

　そうした私的な生活環境が誘因となって,私は名古屋という閉ざされた特定の地域からの枠組みを超えて,1人の地元経営者としてグローバルな成長をめざす中小企業経営者の「教育未来組織のあり方」を真剣に考えるようになってきた。あえていえば,青経塾の未来への可能性を学問的に知りたい,と思うようになった。

　さて,話しは変わるが,「青経塾と生きる」人生とは別に,私は「名古屋青年会議所と生きる」人生機会にも恵まれた。

　私は常に実践の場と自己啓発の場を求めた。地元の社団法人「名古屋青年会議所」に15年在籍し,男性社会の渦の中でもがきながら,名古屋を基盤とする中部経済圏の財界の若き経営者の方々とリーダーシップ・トレーニングや,さまざまな社会活動を行ってきた。

　そして,2年前の中京大学大学院への入学を契機に会社を設立し,ようやく独立した経営者の立場から,今後,わが社をいかに成長させていくか,という課題に今挑戦している。

　青経塾,青年会議所,中京大学との出会いから,今の私にとって一番興味

---

[2] 株式上場は,昭和63年,名古屋証券取引所　第二部　菊水化学工業株式会社。塗料・塗材製造販売,建築工材機械器具販売。本社は名古屋市中区丸の内3-21-25。
　詳しくは,URL http://www.kikusui-chem.co.jp/ir/index.html を参照。

のあることは，中小企業の経営者開発と，リーダーシップ論であり，そのための組織文化の構築と人的資源開発，そして環境創造の課題である。

　子どもの頃から青経塾とのかかわりを身近に持ちながらも，青経塾を私自身がどこまで踏み込んで理解してきたかは疑問である。

　「青経塾の教育モデル」と，「グローカル経営論」とをつなぐリーダーシップ論の経営学原理はあるだろうか。中京地域からグローバルに発展しうる中小企業の経営者教育論とは，どのような組織文化に支えられているのだろうか。

　青経塾の経営者教育を内側から評価するだけではなく，青経塾の経営者教育を外部からの比較評価する目が，今回の研究過程で問われてきた。

　そのためには，経営教育について基本となる哲学と多元的な分析の視座が問われてくる。幸いなことに，私の中に生活環境をつうじて身体化している"生の経営者教育情報"が，本研究プロジェクトを遂行させるにあたり，有意な研究素材となり，かけがえのない研究資料である。

　以上の思いを掲げて，私は本研究に取り組む覚悟を強く抱くようになった。注意すべきことは，私的関係に拘ることなく，また，主観的な論理構築を排除して，大局的な立場でより開かれた"自己客観化をめざした"「経営者教育の論理形成」をめざすことである。

　このことを研究活動の心構えとして，本研究プロジェクト・「グローカル経営者教育論―青経塾と生きる」に取り組むことにした。

II　同系理論の探索と仮説設定
―研究の"すじ道"づくり―

　自己客観化の分析手法として，先ずは，文献研究の段階に入る。主観的にとらえがちな青経塾の位置づけを，"第3者の眼"を通して自己評価し自己分析がここに求められる。

　青経塾についての分析研究過程で，自己の主観を客観化するための"第3者の目"として，「名古屋青年会議所」「稲盛和夫」「法人会」を選んだ。

　その狙いは，異なる視点を媒介にして，自己発見をより比較客観化して，

総体化した中小企業の経営者教育論を原論的に模索することである。

ただし，分析視座がぶれないように，マクロ理論の「グローカル経営者教育論」とミクロ理論の「青経塾と生きる」の両極構造を重視し，その中範囲理論の形成にかなり困難を感じた。

青経塾についての状況分析と問題認識の過程での発見をまとめると，上記の両極構造の中範囲理論が理論的にはまだ明瞭に見えないことと，実践的経営での経営者のバランス人間感性が十分定義されていない。

この事情が，私自身を「自己主観」と「自己客観」との間の中庸を求め，揺れ動く振幅の心情の体系を梃子にして，これまでの自己の領域を広げ，人間力を高める試みへと発展した。

中庸を求める研究過程で，得られた研究情報は，中京大学のMBAコースで学んだ多様な講義内容だった。その他，これまでの経験的情報を理論的に検証する文献情報の探索が，本研究遂行に当たり有効であった。

「グローカル経営者教育を問う」「青経塾との生き方を問う」というこの2つの「研究仮説」を冒頭に掲げ，とりあえず同系統理論を探索した。その結果を簡単に要約すると次のとおりである。

村山理論（2005）には，経営人類学の基本概念である「三つの"ち"」，「地」／場の論理，「血」／身体性の論理，「知」／内在性の論理がある。経営者教育については，この「3"ち"の経営人類学」の方法論を適用し状況分析と問題認識を整理することができる。

また，教授の経営文化と経営学の概念が重なり合って，その定義となる「対立矛盾の自己同一過程」「闘いと安らぎの営み」「カオスは内なるコスモス」「異なる他者を自己内包化」が，経営者教育とグローバル経営との複合的構造に光をあてて，要因の多面性を脱しかつ超越して，問題解決への「直観の科学」を説き，そして「科学と哲学」の関係を洞察する「経営者のパラダイム転換」を示唆する。

稲盛理論（2005）には，「人間として何が正しいのか」，という判断基準に基づき，企業が継続し繁栄し続けられるかどうかという問題は，経営者が自己を律する規範，哲学，思想を持ち続けられるか，組織がその思想を受け入

れるかどうかで決まる。経営者の人格と会社経営は不離不即である。

また,「心の中に庭をつくると,その庭のような現実が現れてくる」と稲盛は,面接情報の中で述べている。その禅的な意味は,見える経営と見えない経営とが,不離不即の関係にあることを示唆している。

同様に,グローバル経営と経営者教育の結合の可能性は,見える経営と見えない経営の間の連結帯を自己覚醒した心的体系の所産である。

「思想のない経営者は,長続きしない」,「名刺交換の段階で,経営者の地位の寿命は直観できる」という稲盛理論は説得力がある。

青年会議所理論(2004)は,世界,国家,地域のつながりの論理である。地元が世界,世界が地元のグローカル経営を絵に描いたような団体である。

地域密着のビジネス能力と地域的な社会連帯を基軸にして,若い経営者のリーダーシップ教育開発を通して,そのつながりを確実なものにする主旨が,JC理論である。

JC理論は,地域社会開発と指導者開発の論理という指摘もできる。その組織理念として,「三つの信条」がある。それは,1 "TRAINING"(修練),2 "SERVIVE"(奉仕),3 "FRIENDSHIP"(友情)である。

JC理論の目標は,「明るい豊かな社会の実現」である。日本青年会議所[3]としての事業目標は,「社会と人間の開発」であり,日本の独立と民主主義を守り,自由経済体制の確立による豊かな社会を創りだすために,市民運動の先頭に立ち進む団体としての組織観がある。

私の体験論からいうと,名古屋青年会議所は,会員の市民社会運動への視点を啓発し,その啓発努力をつうじて結果的には会員が私心を離れ,自己啓発する。

委員会事業などのプロジェクトの開発と実施をつうじて,会員は自己啓発と相互啓発を喚起する機会を持つ。こうした自己啓発の組織型教育的体系とその教育思想が,名古屋青年会議所の50年余の歴史を背景に,ゆるやかにかたちを変えながら構築されてきている。

法人会理論(2005)は,国家行政と地域社会とを結ぶかたちで,グローバ

---

3 日本青年会議所とは,青年会議所の730余のロム(名古屋もその中の1ロム)の総合調整機関である。日本JCの本部は,東京の青年会議所会館の中にある。

ル経営論と経営者教育とを結合させる論理である。

　法人会とは，よき経営者をめざすものの団体として，会員の積極的な自己啓発を支援し，納税意識の向上と，企業経営および社会の健全な発展に貢献することを活動指針と掲げている。

　戦後わが国は「民主主義国家」へと新しく生まれかわり，法人税もそれまでの「賦課課税制度」から，1947年（昭和22年）4月に「申告納税制度」へと移行した。

　しかし，当時の社会経済状況は極めて悪く，経営者が難解な税法を理解して，自主的に申告できるかどうか危ぶまれていた。

　このため，「申告納税制度」の定着には納税者自身が団体を結成し，その活動をつうじて帳簿の整備，税知識の普及などを図る必要性が生じてきた。法人会はこのようにして企業の間から自発的に生まれてきた団体であり，その後，企業にとって次代を担う後継者の育成は大きな課題であることから，「青年部会」を設け，若手経営者が将来に向けて飛躍するために，多彩な行事や研修会を行ってきた。

　上記の4理論に共通している教育目標をまとめると次のようになる。
　① 魂（心）のこもった経営学を求めている
　② 経営者としてのリーダーシップ論を求めている
　③ 「ひとづくり」の経営者である前に，立派な人間であれ
　④ 人生は感動である。私心を捨て，素直な気持ちでものごとに挑戦
　⑤ 経営者の器が，会社の器を決める

　また，それぞれの組織に共通の個人を組織化する教育原理は，次のようになる。
　① 自己啓発と相互啓発の教育システム
　② 人は人によって磨かれることを実証していく組織
　③ かたちや，ことばにできない内面の感動と決意
　④ 私塾としての組織存続の問題
　⑤ 制度化弊害からの超越と創造性の持続

　以上の文献研究による同系統の理論モデル探しと併行して，名古屋を基盤

とする中部圏で活躍する中小企業経営者の方々との面接調査を行い，経営者教育とグローカル経営についての質問と討議の機会を5度ほど設けた。その人たちの中には青経塾の中小・中堅企業経営者の方々も参加してくれた。

集団討議の機会は，パリ，ロシア，フィンランドなどの海外研修旅行の際にも設けられた。そうした機会ほど，日本から離れた地域で日本を考えることができ，問題認識と討議内容を掘り下げることができた。

「グローカル経営者教育を問う」と「青経塾との生き方を問う」の研究仮説は，人間は教育で「変えられる」仮説と「変えられない」仮設の，両方の仮説の間で振り子運動をするようで面白い。言い換えると，自己思考の企業教育と他者思考の人間教育の二重構造が，この振り子運動をより不安定なものにしがちである。

ここにおいて，教育の基本原理が問われてくる。即ち，教育の基本原理が，教育の場の論理との関連で，経営者を「つくれる」，否，「つくれない」の二律背反に分岐する。

私の研究仮説は，二律背反の矛盾を前提にして，「グローカル経営論は経営者教育論である」と言うゴールをめざす。だが，その終着の結論に達する前に，つぎのような段階的な暫定仮説を積み重ねてきた。

① 「人間は教育でつくり変えられる」
② 「経営の中の人間性が"場の教育"によってつくられる」
③ 「中小企業経営者は，学ぶ場の人的交流で自己変革できる」
④ 「経営者は思想でつくられる」

これまでの状況分析と問題認識，そして，仮説設定と情報収集による仮説検証の各段階で，村山教授の場の研究方法論である"直観の科学としての「3"ち"の経営人類学」を活用した。

ちなみに，「3"ち"の経営人類学」とは，次のような内容である[4]。

　1. 地（ち）　場の論理　／地縁（場・地域関係の結びつき要素）
　2. 血（ち）　身体性の論理　／血縁（生・家族関係のつながり要素）
　3. 知（ち）　内在性の論理　／知縁（魂・知の関係の学び合う要素）

4　村山元英（2003）「経営人間現象と経営哲学原型―経営哲学の旅路―歩く学問：東西南北」『経営管理総論』文眞堂，124〜143頁。

さて，場に生きる中小企業経営者の"生きる意味"は，どういうことなのだろうか。「3"ち"の経営人類学」の研究方法論的視座で，「地」，「血」，「知」の直観の科学で，地元の中小企業経営者の戦略的なポジショニングをしてみると，次のようになる。

① その場（職場や地域）の功利主義
② その拘束の絆（家族関係や社会関係）の宿命
③ その知性と創造力による開かれた活性化機会

人間が生きている意味，即ち，人生の目的とは，心を高めること，魂を磨くことにある。魂を磨いていくことが，この世を生きる意味である，と盛和塾の塾長・稲盛和夫は，その著書『生き方』(2004) の中に説いている。

経営者に限らず，あらゆる人の人生に共通していえることであるが，人生の羅針盤となる指針，理想や思想，哲学を持ち，自己の能力を正しい方向に活かしていくことができれば，より豊かな充実した生き方ができるはずである。

哲学が不足し，人格が未熟であれば，能力を正しい方向に活かすことはできず，道を誤る。

人格というものは，同書によると「性格＋哲学」という式で表すことができ，人間が生まれながらに持っている性格と，その後の人生を歩む過程で学び身につけていく哲学の両方から成り立っている。

つまり，性格という先天性のものに，哲学という後天性のものをつけ加えていくことにより，私たちの人格，即ち，"心魂の品格"は陶冶されていく。

したがって，どのような哲学に基づいて人生を歩んでいくかによって，その人の人格が決まり，哲学という根っこをしっかり張らなければ，人格という木の根を太く，まっすぐに成長させることはできない。

では，どのような哲学が必要なのかといえば，それは人間として正しいかどうか，ということ。語り継がれてきたようなシンプルでプリミティブな教えであり，人類が古来培ってきた倫理，道徳ということになるだろう。

人格を練り，魂を磨くには精進することが大切である。精進とは一生懸命働くこと，目前の仕事に脇目もふらず打ち込むこと。日々の仕事を精進込め

て一生懸命行っていくことがもっとも大切で，それこそが，魂を磨き，心を高めるための尊い修行となる。

生きるということは，人生の羅針盤となる指針を持ち，日々，心を高めるための精進を積み重ねていくことではないだろうか。

Ⅲ 「青経塾」を分析研究
―内発的発展の論理を探す―

1. 中小企業とその経営者像

青経塾は，中小企業の経営者のための私塾である。青経塾を分析研究するには，先ず，中小企業の存在的意義を明らかにする必要がある。

本来，中小企業は国の活力であり宝である。中小企業の存在が，わが国の経済発展のベースである。

稲盛和夫（2002）によると，第二次世界大戦によって日本経済は壊滅的打撃を受けたが，その中から多くの中小企業が生まれてきた。そして，彼らが自由闊達に事業を展開し，お互いに競い合い，切磋琢磨する中で，日本経済は活性化されていった。

このように戦後の日本経済の高度成長を支えたのは，企業活動旺盛な中小企業であり，そこから世界的に通用する大企業も育っていったのである。

ところが，戦後五十年余り経過した現在では，経済社会に堅固な業界秩序ができ上がり，多くの中小企業はその中に組み込まれ，活力を失っている。

確かに日本は強力な官僚主義の国であり，多くの規制や系列取引などで，中小企業が活躍できる余地は少ないかもしれない。

しかし，そのような環境であっても，起業家精神に富む中小企業が溢れ出てくるようでなければ，日本経済は活力を取り戻すことはできないであろう。

いうまでもなく，経営者は常に最終判断を求められ，その結果に対して全責任を負わなければならない。特に中小企業経営者の責任は重い。少しでも経営判断を誤れば，会社は倒産してしまい，従業員やその家族を路頭に迷わせてしまうことになる。

そのため，彼らは経営上の問題に突き当たるたびに，どうすれば解決できるのか，何を基準にすれば間違いない判断ができるのか，悩み苦しんでいる。そこで経営者にとって最も大切な，人間性を磨くことや判断基準を持つことが必要である。

さて，それでは次に本格的に「青経塾」の内容について，各種の視点から分析的に紹介しよう。

2. 青経塾の歴史分析視座

前述したように，青経塾の正式名称は，「青年経営者研修塾」である。名古屋を中心とした中部経済圏を活動基盤とする中小企業経営者育成のための研修塾という定義がこれまでになされてきている。

「青経塾とは何か」，とその質問に応えるとき，塾主である遠山昌夫の存在との切り離せない関係が浮かびあがってくる。

遠山の軌跡について，簡略に紹介しよう。昭和5年神戸に生まれる（11人兄弟の三男）。幼い頃しつけに厳しい家庭に育ち，第二次世界大戦中に予科練に志願し，終戦後，家族の生活を一人で支えてきた。

昭和33年勤務先から名古屋営業所に所長として転勤。昭和33年に独立。会社創業（現在の菊水化学工業株式会社）。

二十八歳で創業し，塗装業から，塗料メーカーへの転業を成し遂げ，オイルショックを始めさまざまな時代背景の変化や時代の要請を先取りし，成長を続けた。

菊水化学工業の研究開発は「科学性」と「社会性」が同居している。同社の社是は「みんなのために（社会性）よりよい商品（科学性）豊かな愛情（人間性）」である。

そのように社会性，科学性，人間性を重視してきた菊水化学工業の研究開発は数々の発明を生み，（社）発明協会から幾度となく賞を受賞している。

また，遠山は（社）発明協会，（財）名古屋市工業技術振興協会，（財）工業所有権協力センターなどの役職なども永年務めている。

以上の要点だけまとめると，昭和49年　青年経営者研修塾発足。昭和61年　黄綬褒章受賞（コロイダルシリカ系塗料の開発の功による）。昭和63年

名古屋証券取引所第二部上場。そして，平成 12 年に勲五等双光旭日章を受賞する。

次に青経塾の歴史とその分析視座を簡単に整理してみると，次のようになる。

(1) 「青経塾の誕生」と分析視座

今から 32 年前の塾誕生時，第一次オイルショックの影響から目先の経営感覚では見通しが立たない混沌とした時代だった。

当時世界はベトナム戦争が泥沼化の様相を示し，日本では札幌オリンピックの開催，沖縄の返還，浅間山荘事件の発生など，内外共に不安や将来への期待が入り混じった時期だった。

そのような中にあって，遠山昌夫が，人間の生き方や，ものの見方，考え方など 2 名の有志を指導し，勉強会を行っていた。

そこに賛同する者が集まり，経営のテクニックではなく人間としての生き方，経営とは何なのかを学ぶ場，志を持つ経営者が参加できる場として青年経営者研修塾が創設された。

(2) 「3"ち"の経営人類学」の分析視座：経営者育成の場を求めて

異業種の経営者で組織される場を「3"ち"の経営人類学」の視点で分析してみるとしよう。

血縁，地縁，知縁のうちの「地縁」と「知縁」がからみあって，"場を創りあげている"ケースが青経塾の成長過程に多く見受けられる。

多くの中小企業経営者が求める「自己啓発」や「人的資源の構築」のために，人的交流の機会創出の場として，青経塾をはじめとして，この地域にもさまざまな経営者の研修組織が日々活動している。

これらの組織の入会にあたっては，多くは紹介者または推薦人などが必要となり，地域的，社会的な人間関係のつながりで組織を維持，拡大しているケースが見受けられる。

組織によって，「人的交流の要素」が強いところもあれば，研修などを通した「自己啓発の要素」が強いところもあり，その特色はさまざまであるが，「自己啓発の要素」が強い組織ほど，知縁も強くなると思われる。

青経塾に関して考えると，「地縁」，「知縁」，どちらの要素も強く見受け

られるようである。しかしながら一部の塾生は夫婦，親子で入塾しているケースも見られ（夫婦4組，親子3組），いとこ，その他親族で入塾しているケースもあり，「血縁」の要素も含まれている。

(3) 「動物的精気の人間論」の分析視座：直観を磨く能力開発をめざし

人間は不安定な生き物である。経営者として成長するために必要な資質は，環境変化の現象に対し，自分の判断基準の軸がぶれないことである。

人間の現象的理解は，常に変動的，状況的である。人間の揺れ動きやそのリズムを吸い上げるかたちとして，現象変化の基層にある本質を見抜く能力が経営者に問われてくる。

「人間は裏切るが，動物・植物と，そして死人は裏切らない」[5]。その裏切らない根拠は，自然の秩序が，動物・植物の命を生と死の循環で再生させる。そして人間の死が，次の生の誕生を意味し，死が生を内面化しているからである。この自然観こそが，「動物的精気の人間論」の経営観の礎となっている。

このような「動物的精気の人間論」の経営観を身体化している経営者は，「直観的行為の意味世界」を知覚するようになる。

現象から実在を知る経営者の直観は，上述の「場の論理」，「身体性の論理」，「内在性の論理」を包含する「3"ち"の経営人類学」の実践から磨かれる。見えないことを見ようとする経営者の超越的な洞察力，構想力，そして，行動力は，動物的精気を磨く「純粋直観の科学」である。

さて，「純粋直観の科学」だが，ここでは詳細な説明は省くとして，その内容を簡単に説明すると，「内発的発展の論理」と「脱文化的構造主義」から主として成り立っている[6]。青経塾の内側から成長理論を見出す方向と，その成長過程には既存の定着文化を「変わる構造」「変わらない構造」との分別する組織文化論が，ここでの青経塾の「純粋直観の科学」である。

5　村山教授の超越型問題解決の理論仮説。成田空港問題の現場研究で，空港反対派と政府側との間に平和的な話し合い解決をめざした公開シンポジュームを創設した時の研究仮説。信じられるものを紛争当事者間で求めたとき，既存の政策やイデオロギーではなく，絶対的に裏切らない確実なものとして自然の動物，植物の生き様，そして人間の死であった。かくして，寄り合い社会の復元と，新しいムラおこしとして"椎木むら"の創設と"鎮魂祭"の儀式が，空港建設問題の賛成と反対を超えて実現した。

6　村山元英（1993）「研究への理論仮説」『空港ビジネス論』文眞堂，14～24頁。

経営者育成の場は，多面的な複合的構造である。だが，以上のように，「3"ち"の経営人類学」と「動物的精気の人間論」の教育概念を用いて，既存の青経塾のパラダイム（知的枠組み）転換を試みると，新しい顔と新たなる可能性が芽生えてくる。

3. 青経塾と武士道

昭和49年6月24日に，第1の青経塾が10数名の有志で始まった。その集いは，寺小屋的な集まりともいえる。

「塾」と命名した理由は幕末から明治にかけ，外国からの圧力の下で日本を近代の道へと歴史を大きく回転させる俊英を多く輩出させた吉田松陰が長州萩で主宰した「松下村塾」が参考枠である。

もうひとつは緒方洪庵が大阪で開いていた「適塾」のようなものにしたいという願いもこめた。

「松下村塾」では陽明学を中心として「知行合一」の考え方と姿勢を学び，「適塾」ではオランダ語を中心として西洋医学や西洋の進んだ技術などを学んでいた。青経塾も，行動の理念と合理的な機能の両方をバランスよく学ぶことを主眼としていく姿勢を宣言した。

その約5ヶ月後には，組織の羅針盤ともいえる「青経塾の塾是」が生まれた。

平成17年（2005年）の現在では，第46塾までに青経塾は成長した。平成18年度の予定は，次の4塾がスタートし，第50塾まで発足し，2000名体制づくりをめざしている。

(1) 『峠』読書会：河井継之助と武士道を学ぶ

青経塾の誕生期は，司馬遼太郎著の河井継之助の『峠』[7]の読書会に遡ることができる。塾に入塾後の二年目，河井継之助が城代家老をしていた長岡藩の現長岡市へ研修旅行を行い，そこで，河井継之助の教えに学び，志の実現に命を賭ける彼の生き方に触れる機会をつくっている。

人はそれぞれ，各人の「峠」がある。峠とは，越さなければならない自ら

---

7 司馬遼太郎（1975）『峠 上・下』新潮社。

の目標であり，それを自問自答し，自らの人生の目標を明確にし，挑戦する心を養う。その例題として『峠』を読み，河井継之助が戦争を決意した意気込みや諸々のものを自分のものとして学び，体得していくことをめざした。

『峠』には，武士道の教えがある。その武士道と経営者道との間には，次のような共通点を見出すことができる。

　　① 武士道も経営者道も，「知行合一」の思想を信条とする
　　② 武士道も経営者道も，「品格」を最高に重んじる
　　③ 武士道も経営者道も，「智」「仁」「勇」の3本柱で支えられている

日本の文化には，そのお国柄として"道"という「考え方」と「生き方」がある。

"道"の生き方思考[8]は，日常生活のあり方にも影響し，他人様に対する接し方，世間様に対するつくし方の常識（教養）とつながっている。

経営者は武士道から学ぶ。目先の私利私欲にかかわりなく，「人はどうあるべきか」を考え，経営者はその行動の中で，姿，かたち，相手のために表現できているかどうかを常に考えている。

例えば，「箸の上げ下ろしが美しいか」，「日本人としての立ち居と振る舞いが美しいか」など，現象の面の裏側にある「精神の美学」を学ぼうとしている。

(2) 現代企業のグローカル武士道論

私は，青経塾が，その誕生の初期的段階で「武士道」を経営者の鏡にしたことに大変興味を感じている。その理由をいくつか挙げるとしよう。

先ず，現代の経営は，グローバルの時代である。「地元が世界」「世界が地元」のグローカル経営の視点から，武士道を位置づけると，新戸部稲造の『武士道』を思い起こす。

新戸部は，日本の宗教を「武士道」に求め，武士道と基督教とを相対化させて，欧米文化と較べてなんらの遜色のない「日本人の国家プライド」と，「日本人の紳士道の実在」を説いた。

8　村山教授は，経営を"道の学"とし，わが国では最初に「経営道学」を提唱した。その研究は，「経営道学」から「経営宗教学事始め」へと進化した。「経営道学」の研究動機は，「学者」「創業者」「反権力者」の生き方に"生命の輝き"を発見したことからである。詳しくは，村山元英（1990）『経営宗教学事始め―"元の理"研究』文眞堂。

日本の武士道が，西洋の騎士道と較べても，より精神的次元の高いことも新戸部は論理的記述で証明している。

　その著書を読んだアメリカのセオドール・ルーズベルト大統領は，感動して日露戦争の和平交渉の仲裁役を引き受けた。大統領は，病弱の若いとき，自らの身体を鍛えるためにワイオミング州でカーボーイ生活を経験したことがある。新戸部の解説する「武士道」が，彼の体験した3年間の「カーボーイ人生」とあまりにも似ているので，彼は愕然と驚き，日本理解を深め，そして，日露戦争終結への調停役を快諾した[9]。

　アメリカのローカルな哲学が，日本のローカルな哲学と共通なものであった。時代と国家を超えて，現代のローカルが，現代のグローバルに連鎖する可能性を，新戸部の『武士道』は示唆しているようで面白い。

　もう1つの「武士道」の現代的理解については，三戸公教授の『家の論理』[10]である。教授の終身雇用制度を肯定する日本的経営のあり方論の中で「武家起源の現代社員観・経営者観」を筆者は思い起こすことができる。

　三戸教授は，現代のサラリーマン社員の原像を封建時代の「武家」「農民」「商人・職人」の階層組織に遡らせ，その歴史的進化で現代経営の組織人材の存在を理解している。

　日本人社員が，終身雇用を文化的に許容するとしたら，その理由が武家の藩意識，農村のイエムラ意識，職人・芸人の家元意識や，商人の暖簾意識を，暗黙知的に引きずっているからである。

　経営の擬似家族主義の暗黙知は，現代のサラリーマンにとって無意識のレベルで生きており，欧米化にさらされながらも消えない文化遺伝子として残る。現代のサムライといわれるサラリーマンは，サラリーマン重役も含めて，どこかにこの「武家のイエ意識」を，擬似公的なものとしてサラリーマン同士で相互に期待している。

9　ニューヨーク市立大学の霍見芳浩教授の神田学士会館での講演資料（テーマ「アメリカ大統領選挙のゆくえと日本―ケリーとブッシュ両候補の経済政策比較，平成16年7月9日」）から。同様の内容が，同著（2004）『アメリカのゆくえ，日本のゆくえ，司馬遼太郎との対話から』（NHK）168頁にもある。

10　三戸公『家の論理・上下』文眞堂。

IV 青経塾の組織文化と行動規範
―研修文化の仕組みづくり―

1. 象徴的記号分析

青経塾の規約や『30周年記念誌』から，青経塾の組織文化を行動規範論的に整理してみると，次のようにまとめることができた。

(1) 青経塾の行動規範：
① 約束時間の厳守。
② 無届で欠席，遅刻しない。
③ 礼儀，節度に気をつけよう。
④ 金銭の貸借はしない。
⑤ 連絡には，すばやく対応しよう。
⑥ 惰性を破り，創造的な経営者になろう。
⑦ 他人にはない，魅力を持とう。
⑧ 不撓不屈の精神を育てよう。
⑨ 塾生間の人間関係は，特に重視しよう。
⑩ 常に素直な気持ちであろう。
⑪ いつも紳士であろう。

(2) 青経塾の目的：
① 塾生の人格向上，並びに社業の発展に寄与する
② 塾生間の親善を深め，豊かな人間関係をつくる

(3) 青経塾の塾主：
　塾主は「青年経営者研修塾」の創設者であり，塾生の師であると共に経営者として塾生と切磋琢磨する同志である。塾主と塾生の関係は，同じようにそれぞれが志を持つ「同志」である。

　塾主も塾生もそれぞれが一人の経営者として，同じように会社，個人の志を持ち，達成するために懸命に生き，魂を喚起し合う「同志」である。尊い「同志」として，学ぶべき師でもあり，語り合う友でもある。

(4) 青経塾の塾生：

「青年経営者研修塾」は塾生によって構成される。全ての塾生は相互に啓発しあう同志である。

勉強会のみならず，塾生間の経済交流や家庭交流をはじめとし，年度毎に数塾単位で編成されるブロック塾の制度がある。そこで，新旧の塾間交流をし，人間交流をし，卒業生の相互啓発の場として設置されているゼミ制度を活用して生涯にわたり，相互啓発し合う同志として，相互啓発機会が広く整えられている。

(5) 地域性（地元名古屋との結びつき）：

グローカル経営論は，"地域の誇り"を掘り起こし，その誇りを世界的なレベルに高める努力である。「量から質へ」の地元の変革が，現在は，「質から品格へ」と進化してきた。

グローカル経営論は，地元の経営者の量的拡大から良質化の方向へと進み，今や，その経営者の良質化への課題は，経営者の品位と品格とを高質化する課題へと変わってきた。

別の言い方をすると，企業の経営倫理を基軸に環境問題，法令順守，社会的責任の問題を包み込める，危機管理と創造性の経営者変革が青経塾の塾生・経営者に求められてきた。

2. 三十周年記念事業

青経塾は，こうした環境変革と地域社会のニーズを汲み上げるイベントを，創立30周年の記念事業の中に仕立てた。そのイベント開発の狙いは，"開かれた"青経塾のイメージ形成と新しいスタイルの教育実験であったように思う。

30周年事業で行った対外活動「えんためばんばん祭」は，吹上会場に二日間で，4万人以上の人を集めた。それぞれの塾生は，自分の会社がめざす社会性と地域性をそこで宣言した。その「えんためばんばん祭」を含めた，30周年の事業内容を紹介してみよう。

EXPO2005愛・地球博パートナーシップ事業として開催され，祭部門事業をつうじて得た収益金は，（財）2005年日本国際博覧会協会に寄付された。

三十周年記念事業
第一部　講演部門

第30回入塾式・定期総会：開催日・平成14年9月20日（金），会場・名古屋市民会館中ホール，テーマ・「千の勇気・千の華」，パネルディスカッション・循環型社会への挑戦，コーディネーター・安藤　眞（エコビジネスネットワーク），パネラー・小西　時男（株式会社三菱総合研究所），水野雅之（第三十青経塾），浦田　恵美子（第二十六青経塾），田邊　文久（第三十四青経塾）。

秋季講演会：開催日・平成14年10月22日（火），会場・名古屋市民会館中ホール，テーマ・「循環型社会への挑戦」，講師・代表　安藤　眞（エコビジネスネットワーク　株式会社オフィスメイ），塾主　遠山　昌夫，

講演部門大グループ大会：開催日・平成15年2月28日～3月20日（8回開催），会場・名古屋市中小企業振興会館吹上ホール会議室，

講演部門グランプリ大会：開催日・平成15年3月28日（金），会場・名古屋市公会堂

第二部　祭部門

「えんためばんばん祭」：開催日・平成15年4月19日（土）・20日（日），会場・名古屋市中小企業振興会館吹上ホール，「にっこにこドリームワールド」（吹上ホール），「わくわくワールド」（第2展示），「ドキドキ宝島フリマワールド」（第1展示），「もりもりワールド」（7階メインホール，「ぐるぐるグルメワールド」（9階展示ホール）

第三部　感謝の会

感謝の会：日時・平成15年5月23日（金），会場・ウエスティングナゴヤキャッスル2階青雲の間，テーマ・「塾主と30年の歩みに感謝」

第四部　記念誌部門

三十周年記念誌発行：開催日・平成15年9月17日（水），会場・名古屋市民会館中ホール（第31回入塾式・定期総会にて）。

　　紙面の都合で，詳細については省略。興味のある読者は，同30年史を参照されたし。

3. 組織理論からの分析視座

　青経塾の塾組織の主たる構成要素は，総会，塾長会，各青経塾，統括会議，5委員会（企画委員会，教育委員会，広報委員会，総務委員会，財務委員会）と各委員会の所属プロジェクト，会計監査を含むものである。以上の構成要素の関係を次の図に要約してみた。

　主観から客観への分析視点で，青経塾の組織理論と組織行動論を再考してみよう。

　組織理論としては，「制度主義理論」と，「非制度主義理論」とがある。制度理論は，組織を法的，物理的，そして画一的に標準化の合理主義で律していく方向である。

　機械的な物理主義と，要素還元主義の科学思想が「制度主義の組織論」の背景にある。官僚主義といわれる，自己防衛型の閉鎖主義や，囲い込みと排除の構造を強めがちな制度化優先の組織が，ここでいう「制度主義の組織観」である。

　その逆に，組織の制度化を抑制して，人間の関係や仲間の関係を"非公式意識の絆"として優先させる組織が，「非制度主義理論」である。この組織理論は，形式的な関係よりも，むしろ，インフォーマルの関係に価値を見い出す。個人間のアソシエート的関係で成り立つクラブ社会や，拘束や強制のない集団意識が，非制度理論の特色である。

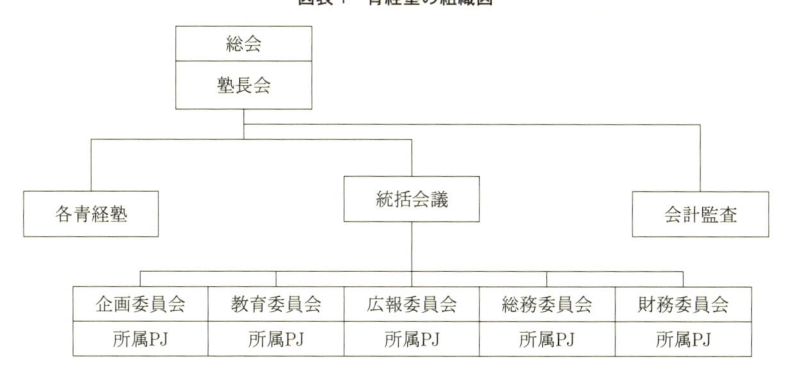

図表1　青経塾の組織図

```
            ┌──────────┐
            │   総会    │
            ├──────────┤
            │  塾長会   │
            └────┬─────┘
       ┌─────────┼─────────┐
   ┌───┴───┐ ┌──┴───┐ ┌───┴───┐
   │各青経塾│ │統括会議│ │会計監査│
   └───────┘ └──┬───┘ └───────┘
   ┌────────┬────────┼────────┬────────┐
┌──┴──┐┌──┴──┐┌──┴──┐┌──┴──┐┌──┴──┐
│企画委員会││教育委員会││広報委員会││総務委員会││財務委員会│
│ 所属PJ ││ 所属PJ ││ 所属PJ ││ 所属PJ ││ 所属PJ │
└─────┘└─────┘└─────┘└─────┘└─────┘
```

技術革新とグローバル化を考慮にいれた組織理論は，伝統的な垂直型組織と，水平型組織を変え始めている。技術論的には，異種統合の垂直組織や，フラットな職能組織や中堅中抜きの組織も形成されてきている。

　その反対に，異種統合のM&Aや，グローバルな超境界的な戦略的提携もある。現地化と集権化との複合構造が，伝統的な組織理論を異文化交流型の組織理論へと変革をもたらしている。

　さて，上記の組織理論を，青経塾の教育組織論にどのように当てはめて論述できるだろうか。この問題を若干考えてみた。

　先ず，教育の組織論として，制度化と非制度化は当然考えられる。正規の教育機関であれば制度化を強める。だが，私塾として青経塾は，制度化理論の限界を補完し，修正し，そして，新しい教育の方向を創造する可能性を持っている。

　現代の教育制度の弊害を考えれば，非制度化の教育組織論のもつメリット，即ち，創造性，柔軟性，そして，情熱の活力を期待することができる。

　だが，青経塾の規模の拡大，組織の拡散，そして内容の多元化が進むと，ここに，私塾の制度化論が，非制度化の長所を消すことなく，組み込まれてくるようになる。

　このことは，「教育の組織化」と「宗教の組織化」とが，ある局面では類似の現象を呈するようになる。いわゆる，理論と制度の分離である。宗教の教義を理論とすると，その理論そのものの継承を宗教の本質と解釈する者がいる。

　だが，宗教の権威を制度的な組織の権威と考える者もいる。その者たちは，外観の施設を立派にし，制度化した慣習や規則を重んじるようになり，官僚化の組織を全般的な管理手段とするようになる。

　青経塾は，施設のない研修集団である。従って，その施設定着による官僚主義の弊害とは関係ないが，大規模化の路線が，寺子屋の教育組織論を有効に持続させるには，それなりのネットワーク理論が必要である。

　教育は，少人数制とFace to Faceのヒューマンなコンタクトが基本である。その教育基本原理を維持しながら，規模の権威，組織の制度化，そして組織間の統括組織の形成は，その中軸となる「研修プログラムの有効性」

と,証明できる「研修効果の説得力」によるものである。

V 青経塾の歴史概要
(2003年『30周年記念誌』からの年表要約)

さて次に,青経塾の歴史を追うことで,本論文の歴史分析を掘り下げてみたい。私塾への歴史分析の視点は,輩出の人物像,その教育効果,そして持続の軌跡に光をあてるなど多元的である。

だが,本論文では,主観的な記録を捨象して,組織活動をあらわすイベント史にのみ焦点を置き,次のように『30周年記念誌』の年表を基礎にしてまとめてみた。

昭和49年
 6月24日   第1青経塾発足
 11月9日～10日 第2回一泊研修会　塾是誕生
昭和50年
 6月14日   1周年記念成果レポート提出3名発表
昭和51年
 1月13日   第2青経塾発足
 2月6日～12日 海外研修(シンガポール,タイ)
 8月11日   第3青経塾発足
昭和52年
 2月8日～18日 海外研修(アメリカ,キューバ,メキシコ)
 6月18日   3周年記念大会　第1青経塾卒業式
 9月8日   第4青経塾発足

紙面の都合で,その後については省略。興味のある読者は,同30年史を参照されたし。

VI 青経塾の塾生概要
(2003年『30周年記念誌』から要約)

次の課題は，青経塾の塾生の内容についての解説である。幸いなことに，その内容変化の趨勢を平成5年より10年単位で比較分析した資料（『30周年記念誌』）がある。そこで，この資料に依拠して，青経塾の鳥瞰図的な塾生概要を次のように紹介してみよう。

(1) **数の推移**

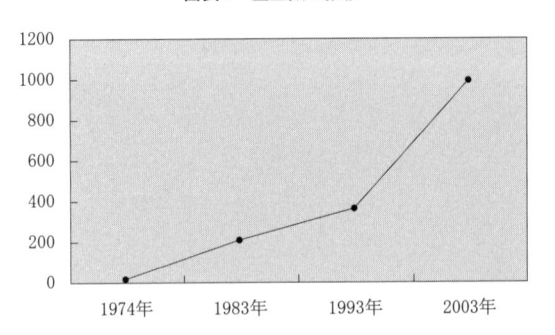

図表2 塾生数の推移

[グラフ: 1974年 ～0, 1983年 ～200, 1993年 ～380, 2003年 ～1000]

紙面の都合でその他の情報については省略。興味ある方は，同30年史を参照されたし。

VII 青経塾の教育システム

1. 教育原理

青経塾の教育は，同塾の「教育大綱」の中で次のようにまとめられている。

1. 青経塾の教育とは，青経塾存在の根幹を成すものであり，塾是の指し示すところへ向け，塾生が経営者として，人間として成長することをもって，その真意を到達させるものである。
2. 青経塾の教育とは，知って行わざるは知らざるに等しいという愚を排除し，知行合一の実践的哲学を行動の指針とし，一期一会，その瞬間を懸命に生きる，厳しい自己との戦いを課する真摯な経営者の教育で

ある。
3. 青経塾の教育とは，歴史のふるいが選別した先輩達の経験事例を中心に据えながらも，それらは決して画一化されたカリキュラムによるものではなく，各塾長の個性とリーダーシップを開花させ，各塾が自らの行動実践により進化させていく体学である。
4. 青経塾の教育とは，入塾から卒業までの三年間を一つの区切りとするものの，それは卒業後も続く自己啓発・相互啓発の前提条件となる期間であり，自らが学び体験し得たことを，後輩・次世代に引き継がなければならないという社会貢献の使命を担った，生涯を掛けた志への挑戦である。

2. 研修プログラム

(1) 入塾前研修プログラム

テーマ：〈躾とマナー〉　最低限のマナーと塾のルールを修得

概　要：躾とマナー

塾是・塾歌，塾の目的，規約・組織，行動規範，塾生の素養10項目

体学例：オリエンテーション，塾是・塾歌の練習・修得，「峠」の感想文提出，必須図書：『峠』

(2) 第1年度研修プログラム

テーマ：〈知行合一〉

自分の甘さを排除し，品性と人格を向上させ，自分とは何かの探求

概　要：躾とマナーの実践と徹底，塾主を真似る，塾生魂を持つ，志の意識

塾全体と同塾内を良く知る，論議しぶつかり合う，礼状を書く

体学例：書き初め，遠山語録勉強会，「峠」の落とし込み，TKJ実体験，MG研修，まないた，荒行実践（禊ぎ・寒行・登山・川飛び込み・夜間歩行）

必須図書：『教本（こころ）』，『成長する会社』，『峠』，（参考），『文章力がメキメキつく本』，『三国志』，『八甲田山死の彷徨』，『豊臣秀長』，『後世への最大遺物』，『人生と経営』

(3) **第2年度研修プログラム**

テーマ：〈経営哲学〉

経営理念の確立と，剛さと優しさを持つリーダーへの成長

概　要：リーダーシップの発揮，塾主より体得，人生観の確立，経営理念の確立，同塾の強い連帯の確立，他塾を知り交友関係を深める

体学例：書き初め，「遠山語録」勉強会，塾主との長岡研修，総会アクト，他塾交流会，まないた，荒行実践（禊ぎ・寒行・登山・川飛び込み・夜間歩行）

必須図書：『教本（こころ）』，『成長する会社』，『峠』，『小説上杉鷹山』，『実践経営哲学』，『般若心経講義』，『武士道』，『1分間マネージャー』

(4) **第3年度研修プログラム**

テーマ：〈経営計画〉

経営計画の確立と，一人一人が経営者として光り輝く一瞬の演出

概　要：世界を観る己を観る，経営計画の確立，志と覚悟の有言実行，卒業への覚悟，人生を演じる，堂々と胸を張る

体学例：書き初め，遠山語録勉強会，海外卒業旅行，経営計画作成，寸劇，人生観・経営計画に基づく決意表明の作成・相互批判・覚悟決定・発表・行動開始

必須図書：『教本（こころ）』，『成長する会社』，『峠』，『坂の上の雲』，『人の用い方』，『成功の実現』，『社長の器が会社を決める』，『人を動かす』

その他：教育システム―名古屋から世界へ，場の広がりの可能性，本物を知る―パリのリッツホテルでの卒業研修。

卒業研修の事例紹介：

　2003年7月16日（水）から25日（金）までの10日間，大澤塾長率いる，第29塾青経塾の卒業旅行に同行させていただいた。塾主と塾生（第29塾の76名），母と共にドイツ〜モナコ〜パリにて研修。「世界を観る，自己を観る，堂々と胸を張る」などが，最終年度の研修テーマ。締めくく

りは，パリ・リッツホテルでの四泊。リッツホテルの最終日にはバンケットホールを貸切り，さよなら夕食会を開催。研修期間中の活動を認められた塾生10名が塾主からゴールドのタイピンを贈られる。世界一流の場での研修，自己の心を養う。

(5) 卒業後研修プログラム

　　テーマ：〈社会貢献〉
　　各々が個性を発露し，経営を発展させ，相互啓発，後進指導に当たる
　　概　要：書き初め，決意表明の実践，後進指導
　　体学例：決意表明進捗度検討会，ブロック塾研修，ゼミへの参加，他塾
　　　　　　交流会
　　その他：ロシアのウラジオストックで国を越えて育まれていく活動の芽
　海外研修の事例紹介：

　2005月9月28日（水）から30日までの3日間，ロシア・ウラジオストックへの視察旅行を経験させていただいた。永年ロシア事業に取り組んできた青経塾の松田副塾頭の事業拡大に伴い，それに続く塾生企業の進出も進行中である。

　松田氏は名古屋とロシアの架け橋となり，ウラジオストックの大学や日本領事館にて，地元の学生や市民に，青経塾を通じて得た知識や体験などを含め，経済学の講義（講演）を行い反響を呼んでいる。また，松田氏は，ウラジオストックで小学校をつくり，子どもたちへの教育事業も行っている。筆者も低学年の英語の授業に参加させていただき，子どもたちと会話を楽しんだ。企業訪問では，日本に学び成長しようとしているたくさんのロシア人たちと出会い語り合った。

3. 青経塾のリーダーシップ論と経営哲学

　私が思うに，司馬遼太郎著の河井継之助の『峠』を基軸にした青経塾のリーダーシップ論にこめられた経営哲学は，「死生観」「知行合一」「志と覚悟」である。

　その意味するところを簡単にいえば，「死生観」とは，人が死ぬということを意識するか否かで，生き方が全く違う。次に，「知行合一」とは，知っ

て行なわざることが，知らざるに等しいということ。最後に，「志と覚悟」とは，志の実現に命を賭けることである。

ここに理解した経営者としてのリーダーシップ論とは，魂のこもった経営を実践するライフスタイルである。その基本構造は，前述したように，組織の「ひとづくり」の前に，経営者本人が立派な人間になることである。

経営者の人生は，「感動のドラマである」。感動は私心を捨て，素直な気持ちでものごとに挑戦したときに実感できる。そうした経営者の器（器，精神の度量）が，会社の器（うつわ，精神の度量）を決める。

青経塾の教本である『こころ』には，このような記述がある。

> 社会貢献と責任を担う企業経営の中に，人間の幸福や人間性や仕事に対する愛情，夢につながるものがある。大企業発想は資本の論理が優先し，合理性や経営効率（利益優先）が求められるが，しかし中小企業は人と人との交流による人格形成や活き活きとした社会を求めていて，合理性の中だけでは人は育たない。

> ……「知行合一」の実践哲学を行動の指針として「一期一会」その瞬間に懸命に生きる。

> 塾是にある「自己啓発と豊かな心で，真の経営を創造しよう」の真の経営，豊かな心とは何か。これらの言葉の持つ経営学的実践的な意味，本質は何か。経営を学問的に分析するのではなく，実践的に分析対処する。

> それは実践をつうじて実績のある師や先輩の教え以外になく，師弟制度のように盗むのである。

> 単に座学による理論的な学習だけでなく，研修旅行なども伴った実践を通しても検証され，各種行事はその小さな実績の場となり，先輩と共にマンツーマン的な指導と行動により，それぞれ結合された集団となって青経マンイズムの渦を作り，自己変革を成し遂げる。自分を変え，会社を変え，人生の志に勝利の火をともそう。

4. 経営哲学の共有

青経塾には，このように"塾是"と呼ばれる塾生・経営者のための行動指針がある。それは，「自己啓発と豊かな心で真の経営を創造しよう」という塾生同士が分かち合っている"経営者行動の心構え"である。

"塾是"を，通常の経営者は組織化の「経営理念」として理解し，行動のガイドラインの意味に重心を置く。また，学者は，経営者が一般的に用いる「経営理念」という言葉を，組織文化の「経営哲学」という言葉の表現で取り扱う傾向がある。

思うに，青経塾の経営哲学は，実践哲学であり，合理主義精神を磨き上げた"実践実務の"「科学と哲学の混成」をめざすものである。

経営哲学を，学者の論理としての「経営哲学」と，実務家の行動指針としての「実践哲学」とに区分すると，青経塾の経営哲学は，後者の「実践哲学」の範疇に組み込める。この実践哲学は，経験主義の経営哲学であり，身体的知の説得力である。

もちろん，本論文では，「学問としての経営哲学」と「実践としての経営哲学」を区分して論理展開することは，避けなくてはならない。だが，その結合関係を説くには，私の限界も感じている。

そこで，「哲学とは考え方」とし，理論と実践との間に境目のない意味での「経営哲学」の概念を想定して本論を進めたい。

さて，青経塾の教育システムの基層にある経営哲学は，青経塾が理解している経営者の「社会性」と「科学性」と「人間性」である。「経営者の社会性」と「経営者の科学性」と「経営者の人間性」のそれぞれについて以下若干その意味について解説を試みるとしよう。

(1) 「経営者の社会性」

経営者の社会性は，世の中にとって良いか悪いかの一言に尽きる。自然の法則に適わないものは淘汰される。社会に必要かどうかである。

元来，「社会性」の基となる慣習は日本をはじめ世界各国に存在していた。「かつて日本国民は一致協力して暮らしていた」[11]。餞別や香典をはじめとする社会的な慣習は，皆が皆のために協力し合い，そして，喜びも悲し

---

11 『30周年記念誌』の中での塾主・遠山昌夫の視点。

みも皆で共有しよう，という考え方から生まれてきた。

しかし今では形式的なものになってしまった。「今の自分や会社は，世の中から見てどうなのか」「我々は社会に生かされている」。経営者にはそんな自問自答が重要である。

環境問題に前向きに対峙する姿勢やボランティア活動などは，「社会性」の中でも特筆される部分であり，人として当然の行動ではある。しかし本気で社会のために行動している企業や人は希少であると思わざるをえない。

「今の世の中は，人が生きるうえで本当に大切な物事を扱っている商売が儲からず，社会的な観点から見れば無駄に思われる物事を扱う商売が儲かっている。しかし今はよくてもやがてはしっかりした計画性がないと，自然淘汰される」。

社会から真に必要とされている会社は生き残り，必要とされていない会社は滅びる。存在を懇願される会社をめざすべきである。

本来人はひとりでは生きていけないしくみとなっている。自分自身は個人であるが，家族や友人・会社やさまざまな集団の中にいる。

自分が所属している集団は東海地区にあり，日本という国の中にあり，さらに，日本はアジアに属し，世界の中にアジアがある。広げていけば世界であり，地球全体になる。

言い換えると，「自分は世界の中にある」という考え方である。「自分が何か事を起こせば全体の問題になり，会社の中でも社会性が認識されてくると，自分の能力は全体のために使うという発想になる。」

(2)　「経営者の科学性」

自然には法則がある，経営にも法則がある。自然に返る，原点に返ることが「科学性」である。そして，自然の原理原則に内包された経営の原理原則がある。

スミレの花は自然である。しかし，その花の構造や虫との関わりを分析することは科学である。

科学とは物の法則を見出すことであり，科学はどこにでも存在する。経営における科学とは経営者の先見性であり，その科学を駆使し，少ない労働力で最大の成果を導くことは経営者の使命である。

このことは製造業のみにいえる話ではなく、売る（営業）技術も、政治も、経済も、また以前は科学として語られなかった金融においても金融工学として、科学が存在しているのである。

名証二部上場（建築塗料メーカー）の菊水化学工業（株）の創業者である塾主は、会社設立当初より商品開発について、「世の中に不利益になることはやらない」という確固たる信念を持っていた。

戦後の焼け野原の中で、この日本の産業復興には、無尽蔵の日本人の知恵を駆使し、日本にある資源を使わなければいけないという考えで、「日本人の頭脳で、日本の資源と技術で世界一の物を作る」という信念も培われた。

この信念の下に生み出されたのが、外装仕上材・水性シリカ塗料である。従来、塗料は石油から作られるのが一般的で、昔は塗料にアスベストを入れて粘りを出した。しかし、日本の原料を使いたいという思いと、石油やアスベストは環境にマイナスであるという観点から、これらを排除した新製品の研究開発が行われた。

特異なことを実現させるには、膨大な時間と費用がかかる。現場の研究者は「なぜこんなことをするのか」といった疑問を抱いた時期もあった。しかし、結果は幾多の試練を乗り越え、シリカゾルとエポキシアクリルを用いて、防水性、耐久性、耐汚染性、表面硬度の高い無機質系水性シリカ塗料を完成させた。数十年前に開発され、今でも代表的な塗料であるが、トップの意地ともいうべき強固な意思が無ければ生まれなかった製品である。

2005年アスベスト問題が日本を震撼させたが、同社はアスベスト対策の工法（アスシール工法）を20年以上前に日本で最初に特許を取得し、10年程前から全国の拠点で対応できる体制を整えていたため、現在も全国からの依頼が殺到している。利益追求のみに走らず、世の中に不利益なことはやらないという会社の一貫した姿勢が伺われる。

(3) 「経営者の人間性」

経営者は太陽であれ。小さいことでは損をせよ。今必要なのは、知識ではなく、知恵と勇気だ。

「人間性」とは、大自然の摂理の如きものである。その摂理は、人が人に対する場合の原理原則となる。その原理原則の一つは「愛」。この「愛」を

裏打ちする精神こそが、経営者の「人間主義」である。

「人間主義」とは「人が最も大切である」という考え方であり、その思想こそが、経営者の根本理念である。

「人は生きているのではなく、生かされている」「突然の終焉を潔く受け入れるためには、明日に後悔を残してはいけない」という死生観が、「万物への無償の愛」を培い、「人間主義」へとつながっていく。

長引く不況の日本経済では、"人員整理"というかたちのリストラが主流となっており、資本主義経済の競争原理ではこの判断が常識といえるのかもしれない。

現実問題として、"人員整理"を打ち出した企業に対する市場の反応はよく、その手法を用いる会社は少なくない。しかし、「人間主義」を大前提とした「事業の再構築」を行い、収益力強化のための新たなるシステム作りに尽力することこそが、経営姿勢の第一義である。

「儲からない会社は駄目という考えが主流の世相ながら、しかし、企業を支えるのは人であり、人を大切にすることなくて円滑な経営は有り得ない」。

「不易流行」が、経営の真実である。仕事とは"念の結晶"である。棒ほど思っても、針ほどしか叶わない場合もある。だが、その思い一念は実現している。

「不易」とは変わらぬことである。大自然の摂理のごとく絶対的なものであり、変わってはならぬことである。

逆に、「流行」それは時代の刻む時を聞き、進化すべきもの。変わらねばならないこと。時代が移ろいを見せようとも、ぶれ変わることの無い大自然の摂理の如く、経営にも原理原則があり、同時に時代の潮流を読み、変化しなければならない法則がある。

経営者にとっての「社会性」「科学性」「人間性」の価値観が、以上のように説明されているが、その内容は経験則に基づく性質のものである。

「経験が真実である」という経験主義が、アメリカ型経営教育の事例研究(Case Studies)の実務的内容を精神的原理で抽象化すると、青経塾の定義する「経営哲学」と同じ意味に落ち着く。なるほど、「社会性」「科学性」「人間性」の経営価値観・3支柱は、"言いえて妙"である。

青経塾の分析研究で，踏み込めない領域が残された。その領域問題は，経営者と社員との関係である。個人と組織の関係を，「リーダーとファロアー」の間に実在する，「管理する・管理される」の経営理論が，すべて精神論か，基礎的な技能論で括られていることに，その領域限定の意味が気にかかる。

経営技術論や，経営情報論などの専門職業に対処する「経営者の科学性」や，高度流動社会の変動と社会高質化への「経営者の社会性」や，超教会的な先端的なグローバル化への「経営者の人間性」は，大企業だけの問題ではなく，中小企業の日常性の問題領域になってきている。

青経塾の教育を経営者レベルの研修に限定すると，その研修範囲の定義が，「精神の経営」，「実践の修養組織」，「基礎の自己学習」，「教育の原点回帰」という意味を強く感じる。そこに本来的な創設の意味とその持続・成長の要がありそうだ。

Ⅷ　同類組織との比較研究
―己れを知り，相手を知る―

青経塾の外部流通性は，他者との比較での"比較優位"の戦略的地位の探索から生まれる。青経塾とまったく同系統，同じ系統，似ている類型の研修組織や教育機関を探すのは困難である。

そこで，比較的に類似と思われる「青年会議所の経営者啓発」と「稲盛和夫の盛和塾の経営哲学教育」と「法人会の経営者研修」の3組織を選んで，これから，青経塾との比較研究を試みてみたい。

1. 青年会議所との相対比較
1) 青年会議所の経営者教育論
(1) JCの組織哲学と行動規範

筆者が帰属していた，社団法人・名古屋青年会議所の会員活動をつうじて，経験したことを中心にこれから，青年会議所と経営者啓発について論を進めたい。

青年会議所（JC, Junior Chamber）とは，"明るい豊かな社会"の実現を同

じ理想とし，時代の担い手たる責任感をもった20才から40才（名古屋JCは21才から40才）までの指導者たらんとする青年の団体である。

青年は人種，国籍，性別，職業，宗教の別なく，自由な個人の意思によりその居住する各都市の青年会議所に入会できる。

50年余りの歴史をもつ日本の青年会議所は，めざましい発展を続け，現在730余の都市に5万名近くの会員をもち，各地域の運動に対する総合調整機関として日本青年会議所が東京にある。

全世界に及ぶこの青年運動の中枢は国際青年会議所で，118ヶ所の国及び地域に104NOM（国家青年会議所）があり，193,000人余が国際的な連携をもって活動している。

青年会議所には，「JC三つの信条」（Belief）がある。それは次のとおり。

  1．TRAINING「修練」　地上最大の宝はここの人格にあり
  2．SERVICE（奉仕）　社会への奉仕は人生最大の仕事である
  3．FRIENDSHIP（友情）　友情は国家主権に優先する

以上の「JC三つの信条」とは別に，「JC宣言」（Mission Statement）がある。その宣言文は次のとおりである。

    日本の青年会議所は，
    混沌という未知の可能性を切り拓き，
    個人の自立性と社会の公共性が，
    生き生きと協和する確かな時代を築くために，
    率先して行動することを宣言する。

さらに，次の「JC綱領」（Creed），即ち，行動指針となる「教義」がある。

    われわれJCは，
    社会的・国家的・国際的な責任を自覚し，
    志を同じうするもの相集い力を合わせ，
    青年としての英知と勇気と情熱をもって，
    明るい社会を築き上げよう。

以上，青年会議所（JC）の「信条」「宣言」「綱領」は，世界すべての青年会議所の会員が，例会などの会議開始の際に一緒に声を出して読み上げ，

誓い合う性質のものである。

　社団法人・名古屋青年会議所は，これ以外に，「2000年宣言」を特別につくった。その内容は，次のような「名古屋JC宣言」である。

　　　自律した活力ある青年として，
　　　未来に輝く子どもたちを育む
　　　運動の原動力となり，
　　　「愛夢あふれるひとのまち名古屋」
　　　を創り上げる。

　私自身は，JC歴15年の活動中に，名古屋JCの「理事」「常任理事」を歴任し，さらに，国内本部の日本青年会議所スタッフにも出向した。

　青年会議所は，地方毎に異なる個性を持っている。その土地の気質や地方JCの歴史などの影響もあって，通常LOMと呼ばれる地域起源のJCは，それぞれ固有の発展の仕方をしてきた。

　名古屋JCについてもその例外ではない。名古屋青年会議所は，現役が約580名，卒業生が約2000名，そして55年の歴史を持つ。

　その組織活動は，理事長所信に基づく一年間単位のチームワークによる事業活動に特色がある。

　その組織特性は，完全に男性社会であり，女性会員は5％程度で，名古屋JC55年の歴史の中で「理事」以上の役職についた女性メンバーは数名程度しかいない。

　名古屋青年会議所は，「理事」選挙戦が熾烈を極め，「理事」に選ばれると「委員長」に就任できる。「委員長」の地位は，強い求心力を発揮できる。そのためには，実力のある「副委員」，「委員会メンバー」を仲間にして，チーム力を強化したいところだが，委員長には，チーム構成員の一部しか指名権はない。また，チームには必ず，数名のスリーピングメンバーが配属される。

　委員長の下に，委員会の行動目標を設定すると，「委員長をいかに男にするか」という合言葉で，JC活動は組織的に活性化する。

　経験をつうじていえることは，厳しい選挙を勝ちぬき，「理事」（「委員長」）職につくことができても，「自社の仕事」と「JCの活動」の両立のむずかしさを筆者は実感した。

「委員会事業」の開催までの厳しい道のりは，筆紙に尽くし難い。委員会が提案するプロジェクトについての"資料審査"は，「総務室」「正副理事長会議」，「常任理事会議」，「理事会」のバリアーを経ていく。

任期が，1年という短年度制なので，プロジェクトを立ち起こし成功させるには，"不連続の連続"で受け継がれる組織文化が暗黙知的に機能している。言い換えると，プロジェクトへの「思いの継承」ということになる。

"役"のつく立場が人をつくる。準備期間を入れて"役を演じきる"15ヶ月の期間に，"役"のある会員は，いろいろな立場を体感する。その体感とは，先輩の言葉の「Noと言わないJCをやれ」ということである。

しかも，その"役"の地位獲得は，「担いでもらわないと上がれない」という情緒主義の組織文化を肯定することである。

筆者が学習したJCでの能力開発論は，次のような結論である。
① JC活動における「能力の定義」は，周囲から協力してもらえる自己の形成である。
② JC組織における「人間関係の定義」は，JC活動を通して得た友情の有難さと，会社の立場を越えた仲間意識である。
③ JC会員についての「個人の魅力」は，一見無駄なことができる人間性の豊かさと，"無用の用"を知覚できる人間力である。

(2) **プロジェクト開発の体験学習**

JCは，ボランティア活動などの「プロジェクト開発」をして，その実践過程で体験学習をする。筆者がJC在任中に手がけた事例研究を紹介しよう。

プロジェクト開発研修その1：

「2001年度のまちづくりへの取り組み」を，第51年度（社）名古屋青年会議所ITフォーラム特別委員長（常任理事）の立場で，栄5丁目町内会でのボランティア活動として開始した。

名古屋市中区栄5丁目町内会（商店街）活性化プロジェクトは，総勢27名の同委員会メンバーと共に，同町内会地域において，期間約3ヶ月間かけて行われた。IT（情報技術）を使った町内活性化への取り組み事業である。

テーマは，「情報とふれあいの広場」。目的は，① ITを使って地域コミュ

ニティの活性化を図る。② 町内会への導入実践を通して，IT 社会へ移行するための問題点を探る。また，③ この実践経験を，7月「IT フォーラム」発表に向け現在制作中の「提言書」に反映させる，という3点である。

　この町内は古くからの商店街であるが，多くの商店街と同じように，店主の高齢化，後継者問題などを抱えていた。私たちは活性化の手段の切り口を IT に求め，町内の希望者の自宅にパソコンを無償で設置し，インターネット環境を整え，町内で10回のパソコン勉強会を開催した。

　受講者は60代以上の年代の方がほとんどで，キーボードに初めて触った方ばかりで，ローマ字入力を行うために，ローマ字の読みから始めた。パソコン勉強会は盛況で，毎回約40名以上の方が参加し，参加者の内訳は夫婦や家族で勉強に訪れる方が多く，和やかな雰囲気での勉強会だった。最終日は，町内会の方々が集まり，お別れパーティを開いて下さった。

　予定の3ヶ月の期間を終了し，今回のプロジェクトを通して感じたことは，活力を失っていく町内会（商店街）を活性化するためには，やはり今回行ったような，外部的な力（ヒューマンパワーなど）による機会創出が有効ではないか，ということである。終了時には，町内会長から引き続きの活動を求められた。しかし，私たちの時間という資源にはもうこれ以上の余力が無く，受けることができなかった。

　期間に限りがある活動しかできず，これも反省すべき JC の問題点かもしれない。

　幸い，この町内会に所属する委員会メンバーがいたため，あとのフォローは託した。3ヶ月という限られた期間であったことと，あくまでも主題である「IT」という手段に絞ったため，根本的な町内会（商店街）活性化のための打開策を創出することはできなかったが，長期的に側面からサポートするしくみと一貫した事業目的があれば，町内会（商店街）活性化への突破口はあるはずであると感じた。

　3月〜5月までのプロジェクト終了後，活動をプレゼンテーション VTR にまとめ，7月の「名古屋 IT フォーラム」にて発表した。

プロジェクト開発研修その2：
　プロジェクト1と同時進行で，同年のメイン事業のフォーラム・2001年

度7月例会「名古屋ITフォーラム」を，初めての女性特別委員長に就任し，開催した。　テーマは，「ITでつなごう！私たちの未来　〜一人一人がネットワークの主役に〜」。7月15日（日）名古屋国際会議場にて開催をし，一般の方を含め2000名余りの来場者を迎え，三部構成で，盛況に行われた。

　組織的には企業・メディアによる合同開催事業をめざした取組みであった。

　総予算の70％近くを占める協賛金の多くは，特別委員会立ち上げから開催に至る10ヶ月の準備期間中に，事業計画を練り上げる傍ら，担当特別委員会としての責務で，副委員長や委員会メンバーとフォーラム企画書を持って，血のにじむような思いで一軒一軒企業を回り，一般企業より協賛いただいた。

　第一部（白鳥ホール）は，堺屋太一氏の基調講演，テーマは，「IT革命〜個人が変える社会」。第二部（同会場）は，日本を代表するITやまちづくりに携わる4名の講師の方々のパネルディスカッション。テーマは「インターネットとヒューマンネットの結びつく社会をめざして〜ITを活用したふれあいあるまちづくり〜」を開催。このパネルディスカッションでは，栄5丁目町内会で行った「情報とふれあいの広場」プロジェクトを，プレゼンテーションVTRにまとめて発表し，問題提起を行った。

　別会場は，オープンスペースセッション（協賛企業スペース）として，テーマ，「ITで広がる世界〜ITにおける可能性のプレゼンテーション」を開催。各会議室での企業セッションを行い，広い会場のレセプションホールでは，子どもたちの遊べる場としてIT体験ブースや，愛知県インターネット博覧会・子どもの遊び博覧会などを設けた。

　フォーラム会場にて一般の方々に，名古屋青年会議所2001年度版の提言書『新世紀創造へのファーストステップ』を配布。この提言書をつうじて，同グループ（新世紀創造グループ）の各4委員会が研究したテーマ，「NPO」，「IT」，「高齢化社会研究」，「教育再興」を取りまとめて発表した。私は，同グループ4委員会提言の取りまとめ責任者の職務を担当した。

2）　青経塾と青年会議所との経営者教育比較

　青経塾と青年会議所の経営者教育を相対的に比較してみると，類似性と相

違性とがそれぞれ発見できる。
(1) 類似性
「修練」と「友情」を重視する教育力点が，両者に共通した類似性がある。青年会議所（JC）の「三つの信条」の中の二つは「修練」と「友情」である。

中小企業経営者（創業者，継承者）は，周辺の限られた資源の中で会社をいかに存続，繁栄させていくか，絶えず問題意識や危機意識を持つため，自己の革新，会社発展のために，教育を受ける場を求めて，さまざまな異業種で構成された組織に入会するケースが多い。

私は，JC入会オリエンテーションの面接を担当し，新入会員の受け入れを行ってきたが，新入会員に聞いてみると，入会目的は，「人間関係を広げること」や「自分の成長を促すこと」が多かったように思う。

「経営者は孤独である」。経営者として年数が過ぎるほど，本音を語り相談する相手も減少する。

立場が未熟であるうち（または，年齢が若いうち）に，同じような境遇や立場に立つ多くの人間と会社の立場を離れて，組織の一員としてかかわることにより，精神的にかかわりの深い人間関係が構築できる。

組織活動にかかわればかかわるほど，その活動に比例して人間関係は構築できるが，本来の会社での仕事はなおざりになる可能性が高く，会社からの賛同がなければこのような組織活動にはかかわりにくいという側面がある。

主な活動は，組織の事業目的に沿った所属する委員会の担当事業開催（例会，セミナーなどの開催）と，自分の所属する委員会の人間交流（委員会活動）が核となる。

活動するほど，自分の時間を多く費やし，ある時は，本来の会社の仕事の時間も取られ，「何のための活動か」自問自答することもある。しかし，私心を忘れて組織のために活動に励むことは，多くの同組織のメンバーに支持されることにつながり，結果的には自らの自己啓発にもつながっていく。

当事者は，矛盾のはざまで，振り子の揺れと同じように，二極的な動きで左右に大きく振れることで，大きく自らのバランスの置き場を知ることになる。

青年会議所は，単年度でリーダーがめまぐるしく変わり，新陳代謝が早い組織である。メンバーの一員は，たとえ個として未熟であったとしても，単年度担当した任を受け，リーダー（委員長）である者，サブリーダー（副委員長）である者，メンバー（委員会メンバー）である者，皆その役割を通して（演じて），組織を活性化させ，そのことがやがては，自らの自己啓発につなげていく機会となる。

そのように，人間関係を広げ，自己啓発的な部分は共通しているが，「今，会社に何を持ち帰れるか」と問われれば，経営者教育として実践的なのは，一貫した姿勢で経営者教育に取り組む青経塾のほうであろう。

JCでは，理事長所信に基づいた事業を，単年度で行うため，必ずしも経営者教育が行われるとは限らず，たとえ行われたとしても，それはいくつかある事業のうちの一部分でしかないからである。

どちらの組織も，組織の一員として活動にかかわる時，まずは先にビジネスありきの，ギブ＆テイクの姿勢はタブーとされている。もちろん，卒業した後や，もしくは人間関係が構築されてから後は，プライベートのかかわりであるため，宗教活動や，ネットワーク・ビジネスの勧誘などを除いては，特に問題はない。

JCにおける「修練」（自己啓発）の機会は，「担当事業の遂行」と「1年間という単年度についた役職（立場）をまっとうすること」の2点に集約される。

JC理論によると，このJCの中核を成すともいえる事業の目的は「社会と人間の開発」であり，現実の会社の職務を離れた事業体験も多いため，短期間で社業に活かすことはむずかしいようだ。

しかしながら，社会のためを思い市民運動を展開することは，経営者の幅を広げ人格を磨く要因になる。また，リーダーが毎年替わるため，フラットな立場で，人的資源の構築が可能である。

経営者教育で考えると，JCは変化の激しい組織であり，安定した役職の者（不動のリーダー）はいないため，誰かに育ててもらうという依存はできず，自らが自らを啓発していく心構えが必要である。

青経塾は，自己啓発と相互啓発の教育体制があり，安定したリーダー（塾

長,副塾長)がいる。リーダーは,塾生の状態を見ながら,「ここぞ」という時には背中を押してくれる存在である。

相互啓発においては,塾生同士の一歩踏み込んだかかわり合いが体制として機能しており,限られた塾生のみを引っ張り上げるのでなく,全体でぶつかりあいながらリーダーとしての質を上げていくようなしくみがある。

啓発(自己・相互)というのは,求めなければ得がたい。JC では体制として確立されていないが,それに比べて,教育体制として存在する青経塾は,限られた期間内で考えると,より結果が得られる組織だといえないだろうか。

(2) 相違性

青経塾と青年会議所を較べて,その経営者教育についての主たる相違点を浮き立たせると,「奉仕」,「メンバー間の帰属"温度差"」,「単年度制度」を指摘することができる。

① 「奉仕」の相違

「JC 三つの信条」の中に残る一つの信条は「奉仕」,即ち,ボランテイア活動である。例えば大震災などで救援物資や人の派遣などを行い,実際に行政とも密なかかわりを JC の「奉仕」活動の意味は持っている。

神戸の大震災や,北陸の重油流失事故の処理など,さまざまな被災地に全国の JC メンバーたちがボランテイア活動のため足を運んでいる。

名古屋地域で起こった災害で,特に記憶に残る「奉仕」活動は,西枇杷島の大雨災害である。名古屋 JC は,行政からの依頼で,西枇杷島の大雨被災地でのボランテイア活動において,ボランテイア事務所の中枢的な補助業務を任された。

実際に私も受け持った現地に出向き,被災した家を一軒ずつ回り,被害状況を確認し,全国から集まってくるボランテイアの割り振りを行う職務のサポートを行った。

町中に川の決壊の爪跡が残り,壁も塀も畳もどこか悪臭が漂い汚れていた。全国から集まったボランテイアたちの清掃作業は進められた。

そうしたさなかに,被災した家を出ることもできず,動けずにいたのは,高齢者の方々ばかりだった。

ここでは，平日にもかかわらず，毎日入れ替わり立ち代りに，朝，昼，夜と，多くのJCメンバーが，現地のボランテイア事務局に集まった。

JCのめざす「明るい豊かな社会」を築くため，このように懸命な地域奉仕活動を通して純粋な社会活動を行うことこそが，JCの基本となる存在意義（真髄）ともいえる。

青経塾の「社会貢献」は，経営姿勢を通しての活動が中心となり，JCの「奉仕」（ボランテイア活動）と較べると，その意味合いが異なる。

「社会への奉仕は，人生最大の仕事である」と，「JC三つの信条」に書かれているように，「奉仕」がJCメンバーにとっての人生の使命感とするところがある。この点が青経塾の活動との大きなちがいである。青経塾の塾生は，企業活動の中に限定した意味での社会貢献を主としてとらえている。

第三者や傍観者からJCの奉仕活動を見ていると，JCメンバーは「余裕があるから奉仕ができる」，「儲からないことをやって，馬鹿ではないか」，などと言われることもある。それを承知の上で，損得勘定ぬきにして，社会に向かって真っ直ぐに行動するJCの奉仕の姿勢は，外部からは評価できないのではないだろうか。

② メンバー間の帰属"温度差"のちがい

JCでは，委員会（約20委員会）ごとにその年度の担当事業を受け持つが，この委員会事業を割り振られた委員会（委員長1名，副委員長3～4名，メンバー約23名）は，初めての事業に直面するケースがほとんどである。

担当する開催月が，委員会始動時（前年度の10月）に決められているため，たとえ知識が無くとも，慌ててそのことについて研究し，方向づけをしなければならず，その機動力となる委員長，副委員長には大きな負荷がかかる。

事業開催までのプロセスは，委員長，副委員長がスタッフ会議を重ねて作成した事業計画（案）と予算（案）を総務室に上程し，資料審査，正副理事会協議，常任理事会協議，理事会協議，ロバート議事法による毎回の協議を経てそのつど修正を繰り返す。翌月も修正を繰り返しながら，資料審査，正副理事会審議，常任理事会審議，理事会（40名程の理事会構成員の）審議

という流れになる。事業開催の1～2ヶ月前には，理事会審議を通す必要がある。

　理事会審議可決までのプロセスで，事業の完成度が磨かれていく。

　この数ヶ月の間，スタッフ以外の委員会メンバーは，毎月の委員会の会議で意見を述べる機会もあるが，多くはスタッフ任せの姿勢であることが多い。

　JCでは，執行部スタッフと普通メンバーとの間には帰属意識の温度差がある。執行部スタッフに仕事が集中して，その者たちの行動スケジュールが過密となり，普通メンバーはお客様状態のような風潮も見受けられる。単年度制であるため，スタッフは時間的制約の中で，担当する事業をこなすことに意識が向き，メンバーの育成にまでかかわれないのが現状のように思う。

　また，スタッフがかかわらなければならない事業は，担当事業以外にも山ほどあり，執行部スタッフは，日常のJC活動に追われて，気力も消耗し，余裕を失ってしまう場合もある。

　一方，青経塾では，「塾長」（1名），「副塾長」（2～4名）で各塾が運営されている。年間の定例事業は，担当塾が入れ替わり開催している。プロジェクトなどでは，他の塾から塾生の出向を受け入れてチームをつくり，事業企画，運営に柔軟に対応できているようだ。

　このように，青経塾は，JCよりも横のつながりをうまく形成して，事業開催に向けて人のかかわる機会を増やしている。その意味では，自己啓発を促す機会がJCよりも青経塾のほうが多い。

　③　単年度制度

　名古屋JCでは1月1日から12月31日までが事業年度の括りになるが，10月から12月までの3ヶ月は，本年度と次年度の活動が重なる期間となる。

　翌年の理事長が決まるのが前年の7月頃で，選挙された役員選出委員から選出される間接選挙によって決定する。その後，理事長推薦で，副理事長，専務理事，常務理事などの正副理事長団が決まり，正副が始動後，常任理事が決まる。

　理事（委員長）は選挙活動期間を経て，9月はじめ頃の立会い演説での

全員投票選挙で決定し，10月から予定者理事として予定者理事会に参加する。

予定者理事会では，早々次年度1月から開催予定事業案の協議が始まる。

9月末頃に，次年度理事長の所信と新しい組織表が発表され，一般メンバーは全員，各委員会に割り振られる。委員会配属決定後，次年度委員会の予定者委員会が10月から12月まで各月開催される。

2. 盛和塾との相対比較

1) 盛和塾の概要

盛和塾の塾長は，稲盛和夫である。盛和塾は，もともと京都の若手経営者が京セラ（株）の稲盛名誉会長から，人としての生き方，「人生哲学」，経営者としての考え方，「経営哲学」を学ぼうとして，1983年に集まった自主勉強会に端を発している。

現在，その塾生数は，中堅・中小企業の経営者を中心とし，3,800名以上，塾数は57塾に上っているようである。

真剣に学ぼうとする塾生と，それに応えようとする稲盛塾長が，互いに魂の火花を散らす人生道場となっている。塾生同士の切磋琢磨の場として，全国各地の盛和塾に多くの若手経営者が集まっている。現在，塾は世界に広がっている。

2) 稲盛和夫の経営哲学の原点

盛和塾の原点となる思想は，「経営のノウハウではなく，人としての生き方，経営者としての心の持ち方を学ぶ」ものとある。

哲学と経営は，不分離なものとされ，企業が継続し繁栄を続けられるかどうかという問題は，経営者が自分自身を律する規範，哲学，理念を持ち続けられるかどうかで，決まってくる。人格と会社経営は不離不即である。

さらにいえば，「今日を完全に生きれば，明日が見える」ということが，稲盛のいう「人生の真理」である。

稲盛和夫の経営哲学の起源を，配布資料の『稲盛談』から拾うと次のように稲盛哲学の原点が明確に伺える。

稲盛は，鹿児島大学の工学部を卒業して，たまたま京都の焼き物を扱う

「松風工業」という会社に就職し，設備もない貧しい研究室で，ファインセラミックの研究から始めた。

その研究が大変うまくいき，赤字続きの会社も少しはよくなっていった。しかし，あることで上司と意見があわなくなり，その会社をやめることになった。

その時，稲盛の技術がもったいないというので，何名かの方が出資し，会社をつくったのである。

そんな青年が，会社をつくっていただき，後からおされるように経営を始めた。しかし，技術者としては自信があったが，経営については何も知らないため，経営者として，どのような哲学，理念，考え方で経営を進めていいのかわからず，不安になった。

経営判断を求められて，それに結論をださなければならない局面になってくると，判断基準が必要になってくる。その判断基準とは，その人が持っている哲学・思想に基づくものであるべきだと思った。しかし，そのような高尚な勉強をしたこともなく，文系のことも知らなかった。

結局最も根源的なことに立ち返って判断しなければならないわけだった。根源的なものといっても，特別な教養もなく，考えあぐねた。

考えあぐねた結果，両親や祖父母，また小学校・中学校・高校の先生などに叱られたり教えられたりしたこと，それしかなかったわけである。それで，「人間として何が正しいのか」という，子どもの頃に叱られ教わったことを判断基準に物事を決めようと思った。そうすると会社経営が非常に順調にいきだした。

次に取り組んだのは，松下幸之助の経営哲学，さらに本田宗一郎の言行録などから学んだ。

そして，自らも現場ではこういう考え方をすべきだということを，局面ごとにノートに走り書きしていった。それを5・6年くらい経ってから読み返してみると，真理をついたものがあることに気づき，経営者としてどういう考え方をすべきか整理し，まとめた。

さらにそれを社員に話し始めた。年上の部下もたくさんいるので，そのような人物も納得できるような普遍的なものにしようと思い，自分なりの箇条

書きにしたものを作った。

　これを京セラの哲学・フィロソフィにした。それがだんだん充実していくと同時に，会社も発展していったわけである。

　会社の経営をやりながら松下幸之助，本田宗一郎の思想にふれ，その後だんだんとフィロソフィに興味が出て来たため，哲学書や中国古典などを読み漁り始め，それで自分の哲学を徐々に深めていった。

　今振り返ってみると，それが経営に一番大切なものだということに気がついた。MBAなど特に重視されている経営手法とか技能ももちろん必要だが，一番大事なのは経営者が持つべき思想・哲学である。これによって，経営は100％決まっていくのだと次第に思うようになってきた。

　経営哲学とか思想とか理念という言葉を使ってきたが，簡単にいうと心の持ち方一つによって，個々の人生の幸福も変わると，強く思う。

　心の中にどういう考え方，どういう思いや想念を常に抱いているのか，ということによって人生も決まってくるような気がする。

　いろいろな思いを整理して取捨選択して，自分の理想とする思い，自分が植えたいという思いを植えていく。人様も社会もよくあってほしいと願う美しい心，世の中のため人のために尽くしていこうというやさしい思いやりの心を自分で強制的に植えようとしなければ，なかなか植えられるものではない。

　雑草を刈って，そういうやさしい心を植えていけば，経営のいかなる局面でも判断を誤らないものである。

　雑草が生えてくると，手入れするなり手入れするためのエネルギーを生涯持続することが一番むずかしいようである。

　そのようにならないために，やはり「謙虚さ」が一番大切である。人間の徳で一番高いものは謙虚さであり，それが抜けたら何もならない。

　それともう一つ重要なのが，自分を律する「克己心」だ。中国の古典に「謙のみ福を受く」とあるが，謙虚でなかったら福を受けることはできないということを強く言っている。

　もちろんむずかしい。自分で強く思わなかったらできないが，それをできるかどうかで人間の値打ちが決まる。

3) 盛和塾と青経塾：類似性と相違性

青経塾と盛和塾とを較べて，その類似的な共通点は，「経営と哲学の融合」を重視している点である。

経営者は指針である哲学（理念，思想）を持つことが必要である。経営のテクニックではなく「人間としての生き方」，「経営とは何なのか」を学ぶ場をつくり，「志を持つ経営者」が参加できる場を，経営者はつくる。

経営の原理原則は，自分たちの利益ではなく，他者の利益を第一義とする。また，人生での原理原則は，知識より体得を重視する。

「知っている」ことと，「できる」こととは，かならずしもイコールではない。知っているだけで，できるつもりになってはいけない，という戒めでもある。情報社会となり知識偏重の時代となって，「知っていればできる」と思う人もふえてきたようだが，「できる」と「知っている」の間には，深くて大きな溝があり，それを埋めてくれるのが，現場での経験である。

「今日を完全に生きれば明日が見える」という稲盛の考えは，「人生の真理」を禅的に言い当てている。

盛和塾と青経塾，どちらも中小企業・中堅企業経営者育成のための研修塾であり，「経営のノウハウでなく，人としての生き方，経営者の心の持ち方を学ぶ」というその設立趣旨が近いため，組織哲学や組織文化の共鳴点が多い。

盛和塾は年間20～25回ほど，稲盛塾長を迎えて例会（勉強会）を開催している。例会では，塾長の実体験に基づく講和と茶話会やコンパスタイルで膝を突合せた塾長指導が行われる。

勉強会は「経営問答（稲盛和夫塾長と塾生の質疑応答形式）」の実践経営問答式によるところが多い。経営者自身による赤裸々な悩みの吐露と，塾生に指針を与える稲盛塾長との間で交わされる真剣勝負がある。

青経塾は各塾長が研修にあたり，塾生との深いかかわりを通じて気づきや，学びの機会を創出している。受け手となる塾生は1000日修行（3年間の研修プログラム）を経て卒業し，卒業後は後進の育成を担当するため，受け手から与え手への立場の変容と意識変換が起こり，啓発の機会があらかじめ設定されている。

青経塾と盛和塾との違いは，その創立者の経験的相違と思想的起源がそれ

ぞれちがうことである。同時に，塾経営の仕方も，そうした経験と思想のちがいからおのずと異なるものになる。

稲盛は，六十五歳を迎えた1997年に京都の円福寺で得度をし，「大和」という僧名を受け，仏門に入られている。あらためて人生とは何かということを学びたい，真の信仰を得たいという思いで，得度をされたということだが，そんな稲盛の哲学の根源には，禅宗の影響が見られる。

著書『生き方』には悟りにいたる修行の道を説く「六波羅蜜」の六つの修養が説明されている。

「六波羅蜜」とは，仏の道において少しでも悟りの境地に近づくために行なわなければならない菩薩道を記したもので，いわば心を磨き，魂を高めるために不可欠な修行である。

それは次の六つだと述べている。①「布施」（世のため人のために尽くす利他の心をもつこと），②「持戒「（人間としてやってはならない悪しき行為を戒め，戒律を守ることの大切さを説くもの），③「精進」（何事にも一生懸命に取り組むこと），④「忍辱」（苦難に負けず，耐え忍ぶこと），⑤「禅定」（多忙な中にあっても，いっときの時間を見つけて心を静めること），⑥「智慧」

以上の禅定の五つの修養に努めることによって，宇宙の「智慧」，すなわち悟りの境地に達することができるとされている。

また，「足るを知る」生き方が大切だと稲盛は説いている。私欲はほどほどにして，少しくらい不足くらのところで満ち足りて，残りは他と共有する，他を満たす思いやりの心が，日本や地球を救う。

老子のいう「足るを知る者は富めり」という「知足」の生き方である。（ただし，現状に満足して，何の新しい試みもなされなかったり，停滞感や虚脱感に満ちた老成したような生き方ではない。

古い産業が滅んでも，つねに新しい産業が芽生えていくようなダイナミズムを有したあり方である。

稲盛の哲学は，宗教心に基づいた生き方そのものである。だが，青経塾の哲学は，宗教色を消している。

両塾ともに日本国内の中小企業のため，中小企業経営者のため，めざす方

向は共通しているのに，それぞれ異なる経営者教育の仕方が，どのような影響を及ぼしているかはつかめない。

だが，「道」から"生き方を学ぶ"青経塾と，「禅」から"生き方を学ぶ"稲盛哲学のちがいは，ちがうのだろうか。

自然の秩序にかなった経営者教育観は，どちらなのだろうか。あるいは，どちらもそうなのだろうか。

青経塾は，塾自体が創設された頃は，塾主が直接，塾生とかかわりを持つ機会が多くあったが，一定の時期が過ぎて塾内でのリーダーが育ち，塾主への肉体的負担を軽減したいという配慮があり，また，組織体制の進化に伴い，塾生への教育機会には塾主の代行として経験を積んだ塾生が行うようになった。

教育は Face to Face が基本である。盛和塾は，稲盛塾長との Face to Face（問答など）を通じ，稲盛塾長の類まれなる指導力や人間的包容力で，経営者として開眼し導かれていくのだろう。

青経塾の Face to Face は，総ての塾生間で行われる。青経塾は，相互啓発を行う場である。相互に深いかかわりをつうじて，気づきや学びの機会を創出している。

入塾して3年間は受け手側（教えられる側）である塾生は，卒業後は後進の育成を担当するため，受け手から与え手（教える側）への立場の変容に伴い，さらに相互啓発の意識が深まる。そのようなかたちで啓発意識の持続が守られている。

相互啓発を要としている青経塾にとって，この点が盛和塾と比べた時の大きなちがいといえる。

3. 法人会との相対比較

2006 年度　名古屋市中川区法人会青年部
部会長・東崎孝一氏とのインタビュー情報
　　（小松屋食品株式会社　代表取締役）

1) 法人会の概要

「法人会」の設立について先ず話を起こそう。「正しい税知識を身につけた

い」,「もっと積極的な経営をめざしたい」,「社会の役に立つことをしたい」,そんな思いの経営者たちを支援する全国組織として,「法人会」が組織されている。

現在, 約115万社の会員企業, 41都道府県に442の会を擁する団体である。税のオピニオンリーダーとしての貢献はもとより, 会員の研鑽を支援する各種の研修会, また地域振興やボランティアなど地域に密着した活動を積極的に展開し, 健全な納税者の団体, よき経営者をめざすものの団体である。

法人会の基本指針は, よき経営者をめざす団体と個人への教育指導である。会員の積極的な自己啓発を支援し, 納税意識の向上と, 企業経営および社会の健全な発展に貢献する。

もともと, 法人会は企業の間から自主的に誕生した団体である。戦後わが国は「民主主義国家」へと新しく生まれかわり, 法人税もそれまでの「賦課課税制度」から, 1947年（昭和22年）4月に,「申告納税制度」へと移行した。しかし, 当時の社会経済状況は極めて悪く, 経営者が難解な税法を理解して, 自主的に申告できるかどうか危ぶまれていた。

このため,「申告納税制度」の定着には納税者自身が団体を結成し, その活動をつうじて帳簿の整備, 税知識の普及などを図る必要性が生じてきた。法人会はこのようにして企業の間から自発的に生まれてきた団体である。

法人会が全国各地に発足すると, この納税者の組織をより強固なものとするため, まず都道府県単位の連合体が結成された。更に1954年（昭和29年）10月, 法人会の全国組織として「全国法人会総連合」（略称　全法連）が生まれた。法人会は, 次に示すそれぞれの部会に分かれている。

(1) **青年部会**

青年の持つ企画力・行動力が法人会を活性化しているともいえる。企業にとって次代を担う後継者の育成は大きな課題である。法人会では「青年部会」を設け, 若手経営者が将来に向けて飛躍するために, 多彩な行事や研修会を開催している。

また, 地域社会貢献活動においては, その企画力や行動力が大きな役割を果たしており, 法人会の活性化にもつながっている。

(2) 女性部会

女性の役割はますます大きくなり，法人会でも活発に活動している。社会や企業における女性の役割はますます大きなものとなっている。法人会でも「女性部会」を設け，女性経営者から従業員まで，幅広い女性のグループが，多様な活動を行っている。

特に地域社会貢献活動においては，女性特有のきめ細やかさや優しさが好感を得ている。

(3) 税のオピニオンリーダーとして啓発活動を実施

わが国は今，新たな世紀を迎えてもなお，経済の先行は不透明であり，危機的な財政赤字，少子・高齢化，国際化への対処のため，経済・財政の聖域なき構造改革の断行を迫られている。

このような状況で税の果たすべき役割は大きいものがある。そこで，法人会は税の大切さを理解してもらうため，税の啓発活動を行っている。一つは，新成人や学生などの若者を対象に，成人式や卒業式の場で税のマンガ本を配布している。また，「税を考える週間」では，世間一般を対象とした「税金クイズ」を実施し，毎年反響を呼んでいる。

(4) 今後の望ましい税制のあり方を提言

高齢化，国際化が進む今後の経済社会を見据え，また会員の意見・要望を反映しながら，法人会は，税のあるべき姿を検討し続け，それは年に1度開かれる「税制改正要望大会」で採択，「税制改正に関する要望事項」として取りまとめられる。

この要望事項は，政府や国会などへの強い働きかけにより，法人税制の改革が実現されるなど，これまでにも大きな成果をあげている。

さて，次に前述した法人会「青年部会」と青経塾との対比で，経営者教育の類似性と相違性とをとりあげてみたい。

2) 法人会青年部との類似性と相違性

「法人会青年部会」は，活動内容，運営方法，問題点などは，青年会議所（JC）とほぼ同じといえる。各税務署の所轄単位が，法人会青年会の組織単位会となっていることから，地方都市の場合，JCメンバーと法人会青年部

会のメンバーは，ほぼリンクしていることが多く見受けられる。

また，単位会により様々ではあるが，年齢制限を設けており，45歳以下，或いは50歳以下となっていることも，両者の組織が重なることとなっている。

その組織特性についていえば，地縁のつながりの強い団体であり，組織的に構築された仲間的な結びつきの色彩が強い。

また，設立の経緯や我が国の税収を支える点から，国税局，税務署を所轄官庁とし関係が深い。115万社の会員企業が存在する大きな理由がここにある。

そんな中で，後進の次世代経営者の育成を考える多くの企業は，会費等の費用負担の少なさ，地元企業の集まりであるという，身近な存在である「法人会・青年部会」を次世代経営者教育の場と選んでいると思われる。

そして，この青年部会に在籍している人たちから地縁，仕事の縁，人間関係から同種の人脈が築かれ組織されている。

若手経営者の集まりである点では青経塾と同じであるが，地域に対する奉仕的活動，自己啓発のための研修会，あるいは理事役員となって運営に携わることを通して組織論，人間関係を学ぶことを自己啓発の場としている。

法人会の青年部会組織は，部会長を頂点に，副部会長，委員長，副委員長からなる理事と，一般メンバーとから構成される「ピラミッド構造の単年度制として」運営されている。

立場がひとをつくるといわれるとおり，役職についてこそ人間関係，自己啓発の場となっている。

単年度制は，その人の企業規模，年齢，学歴等何ら制限されるものもなく，それぞれの人が持つ能力，魅力による人間力のみでピラミッドが構成され，毎年のピラミッドにおける上下関係が成立する。

企業における経営者は常にトップであり，従業員とは明確な位置づけが違う。だが，法人会・青年部会においては，上下関係の位置づけが毎年変化する。

報酬など利害関係もない対等な関係の中で，会員間の位置づけが変化する。こうした関係が構築され青年部会は運営がなされている。

このことが企業における真のトップ，ナンバー２の経営者，部課長などの立場を擬似的に体験する教育の場といえる。この点が大きなちがいである。

以上の面接情報を踏まえて，青経塾を外部検証するための比較研究を試みるとしよう。

青経塾の組織には経営者教育プログラムが，前述したように"カリキュラム的に"構築されている。青経塾は人間形成，修練の場として運営されていることから，宗教的な深さの次元を感じさせる[12]。そこで，法人会の青年部会やJCとは目的として同じものがあっても，その目的達成の内面的なレベルのちがいがあるように思える。

教育目標の"到達する度合い"を重視する青経塾と較べて，法人会・青年部会は，青経塾とはまったくちがう団体として感じられる。

塾という名が表すとおり，塾には人間関係中心の目標があり，師が弟子を育てることである。

教育環境の場である青経塾は，人間形成という重大な課題を背負っている。塾教育の本質は，環境変化に生きるため，あるいは，新しい環境創造をめざして，人間を変革させることであり，人間をつくり変えることである。松下村塾も慶応義塾もそうした目的で誕生した。

塾とは，求め・求められて入塾する人の集まりである。積極的に参加することから与えられる場によって自分なりの人間形成，自己変革をめざしている。このように自己変革への参加意志の真剣さが，法人会と青経塾とでは異なる。法人会・青年部会は，仲間的な色彩が強く，大義名分とは異なり，表層の人間関係，自己研鑽についてもそれぞれの尺度で会員が取り組んでいるといえる。

ただ，所轄税務署単位に単位会が形成されていることから，地縁という領域において，活動年数を経ることをつうじて，参加に積極的な会員にとっては，得るものも多く，踏み込んだ人間関係も構築できるものといえる。

法人会と較べて，青経塾について言及すれば，現在の厳しい社会経済状況

---

12 青経塾は，宗教色のない私塾である。だが，人間教育の内面性を強化する実践学習が，品性の高い精神性を追求することになる。その結果，実践行動が宗教性を帯び，日本的霊性（Japanese Spirituality）の満足度を達成するようになる。

の中で，3年間を実践研修の場に時間を費やす余力を持つこと，また，卒業後も後進の指導を行うことは，本人にとって"大変な難事業"である。

従って，本当に自己を変革したいと強い志がないと継続できない立場が，研修塾としての青経塾のあり方であると感じられる。

法人会・青年部会に所属し，あるいはJCに所属し，青経塾に属す人は，それぞれの価値観の中で優先順位を確立しており，青経塾，JC，法人会の順位でそれぞれ組織参加している。

青経塾，JC，法人会からの退会割合の順位は逆順になる。青経塾の退会率は，JCや法人会と較べると，低い割合である。持続する青経塾の塾生は帰属して得るものが大きいと自己評価している。

青経塾は厳しい修練を課される組織であるとの一般的な認識が強いので，入塾者に対する対外的な人物評価は非常に高いことも，幸いしている。

法人会の会員にとって，法人会のあり方に社会への奉仕活動に価値観を見出すものもいれば，サロン的に集う事を目的として，日々の業務と離れた気持ちの切り替えの場としている人もいると思われる。

だが，青経塾は学校であり，日々の業務を行いながら学問を学ぶ社会人大学院生のような二束のわらじを履く，覚悟，バイタリティが必要である。

法人会は前述のように申告納税制度の必要から自発的に創立した経緯から，現状では計画が変化している。税務署の出先機関のように納税意識高揚のPR媒体として利用されている部分が強い。

青経塾についても設立当時の社会環境から，教育環境の変化に対応してどのように教育変化をしてきたかを振り返ると興味がある。

「ひとづくり」という視点からは，今も以前も同じなのかも知れないが，教育分野では，「自分で学ぶこと」，「共に学ぶこと」，「与えられること」のちがいがあると思う。「与えられること」にこれまでどのような変遷があったか。そのことを知る興味はある。

現代の青経塾について，一つの危機意識がある。それは，青経塾が私塾であることの認識は外部からは薄らいでいるのではないか，という問題認識である。今の青経塾は，JCや法人会と同じように「公式組織の経営者団体」という世間の認識が強くなってきている。

様々な時代変革をつうじて，新しい時代を築いてきた塾のように，中部経済圏の「ひとづくり」教育機関が，変わらない青経塾のあり方と，筆者は理解している。

IX 青経塾の未来
―結論に代えて―

1. 本質的論議

　青経塾研究の最初の段階は，その状況分析と問題認識の過程であった。振り還ると，はじめの状況分析の段階では次のように問題認識が大まかに整理できた。
- 「青経塾の教育モデル」と，「グローカル経営論」とをつなぐリーダーシップ論の経営学原理はあるだろうか
- 中京地域からグローバルに発展しうる中小企業の経営者教育論とは，どのような組織文化に支えられているのだろうか
- 「グローカル経営者教育を問う」と「青経塾との生き方を問う」の研究仮説は，人間は教育で「変えられる」仮説と「変えられない」仮設の，両方の仮説の間で振り子運動をする
- 自己思考の企業教育と他者思考の人間教育の二重構造が，経営者教育の不安定な要因となる。
- 経営者教育の基本原理が，教育の場の論理との関連で，経営者を「つくれる」，否，「つくれない」の二律背反に分岐する。

その次に，最終仮説を設定する前に，次のような暫定仮説を列挙してみた。
① 「人間は教育でつくり変えられる」
② 「経営の中の人間性が"場の教育"によってつくられる」
③ 「中小企業経営者は，学ぶ場の人的交流で自己変革できる」
④ 「経営者は思想でつくられる」

そして，最終的な研究仮説の段階では，二律背反の矛盾を前提にして，本研究の最終仮説は，「グローカル経営論は，経営者教育論である」とし，そ

の仮説検証の情報収集をこれまで多元的に展開してきた。

さて,「グローカル経営論は,経営者教育論である」,という研究仮説は,証明できただろうか。

もっとはっきりいうと,これまで展開してきた「青経塾の経営者教育論が,グローカル経営論と重なり合うだろうか」,という自己評価である。

反省する点は,「グローカル経営論」についての掘り下げが,単純化したきらいがある。「経営者教育論」に重点を置いていたので「グローカル経営論」が二次的に扱われたのも,「グローカル経営論」が希薄となった理由である。

このことに関するもう一つの理解の仕方は,「経営者教育論」と「グローカル経営」とは,共通の経営哲学で結ばれていたので,その共通の経営哲学の発見こそが,本仮説の証明研究になるという結論である。

「経営哲学の実在を知る」視点から,青経塾の本質を論議することが,私に課せられた最後の課題である。

青経塾の経営哲学は,実践の科学としての,合理と感性の人間学であるという位置づけはできる。

経営人類学の3"ち"(地,血,知)を,青経塾の経営哲学を映し出す鏡として活用してみよう。その結果,青経塾の経営哲学は,次のように集約できた。

　　「地の鏡」:"地域起源主義"の経営者教育とグローカル経営論
　　「血の鏡」:"構造持続主義"の経営者教育とグローカル経営論
　　「知の鏡」:"超越解決主義"の経営者教育とグローカル経営論

「地の鏡」:"地域起源主義"による教育論と経営論の結合は,その象徴的記号を"名古屋の元気さ"と関連づけられる。イエムラ文化の日本型地域主義と,その地域連帯の共同体思想が,特定地域へのふるさと愛を起源とするナショナリズムを"より開かれた"民主型のグローバルな思想に近づけている。

土着型近代化の論理性と,内発的発展の倫理性とが,自律する地域主義である。地域起源に回帰して,生の起源志向でものごとを考え,行動する。

「血の鏡」:"構造持続主義"による教育論と経営論の結合は,その象徴的

記号を"中部のモノづくり"と関連づけられる。変わらない構造に持続する価値観は，モノづくりに内面化した合理主義精神である。

モノづくりを含めて総ての構造持続の基点が，組織制度主義を可能にする人間本位主義への原点回帰であり，創業者の精神が持続することが，構造持続の基本である。

「知の鏡」："超越解決主義"による教育論と経営論の結合は，その象徴的記号を"開かれた中軸"，即ち，名古屋は，立地的には日本の中心基軸，そして，精神的にはローカルとグローバルの環節圏として関連づけられる。

ローカル性の限界は，開かれたグローバル性の能力で問題解決する。逆にグローバル化の限界は，ローカル化に蓄積した文化資源で問題解決する。

画一的な「標準主義」や，外からの「規範主義」や，あるいは特殊事情の「状況主義」だけでは，問題解決できないローカルとグローバルの問題もある。そのときは，「地球を脱してものごとを考える」ような"超越型問題解決の思想"と出会う身体的経験である。

青経塾の教育論と経営論との結合を，以上のように「結合の哲学の次元」で本質的理解を試みた。

だが，その経営哲学が，塾生総てに共有されているかどうかは疑問である。特に，自己啓発と相互啓発は，教育共同体をつくることであり，その共同体に馴染めない人間もでてくるはずである。

青経塾の教育プログラムには，ある種の軍隊性（共同体教育）と宗教性（日本的霊性）の息づかいが感じられる。「感動」する心を育むことや，かたちに表わし難い実践を通した厳しい教育をすれば，そうした宗教的感性と軍隊的訓練の教育が内的に秩序化するようになる。

青経塾の32年史には，多くの退塾者（過半数以上）が，厳しい規律に馴染めないでいた。そうした退塾者の言葉は，偏見かもしれないが，「軍隊的な指導をする組織」と決めつけていることも否定できない。

一方，青経塾に帰属し，成長する組織と構成メンバーは，自己啓発と相互啓発の教育システムの有効活用者たちである。その者たちのコメントは，「人は人によって磨かれることを実証していく組織」としての青経塾を位置

づけている。

　青経塾の経営哲学を，個人と組織との一体感の共同体思想として本章では考えているが，その哲学の持続が，未来とどのような形になるかの問題もそろそろこの段階で考えなくてはならない。

　青経塾の経営哲学の持続が，未来の青経塾の持続に連動する。こうした予測が正当化されるには，哲学そのものに持続を可能にする正当性がなくてはならない。

　次に，組織の哲学の制度化は，1個人の哲学形成を原典とする。哲学に寿命はないが，人間には寿命がある。個人に身体化している哲学が，組織の哲学に制度化するには，それなりの組織マネジメントが自然発生的に準備されている。

　言い換えると，哲学が哲学を生み，哲学の生命を継続する。青経塾の経営哲学には，「哲学が哲学を生む哲学の原風景があるだろうか」。ここに，哲学継承と人間の死との問題に直面して，哲学の制度化前の，哲学創設者の価値存在が検証されることになる。

　哲学そのものの持続は，制度化や組織化の問題と並列することが多い。宗教哲学と宗教制度は，まさにこうした哲学と制度の共生で成長してきている。かたちのない宗教が，かたちのある施設の権威や組織の規模でその持続を確立する。

　欧米の大学の歴史は，宗教（神学など）を起源としている例が多い。その大学の持続は，宗教哲学の進化した哲学（社会哲学など）と共に，制度化と施設化を充実させてきた。青経塾が大学ならば，そうした方向をたどるであろう。例えば，慶応義塾は，福沢諭吉の教えを中心とする私塾から出発した。

　時代の変革で，新しい教育を必要とする社会的要請が私塾を呼び覚ます。大学教育の制度的限界が，青経塾を生み出した。同様に，既存の経済諸団体が提供する経営者教育の不完全さと不満が，青経塾の誕生を求めた。私塾の誕生は，宗教の誕生起源と類似して，その土地，その時代の，その特殊環境の極限状況からの所産である。

　さて，現代に生きる私塾・青経塾は，"現代の神話"で終わるのか，ある

いは，未来神話に向けて神話が形成されつつあるのだろうか。

遠山塾主の「私塾」である青経塾は，現在，「塾主＝青経塾」という存在である。青経塾は，本年度で33年目を迎えるが，人間の寿命で判断すれば「塾主＝青経塾」という現体制は，永久には続かない。

この先の塾主の勇退後，青経塾は，解散あるいは消滅する可能性も否定できない。

もしくは，青経塾内で，塾主を支えながら指導者として育っている人材が，独立あるいは，青経塾を継承していくことも考えられる。

1000名以上の人間を抱えているため，その時は，一人の指導者にまとまらず分裂して，第二，第三の青経塾が生まれるかも知れない。

しかし，育んできた組織文化と経営哲学は変わらず，継承されていくにちがいない。

青経塾の組織のかたちは変わっても，おそらく今後も，青経塾の組織文化に培われた経営哲学は，なんらかのかたちで生き残っていくであろう。そのかたちには，青経塾のリズム[13]が生き続ける。

青経塾のかたちをつくるリズムが，青経塾の真の経営哲学である。青経塾が正念場に臨んだとき，かたちではない，見えるかたちの前に実在する青経塾の生きているリズムが，見えないリズムの力で，見えるかたちをつくることになるであろう。

2. 100年後の青経塾を考える
―塾主メッセージから―

本論文を締めくくるにあたり，青経塾の塾主の未来志向を探る必要がでてきた。遠山昌夫塾主は，30周年記念誌『さらなる青経塾のめざすもの』のなかで塾主談として次のように青経塾の未来観を述べている。

---

13 リズムとは，哲学である。見えるかたち（形）は，見えないリズムから生まれる。例えば，郡上八幡の踊りのかたちは，郡上八幡の自然や生活の日常性リズムを身体化することにある。郡上に現実に住み，郡上の春夏秋冬の自然と和した生活リズムを身体化して踊ると，その踊りのかたちには，リズムの哲学が表出する。追い詰められた正念場では，その人間のリズムとかたちが1つになる。その意味で，正念場は哲学を知覚することのできる原風景である。

1) 魂の継承と新たなる飛躍

(1) さらなる青経塾のめざすもの

塾の創設以来，三十年が過ぎた。第一次オイルショックの後の経営者は将来に対する見通しを失い，壁にぶち当たり，もがき，倒産，経営難にあえいでいた。

企業活動の評価は，当時量的な利益が主体だった。生業からスタートした中小企業では段階的に資本，組織，人材，方法などを質的，量的拡大をめざしたが，最大の問題は人材の確保だった。

経営者にとっては，少ない企業内人材を，個々の能力を最大限に発揮開花させ，幾何級数的に力量を拡大可能とする組織のあり方を勉強することだった。

大企業の没個性化に比して中小企業経営者はリーダーの個性によるところが多い。社員と生き甲斐を共有する人間主義経営者こそ社会に貢献すると信じ，そのために経営者の自己研鑽と社員教育，さらに経営者同士の相互練磨を通しての質的レベルアップ，その結果，有能な社員育成と後継者の育成伝承がされつつある。

また，青経塾は実践哲学の陽明学を基本として長岡藩家老の河井継之助，米沢藩主の上杉鷹山より学び，具体的に「知行合一」「一期一会」に生きることを範としてきた。そこから学び得たことを，自身がよい人間社会環境を広める波紋の核となることである。

(2) 人間主義経営こそ社会に貢献する

青経塾生の果敢な企業活動への挑戦は，塾是に示されたように自己啓発などにより，社会性，科学性，人間性，国際性を高め，さらに個々の企業内においても組織全体を拡充充実させている。

こうして成長した青経塾企業の中には証券取引所への上場や店頭公開企業，およびその準備企業が続出した。このように経営者を創ることと，人間を創ることの先見性は見事に結実されつつある。この実証として青経塾を手本とする経営塾が国内に多く出現した。

(3) 環境破壊を伴わない経済行為

青経塾生企業は先進的企業経営要素を研磨し，実践を重ね，量より質を，規成の大企業を超えて一流をめざすのである。青経塾生における一流企業の

スケールとは「人間のための」に尽き，環境問題もこの中に包括される。
(4) 人間主義的人生哲学を持つ

　グローバル化経済においては塾生企業も，アングロサクソン的国際資本の上陸と攻勢から間接的には逃れることはなく，弱肉強食の激しい競争に晒されるだろう。また国際間に於ける南北問題は深刻加速して，その上超大国の横暴は国際テロの発生を生み，社会的混乱と経済的退潮を招き大きな打撃を一般中小企業に与えるものである。

　こうした時代背景の経営環境における中小企業の経営は特に厳しく，たとえ倒産となっても恥ずべきものではなく，会社整理は人生の敗北では決してなく，次なる躍進のため，力を溜め込む踊り場として思考すべきである。

　アングロサクソン型の経営合理性一辺倒の経営から[14]，人を大切にする人間のための経済こそ日本的経営である。それは通貨だけを基準とする経営ではなく，人間の生き甲斐を価値とする経営哲学を持った経営である。

　青経塾は三十年来一貫してこうした人生哲学に基づき経営を実践指導してきた。しかしいまだに未完成で，高き理想に向かっての，発展と進歩の道半ばにあることを自覚し，人間のつながりを大切にして，自己改革を遂げつつ，塾是の真髄に迫り，真の経営を創立するのである。

　本調査研究にあたり，最近の面接情報で収集し得たコメントを次のようにまとめることができた。

　　中小企業の将来については，二極分化の傾向があるように思われる。例えば中部圏周辺には，2005年の中部国際空港開港あるいは万博開催があり，それらの要因が地域の発展に寄与しているという説もあるが，必ずしもそうでない面もある。

　　一例をあげると，トヨタ関連は多くの仕事を受注し，労働力不足をまねくほどの状態であるが，利益において必ずしも向上しているとは思えない節がある。

　　また，この地域において地域産業の比較的歴史のある企業も好況と呼

14　現代のグローバル化の世界的潮流は，アメリカを中心とした資本主義であり，それを通称，アングロサクソン型グローバリズムという。アメリカ社会の支配階級がアングロサクソン系民族だという意味もある。

べる波に乗っていないきらいがある。

　当然のことながら，いつの世も時代の波に乗り切る企業とそうでない企業の格差があるが，乗り切れない企業は当然のことながらその経営の困難にあえいでいる。

　青経塾においてもその傾向が等しく，体質改善をはじめ，新製品開発，合理化の方向を追求しているが，乏しき経営資源であり，必ずしも全企業が生き残れるとは思えない。

　しかしながら，日本国は中小企業の存在が経済発展のベースであり，今後とも青経塾生は，日本の社会のために，たゆまない努力をしてゆかなければならない。

　真の経営を目指す1000名以上の塾生が単に自己の経営哲学だけに埋没せずに，一人ひとりが人間主義哲学を持って，その志に賛同する新たな塾生を生み，中小企業の経営環境を改善するだけでなく，地域社会をも巻き込んで日本の社会を明るくする礎とならねばならない。

　青経塾の塾主は，「今を生きること」を最も大切にし，油断なく未来と世界を睨んで，そして，中小企業の経営者の"生き残る生き方"をつくることに，専念している。何かに負けたくないとする，経営者の意地の精神も素直に感じ取れる。

　未来と現在，生と死，そして，個人と組織，さらには，名古屋と世界に"境い目を感じさせない"，「グローカル経営の，経営者教育」を実践する現実の経営者を，筆者は身近に"生の情報"で確認することができた。

あとがき

　2年前の平成16年に中京大学大学院ビジネス・イノベーション研究科への入学の機会は，父親がつくってくれたものであった。

　「お前には何も残してやれないから」，その時，父親からいわれた言葉だった。その言葉には，多くの確かなものを残してやりたいという親の願いが感じられた。私は父親から，「大学院で多くのことを学び，よい人と出会い，

その縁を大切にしなさい。」という思いを受け取った。

　本論文では，グローカル経営者教育論として「青経塾」を取り上げた。

　私にとっては，大学院入学時には考えられなかったことである。

　父の創設した「青経塾」は，私にとって身近な，ある意味，家族の一部のような存在でありながらも，踏み込めない領域だった。

　昨年の11月に村山教授のご指導により，学会発表（「国際経営文化学会・年次大会」）を経験させていただいた。

　その折の研究内容は，本論文とはちがうテーマであったが，中京大学の大学院生としてのびのびと発表させていただき，今まで目の前に立ちふさがっていた壁の向こう側へ，すっと抜けて出られたような（ブレークスルーの）喜びと自信を得る機会であった。

　その経験が今回の論文への導きとなった。

　人には越えなければならない人生の「峠」がある。中京大学大学院入学は，私がこの先の人生の「峠」を越えていくためのかけがえのない道しるべであって欲しい。また，確実にそうなったことが，今回の論文制作を通して実感となって込み上げてくる。

　本論文で残されているいくつかの課題の研究は，今後も続く。志を高く，中小企業経営者の「教育未来組織のあり方」の探求を続けながら，「青経塾」の未来の可能性を探求し，さらなる経営者教育の論理形成を，めざしていく所存である。

　卒業後，社会に役立つ人間として，経営者として，大きく成長することが大学院でお世話になった方々にご恩をお返しすることだと感じている。

　村山研究室に貼ってある言葉，「八事MBAを楽しむ」。

　楽しむというのは，なんと豊かなことだろう。

　何より，私に学問を楽しむことを教えて下さった村山元英教授をはじめ，中京大学大学院ビジネス・イノベーション研究科の関係者の皆様に，心から感謝申し上げる。

参考文献

村山元英（2005）『戦略と哲学―経営者開発論』文眞堂．
村山元英（2003）『経営管理論―身体的経営一元論』文眞堂．

村山元英（1993）『空港ビジネス論―地域との共生を求めて』文眞堂。
村山元英（1990）『経営宗教学事始め―元の理研究』文眞堂。
稲盛和夫（2004）『生き方』サンマーク出版。
経営哲学学会編（2005）『経営哲学』第2巻，経営哲学学会。
稲盛和夫（2002）『稲盛和夫の実践経営塾』盛和塾事務局。
青年経営研修塾編『三十周年記念誌』（2003）青年経営研修塾。
稲盛和夫（2005）『何のために生きるのか』中央精版印刷。
青年経営研修塾編（2005）教本『こころ』青年経営者研修塾。
青年経営研修塾編『青経塾十年』（1983）青年経営研修塾。
青年経営研修塾編『20周年記念』（1993）青年経営研修塾。
読売新聞中部支社編（2004）『グローカル最前線1～5』読売新聞社中部支社。
新渡戸稲造著　岬龍一郎訳（2003）『武士道』PHP研究所。
名古屋青年会議所編（2004）『54th Annual Report』（社）名古屋青年会議所。
名古屋青年会議所編（2001）『新世紀創造へのファーストステップ』（社）名古屋青年会議所。
高橋乗宣編（2005）『あらすじで読む日本経済』PHP研究所。
遠山富子（2004）『思い出アルバム』タック株式会社。
遠山富子（1992）『スペインの旅十日間』近藤印刷株式会社。
霍見芳浩（2004）『アメリカ大統領選挙のゆくえと日本―ケリーとブッシュ両候補の経済政策比較』
　　　神田学士会館　講演資料。
霍見芳浩（2004）『アメリカのゆくえ，日本のゆくえ，司馬遼太郎との対話から』NHK出版。
藤原正彦（2005）『国家の品格』新潮新書。

第Ⅳ部
官から民への正義

要　約

　日本の構造改革は，行政改革であり，民間活力を行政が取り込むことである。行政が国家ではなく，国民が国家である。だが，国民国家としての近代国家の意識が日本人の心には乏しい。お上（行政）権威のお国柄が，大衆の心理としてまだ根強く残っているからである。大学の研究室で「官から民へ」の構造改革をテーマ研究する個人にとって，民営化の戦略の研究と教育は，現実を知り理論を深め，変革への学問を楽しむ機会となる。

　鶴峯論文と桑山論文は，「官から民へ」の行政改革に奉仕する事業領域を開拓した。その論文特性は，公と私との交流現場の臨床経営学的な研究成果である。

　鶴峯論文は，「官から民へ」の行政民営化を，医療費削減の事例研究を現場で積み上げ，行政改革を提言する。中京大学体育学部で学び，卒業後は多くの運動教室での指導経験と研究と教育の資料を蓄積し，その人脈が経営資源である。
　厚生労働省が先端的に求める医療と介護の行政改革には，これまでの公設公営化の施設と機能を経営する限界があり，民設民営化，公設民営化，民設公営化の新行政（New Public Management）を求め始めた。鶴峯論文は，英国型のPFI（民間の活力を行政が取り込む）をモデルにし，最近の指定管理者制度の変革にも生き残る方向に沿って，運動教室の戦略的位置づけと，制度化への理論を現場の科学として主張する。

次に桑山は，地元の仲間たちと日本政府の国際交流基金（外務省と文部科学省）の支援で，国境を越えて芸術文化を大衆の知とし，異文化間の和の世界を実現するイベント開発をインドで試みた。その実験成果を，彼女の論文「芸術文化交流と"和"の社会経営論」の中にまとめた。

　「インド"草の根"芸術祭」から「常滑"かじま台"街づくりへ」とその後の現場研究は続いた。海外での異文化交流の実験が，地元の街づくりに応用できるモデルとなる。その理由は，異種要素間の交流媒体に，超越的に問題解決する"調和の芸術感性"があるからだ。彼女は，現場の芸術感性を国際ビジネスのコミュニケーション分野にまで普遍化し，会社と地域をグローバル化する"和"の社会経営論を構築する試みを展開した。彼女らのアソシエート関係のNGO海外ボランテイアが，政府に代わって，民間活力で平和外交を実現する。日本企業の海外展開が産み出す摩擦は，こうした"草の根"芸術文化交流の恩恵で平らに耕される。

第7章

医療費削減への公設民営化論
―運動教室が医療費におよぼす効果―

鶴 峯 悦 史

キーワード：行政改革の世界的潮流，先行研究の自主開拓，運動教室と医療費削減の相関発見，状況分析と問題認識，理論的枠組みを求めて，公設民営化と論理と現実問題，国民医療費の動向と保険制度，介護保険について，運動の1次的効果の検証，1次的効果から2次的効果（医療費削減）へ，新運動教室のモデルケース，実証研究の成果報告－現場の科学で検証する，「運動の一次的効果」，医療費の抑制効果（二次的効果），「医療費効果の試算」，虚弱高齢者運動教室の実施」，実証研究からの教訓，まとめの提言

はじめに

　現代社会は，技術革新，そして医学の発展に目覚しいものがある。その反面，人間はストレスによる精神疾患や，運動不足や，そして栄養過多による生活習慣病などの多くの問題に苦悩している。
　また，高齢化が加速的に進む過程には，中・高齢者の健康管理・介護等の課題も生まれてきた。これからの時代「自分の健康は，自分で管理する」必要性が強く求められてきている。
　本論文は，これまで経験した私の"健康づくり"の現場から疑問を起点とし，その疑問に応答する実証研究の成果をまとめたものである。ここには，

現在の「公共運動施設管理」を考えると共に，実際に経験した問題点を踏まえて，今後"見えてくるであろう"新しい公共経営システムとしての「公設民営化の具体的方法」を提案している。

私は，体育大学を卒業し，"運動の道"をめざした「インストラクター」であった。しかし，何かの悪戯なのか，現在は小さな会社を起業し，健康サービス産業を営んでいる。

中京大学大学院ビジネス・イノベーション研究科への入学は，私にとって人生の賭けであり，その結果は自分に欠けている物を探す2年間の教育と研究の期間であった。新しいことに挑戦することは誠に難しいことであった。しかしながら，本論文の作成過程で，未来を開く新しい扉が開きかけた気持ちがする。

本論文の作成にあたり，何の知識もない私を担当教授の村山元英先生は，一からご指導してくれた。その他にも本学の大学院研究科の多くの先生や，専門家や協力者なくしては，本研究は完成できなかったことを実感している。

そのお陰で，「体育学」と「経営学」の"合体の道"を発見し，新しいスタイルの「公共施設経営論」の結論を導きだすのではないかと感じている。

人はその時の環境により求めるものが変わってくるものだ。しかしながら，過去からの反省や慣習の見直しが，改善の原点となり，そこから前向きの「民営化」の革新にと進化する。

本論文が，公設民営化の時代を本格的に切り開く「新公共経営」のヒントになるものと信じ，是非とも行政担当者にも本論文を見ていただきたい。私はそのことを，心から乞い願っている。

I 序　論
―行政改革の世界的潮流―

「公設民営化」という言葉を最近よく耳にする[1]。「公設民営化」の意味

---
1 「公設民営化」とは，アメリカで発達したコンベンション・センターなどの巨大公共施設に↗

は，公共施設を民間に運営してもらう事を意味している。だが，「何をどのように運営するか」，「どのような方法が正しいのか」，とその定義が明瞭でない。

それはそれとして，私どもが関係する「公共運動施設」運営を，医療費削減との相関で効率的に展開し，その施設利用効果と，"結果の見える"運営システムの新方式を確立するための実証研究を本研究では試みた。

これまでの公共施設は，通常，税金や補助金で運営されてきている。言い換えると，国，県，市町村の税金等を財源として，行政が公共施設を所有し，かつ管理運営する政策思考が基本であった。

もちろんその政策実施の段階では，2つの形態の管理方式がある。国民，県民，市町村民から集められた運営費を行政が管理する政策は変わらないが，①行政が，公共施設を「直接運営する方法」と，②行政が公共施設を専門業者に依頼するか，入札委託するかの「間接運営の方法」をとる組織形態に分けられる。

だが，最近この方法に行政改革の波が押し寄せてきている。それが，「公設民営化の流れ」である。具体的には，行政が民間能力をとりいれる「PFI」（Private Finance Initiatives）や，「指定管理者制度」が，現実的に導入されてきている。

こうした「公設民営化の流れ」を，"新しい行政"，即ち，ニュー・パブリック・マネジメント概念の誕生と歩調を合わした「公共施設経営の分野におけるコスト削減と効率化への行政改革として」理解することもできる。

ニュー・パブリック・マネジメント（New Public Management，略してNPM）は，これまでにない「新しい公共経営／行政管理」である。その内容は民間企業の柔軟で効率的かつ創造的な経営方法や考え方を取り入れた経営手法である。

ついて，「行政／市民の所有」と，「民間／専門の経営」との間の相互関係にみる，"第3の政府"を想定している市民型行政の組織経営原理である。実務的にいえば，公共施設を行政が中心につくり，その施設運営を民間にゆだねることである。排除の構造と囲い込みの特性を持つ日本の第3セクター方式とのちがいは，その公共施設の運営を"開かれた"民間の競争市場と能力主義に向けて，コスト削減の選択と集中の民間型戦略を採用したことである。しかし，わが国における公設民営化の方針転換も，欧米の先進型と比べると，行政側の管理と支配の意識がまだ色濃く残っている。

「公設民営化」の狙いは、このように、限られた予算や人員を有効活用して、最大限のサービスを提供することが目的である。

また、英国で発達したPFIの概念も、本来は「VFM」（Value for Money）、即ち、「支払うお金に応じた最高のサービス価値を提供すること」を基本概念とする。後述するが、市民社会の実在と"小さな政府"がその政策基盤である。

英国型のPFIは、公共施設の所有と経営も民間化することを行政の政策としている。その意味では、建設主体と運営主体がおなじで、金融市場での証券発行による資金手当てをすることから、公共施設の「公設民営化」というよりも、公共施設の「民設民営化」の概念である。

そして、最近の日本の行政が打ち出した「指定管理者制度」は、「低コスト高サービス」を理念としている。その方式は、"日本版PFI"（行政が民間活力を取り込む方式）であり、本格的なPFIへの移行の準備段階の感じはいなめない。むしろ、これまでの入札制度の変形という見方もできる。

しかし、「どのような運営方法が一番望ましいのか」、「何を一番重要な目的とし、施設運営すべきなのか」、などと、公共施設の有効活用・サービス向上の具体的目標は未だ明確とは言えない。

公共施設と地域住民との関係で、行政側は施設利用者のニーズに応じて施設分類する。例えば、国の公共施設は管理物件であれば、国民すべてを消費者、利用者として、施設経営のサービス機能の分類と定義が求められる。同様に県や市町村のレベルであれば、それぞれの地域住民が、利用者、消費者、そして市民である。

したがって、その公共施設の最大限の活用効果は、どんな施設でも設置目的や施工者のコンセプトが、消費者欲求をデザイン化の中に取り込むことに成功したときである。

その建造物の中に社会変革と周辺環境の新創造を取り込んだ設計と建築、そして管理運営は、社会開発や地域活性化の視点から問題点や改善点を探しだす。「公設民営化」とは、こうした意味での社会変化と人間変化、そして技術革新とグローバル化の環境条件を取り込んだ、世界的潮流なのである。もちろん、言葉で言えば簡単で単純に感じると思うが、実際おこなうとなる

と大変である。

　私が思うに，公共施設は，本来的には，地域住民を中心に施設利用者のものである。言い換えると，他者思考の行政のあるべき姿は，功利主義の市民に代わって公共施設を代理所有し，施設経営の外部専門家の能力主義と開かれた市民社会との間で，相互信頼の経営信託関係の立場にある。

　公共施設は，特定の目的で建設される。だが，その目的の公共性の意味が多様化してきたのも事実である。かくして，行政は，市民社会の代理人として外部専門業者との経営信託の関係も多様化してくる。もちろん，こうした発想は，日本の行政，企業，そして社会のグローバル化を前提としたものである。

　公共施設の基本概念が利益追求型の施設ではないとしても，行政管理型の不効率経営の持続は，納税者・消費者としての市民からの批判を招く結果になる[2]。

　私どもが関係している「運動施設」も含めて，日本では，公共施設の赤字運営が当然なものとして考えられている。その赤字の原因は，非日常的な空間が多すぎることにある。「施設利用者が快適に楽しむ」，「落ちついて考える空間を提供する」こうしたことへの過度の投資が公共施設経営の赤字原因である。

　このような環境の中で「行政の民営化の流れ」，あるいは，「行政ビジネス化の世界的潮流」に乗り遅れないように，行政側も必死にコスト削減を実施しているが，当初の公共施設の設置目的と異なった形での運営にはどうしても無理が生じてきており，運営に生き詰まっている公共施設の経営状況が，現在散見できる。

　こうした現状と問題を勘案して，ではどのようにしたら，私どもの関係している「運動施設／公共施設の有効化への効率経営が可能になるのか」を，本論文では"現場の事例研究として"展開していきたい。

---

[2] 日本の納税者は，自らが市民意識をもって，税の使われ方への関心が欧米諸国と較べて低い。納税制度が市民意識とつながらない理由は，日本の行政に都合のよい"お上"（官指導・民従属）の伝統思考がまだ文化遺伝子的に根強く残っているからである。

Ⅱ　先行研究の自主開拓
―運動教室と医療費削減の相関発見―

　本研究の始まりは9年前にさかのぼる。平成8年に名古屋市にある「社会保険センター」からの依頼で"温水プール"の公共施設の運営についてであった。

　この地区は近隣に「スイミング・スクール」が多く，新規オープンに際し受講生が集まらないので，「何とか知恵を貸してほしい」と，中京大学元体育学部教授の父親（鶴峯　治）に相談に来られたのが始まりであった。

　そこで，担当者に活用目的や対象者を尋ねると，明確な目的は無く，子供の水泳教室の開講を考えているとの返答であった。

　しかし，近隣に同型の施設が多い為，他と差別化できるように，どのような施設か現場視察をしてみた。

　当時では珍しい可動床があり，更にオーバーフローのフラットプールであった。通常プールはすり鉢状に真中に向かって水深が深くなっている形が多いのだが，床面の水深が一定の平らなプールだということがわかった。

　そこで，思いきって大人中心の水中運動教室の導入を提案した。理由は沢山あるが，一番の提案理由は，水深とプールの形状が高齢者の方に非常に適していて安全だと考えた為である。

　実施段階に入り専門指導員がおらず，自分が指導をする事になったが，予想以上に50歳以上の受講生が多く，60歳，70歳代の受講生も多く申込みされた。

　開講2年目には1000名以上の受講生になり，公共施設での水泳教室としては大成功であったが，半数以上が50歳以上の為，指導以外に大変な事が多く苦労した。

　本来プールは泳ぐ場所との考え方が通常であるが，現実は，簡単なサーベイでつかめたことは，次の理由でスイミング・プールと接していることがわかった。

　　①　水着が逆向き

② 初めてプールを見る（入る）
③ 水が怖い
④ 遊びに来ているから泳がない
⑤ 来ても話をして泳がず帰る
⑥ 張切りすぎて倒れる

　このように，さまざまな受講生がいたので，はじめの段階では，その意味が分からず，私どもは困惑する事も多く悩んだが，しかし，奇妙な発見もあった。

　その発見とは，泳がない，しかも，上達しない施設利用者が，休まず楽しそうに指導者に"差入れ"を持って来る。そして対話を楽しんで笑顔で帰る。

　その姿に「本人が楽しいならそれで良い」，「とにかく楽しい空間を提供しよう」と私どもは，施設運営の考え方を，アミニテイ型に変えてみた。

　寒いと言えば，幼児や高齢者向けにプールの水温を何回も変え，アンケートや聴き取り調査をおこない，通常のプールより高温で開放し続けた。

　また談話するスペースや，開かれた自由な環境を提供し，指導員はできるだけ一緒に話をし，その代わりの最低限の約束として施設利用者の安全対策と健康管理のために，毎回利用前に血圧と体重を測定してもらった。

　後にこの記録を資料にして，本研究プロジェクトの本格的な研究を開始する契機へとつながった。

　当然，毎回測定するのは無駄手間であり，高温で泳ぎに不向き，高齢者が多く，教室もスローペース等の理由で，若者の退会が続出した。

　開講当時の指導者は大学水泳界や日本代表で活躍したトップ・スイマーばかりで，指導ができず話し相手ばかりで嘆いた時期もあったが，四苦八苦しながらスタートした「水泳プール教室運営」であった。

　その後，高齢者中心の「水泳プール教室運営」も安定してきた時期に，受講生から「元気になった」「階段で息切れしない」との声をはじめとして，「自転車に乗るようになった」「ハイキングに行った」「教室の友達と旅行に行ってきた」と，施設利用者の行動範囲が広がってきた。

　次に「肩こりが改善した」「熟睡できる」など主観的に体質改善の声がきかれ，最終的に「血圧が安定した」「杖が無くても歩けるようになった」

「膝,腰痛が軽減した」等の身体的変化が見られた。

　私自身も,これまでとはちがって,"水は凄い","運動は凄い"と,高齢者向けの「水泳運動教室の効力」を,改めて新鮮に感じた。

　この時期にはもう日本は高齢化社会に突入したばかりであり,「高齢者スポーツ」や「余暇スポーツ」等の考え方はあったが,現在ほど浸透しておらず,私自身も学校の授業で聞く程度であまり興味もなかった。

　ただ目前の水泳プールで,高齢者たちの健康改善効果を現実の姿として見ているうちに,発見や失敗の"未開の地"を冒険するような,ワクワクする感動がその場の筆者に押し寄せてきた。

　そこで大学の学部卒業後3年間,研究生として大学に在籍し「高齢者における水中運動方法と効果」をテーマに,名古屋市のこの「温水プール」を中心に指導及び研究を続けた。

　3年間の研究結果としてさまざまな考察ができた。また,同類の研究報告と同様に運動介入による体力改善効果はみられたが,継続研究していくと高齢者は体力レベルの個人差やトレーナービリティによって効果速度が大きく違うことがわかった。

　基本的な考え方として,運動効果は,運動回数でその効果の到達時期は異なる。だが,同じ負荷でのトレーニング(練習)を続けても,一定期間たつと,その運動効果が停滞するように見られた。

　この事実の発見により,それからは,「運動負荷強度」を"徐々に上げる"プログラムを実験した。しかし,高齢者の場合には,効果の上昇率は若年者よりも伸びが遅く,部分的な機能によっては効果が見られないケースも確認できた。

　特に「水中運動」の場合,身体の柔軟性促進や心肺の機能回復,血圧の安定に"効果の優位性"がみられ,「水中運動の有効性」が考えられるが,筋力や瞬発力,骨密度にはあまり"効果の優位性"は見られなかった。その理由は,水の特性である水圧や浮力が,水中運動の身体に関係すると考えられる。

　その後の時代変化と環境変化に,「健康寿命」「寝たきり防止」「体質改善」などさまざまな言葉が囁かれだし,公共運動施設は「健康づくり施設」として位置付けが変わり始める。そして現在の高齢社会における重要課題である

「国民医療費高騰」の対策手段として一部「運動施設は健康づくりを促進し医療費削減が目標の施設」との見解を示した。この結果,「公共運動施設」は,施設利用対象者の"健康づくりの場"であるという,新しい目的ができた。

しかし,こうした健康福祉政策の理想と現実とのギャップは大きく,私どもは現場での「先行研究の自主開拓」を通じて,幾つかの疑問と出会っている。そこで,これまでのパラダイム(知的枠組み)とは異なった,新しいパラダイムを求めて,行政と民間との間にある民営化の"戦略ギャップ"をどう解消するかの問題へ挑戦してみたい。

再考するに,超高齢化社会を将来迎えるとしたら,医療費削減を視野に入れた「運動教室事業のプロジェクト開発は,大変重要な戦略的位置(Strategic Positioning)にある。だが,「この事業企画をどう実施するか」,「厳しい予算状況で最大限の結果をだせるか」,こうした問題への私どもへの課題は重くのしかかる。

運動指導の内容については,今まで学んできた体育学の知識の恩恵で最善のサービスは提供できるものと自信はあるが,しかし,そのサービスは長期継続して初めて効果がでるものであり,当然のごとく限られた予算の中で確実な目に見える成果を上げなければ公共施設は維持できないという現実問題に私どもは直面した。

そこで本論文で提案するこの問題解決の戦略的解決法は,「私どもの提案する"健康づくり"教室が,これまでの医療費をどのくらい削減し,健康維持と改善の効果・影響をもたらしているのか」を実証研究で証明し,その研究成果をもって,「公設民営化の流れ」を正常化する方向への近道は,これしかないかと考えるにいたった。

Ⅲ 状況分析と問題認識
―理論的枠組みを求めて―

1. 公設民営化の論理と現実問題

先ず取り上げるべきことは,わが国の「公設民営化の流れ」で,行政と民間との綱引き状態である。行政は,公共施設への最終的な所有権は確保し

て，施設利用の使用権や経営権を外部化して，行政赤字分を減らすことで公共の利益を防衛しようとする戦略を強めてくる。

アメリカ型の公設民営化は，その経営権に行政を含めないで，外部の専門職業能力に機会を開き，市民的監視を条件に，市場原理と競争原理とを経営理念とする公共経営である。

単刀直入にいえば，公設民営化型の公共施設経営に天下りする人事は，英国では慣習法としての憲法違反であり，米国では，ビジネス・エシックス（経営倫理）の違反行為として扱われ，地域社会や市民からの行政批判の火種となる。

日本の「公設民営化の流れ」は，アメリカ型の形を模倣しているが，その形に内在する，「市民社会」と「行政」との関係の論理が，日米間では基本的に異なる。

アメリカでは市民同士のアソシエテ型やクラブ社会型の市民社会が定着している。しかも，その市民社会は，行政とは分離していて，"自律している"組織である。だからこそ，公主体の所有と，民主体の経営が，それぞれ自律して，相互に主権をもち，官（行政）と民（市民社会）の間で，「不即不離の公設民営化方式」を実現できる。

一方，わが日本では，市民社会が，行政から分離して自律しているとはいえない。むしろ，欧米型の市民社会は日本では未成熟で，"つくられた"市民社会とか，"仕分けされた"民間組織がある。このようなスタイルの日本型民間組織は，行政の中に行政代替の"隠れ蓑的存在"として組み込まれているか，あるいは，行政と民間組織との間の「相互浸透の関係」を，東洋的に持続させ，両者は分離していない。

日本の公設民営化の潮流を日本文化の特性との関係で吟味すると，以上のように，民営化先進国の民営化の概念と大いに異なる。こうしたマクロ的視点も含めて，次に，ミクロ的視点で，「医療費削減のための健康福祉施設の公設民営化」をめぐって，「先行研究の自主開拓」から得られた疑問（問題認識）を次のように整理してみた。

(1) **医療費への疑問**
　・「医療費削減効果」とは，どのようにして測定するのか

- ・現実に発生した医療費はどのようにして調べるのか
- ・誰がどのように「医療費削減効果」を評価するのか

(2) 実施体制の疑問
- ・どのような運動方法により,「医療費削減効果」は現れるのか
- ・誰が運動方法を指導するのか
- ・運動方法を指導する対象者は誰なのか
- ・誰が運動教室等の開催における責任者なのか
- ・対象者の運動強度や運動の仕方はどうやってきめるのか

(3) 管理への疑問
- ・従来の施設直営管理者や,物件管理業者は,ハード専門の管理スペシャリストであり,ソフトの企画や創造性の目的に対応できるのか

　超高齢化社会には,人々が毎日を楽しく過ごす為に,健康が不可欠である。心身共に健常で,仕事や趣味に取り組むためにも,心身を健康な状態に維持することが日常生活の条件である。

　「健康寿命を延ばす」「要介護世代の先送り」を目的としている取り組みには,産・官・学の連携は欠かせない構造となっている。

　「産」とは企業,「官」とは行政,「学」とは大学をいう。これら三つの機関が互いに戦略的連携プレーで,地域住民を対象に健康づくりに取り組んでいかなければならない。

2. 国民医療費の動向と保険制度

　図表1は「国民医療費の推移」のグラフです。右肩上がりに急上昇しているが,これは世界でも類を見ない伸びであり,高齢者率のピークと考えられている2025年には50兆～60兆円にも膨らむと予測されている。

　しかし,注意書きにあるように介護保険料は含まれておらず介護保険料等も含む総医療費は更に増大する事が安易に予測できる。

　また図表2の「健康保険の種類」は,主要な健康保険の種類と主体と対象者についての紹介である。これ以外にその他老人保健等がある。

　また国民健康保険は他の保険から退職後に加入するケースが多い為,平均加入者年齢も高く料金も低いのに対し,更なる医療費の高騰が予想される。

図表1　国民医療費の推移

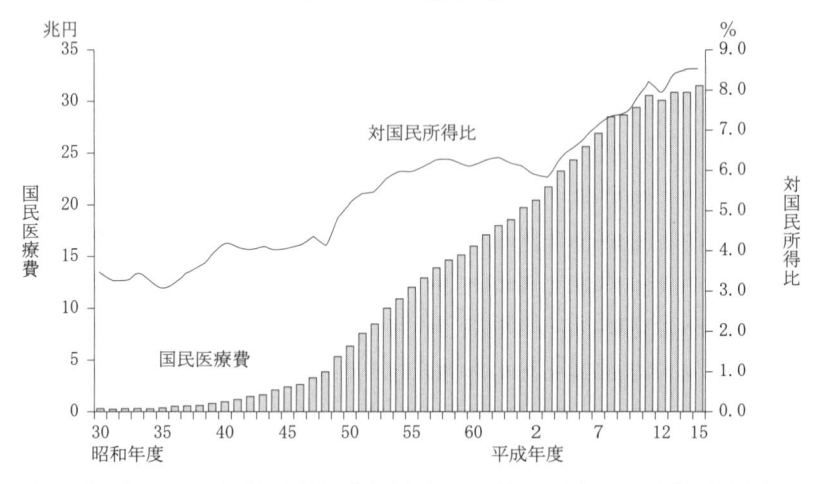

注：平成12年4月から介護保険制度が施行されたことに伴い，従来国民医療費の対象となっていた費用のうち介護保険の費用に移行したものがあるが，これらは平成12年度以降，国民医療費に含まれていない。

図表2　保険制度について

健康保険の種類	保険者	適用される人
1. 政府管掌健康保険	国	サラリーマンとその家族
2. 国民健康保険	市町村及び特別区	自営業，フリーター，無職
3. 健康保険組合	健康保険組合	サラリーマン（比較的大きな企業等）
4. 国民健康保険組合	国民健康保険組合	専門的業種（医師，建設等）の組合
5. 共済組合	国，都道府県など	公務員（国家，地方），私学教員等

3. 介護保険について

　次に介護保険について少し触れておく。介護保険は図表3に簡単にまとめてみたが，2000年に社会情勢の老後不安や核家族化，介護者のストレスによる老人虐待や自殺などを背景に始まった福祉サービスである。

　開始当初は，認定者は218万人からスタートしたが，2004年には400万人を超え，増加傾向にある。このうち要支援・要介護1の認定者は2000年の84万人から2004年は194万人へと特に増加している。

　確かに社会不安を意識した良い制度導入だったと思われるが，制度的に介

護者本人や家族の負担を軽減することに重点が置かれ，当人の回復や維持・リハビリは置き去りにされた感がある。

　実際に介護される側とすれば，身体機能が低下すれば介護認定レベルが上がり，補助金の点数が増加し更に充実した高いサービスや長時間の介護を受けることが可能になり，自己負担額も減少する。

　しかし，逆に身体機能が回復すれば，サービスの減少や自己負担額が増加する，人に優しい努力の要らない制度である。

　確かに身体機能が低下すれば，多くのサービスは必要になるが，回復すれば自立した生活を営むことが可能になるのだが，この制度の中で本気で回復を目指す方が多く出るはずもない。

　介護者の多くは「要支援・要介護1レベル」の方が，全体の半数で，リハビリやトレーニングをすれば回復や維持できる段階である。

　それにより衰退を待つ日々ではなく，新しい生活も可能になり，無駄な介護保険料も削減でき，本当に必要な方に更に良いサービスの提供も充実している。

　このような反省点も踏まえ2006年4月より「新介護保険制度」が再スタートした。前回の反省点も改善する形で，今回の制度は「回復させる」「予防させる」ことも1つの目標になっており，国も本格的に「医療費削減」に本腰を入れてきたといえる。

4. 運動の1次的効果の検証

　加齢による身体能力の低下は，まず脚から現れる。高齢者の場合，脚の筋力の著しい低下が原因で，膝やつま先が上がらなくなり「すり足歩行」となり躓きやすくなる。

　つまり，家の中や地面のちょっとした凹凸が高齢者には大きな障害物となり歩行能力の低下が原因で転倒し骨折に至り，寝たきり生活の始まりとなり得ることが，近年，「運動による身体能力の具体的数値を検証する調査」でわかってきた。

　また，教室受講者への，研究協力の還元手段として，「体力診断表」を作成しフィードバックしてきた。

これまでの運動教室では，運動を行った結果を知ることが難しく，筆者もそうだったが，受講者本人も，「運動効果があるかどうか」が判らない状態だった。

確かに体重のように測定することが一般的なものについては，何らかの結果が目に見えるのは言うまでもないが，生活習慣病に深く関係する「体脂肪率」や「血圧」等，"ADL"（日常生活動作）に大きく影響する身体能力の維持・向上・衰退を，目に見える形で表示することは大変重要であると考える。

図表3　介護保険制度変遷

介護保険制度変遷

2000年スタート
「介護の家庭化」→「介護の社会化」を理念とした画期的な制度であった。

2004年介護保険中間評価
　介護予防に関連する制度・事業は，一貫性・連続性に欠け，内容が不十分であった。また，要支援・要介護1が全体の5割近くに達し，状態改善の効果が上がっていないとの声が多い

2006年　新介護保険発進スタート
　内容
　① 制度全体を「予防重視型システム」に転換し，地域特性に応じ，多様で
　　柔軟なサービス体系として「地域密着型サービス」が創設される。
　② 地域支援事業として高齢者人口の5％を対象に実施する。
　③ 17年度の準備の内容で18年度以降の行政経営は大きく左右される
　④ 現在要支援・要介護1の中から※廃用症候群と見なされる方が新予防給付対象者となる
　※体を使わないことで起こるさまざまな症状
　問題点
　① 初めての試みの為，的確な指導を実施できる人が少ない
　② 対象者の身体的個人差が大きい為，各プログラムの完成度が低い
　対策が結果を出せない場合
　ⅰ）病院へ行く　→　医療費が上がる
　ⅱ）要介護2まで待つ　→　介護保険料が上がる

---

5. 1次的効果から2次的効果（医療費削減）へ

高齢者は身体能力の維持・向上に努め，年齢を重ねても出来る限り健康な状態を保つことが大切であると考えている。

私どもは"身体能力の維持"を「健康寿命を延ばす」と呼んでおり，要介

護者になり得る年代の先送りを目標に健康づくりに取り組んでいる。

「健康寿命を延ばす」ことを，基本コンセプトとして，町役場関係の管理栄養士が食生活の指導をする。また，町役場関係の保健師が生活習慣改善の指導をする。

それに併行して，インストラクターが「事前研究した運動カリキュラムに沿って」運動教室を開催する。その延長で，運動教室で得た運動データを専門的に分析し，高齢者の体力データづくりをアップ・ツー・デート（Up to Date）的なものにしていく。

6. 新運動教室のモデルケース

図表4　従来教室と新教室（鶴水モデル）

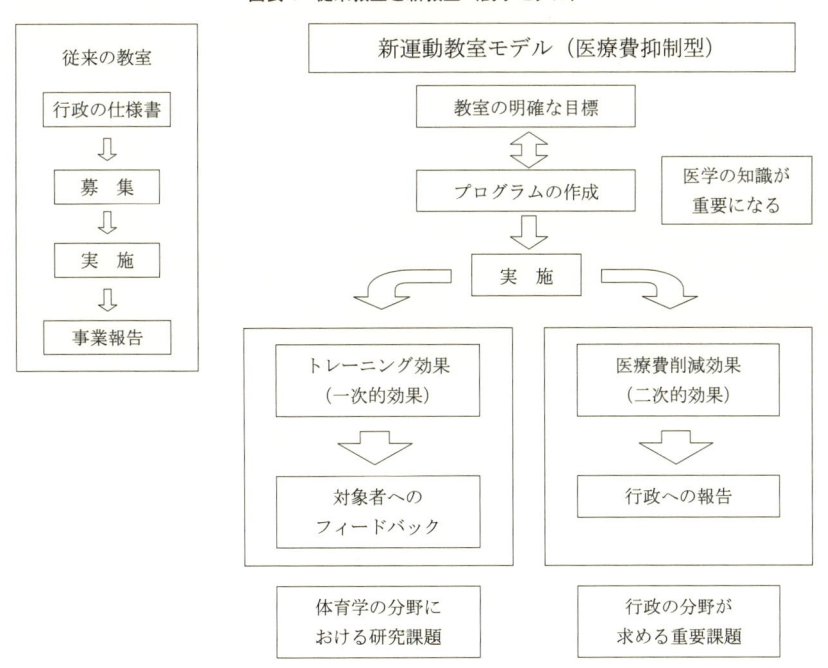

従来の教室	新運動教室モデル（医療費抑制型）	
行政の仕様書	教室の明確な目標	
↓	⇅	医学の知識が重要になる
募　集	プログラムの作成	
↓	↓	
実　施	実　施	
↓	↙　　↘	
事業報告	トレーニング効果（一次的効果）	医療費削減効果（二次的効果）
	↓	↓
	対象者へのフィードバック	行政への報告
	体育学の分野における研究課題	行政の分野が求める重要課題

　この図表4の全体的説明をするとしよう。本来の公共施設は設置すること自体が大きな役割を果たしており，施設の有効活用や設置効果は，さほど必

要はなかったと推測される。

　しかし時は流れ，現在は税金の無駄づかいとの厳しい意見が多く，行政側も施設の管理運営を"お荷物物件"と考えているようだが，本当にそうなのか。

　私はそうは思わない。ただ公共施設の活用方法や設置効果が明確に目標設定されない問題である。現状では，施設運営費の出資者である利用者，消費者，市民に説明ができず，不安や不信感を煽り，批判的な言動が多く聞こえるだけと私は感じる。

　これまでの運営方法では，施設利用者の求める欲求や環境変化と，行政の求める公益概念や公共政策との間に，混成文化の形成，即ち，求める「公設民営化の流れ」が遅れていたことは明確である。

　そこで新しい公共運動教室の導入を実施し，その効果を検証してみる実験をした。利用者側には今までの効果値の見えなかった運動効果や身体変化をフィードバックして，自分自身の満足度を向上していただく。

　また自宅でできる運動や，子供の発育における運動の重要性や，楽しい老後に向けての体力維持の考え方，継続運動の大切さや効果などを，教室中や講演会で論じ，間接的に公共の運動施設の重要性も理解させる。

　また行政側にも積極的に公共施設の開放をしていただき，憩いの場所としての空間の提供により，アンケート実施場所や，ボランティア活動の参加を呼びかけ，年金相談所の設置等の行政サービス向上をめざし，地域コミュニティーの形成にも繋がるようにした。

　そして本来の目的である「運動教室と医療費削減の効果のむすびつきこそが，公共施設の出資者とでもいうべき，納税者市民への，公共施設の設置効果のアピールになると考える。

　このように，「医療費削減の公設民営化戦略」は国家的プロジェクト問題であり，私どもの実証研究が，この「新運動教室モデル」を先駆的に証明実験してきている。その実験過程を次に説明したい。

Ⅳ 実証研究の成果報告
―現場の科学で検証する―

　これまで本論文での積み上げは，序論で「行政改革の世界的潮流」から論を起こし，Ⅱでは，医療費削減と運動教室の相関関係を発見した「先行研究の自主開拓」を紹介し，その先行研究を深めるために，Ⅲでは，パラダイム転換をめざした状況分析と問題認識を通じて，これからの研究展開で下敷きにできる「理論的枠組みの探索」を，マクロとミクロの両方の視点で試みた。

　次にここでは，準備研究の段階から本格的な仮説検証のための「現場の情報収集の研究領域」に踏み込んだ結果をまとめ，その研究過程と研究成果の報告をすることにした。ここに，「運動教室と医療費削減の関係」について数個のなかから2つの実証研究を紹介する。

1. 実証研究1：「運動の一次的効果」

　実証研究の開始に際し，仮説を立て1つずつ検証していく事にした。

　本論文のテーマである「医療費削減の公設民営化」は，医療費を削減，抑制する事を目標に，公共運動施設の有効活用した民営化のシステムの構築を研究することであるが，間接的に「運動の一次的効果」を測定して，そのあとで，医療費削減の「運動の二次的効果」結論を導きだす方法をとりたい。

実施検証における仮説1～5
　仮説1：運動をすると一次的運動効果はあり，特に身体的に変化があらわれる
　仮説2：高齢者の一次的運動効果は，維持，少しの衰退は本来の体力低下レベルを考えると，向上していると考える
　仮説3：運動の一次的効果は医療費の二次的効果に関係がある
　仮説4：運動教室参加者は医療費削減効果があり，対象者は全国民である。

仮説5：運動プログラムや施設によって効果は異なるが，抑制効果はある。

研究テーマ：「水中運動教室による身体変化と医療費の関係」
実施目的　：健康な高齢者の増加と健康寿命の先送り
場所と内容：次の通り。

場　所	内　容	
健康センター（N市）	「中高年の水中運動教室」	1996年〜
S県（H町）	「いきいき元気教室」	2003年
A県（H町）	「中高年のクアプール教室」	2003年〜
G県（H町）	「温泉プールの運動教室」	2004年〜

注：個人情報の関係も考え県名市町村名はあえて記載しない

実施体制：
　・大学教師　（医学，体育学）
　・栄養士，保健士，
　・運動指導員

運動教室の一次的効果の検証

図表5-a　血圧の推移

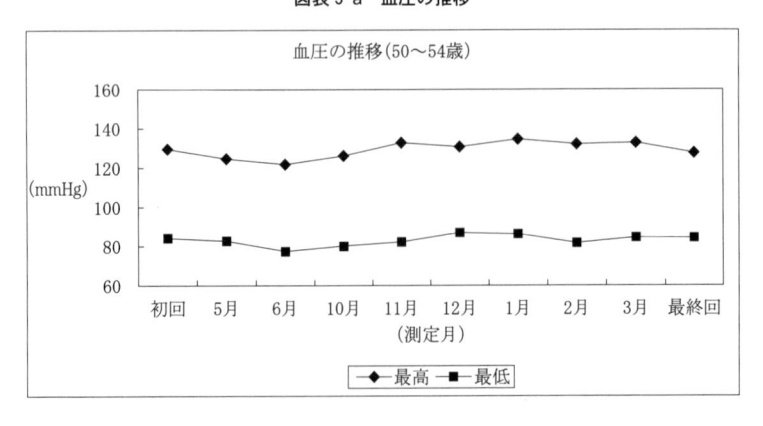

血圧の推移(50〜54歳)

第7章　医療費削減への公設民営化論　385

5-b

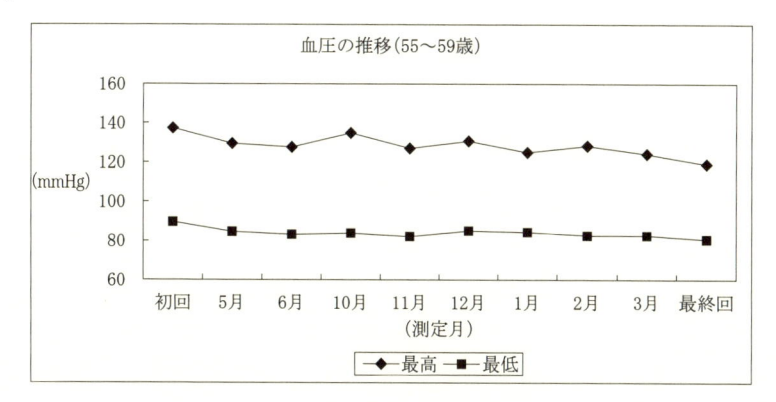

血圧の推移（55～59歳）

(mmHg) 縦軸: 60–160

横軸: 初回, 5月, 6月, 10月, 11月, 12月, 1月, 2月, 3月, 最終回
(測定月)

◆ 最高　■ 最低

5-c

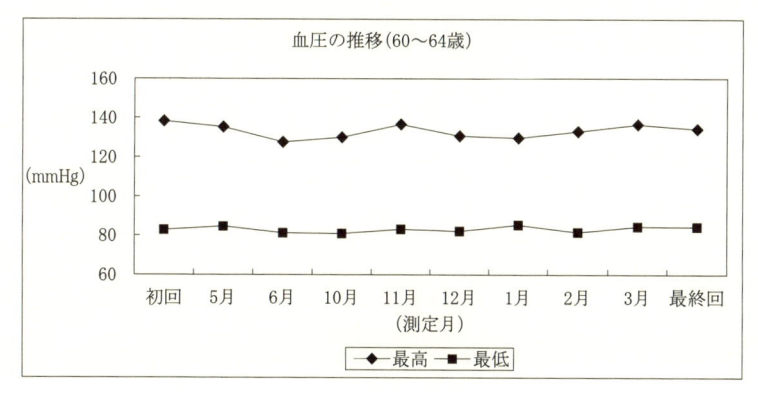

血圧の推移（60～64歳）

(mmHg) 縦軸: 60–160

横軸: 初回, 5月, 6月, 10月, 11月, 12月, 1月, 2月, 3月, 最終回
(測定月)

◆ 最高　■ 最低

5-d

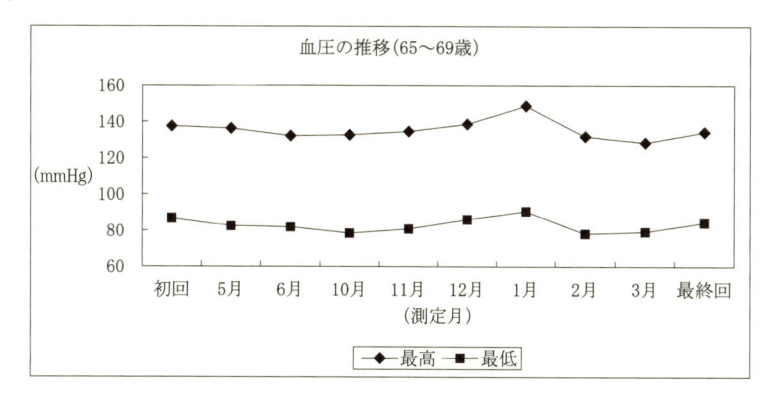

血圧の推移（65～69歳）

(mmHg) 縦軸: 60–160

横軸: 初回, 5月, 6月, 10月, 11月, 12月, 1月, 2月, 3月, 最終回
(測定月)

◆ 最高　■ 最低

図表 6-a 体脂肪の推移

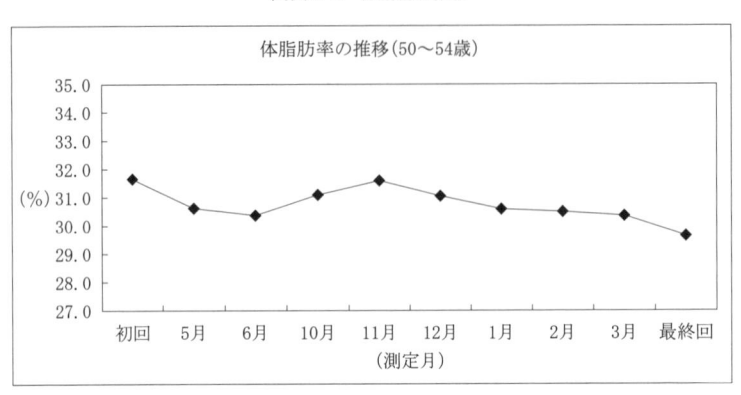

体脂肪率の推移(50〜54歳)

6-b

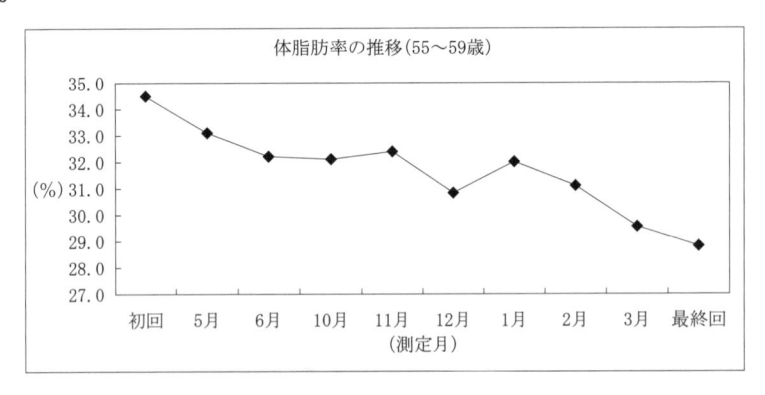

体脂肪率の推移(55〜59歳)

6-c

体脂肪率の推移(60〜64歳)

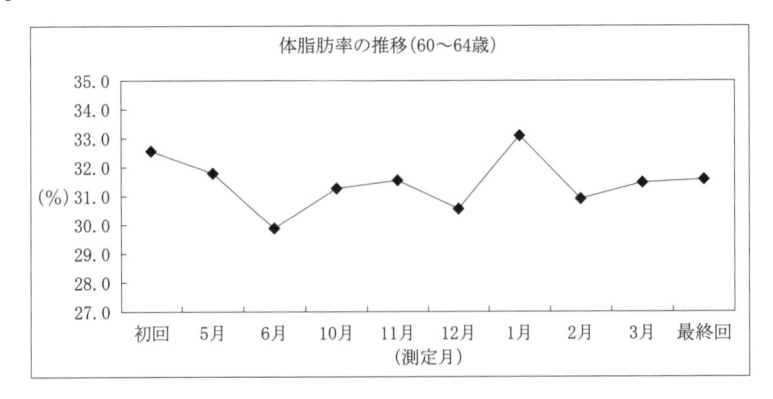

6-d

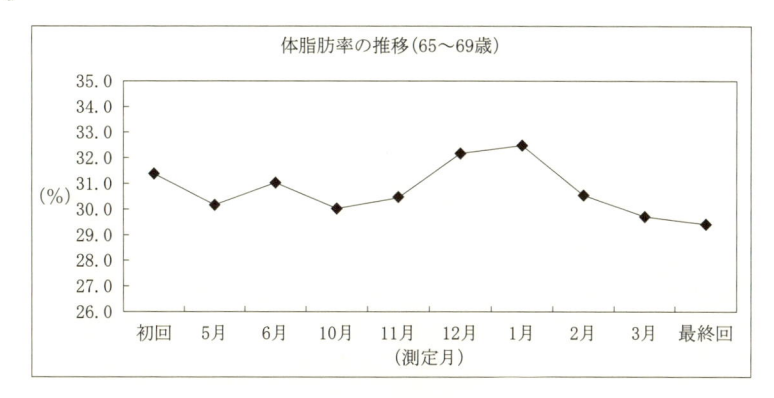

体脂肪率の推移(65～69歳)

図表7-a　体重の推移

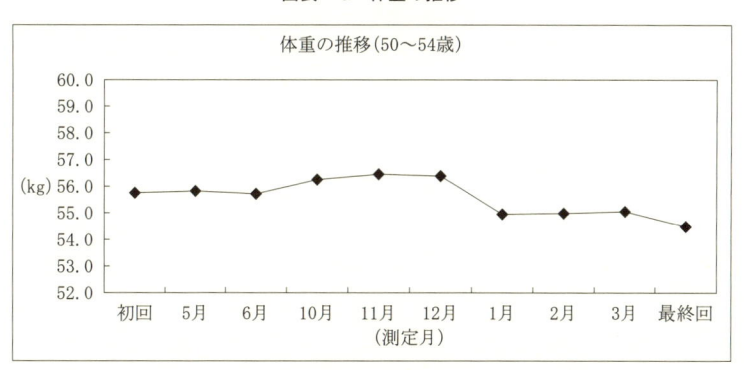

体重の推移(50～54歳)

7-b

体重の推移(55～59歳)

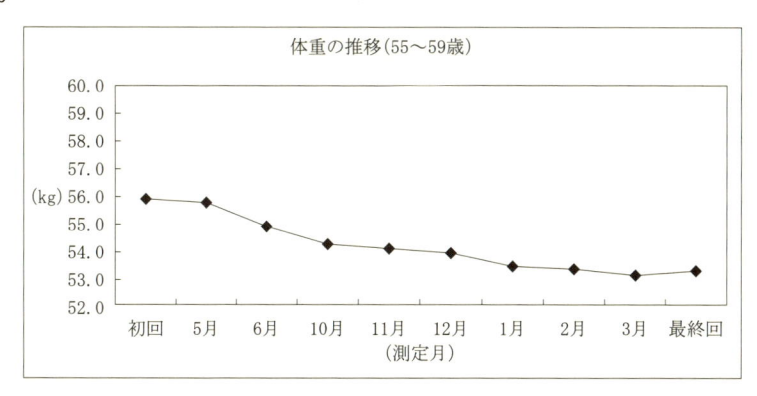

第Ⅳ部　官から民への正義

7-c

体重の推移（60〜64歳）

7-d

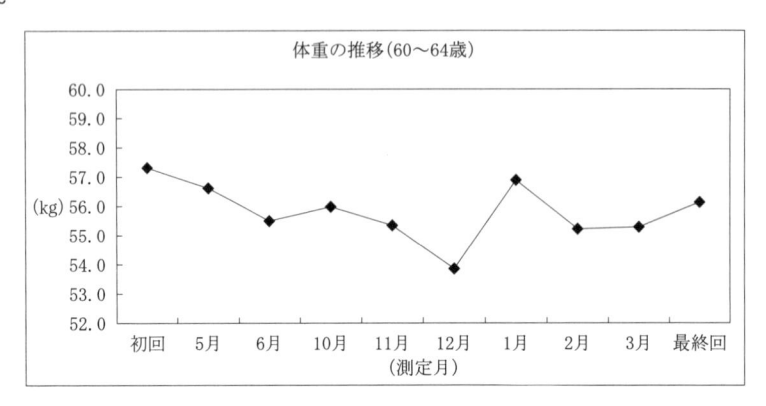

体重の推移（65〜69歳）

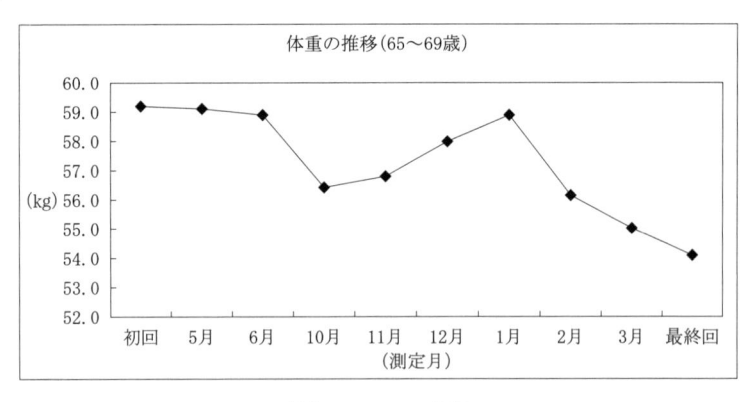

図表 8-a　BMI の推移

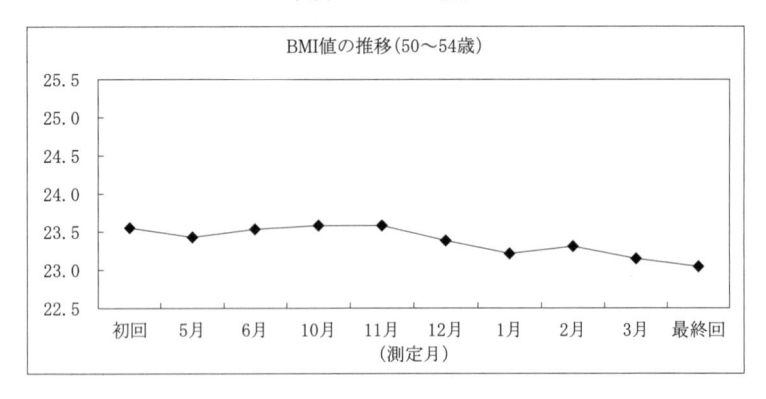

BMI値の推移（50〜54歳）

8-b

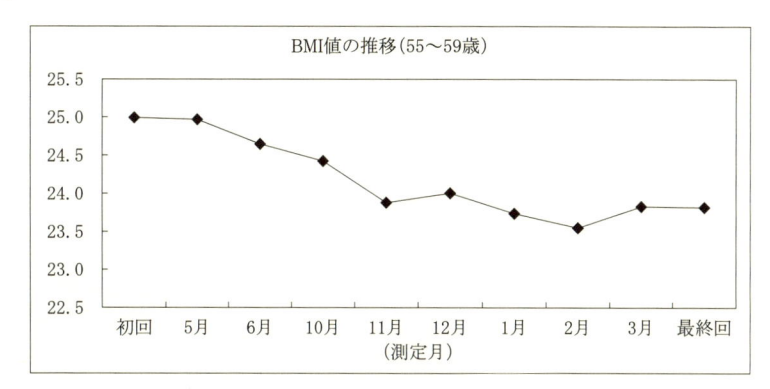

BMI値の推移(55〜59歳)

8-c

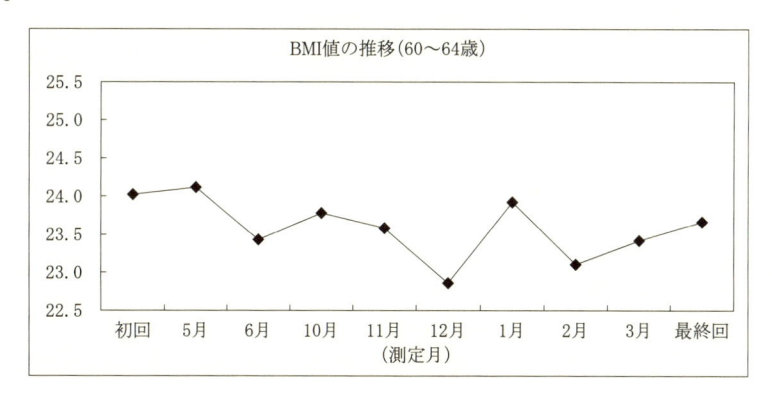

BMI値の推移(60〜64歳)

8-d

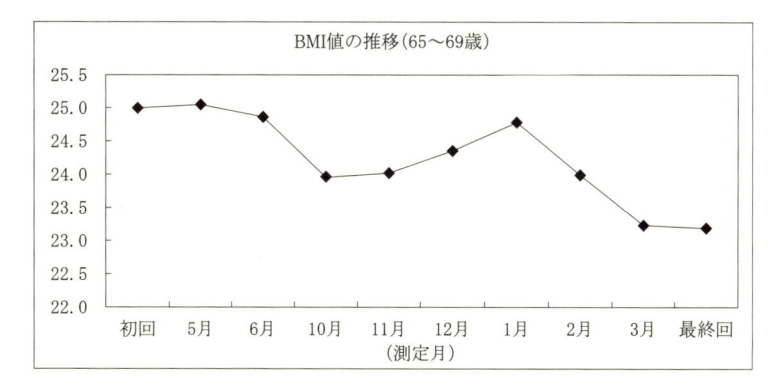

BMI値の推移(65〜69歳)

上記の図表 5-a 〜 8-d は運動教室参加者の年代別の血圧・体脂肪・体重・BMI の一年間の推移グラフである。各年代で 4 項目と体力測定を実施した。その他施設によって，健康診断や専門器材を使用し血液や血管年齢，筋量，乳酸値などの検査事例もあるが，今回は何処でも簡単に測定可能な 4 項目を検証する。

　体重・体脂肪・BMI は各年代とも微減する傾向にあるが，若干の効果はあると考えられるが，あまり優位性はなく血圧の安定効果はみられた。また運動能力テストも各年代で効果を測定し本人に運動方法や注意点などをフィードバックした。

トレーニング効果（運動の一次的効果）：
① 柔軟性の向上
　　各年代でも柔軟性の向上は確認された。特に高齢者の方の伸び率は高く，運動不足で硬くなっていた間接や筋肉などが運動により回復してきたと考えられる。水中では体重が陸上 10 分の 1 になる為，陸上では不可能な角度まで広げることが可能になり効果がでたと考察される。
② 血圧の改善
　　こちらも，水の特性を充分現した結果となっている。水という溶体環境が重力の影響を軽減し怪我の防止や血液循環を容易にする。また水流・水圧の効果で速度により本人にてきした運動負荷がかかり心肺機能が安全に向上できると考えられる。しかし，水温や運動負荷のかけ方で効果も違い，陸上運動とは異なるため運動を実施しても逆効果も有得るので注意が必要である。
③ 検証コメント
　　以上の機能に優位性があると考えられる。よって一次的運動効果はあったと考えられ，仮説 1，仮説 2 は運動教室と関係あることが実証された。

2. 実証研究Ⅱ：医療費の抑制効果（二次的効果）

水中運動教室においての運動効果と医療費動向（H町）

研究概要
1期の教室　　　：3ヶ月間
1年間　　　　　：3期開講
1期以上参加者　：54名内，
国保加入者　　　：35名
（怪我の為の高額医療費者1名除外）

図表9

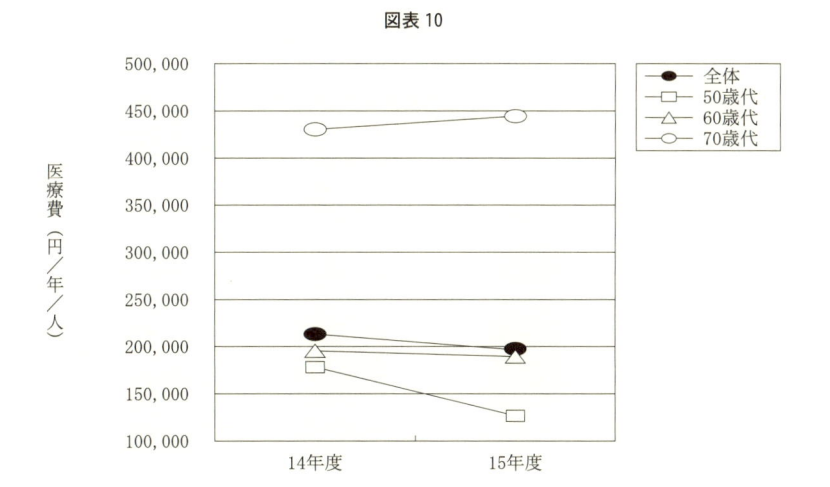

		14年度	15年度
全体	n＝34	212,022	196,975
50歳代	n＝8	177,929	126,549
60歳代	n＝23	195,317	189,110
70歳代	n＝3	431,011	445,075

図表10

　右上の図表9はH町の国民健康保険料を平成14年と15年度を比較し，図表10はそれをグラフ化した。後の問題点でも述べるが，被験者数が小数の為に信頼性は低いが，50代，60代の教室参加者は前年の医療費を下回る結果がでており，70代の方も上昇率が緩やかである為，すべての年代に対して，何らかの形で医療費の削減・抑制効果が見られた。また，50代の方の削減効果が他の年代に比べ大きく，若い世代からの予防運動の重要さを再認識できる結果となった。

　次に国民医療費とH町の町における国民健康保険料と運動教室参加者での医療費の伸び率を比較してみる。

図表 11

	1 人当り医療費（円）		対前年度比
	14 年度	15 年度	
国民医療費	242,900	247,100	101.73
町の国保加入者	338,346	366,503	108.32
運動教室参加者	212,022	196,975	92.90

全町民　　　　　　　　：13,433 人
国民健康保険加入者　　：4,876 人
今回の運動教室参加者：34 人

図表 12　平成 15 年度医療費

平成15年度医療費

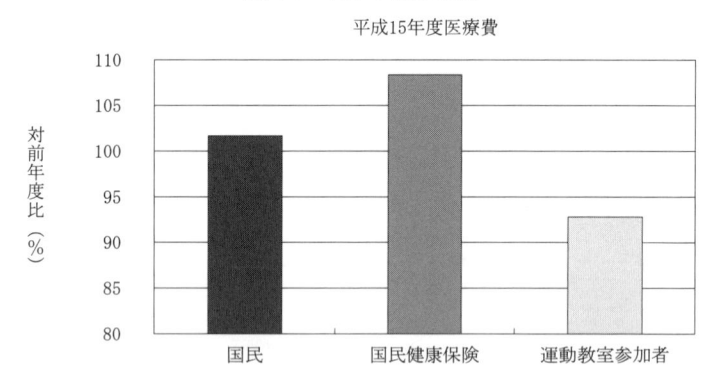

（縦軸：対前年度比（％）、横軸：国民、国民健康保険、運動教室参加者）

　図表 11 は平成 14 年度と 15 年度の各医療費を比較し，図表 12 はそれをグラフ化した。運動教室対象者は前年度と比較して 92.9％で，医療費が約 7.1％削減できている。しかし運動の未確認者の医療費は国民医療費の前年比は約 101.7％であり医療費は 1.7％増加している。さらに町の国民健康保険の前年度比は 108.3％であり医療費が 8.3％増加と高い伸びを見せた。

　特に増加の大きかった H 町の国民健康保険だが，理由として年齢層の高齢化が原因だと考える。国の医療費の伸び率を約 2％と考え（108％－102％）＝6％となり差は 6％確認できた。また 1 人当りの医療費を比較しても，約 10 万円前後の差額がある。理由は一般的に医療費は高齢になるほど高くなる為，高齢者率や加入年齢層の高い保険ほど一人当りの医療費が高い

保険となり格差がでる。

　結果，前年度との医療費の伸び率を比較すると，運動教室参加者は国民医療費と比較し8.8%の差があり，町の国民健康保険とでは15.4%の差があり，運動教室の参加は充分な医療費削減効果が見込めることがわかった。

3. 実証研究Ⅲ：「医療費効果の試算」

　この数字を基に，公共運動施設での運動教室の増設を仮定し，H町の人口の範囲内で大胆な試算をしてみた。（国民健康保険の数値を使用）

図表13

国民健康保険加入者における医療費削減効果

¥366,503 － （¥338,346 × 0.929） ＝ ¥52,180
¥366,503：H15年度の町民国保加入者1人当りの医療費
¥338,346：H14年度の町民国保加入者1人当りの医療費
0.929　　：運動教室参加者の医療費対前年度比

【仮説】
・運動教室参加者を国保加入者とする
・1人当りの1年間における医療費削減効果：¥52,180
・1クラスの教室人数：40人
・1日に開講できる教室数：5教室
・1週間に5日間開講：25教室
・1年間に参加できる人数：1,000人

〈1年間に運動教室によって可能な医療費削減効果〉
　¥52,180 × 1,000人 ＝ ¥52,180,000

　　　約5,200万円の医療費削減

検証コメント

　運動教室参加者には医療費削減効果はあったと考えられるため，仮説3は関係があり，図表15の応用により仮説4も可能な範囲と考えられる。

国民健康保険加入者すべてが運動教室に参加した場合
(国民健康保険の数値を使用)

図表 -14

国民健康保険加入者 (36.30%, 4,876 人) における医療費削減試算

$\{¥366,503 - (¥338,346 \times 0.929)\} \times 4,876$ 人 $= ¥254,429,608$

約 2 億 5,400 万円の医療費削減効果

町民すべてが運動教室に参加した場合
(国民医療費の数値を使用)

図表 -15

町全体 (13,433 人) における医療費削減効果

$\{¥247,100 - (¥242,900 \times 0.929)\} \times 13,433$ 人 $= ¥288,084,118$

¥247,100 : H15 年度の国民 1 人当りの医療費
¥242,000 : H14 年度の国民 1 人当りの医療費

約 2 億 9,000 万円の医療費削減効果

　大胆な数字の試算だが，大きな医療費削減効果はあると考えられる。しかし今回の対象者は元気に施設に来ることが可能なかたに限定される。

4. 実証研究Ⅳ：「虚弱高齢者運動教室の実施」

　しかし，第 3 章で述べたように，医療費高騰の抑制は急務であり，今回の教室の応用を介護保険適応者及び予備軍の方を対象に実施してみた。
実施研究Ⅳ
研究テーマ：新予防給付モデル研究
　　　　　　(虚弱高齢者，要支援，要介護 1 の減少・回復)
実施目的　：「高齢者の機能維持や回復における一次的運動効果の検証」
場所と内容：次の通り。

| 場　所 | 内　容 |

S県H市福祉センター「高齢者における筋力トレーニング」
- 介護保険業者
- 大学教師　（医学，体育学，経済学）
- 理学療法士，看護士
- 健康運動士，管理栄養士，保健士
- ケアマネージャー

具体的方法：

公民館などを利用した虚弱高齢者教室の実施利用方法と個別運動プログラムの導入による一次的運動効果の検証

実施例

教室開始前の健康チェック
- 体重測定
- 血圧測定
- 脈拍測定
- 問　　診（主観的な健康度）

筋力トレーニングを行う前の準備体操として，柔らかいマットの上で柔軟体操を実施。約20種類の種目を個別の柔軟性に合わせて行い，同時に声を出しながら（息を吐きながら）行うことで，血圧急上昇の防止と呼吸筋のトレーニングとなる。

図表16

教室期間初回では5種目程度で疲労が見られたが，1ヶ月後では全種目行っても参加者に余裕が見られた。自宅での自主トレーニングの効果が早くも現れてきた。

① 上下肢間の柔軟性　　② 股関節の柔軟性
③ 肩こり改善効果　　　④ 腰痛予防

自宅などを利用し自分でトレーニング

　教室で実施した内容を，「自分で」行うことが筋力向上の為には必要不可欠である。教室でトレーニングする事が向上の秘訣ではなく，日常生活の中にいかにトレーニングを取り入れるかが重要である。

トレーニング日記

　自分で自分を管理する為に，どの日に，どの様なトレーニングを行ったかを記録する。

器具を使わないトレーニング

　筋力トレーニングを日常生活に浸透させる為には，「いつでもどこでも出来る」ことが重要。この考え方から数々の方法が考案された。

・階段トレーニング
・座布団リレートレーニング
・リズムトレーニング
・階段トレーニング etc.

図表17

トレーニング負荷の推移

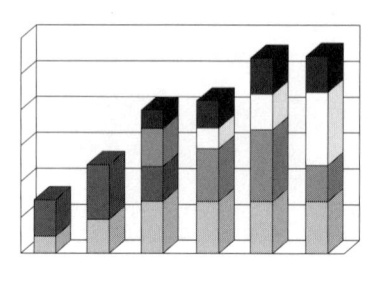

凡例：
■ レクリエーショントレーニング
□ 階段トレーニング等
■ アイソトニックトレーニング
■ アイソメトリックトレーニング
■ 柔軟性トレーニング

3ヶ月間の成果を測定

トレーニング開始前とトレーニング期間終了後に,体力テストを実施。参加者にとって3ヶ月間のトレーニング効果を知る機会となり,今後のトレーニング継続意欲に大きな影響を与える材料となった。

　＊結果は別紙作成し参加者本人へフィードバックし,教室全体の運動教室効果及び結果は行政に報告した。詳細な運動効果,結果等には,論文趣旨外の為,運動プログラムは明記しない。

測定要因
- ・普通歩行（歩幅）
- ・速歩（歩行速度）
- ・開眼片足立ち（バランス感覚）
- ・長座位体前屈（柔軟性）　　etc.

日常の出来事

その日のトレーニングについての感想や運動指導士への質問,自分の趣味について,参加者同士の意見交換の場,笑いの絶えない時間になった。

自宅で採れた柿などを持参

自宅の柿の木になった実をお裾分けし,お気に入りのお菓子を持参して皆に振舞うなど。

トレーニング効果：（一次的運動効果）
① 脚筋力の向上
- ・一歩幅
- ・速歩
- ・バランス（片足立ち）

② 柔軟性の向上
③ 検証コメント

教室初日では,参加者の顔には誰が見ても緊張が見られたと思う。しかし,日程が進むにつれて参加者の表情に明るさが見え始めたのが印象に残っている。開始1ヶ月で「肩こりがなくなった」「歩いて買い物に行ってみた」

など，主観的な効果や日常からトレーニングを行う意欲を感じさせる言葉が聞こえ，トレーニングを教えてもらうだけの立場から徐々に「自分でも色々とやってみよう」という「自立的な考え方」をもち始めたように感じた。

　教室の時だけではなく，自宅で自分自身がトレーニングすることが大切。これらの考え方，「自立」に対する取り組み方を参加者に浸透させることができたのは一番の成果ではないだろうか。また，もう一つ微笑ましい知らせとして，トレーニング期間終了後も参加者が自主的に施設に集まり，トレーニングを行っているという。いわゆる「筋トレサークル」とでも言おうか，今までに我々が指導した内容をもとに週1回の活動を行っている。（平成18年4月現在活動中）運動効果，取組みを行った実績など，成果として挙げられる事はいくつかあるが，一番の成果は？と聞かれたときには，参加者が自主的に活動するようになったことだと答えるべきではないだろうか。

4. 実証研究からの教訓

　実証研究の結果，運動による効果はある程度検証できたが，目的の一つである運動教室を開催する為の問題点や改善点も浮き彫りになった。目的の「効果の見える教室や施設の有効利用管理」は従来の管理以外に新しい情報や体制が必要になる為に多くの課題ものこす結果となった。

(1) **医療費の情報収集**
- 国民健康保険加入者しか調査対象にできない
- 行政の情報（医療費）開示がスムーズに行われなかった
  （こちらが必要とする医療費を抽出するのに人と時間を要した）
- 市町村によって事業への理解度，協力体制などがかなり違う
- 担当者が変わると協力体制も変わる

(2) **調査担当者の理解度**
- 行政と委託者の双方に，相手側の知識が不足しており，法律や地方自治法の関係や各種管理法例のぶつかり合い，また教室開講の前に趣旨や効果を確実に理解していただくまで話合いをするべきである。

(3) **調査実施の協力体制**
- 行政，保健士，理学療法士，運動指導士，参加者などの理解と協力体制

が必要不可欠になる
・高い技術と知識が要求されるため産学連携がとれる体制が必要とされる
・いろいろな参加者や施設にあったプログラムの作成能力が必要となり，それに対応できるインストラクターが重要になる
・事業内容や料金設定に基準がみられない
・施設管理（ハード面）と教室運営（ソフト面）はそれぞれ専門的立場で行うことが望ましい
・医療費の調査関係は，行政の担当場所が違う場合を考えて事前に必要な各部署に協力内容を確認したほうが賢明だと感じた。

Ⅴ 結　論
―提言を含めて―

　これまでの研究成果を総括すると，「公設民営化の時代」を契機に，運動教室による医療費削減の可能性は十分予測できる。現段階までの研究でわかったことは，少なからず医療費と運動教室の間には，「相関関係がある」ことだ。
　しかし，まだ「仮説5」に関しては，仮説検証中であり，その結論は保留にしたい。
　水中の運動効果は，形状や用途，水温や水質が変化しても，削減費や抑制率は異なるが，多くの公共運動施設を利用し研究した結果，同様に医療費の削減や抑制効果は現れたものの一部に疑問を残す。その疑問とは，基本的に同型のプログラムを導入しても，効果の薄い施設もあるからだ。現在考えられる理由としては次のことが指摘できる。
　　・水深の関係
　　・生活環境（地域による気温等の温度差）
　　・設置環境（ハード面・ソフト面）
　　・指導力
　　・医療費の数値間違いなど
　本研究の目的である「医療費削減の公設民営化」の研究仮説は，これまで

の情報収集の成果で実証できたものとして，私どもは満足している。そして，はじめに述べたように「体育学」と「経営学」の合体の道は，今後さらに加速し続けるものと確信している。

しかし，まだ少ししか踏み込んでない課題も山積みである。その中の最大の問題点は「医療費の開示」の難しさであろう。

「医療費の開示」の最大の問題点は，個人情報の漏洩についてである。私どもはこれまでの研究過程で，個人情報については細心の注意をはらい，無記名で，個人の特定化ができないようにしてきた。

研究の初期段階では，情報分類や保険料分類も明確ではなかった。だが，本研究プロジェクトの実施過程で，医療費の考察方法や，比較研究のために，一定の指標を作成し同条件で検証したが，行政によって書式も違い同一化されていない感がある。その結果，情報の分析と整理作業に思いがけず手間をとり，まだ検証中の研究項目が多く残っている。

最初に述べたが，「公設民営化」は行政改革の一環だとしても，行政主導の政策だけだと言い切れないものがある。

確かに，日本の公設民営化は，見切り発車してしまった感がある。社会や習慣が世界規模で統一化されてきたグローバル化の時代に対し，現状での存在意義をなくした公共物件を新しいスタイルで運営するために，見切り発車は，政府にとって試行錯誤の公設民営化をもたらした。

医療費削減のため制度改革は，新聞やTVでもよくみかける。医療費削減の具体も報道されている。超高齢社会のピークと予想される2025年の国民医療費を45兆円にまで抑制するのが政府の方針である。だが，その内容は数字遊びとしか考えられない。

確かに国の医療費負担を減少させなければ，国の財政が破綻する可能性があり，医療費削減は急務である。しかし具体案は国民1人当りの負担増と医療報酬の削減だった。

なぜ根本の医療費の元になる病気や怪我の減少に取り組まないのか。海外には「寝たきり」と言う言葉は見当たらない，地域の方が助け合って生活しているからともいわれている。

また北欧は税金が高いが社会福祉が充実している。世界一のスピードで超

高齢社会に突入する日本の独自の医療費政策は何なのか。

「民営化」が加速し混沌とする現在で効果の見える「医療費削減のシステム」が構築できれば，社会問題である「医療費問題」だけではなく，「地域格差」「収入格差」「生活保護」等の問題解決に導入できるのではないのかと考えている。

飛躍する理論だが，運動をする事で医療費が抑制できるなら，運動を制度化し施設利用者へ還付する制度の導入は可能になる。

年金頼みの高齢者や生活保護者に運動を実行させ，賃金や現物支給をする方法も検討できるのではないであろうか。

運動に関係する人間として言えることだが，施設は行政の「お荷物」ではなく，高齢社会対策の象徴であり，地域活性化に最大限有効活用される事を期待している。その意味からも，本研究成果が，行政にとって政策形成の資料として利用されることを期待したい。

今回の研究で，私どもは，新しい産学官連携システムの確立が必要だと，痛烈に考えた，特に臨機応変な「産」の情報力，分析力，実行力が，「公設民営化と医療費削減」のために，特に必要であると考える。

結論として，最後にいえることは，どのような変革の時期にも，必ず強烈なリーダーシップをもった人物が登場する。「医療費削減の民営化」の世界にも救世主のような強力な人物が早く現れることを待ち望んでいる。

あとがき

本研究テーマに遭遇した時の私は大学生だった。本論文完成に約10年かかった。まさかその後10年間も同じことをしていると，はじめに想像できなかった。

しかし自分の目標なり目的があることはありがたい。この10年を振り返るとさまざまな経験ができたことが財産だったと感じる。20代前半から施設の運営をさせて頂き，今更ながらビックリする10年だった。

私は小さな会社を経営しているが，最近では人並みな生活をさせて貰っているが，設立当時からのメンバーは一緒に貧乏をともにしてきた仲間である

また運動分野の分析にご尽力下さった三重中京大学の樋口憲生教授は，私にさまざまなヒントをあたえてくれ，影から応援して下さった。

　中京大学の湯浅影元教授，それに，水泳部監督も兼務する高橋繁浩助教授と，最後に，父親であり本学の水泳部長の鶴峯治氏に感謝する。

　本論文の中で積み残した研究課題は，今後も本研究を継続研究していくプロセスで取り組むつもりである。

　元気な高齢者づくりを目標に次の5年10年に向け，新しいスタートを切りたいと思う，そしてよりよい「公設民営化の経営哲学に沿った医療費削減の運動教室」を作りあげていくつもりである。研究指導の村山元英教授にはお礼の言葉は尽きない。

参考文献

村山元英（2004）『国際経営学原論』創成社。
村山元英（2002）『アジア経営学』文眞堂。
村山元英（2005）『戦略と哲学─経営者開発論』文眞堂。
水谷研治（2004）『日本経済』ダイヤモンド社。
寺岡　寛（2003）『スモールビジネスの経営学』信山社。
湯浅影元（2005）『湯浅式　速効ウォーキング』山海堂。
島田春雄（2004）『日本を元気にする健康サービス産業』東洋経済新報社。
山田　明（2003）『公共事業と財政』高菅出版。
日本開発銀行・PFI研究会（1998）『PFIと事業化手法』金融財政事情研究会。

第8章

芸術文化交流と"和"の社会経営論
―"草の根"外交の美しい街づくり―

桑 山 博 江

キーワード：イベント論，まちづくり論，教育現場，インドの"草の根"芸術祭，国際交流イベント，芸術文化交流，国際ビジネスマン教育，企業・行政・社会の首尾一貫性，常滑"かじま台"の街づくり，イベントと街づくり，街づくりリーダーシップ，人づくりと街づくり，異文化交流論，社会経営学，和の論理，臨床的方法論。

I 序　論

　インド彫刻シンポジウムで様々な行政機関と関わり，そして多くの芸術家の話を聞いた。そしてその後，中京大学で数々の企業家の話を聞いた。芸術家の話，企業家の話，一見それぞれ全く違う世界の話のように感じるが，実は両者の言っていることはほとんど同じだということにある時気付く。両者は同じ方向を向き同じゴールを目指して進んでいる。

　しかし，両者が横を向き，互いの存在を認め，手を取り合い交流することはまずない。

　これは日本の様々な構造にも当てはまることではないだろうか。縦割り行政の非効率に象徴されるように，横の連携を持ってすれば，もっと効率よく，もっとより良い効果が得られるはずなのに……。

本論文は、「企業」と「行政」と「社会」とを結びつけるための、これまでの国際交流と異文化交流のあり方を見直すことが狙いである。新しいパラダイム（知的枠組み）を用いて、日常の世界にいる個人が"アート感性"[1]を交流媒体として、草の根共同体をつくり、それを梃子にした国際貢献と文化交流のできる領域開発が、教育者として生きる私の夢である。

こうした私の夢を現実化する手段は、"アート感性"を下敷きにして第1に"イベントづくり"、第2に"まちづくり"、そして第3に"教育の現場づくり"にあると、思えるようになった。

それによって「イベント開発」・「まちづくり」・「教育現場」の3つのキーワードを手がかりにして、「企業・行政・社会の結びつき」と「異文化交流論・国際貢献論」との好ましい相互関係が明らかにできるかもしれないと考えた。

本論文での異文化交流論を、私は、臨床実験[2]、即ち、私の個人的な経験知による「社会経営学」[3]の方法論的視座と分析手法を通じて模索してみたい。

しかし、経験を学問にする難しさを正直実感している。そこで主観的な限界のある考現学的な方法もとらざるを得なかった。

言い換えると、「学問形成の基盤」を、①現象・象徴の基層にある実在認識に目配りし、②日常性の仕事と生活の実践リズムを学問とし、そして③中京大学大学院ビジネス・イノベーション研究科で学んだ諸理論を解釈学の理論モデルとした。

本論文での私の研究仮説は紆余曲折したが、最終的には次とおりに落ち着いた。

1　アートを高度な芸術に限定せず、一般市民の芸術感性としてここでは理解してもらいたい。美術や芸術の概念は、崩れ変化しながらも変わらない美の構造として知覚され、大衆に生命のリズムが伝わる象徴記号である。

2　ユング研究者で、現在文化庁長官の河合隼雄・京都大学名誉教授は、本人の臨床心理学の学問的視点から、経営学における臨床経営学を提唱している。

3　社会経営学の概念は、NPOやNGOの経営学という視点もあるが、ここでは、社会学と経営学の学際化であり、「経営の中の社会問題」(social issues in management) を意味する。詳しくは、国際経営学の誕生シリーズⅡ『社会経営学の視座』(B.トインとD.ナイ共著、村山元英監訳、国際経営文化学会訳、文眞堂、平成16年12月) を参照されたし。

「イベント開発とまちづくりが,企業と行政と社会との間での連帯を促進して,超境界的に"和"の社会経営が実現できる」

　この「研究仮説」は関連する「理論仮説」から成り立っている。また,研究上で「理論仮説」の"広がり"から,研究者にとっての好奇心も広がり,多くの学問領域への参入は否定できない事実となった。これから紹介する多元的な理論仮説の正当性について,私自身が別の定義をせざるをえない状況もでてきた。

　既存の理論に大いに依存しながらも,懐疑的に既存の定義を見直して新しく理論を再構築する方向で,私自身が既存の定義のパラダイム転換を試みたり,新しい知識創造の問題に直面したりして,本論文の作成過程では多様な問題認識と分析視座が求められた。

　本研究テーマとの関連学問は,まだ学問的骨格の定まらない,あるいは学問的な理論骨格を不必要とする実践的かつ経験知的な性質のものであった。本論文の中で随所に表出するその代表的な学問的枠組みが,「イベント論」,「まちづくり論」,「教育の現場論」の研究分野である。また同様に,「異文化交流論」「社会経営学」「和の論理」「臨床的方法論」についても確かな定説があるよりも,研究者によって極めて流動的な概念である。

　さて次に,私が本研究開始にあたり採用した学問的方法論を説明しておきたい。前述したように,流動的かつ多元的な,ときには未成熟な既存の関連学問分野から定義や知識をお借りした。言い換えると,先行理論的な枠組みを関連する文献研究に求めた。専門基礎を文献研究に求める以外に,本学の大学院講義も先行理論モデル形成に多くのヒントを頂戴した。

　次に,本研究は"身体知的な経験"（臨床としてのフィールドワーク）に根ざしているので,「現場の学」的研究方法を,その現場の状況変化で多元的に開発してみた。その意味において本研究は社会人類学的手法を活用し,「現場へのコミットメント」「現場の観察」を学問的方法の基軸とするものである。

　さらに付け加えると,本研究の展開は,専門化した個別科学の学問的方法論の枠組みでは拾いきれない「企業―行政―社会」の連環する問題領域を抱

え込んでいるので,「学際的アプローチ」[4]の研究手法に依存した。さらに「学際的アプローチ」の限界がある場合には「超・学際的アプローチ」(直観を科学とする)の手法を活用した[5]。

地球規模で人・モノ・カネ・サービス・情報などが,大量に,頻繁に交流しあうグローバル化した社会に,私たちが積極的にかかわっていこうとする時,既存の常識やルールにしがみつくことなく開かれた世界にかかわりを持つことが求められてくる。

日本企業は海外へと次々に進出し,そして,今後は若年労働力不足による移民受け入れを余儀なくされ,日本人は国内外で国際人たる資質を求められてくるようになる。

では国際化,グローバルな時代,情報化社会,現代を表すこれらの言葉が求めるものや人物像とは一体なんなのであり,どんな人間のことを指すのであろうか。

その必要性が叫ばれる中,様々な文献などでその手段などが指導されているが,では実際どのように進めていけばよいのだろうか。企業・行政・そして社会の連環問題を,教育現場の視点で,様々に検討・実践されているが,ちぐはぐに行われているという感が否めない。

そこで教育現場から「企業」「行政」「社会」とその3つを結ぶ試みがどういった形で展開するのが望ましいのだろうか。

こうした状況分析と問題認識を出発点として,私はこれから,私自身が参加した外国での「インド"草の根"芸術祭」と,観察を続けた国内の「常滑"かじま台"街づくり」の二つの研究成果をこれから紹介し,「企業―行政―社会」の連環モデル形成を"3つの媒体視座"(「イベント」,「まちづくり」,「教育の現場」)から検証してみたい。

そのためには,媒体視座として機能する基礎概念の解明がまず必要となる。そこで「イベントとは何か」「まちづくりとは何か」「教育の現場とは何か」を本研究の学問基盤として先ず探求することにした。

[4] 個別科学を学問の正当性とする学派もあり,それはそれとしてそれなりの意味がある。学際研究が,その名の下に隠し持つ個別の専門科学を強化する手段として使われる弊害もある。
[5] 超・学際的方法論は,脱出,外圧,超主体の理論構成から成りたつ。詳しくは村山元英『国際経営学原論』創成社,2004年,414〜416頁。

Ⅱ 「イベント論」の解明

1. イベントの媒体特性

「イベントとは何か」[6]。イベントの定義は多様化している[7]。1つの定義だが，私の考えているイベントの意味は，先ず目的を明確にすること，そして開催期間と開催場所を特定することであり，最終的にはイベント参加者にたいして個人的にも全体的にも"感動のドラマ"を演出するメディア（媒体）である。

イベントを，私は媒体としの機能を重視している。その媒体性は，環境を内部化し，失った内部整合を再生し，参加者へ「組織の有効性」を実感させる戦略的効果であり，イベントに内在する経営哲学の具象化を通じて，組織行動の感動をつくりだすものである。

イベントをメデイアとして位置づけるが，イベント以外のその他の典型的メディアには，次のようなものがある。

① 新聞や雑誌などの活字（印刷）メディア
② ラジオなどの音声メディア
③ テレビなどの映像メディア
④ CATV（双方向有線テレビ）や，VAN（付加価値通信網）などのニューメディア

もちろん，これだけではない。社内報や企業 PR 誌もメデイアである。だが，これまでの媒体がどこまで説得かつ効果的であるかが現代的には問われてきている。例えば，『日経ビジネス』（2004 年 11 月 8 日号）には，商業媒体（commercial media）について「もう CM では売れない」という見出しの下に次のような記事が掲載されていた。

　1 日 3,000．ビジネスパーソンが広告を目にする数である。広告代理店によっては「5,000」という数字を挙げる。電車の中でも動画の CM が流れスポーツ

6　英語の EVENT には Development（開発）の意味がある。
7　通産省産業政策局商務室イベント研究会とイベントプロジュース協会の定義が，一般的に用いられているが，それだけでは言い尽くせないイベントについて個人的感性のちがいがある。

観戦では広告だらけのユニフォームを着たサッカー選手が広告看板で囲まれたフィールドを駆け巡る。

「これだけ広告のシャワーを浴びせられても人間の記憶に残るのはせいぜい3つぐらい。」サントリー宣伝事業部の伊藤恭裕・媒体部長は苦笑する。いきおい広告はより刺激的な表現を追い求めていく。「映像は原色を多用して，音楽やナレーションでは社名や商品名を連呼する。そんな15秒CMが次々と流れてくるから気が狂いそうになる」。

日本人は，無意識のうちに広告を遮断しているのかもしれない。数千もの刺激的な広告を日々浴びるうちに，身についた防衛本能とでも言おうか。

イベントを"メデイア"（コミュニケーション媒体）として重視されるようになったことには，こうした過剰広告や交流媒体の拡散化を背景とするものである。

ある者はイベントを"第5のメデイア"として位置づけている。私は賛成である。"第5のメデイア"としてのイベントの媒体特性は，パーソナルなレベルでのコミュニケーションが可能であること。

今までのメデイアとの違いで，イベントのメデイア論を一言でいえば，「じかにさわることができる双方向性とライブ性」である。

1930〜1940年代のモノ不足の時代で，モノに関する情報が求められた時代には，ワンウェイ情報は受け入れられた。

しかし，モノ余りの時代になり，モノに関する情報があふれてくると，消費者は心のふれあいを求めて，心をかよわせることのできるツーウェイ・コミュニケーションを求めるようになる。

高度情報化社会が発達すればするほど，これまでに述べてきた従来の主要4メデイアは，無機的な感情をもたないメデイアに化してしまう。なぜなら「おたく」という新人類に象徴されるように，家に居ながらにして，地球の反対の国のリアルタイムの情報までが入手できるようになったからである。

その結果，誰とも話をせず，街やデパート，映画館や美術館などに足を運ばなくても，同程度の情報量はいつでも得ることが可能となった。これらの現象は忙しい現代人にとって便利ではあるが，その一方で充足感をみたしているかといったらそうでもない。

いまは多様化・個性化の時代，"十人十色"ではなくて"十人百色"の時代といっていい。これらの多様化した価値観をくすぐるものは，やはり，平均化・均一化されたメディアではなく，参加型，共感型のメディアであり，しかも送り手と受け手，作り手と観客がお互いふれあえるようなツーウェイ・コミュニケーションでなければならない。

モノがあふれ，それに人々が飽き始め，大型イベント，地方博のラッシュも過ぎ去り，いま「ツーウェイ・コミュニケーション・イベントシステム」がスタートしたといわれる。

人そのもの，そして人との関わり方に興味が移っている。そして，ボーダレス（境界がない，国境がない）化が進む中で，民族，人種を超えて次代へ引き継げるものを手がけていき，タイム・プレイス・オケージョン（時間・場所・機会）を超えたイベント作りがトレンドになってきている。

インターネット世界の"2ちゃんねる"というサイトで長崎原発跡に捧げられた千羽鶴が焼かれたことに対し，「みんなで千羽鶴を折って長崎に送ろう」という呼びかけがなされた。

その呼びかけに賛同した人々が様々なところに集まり鶴を折って，最終的に長崎に贈ったそうである。インターネットと言う無機質で感情のあまり感じられない世界にあっても，人はなんらかの形で人とのコミュニケーションを求めたり，何かの役に立ちたいと思っていたりするのだろう。

2. イベントの種類

主催者によってイベントの種類を大別すると，イベントは次の2つの流れがある。

● 「企業イベント」（Corporate Event）
● 「公共イベント」（Public Event）

(1) 「企業イベント」

会社がイベントの主催者になる。企業イベント内容には，2つの大きな流れがある。それは，「音楽イベント」と「スポーツ・イベント」である。コンサートの「音楽イベント」と，テニス，ゴルフなどの「スポーツ・イベント」が企業イベントの2大主流である。

企業イベントの目的は，利益，広告・宣伝，会社イメージを超えて，「企業の生存そのもの」のあり方を主張するものである。企業はイベント開発により，その企業の存在の独自性を暗黙知的に内外に伝えることができる。イベントは，その価値伝達の媒体である。イベントを媒体として有効に機能させる条件は，事前に，「コーポレート・アイデンティティ」(Corporate Identity, 略して CI) の確立である。CI とは，「企業それ自体の価値であり，外部的に評価された企業文化の説得力である」。

企業は実像と虚像の世界を振幅する。あたかも，人間が生きていく過程で，実像と虚像に帰属していくように。イメージは虚像であるが，その虚像性にホンモノの価値基盤が最終的には求められる。

企業イベントは，その会社の CI を伝達する機能をもっている。CI は虚像でもつくりうるものであるが，CI の流通価値が永続するには，流通する虚像の中に企業文化の実像が確立していなくてはならない。

言い換えると，CI の基層には，その会社の経営哲学が確立していなくてはならない。したがって，CI が発信する情報は，その会社の企業理念や，行動規範，そして再生した会社存在の生き方を他に伝える狙いがある。

CI が，その会社の社名変更や，ロゴ・マークの変更ないし新規作成，そして経営者の更新などと連動することがよくある。ビジュアルな主張で会社の見直しと新たな理念の構築することが，より効果的である。ただ，その場合でも，ビジュアル・アイデンティティが，企業文化や企業哲学の象徴記号であり，会社の理念そのものを欠いたビジュアル表現は，まさに虚像の CI であり，どこかで必ず馬脚を現す結果になる。

このように，先ず企業哲学を分析研究し，企業文化を整理して，その延長で CI の開発をおこなって，会社の主体性をイベント化することが，本来あるべきイベント・マネジメントである。このように企業イベントを通じて，企業イメージを伝達する本来的狙いは，つくられた虚像よりも，内発的な実像によるものである。

別な表現をすると，CI は表層的流通性ではなく，基層的流通性を目的とする企業の内部価値の外部的表現である。企業イベントは，こうした意味での蓄積した企業文化の象徴的かつ，具表化された表現形態である。

CIを基軸にした企業イベントの研究には，以上述べてきたように，企業存在のあり方を明確にしなくてはならない。かくして，企業イベントの開発とその継続には，「会社とは何か」の問いかけが常に絶えることなく，つきまとっている。

企業イベントの開発は，先ず，企業の哲学を確立し，その哲学のゆるぎない構造観から，その哲学の具体的表現を模索する。音楽，スポーツのイベントは超境界的な参加の誘引となりやすいので選ばれる。それ以外にも，企業イベントは多様化してきている。名古屋での愛知万博（公共イベント）へ，企業がそれぞれの会社文化の個性を主張するパビリオンをつくり，公共イベントへ参加することもそうした企業イベントの開発機会である。

企業内で，あるいは，外部調査に依頼して，「自社がどう思われているか」，「どう思われたいか」をイメージ調査することによって，企業をとりまく人々の求める自社のイメージを把握して，企業理念の構築やビジュアル・コンセプトを開発する方法がある。つまり，企業イメージの調査とその分析評価を1つの引き金として，CIを確定して，イベント戦略を展開することが通常のイベント・マーケテイングの流れである。イベント・マーケテイング戦略には，他社との差別化により，企業の存続をより確かなものにしようとする狙いがある。その現実的効果は，主体・客体の個体レベルでの情報ネットワークづくりであり，これまでの媒体の限界を超えた販売促進である。

(2) 「公共イベント」

公共イベントとは，公的機関，または，準公的機関が主催するイベントである。博覧会などがその代表的事例である。愛知万博[8]が身近な地域で2005年に開催されたこともあり，愛知万博に焦点を絞り，公共イベントの特性を次のように浮き彫りにしてみた。

博覧会の開催目的は，その開催地域に次のような効果をおよぼすものとされてきた。

8 　正式名称は，2005年日本国際博覧会。通称は愛知万博。愛称は愛・地球博。開催期間は2005年3月25日から9月25日までの185日間。会場は愛知県名古屋東部丘陵（長久手町，豊田市，瀬戸市）。開催目的は21世紀の人類が直面する地球規模の課題の解決の方向性と人類の生き方を発信するため，多数の国・国際機関の参加の下，「自然の叡智」をテーマにした新しい文化・文明の創造をめざして開催された。

(a) 経済効果：
　① 直接経済効果：
　　博覧会関連公共事業費・博覧会施設建設・運営費・博覧会入場者消費
　② 経済波及効果：
　　生産誘発効果・個人所得形成効果・雇用創出効果・税収増大効果
(b) 社会的・文化的効果
　① 地域活性化効果
　② 環境整備効果
　③ イメージアップ効果
　④ 地域産業の振興効果
　⑤ 地域アイデンティティ確立の効果
　⑥ 社会教育効果
　⑦ 人材・ノウハウ育成効果
　⑧ 文化水準の向上効果
　⑨ 内需創出効果
　⑩ 国際交流効果

　前述したように，企業イベントがCIを基礎として開発されてきたように，公共イベントにも，当然，その主催者の自己主体性が確立していなくてはならない。

　地域主体が行政中心となる場合に，その行政に地域主体がどの程度リーダーシップを持っているかの問題がある。名古屋と中部経済圏の場合には，行政と，企業と，地域社会とを連環させた場合，他の地域と比べて企業の連帯力が強い地域特性を示す。

　そこで，地方自治体のCIがそれに併せて連帯的な地域共同体をこれまで形成してきた。その成果が，公共インフラの整備や，都市開発，産業グローバル化の基礎づくりとなってきた。愛知万博と中部国際空港との関係もそうした地域共同体の"コミュニティ・アイデンティティ"（Community Identity），ないし，"組織間ネットワーク"（Organizational Network）の視点から分析吟味する必要がある。

言い換えると，地域固有の文化性から，愛知万博と中部国際空港を実現してきた"CI"（Community Identity, 地域それ自体）を捉え直すことにした。

その次に，公的機関に帰属するスタッフの"公僕意識"（Public Servant Mind）レベルで，地域共同体の"CI"を捉え直してみよう。

日本は，市民社会の定着が未成熟であり，行政が民間を指導する立場が強い。いわば「お上意識」が民間側に強くあり，油断すると行政が民間にたいして指導的な強制力を暗黙に行使しがちである。

そこで，国家，県庁，市役所，町村役場に勤務する職員に対して，地域共同体の"CI"を，官民一体化のアイデンティティとし，その地域連帯感を共有する帰属意識を高揚し，"CI"を通じて，公僕意識の使命感を植えつけようとする行政近代化の方向が，公共イベント開発の裏側の論理にある。

公共イベントとしての愛知万博の開催は，地域革新の機会創出である。心豊かな地域社会づくり，活力ある地域社会づくり，住む喜びと生きがいを感じる地域社会づくりの地元共同体の理念を住民に理解させ，希望をもたせるために積極的に努力をすることが，もう1つの政治である。

祭りをすることが，政治ごとに通じる背景には，とかくバラバラになりがちな個人を，公共イベント（祭事＝政治）で"1つ"にして地域再生や，地域振興のエンジンにすることである。

愛知万博は，私たちにとってより身近なテーマを取り上げる傾向になってきた。また，動員数や事業規模は小さくなっても地域振興を本当に必要としているところで開催する方向へと展開してきている。

また，愛知万博は，官と民の結合を母体にして，国と地方，国家と世界，産業と未来とを結ぶイベントであり，これまで述べてきた「企業イベント」と「公共イベント」の境界を越えた世界である。このことは，「公共性」の中にも「企業性」との組み合わせがなくては，イベントそのものが成り立たないことを物語る。

逆の視点に立てば，「企業性」の中にも「公共性」が実在し，「公共性」が実践され，そして「企業の公共性・社会性」，即ち，ビジネスの社会化や，社会学と経営学の両者の接近がグローバル・トレンドの中で思考されるよう

になってきている。

　最近の日本におけるCSR（「企業の社会的責任」）や，コーポレート・ガバナンス（「企業統治・被統治」），そして企業倫理などの問題も，こうした，社会と企業とのグローバル化の表れである。

　大学時代に社会学を専門としてきた私にとって，現在は大学院でビジネスを専門として新しい分野に挑戦しているが，イベント研究を通じての最大発見は「パブリックとは何か」への問題認識である。

　"パブリック"（public）を「公共性なり」と短絡的に解釈することは，非常に危険な感じが今ではしている。"パブリック"の意味空間には，「大衆性」，「民衆性」，「市民性」，「住民性」そして，「社会性」や「民主性」の学問の基本がありそうである。

　別な言い方をすると，愛知万博についてのイベント研究を通じて社会学と経営学，そして政治学・行政論や心理学・法学などの個別科学をバラバラに解体して，その後で新しく"パブリック"概念で統合する方向での「公共科学」の領域が誕生する可能性を期待するようになった。

　特に，私自身が本論文で最終的に追求するNGOやNPO型の"草の根"国際イベントや，「まちづくりのあり方」には，こうした新しい「公共科学」の学問的枠組みの中で検証されることを夢みている。

3. イベント開発の基本原則

　愛知万博の開催を契機に，「イベントとは何か」を生活の周辺で私どもは考えるようになった。さてそこで，イベント開発の基本原則を次のようにまとめてみた。

　イベント開発には，まず5つの精神的基盤が条件設定されている[9]。それら，EVENTの頭文字をとって次の通りである。

　　　E　　echo　　　反響のあるもの
　　　V　　value　　　価値のあるもの
　　　E　　exactly　　的を射たもの
　　　N　　need　　　必要性のあるもの

9　旭川市商工会議所発行『商店街イベントマニュアル』による。

T　thank　　感謝をこめて

　現実にイベント開発するときには，以上の5大精神が不可欠な要素であり，教育的指導のガイドラインになる。

　第1原則の「反響のあるもの」とは，イベント効果が予測できることを意味する。その効果とは，イベントを単なる一過性のものにしないためにも，イベント終了後にも，波及的効果をつくりだすことである。言い換えると，イベント開催後，新しい産業のたち起しである。

　例えば，フランスのパリ万博でエッフェル塔が建てられたが，その当時の狙いは「鉄産業の振興」であった。

　第2原則の「価値のあるもの」とは，イベント開発に哲学（コンセプト，目的，手段価値，戦略起源）があること。企業の存在が単なる利益目的だけではなく，企業が社会的存在をアッピールすることがある。

　"草の根"型民間外交のイベント開発の事例では，村山教授の企画した「大多喜世界レンゲまつり」がある。「日中米のアジア太平洋レンゲ・ロードの構築」の命題で新世界秩序の構想が籠められていた[10]。

　第3原則の「的を射たもの」とは，イベントに籠められた開発の哲学が，大衆の知にヒットするようにわかりやすいものでなくてはならない。前述した「世界レンゲまつり」は，"幸せを呼ぶレンゲ草"のタイトルが説得的で大都市圏・東京と千葉県の1田園地方（大多喜町）とを結びつけるだけではなく，日中米の環太平洋時代の連帯思想を高揚した。

　第4原則の「必要性のあるもの」とは，第3原則の「的を射たもの」がイベントの客体側の論理だとすると，イベントの主体者側の論理と言い換えることもできる。

　創立や創業記念イベントが，「晴れと気（け）」のイベントの本質を物語る。マンネリ化してくると，気が枯れてくる。そこで，晴れのイベントを周期的につくる。まちむらの祭りもそうした「必要性のあるもの」としての年中行事である。かくして「祭りが政り」と同意義となる。

　第5原則の「感謝を込めて」とは，主催者側の姿勢の問題である。一方的

10　村山元英『国際地方学―ちば実験』文眞堂，1986年，303～391頁，村山元英『まちづくり国際経営』文眞堂，1987年，167～238頁を参照。

な行政イベントは長続きしない傾向がある。だが，神社の祭りは継続する。その理由は主体と客体との当事者間で"生きていること"への感動が分かち合えるからである。

イベントには，何らかの神秘性がつきものである。その神秘性には，生命誕生への感謝の念が潜在する。指導者の持つ組織信仰には，組織誕生の神秘感だけではなく，組織持続への期待感がある。その神秘感と期待感とが重なって，指導者は自己存在への感謝の情感を無意識的に喚起するものである。

4. イベント成功の行動ガイドライン

「イベント開発の基本原則」の次に，イベントを成功させるための「行動ガイドライン」を考えてみたい。

イベント開発は，社会を経営する視点での新秩序形成をめざす組織論でもある。極論すると，イベントの本質は企業の存在そのものを本質的に問い直すものであり，企業を経営する伝統的視点から，社会環境を経営するビジネス観への大きなパラダイム転換である。

ここに社会を経営する企業理念を価値基盤とする「社会経営学」の可能性を私は見出している。

社会経営学的な視点でのイベント論は，「組織理論」と「組織行動」の確立がそれなりに求められる。そこで，先ず，「組織理論の部」は前述の「イベント開発の基本原則」で説明してみた。次に理論を踏まえた行動の展開についての，個体と組織体との結合を有効にする「組織行動の部」は，下記のようにまとめてみた。

(1) **主たる基本行動：**
　① 「誰のために」「何のためにやるのか」の明快な定義をする。
　② 「魅力づくりとは何か」を吟味し，また吟味を重ねる。
　③ 「その地域性を生かす方法は何か」を差別戦略的に選び出す。
　④ 6W2H（「誰に／who」，「どこで／where」，「いつ／when」，「どっちで／whic」，「誰と／with whom」，「どのように／how」，「いくら／how much」）の選択と集中の効率を求める。
　⑤ プレゼンテーションの能力発揮と注意点

的確なコンセプトの組み立て。タイムリーな例え話。正確な数字の活用。1人のキーマンの確定。事前の諸条件の確認。先見性と独自性の主張。

(2) **地元イベント成功のための戦略的な行動指針：**
① 地元を巻き込み地域を活性化する
② 広い年齢層に支持される
③ 市民とパートナーを組む
④ 専門家の意見を聞く
⑤ 産業の芽を生み出し育てる
⑥ 異文化交流の促進
⑦ 教育的視点を盛り込む
⑧ 情報交流と人間関係の開発
⑨ 次世代の地域リーダーの育成

以上列挙したイベントの行動ガイドラインは，半ば教科書的な知識であり，私のこれまでのイベント開発の身体知的な知識を下敷きにして整理してみると次のような論点が指摘できる。

イベントに共通する行動規範は，「時間」・「空間」・「情報」の3極の位相を共時的に連関させて，異種要素間のシナジー効果を発揮させ，相互関連の組織連帯を活性化することにある。

批判を恐れず，大胆なことを言わしていただければ，地元でのイベントを共通価値とする相互行動は，地域社会の中で眠れる文明に揺さぶりをかけ，沈黙した地域経済に大きなエネルギーを注入し，そして，無くなろうとしている地域文化の継承を可能にする。

(3) **企業メセナとNGO・NPO活動の事例：**
アメリカでは，サラリーマン個人と会社とが1つになって社会貢献する企業文化が確立している。「ユナイテッド・ウェイ」[11]などもその1例である。

日本企業でも，「マッチング・ギフト」が1部の会社でなされている。社

---

11 アメリカ合衆国で，NPOの活動資金を効率的・効果的に集め，分配するために設立された資金調達機関で，1887年にデンバー教会の司祭たちが集まって共同で募金キャンペーンを↗

員が福祉施設などに寄付する際、会社も同額の寄付をおこなうというもので、すでに富士ゼロックスに続いて三菱電機、ソニーもスタートしたという。アメリカの企業では常識となっているこの制度も日本ではまだ10社程度にしか過ぎない。

アメリカのベン＆ジェリー・アイスクリームはNPOが主催するイベントなどでは積極的に無料でアイスクリームを提供し、ホームレスの人などの社会参加を助けるため、店を職業訓練の場として提供している。

このような事例に見られる傾向は、企業の地域社会との共生観の表れであり、会社も地域社会の1員であるとする、"企業市民"の意識表現である。企業は、世界の多様なニーズに応える社会的な使命感を根底に抱きながら、ビジネスを実践する過程では巧みに"ビジネス・アート"（経営の社会芸術化）[12]を開発している。

地元の中小企業にとって、メセナやNGO／NPO活動はどのような展開になるのだろうか。資本力は弱いながらも、次代を鋭くとらえた企業の社会貢献のアイディアや創造性の提案は、拘束されない柔軟性と、しかもより地域社会と密接に生きている地元の中小企業の方に、その潜在的能力が溢れていることもある。

地方の青年会議所運動も含めて、地元経済界はパートナーシップを重視した社会貢献のネットワークづくりはできる。タテ割り型組織の弊害に悩まされる大企業や政府とは異なり、地元の中小企業は、地元の有力企業を巻き込んで、地域そのものを価値観とした共同体観を持っている。かくして、地元の中小企業は地元意識を戦略的支柱にして戦略的同盟で結びついている。

　行なったことから始まる。現在、本部はワシントンDCにあり、全米で1400あまりの地域組織があり、それぞれ独立した法人として活動している。ユナイテッド・ウエイ全体の財政規模は、2001-2002年度で、約50億ドル（約6,000億円）である。その主な財源は、個人、企業・財団からの寄付と、地方自治体との行政サービス事業などの契約からなりたっている。例えば、モンタナ州出身の者が、ニューヨーク市で働いていても、ふるさとのモンタナ州のUWへの寄付を個人が給料天引きで会社に申請すると、会社から自動的に個人寄付をふるさと送金できる。

12　私の試論だが、社会を経営する先端的な経営手法には芸術性の感性が企業経営に浸透していないと、ホンモノの社会経営のコンセプトが市場に情報発信できない。会社固有の芸術的感性は、経営者個人的レベルで散見できるが、組織理論や組織行動のレベルにまでの議論はこれまでなされていない。イベント共有の価値観には、そうした意味でのビジネス・アートのコンセプト開発が将来に向けて不可欠であることを、ここでは問題提起しておきたい。

こうした地元連帯の相乗効果を考えながら，社会貢献の目的を達成するためのネットワークを中小企業は，地元の結束の中で実現している。そうした民間能力は，イベント開発における行政への補完や行政の代替機能の役割をはたしてきた。

　話を変えて，現代の日本企業の社会貢献や国際交流のイベント開発について１考察をしてみたい。企業は営利性原理だけではなく，社会性原理に基づいて，効率性と人間性とを融合させ，個人としてだけではなく組織レベルでの自己実現をめざしている。

　国内活動だけではなく，海外活動を含めて，その拠点の地元住民から，例えば，遠く離れた発展途上国の国民まで包含し，そのものたちをも利害関係者（ステーク・ホルダー）とみなし，彼らの価値観に根ざした商品やサービスを提供しなくてはならない。

　また，現代企業が社会的貢献を重視するイベント開発をするとき，そのことがたとえ短期的な利益を犠牲にすることがあっても，長期的な恩恵をもたらすことを経営執行部は信じている。そして，最終的には会社の利害関係者（ステーク・ホルダー）の満足が得られると経営陣は確信している。

　最後に，消費者レベルで捉えられている企業の社会貢献を評価する必要がある。

　市場での良識ある消費者の台頭を，企業は今や無視できなくなってきている。企業イベントの中に，エコロジーや地球を救う運動を抱え込む意味は，消費者の良識に応答することである。

Ⅲ　「まちづくり論」の解明

　「イベント論」の解明のあと，なぜ「まちづくり論」なのだろうか。そういう疑問は当然生じると思う。私が考えている「まちづくり」とは，イベントと密接な関係があり，そしてイベントによる活性化を楽しめるまちづくりである。町が広がると，町の中心部ができて，それを中心街と呼ぶことがある。ここでの“まち”の概念は，そうした意味での中心街や広がりのある町，あるいは中心と周辺とを含めて都市を形成する地域単位である。より

正確に言えば,歴史的・自然的系譜か,行政単位でまとまっている"まちコミュニティ"である。

1.「門前町の賑わい」

歌川広重の「東海道53次」の浮世絵にある名古屋の宿は,「宮」である。熱田神宮の門前町としての"宮の宿"が名古屋のまち遺伝子である。そこでどうしても"宮の宿"の都市起源に還る「門前町のまちづくり」を考えざるをえなくなった。

「名古屋は,現在の門前町の賑わい」という都市仮説で,まちづくりの事例研究をすると,名古屋は"都市社会学の宝庫"である。この都市仮説は,村山教授の「コンベンション都市は,現在の門前町」という理論仮説から由来する[13]。

都市の大衆文化は,神社や・仏閣の門前から発生する。イベントを都市の大衆文化の表れとして理解すると,門前町の賑わいに研究の焦点が絞られてくる。

このことは,西洋の都市の歴史についても同じことが言える。幕張メッセのメッセとは,ドイツ語のmessenで,"お祈り"や"祈祷文"のことであり,教会の門前町の賑わいを相似化した都市集客の巨大公共施設である。

門前町は,劇場都市であり,芸術文化のお披露目の場であり,神々を迎賓する木造文化であり,人々が孤独になれる緑地帯である。また,聖と俗の自然な均衡を演出する超境界の世界でもある。

教会に集客能力がなくなると,行政が教会に代わって,都市集客産業のコンベンション施設をつくる。熱田神宮が門前町の賑わいを失えば,行政がそれに代替して都市集客のコンベンション・コンプレックスをつくる。中部国際空港は,新幹線と高速道路網も,都市集客産業としての情報拠点都市づくりとの関係で理解することができる。

"現代の門前町"としての名古屋は,地域の「行政と企業と社会」とが一

---

13 詳しくは,村山元英『国際地方学—千葉実験』文眞堂,1986年4月,村山元英『コンベンション経営戦略』日本地域社会研究所発行,1988年5月,共著『神人和楽のまちづくり』文眞堂,1991年7月,共著『感性ビジネス・ザ・コンファレンス・センター』文眞堂,1993年12月,などを参照されたし。

第8章 芸術文化交流と"和"の社会経営論　421

丸となった，愛知万博のイベント開発をし，中部国際空港を建設する。地域が産業の芽であり，その芽は都市集客能力に依存する。言い換えると，"宮の宿"の賑わいが，お城や繊維や車のキーワードを変えて，現代に生きている。

さて，"宮の宿"の賑わいの原点が，現代に姿を変えて持続している理由はどこにあるのだろうか。その理由は，欧米の寺院と日本の神社・仏閣と比較すると，答えが意外に早くでてくる。

熱田神宮の森が残った。日本の神社・仏閣は，森を残し，自然の秩序を都市の中に残す。都市の原型は森であり，森の自然遺伝子が日本の社寺に色濃くのこる。世界の1神教の社寺と較べると，社寺に自然があるかどうかの違いが基本的な違いとなって感じ取れる。

だが，面白いことに，欧米の快適都市は，都市そのものを「森の思想」で再生しようとしている。言い換えると，自然の回復による都市再生には，「自然の秩序」を「社会の秩序」に写し換え，都市の秩序を回復する狙いがある。欧米の寺院に森がなくなり，欧米の都市全体に自然と歴史を回復する傾向は，都市近代化による都市文明が限界的に到達し，そこから"公共宗教"を都市の中の自然思想として求めているようでもある。

「まちづくり」と「イベントづくり」の関係で，見逃せない点は，イベント開発が，そのまちの"次の産業をたち起こす"潜在力をもっていることである。

人が集まると，人間交流による情報が落ちる。その情報を活用すると商品・サービスがその場から誕生する。

したがって，まち賑わいは，情報交流の場（拠点）開発であり，トレード・ショウやミーテイング・ビジネスを振興させる。都市（街）の賑わいを持続させるシステム思考が，門前町起源にあることは，前述したが，その門前町がイベントの場であったことも忘れてはならない。

言い換えると，日本の殆どの芸能文化や伝統工芸が，門前町から誕生してきている歴史的背景を指摘できる。もちろん，門前町の怪しげなところから大衆芸能が産まれてきているが，その一方で，社寺は，伝統的にはその都市の文化センターであったので，イベントを構成する歌舞音曲の類は（能や歌

舞伎，そして相撲を含めて），門前町の集客の場で育まれてきている。

「まちづくり」賑わいの創出とその持続を担ってきた門前町の神賑わいの場づくりが，現代のイベント遺伝子として継承されているとしたら，それは氏子・氏神の関係を縁とする"地域の祭り"である。そこで，次に，マチ・ムラとイベントの関係で，「地域の祭り」の持つ意味を考えてみたい。

2.「地域の誇り」と「"新しい"祭り」

文明には，中心と辺境の関係がある。辺境の文化が中心の文明をつくりかえて，革新の起源となることがある。言い換えると，革新の能力が，継続した抵抗力から産まれてくる。その抵抗力には拘束からの開放の潜在力が蓄積されている。「地域の祭り」の文化特性は，そうした潜在力や抵抗力の持続性の象徴的意味である。文化特性が，"1つの価値"として否定できないで実在する条件は，持続した真実であり，神話性の説得力である。

「地域の祭り」は"神賑わい"から"街賑わい"に転換して，地域に帰属する住民の感動表現のイベントとなる。すべての人間には，帰属のプライドがある。それが帰巣本能ともいえる，「地域の誇り」であることはいうまでもない。

その地域を象徴する祭りには，このような帰属の地域プライドがあり，否定できないふるさと意識の定期的な再生活動を伴う。まつりが"晴れと気"の文化であるといわれる要因がここにある。

犬山市出身の1青年（中京大学村山ゼミ生）は，ふるさと"犬山の祭り"を祇園や高山に伍して負けないグローバルな祭りにするための卒業論文さえ書いている[14]。

だが，都市が社会流動化し，住民が定着から流動し，また，街に新規住民が増えてくると，ここに"新しい祭り"（イベント）の創造が期待されるようになる。神社のない新しい住宅団地で「子供神輿」が誕生し，子らの「お神輿」を担ぐ姿を創出する団地の親たちのコミュニティも出来てくる。

私が注目しているのは，伝統的な祭への観察を基点として，この"新しい祭り"（イベント）の創造と持続への現代的課題である。高度な技術革新，

---

14 村山元英『経営管理総論』文眞堂，2003年4月，282～302頁。

情報化，国際化，そして社会変革の裏返しには，なぜか，"新しい祭り"（イベント）がつくられてきた。

大学祭も"新しい祭り"（イベント）である。中京大学大学院在学時の大学祭には，私どもは「ビジネス・イノベーション研究科の屋台」をつくり，社会人の同級生と一緒にコロッケの屋台販売をした[15]。そこでの身体知的発見は，"新しい祭り"（イベント）への参加の感動であり，帰属への誇りであった。

このように，大学でクラブ社会（仲間関係社会）ができると，ごく自然に"新しい祭り"（イベント）をつくり，"祭り参加"の機運がたかまる事例のように，人々は，社会形成や社会変革の過度期的段階で，帰属の感動を共有するイベント志向を抱くようになる。もちろん，その参加動機の程度には個人差がある。

「都市の文明」は，その都市の産業構造やモノづくりの技術力，そして市場での競争力によってきまる。「まちづくり」は，こうした「都市の文明」によって支えられている。だが，「都市の文明」は，"都市の文化"を基層にするものである。「会社の論理」が「都市の文明」を基礎にするとき，その一方で，その社員が住む地域の「住民の論理」は"都市の文化"を生活基盤とする。

物質文明と精神文化を融合する組織哲学の実在があるのだろうか。企業，行政，そして，社会を貫いて共感できる場があるとしたら，それは，地域が共有できる「コミュニテイ・マインド」（地域帰属意識）の啓発である。

「まちづくり」とは，共時的には「コミュニテイ・マインド」の近代化の過程にある。イベントは，こうした「コミュニテイ・マインド」の育成の"ゆりかご"のハタラキをして，「まちづくり」の中の都市文明と都市文化の不均衡を是正するところに意味があり，それは，言葉にならない以心伝心の効果である。

3.「都市グローバル化」と「内発的発展の論理」

都市のグローバル化とは，その都市を構成する中枢要素のグローバル化の

---

15 共同経営者は，池辺君，白井君，竹内君，浜君。

総体を意味する。都市の変革は，近代化，工業化，国際化，さらには，情報化や先端技術化などを誘引として展開し，それぞれ異なる歴史の断層を抱え込んだことにより，都市の顔は多元化し，大きく様変わりしてきている。

ここでの「まちづくり」は，現代の日本が直面している「都市のグローバル化」の世界的トレンドに対してどんな対応をするかの問題提起でもある。グローバル化を世界的レベルでの「画一化」や「標準化」の強制概念で捉えると，既存の都市文明は，技術志向と物質主義の立場からそのグローバル化を歓迎し，その逆に，既存の都市文化は，文化保存や伝統維持の立場からグローバル化に対して批判的になるであろう。

ここに，「まちづくりの開発論」が，どうあるべきかの行政倫理や，企業倫理の問題が生じてくる。言い換えると，環境条件を内包する都市開発の方向性が問われてきた。開発は，環境倫理の問題でもあり，地球環境への持続責任（sustainability responsibility）を私どもは果たさなくてはならない。

言い換えると，「まちづくり」の実践が，①「有限なる資源」，②「生命の共有」，③「未来への継承」を概念化した地球倫理的視点で，なされなければならない。地球の実在が，生命起源や生物連鎖にある。私どものまちづくりの世界観は，こうした，地球環境認識を包み込んだ価値認識レベルである。

「都市グローバル化」の波は，わが国の「行政改革」にまで及んできている。ふるさと創成の時代から，平準化や規範化をめざしての，社会の低層の底上げ，情報公開，地方行政の合併，道州制，三位一体の改革案など，地方分権と地方の時代を創出する国家戦略が地方に下りてきている。かくして，「まちづくり」は，国家の行政改革の一環としても考えられてきた。

ここに改めて考えさせられることは，「まちづくり」の起源問題と近代化の精神である。欧米の都市の歴史には「血の革命」による都市の自律があった。ということは，欧米型の都市では，「下からの近代化精神」が，都市をつくりかえてきた。

だが，日本では，市民意識の台頭が遅れていて，前述した「コミュニティ・マインド」の希薄化もあり，都市開発がとかく「上からの近代化」の傾向がつよい。

こうした限界を打破する方向が,「まちづくり」へのNGOやNPOの台頭である。こうした民間活動は,行政の限界を補完し,修正し,そして創造していく能力を蓄積してきている。

愛知県の「まちづくり」スタイルも,こうした"草の根"型の「大衆の知」に根ざした民間活動へと,既存の壁を越えて活躍し始めている。そうしたボランティア活動が,海外にまで飛躍するようになってきた。まちづくりの民間外交が,国境を超えて活躍し,日本企業の海外での経済摩擦を和らげ,日本の都市文化をより理解してもらえる機会の提供に貢献しているのである。

画一的な世界「グローバル・トレンド」や国家の「行政改革」への対応として,私どもが地方からの「国際交流イベント」を掲げて,「地方の時代」や「地方の自律」を標榜する眞の狙いは,「地域にはその地域固有の内発的発展の論理がある」,という信念からである。こうした信念を理論仮説にして,外国での検証に耐えられる「インド"草の根"芸術祭」を企画した。このことは後述する。

Ⅳ 「教育の現場論」の解明

「イベント論」「まちづくり論」の延長で,次に,「教育の現場論」のキーコンセプトを概観してみたい。私自身が「教育の現場」[16]にいるので,そうした身体知的な経験論から,本論文作成にあたり"教育の視点"を,「イベント」と「まちづくり」との関連で付け加えさせてもらった。

「イベント論」と「まちづくり論」との関連での「教育の現場論」をこれから展開する過程で,「イベント」と「まちづくり」にそれぞれの個別分野に内包された「教育の現場論」の問題がある。

さらにまた,「教育の現場論」が,「教育の基本」に戻って議論され,「教育の基本原理」を,フィールドワークから問い直す必要性も実感している。

以上の問題認識に踏み込むと,先に議論を進めることができなくなるの

---

16 現在,通信制高等学校技能連携校にて,地歴・公民科,総合学習の企画を担当,クラス担任も受け持ち,学校経営も行っている。

で，ここでは，現場で直観したことを整理してみて，次のように「教育現場の論理」を要約してみた。

学校の制度の中で教育を補完する形で，「イベント」と「まちづくり」の中の教育を考えると，次のような教育ガイドラインが浮かんでくる。

(1) **情操教育**

教室内教育は，若者の情操教育を十分出来ない。既定の教科書やシラバスの内容が，個人的な人間のふれあいよりも，知の詰め込みに力点がありがちである。「知の教育」が学力を向上する。だが，その反面で，「知の教育」が時として情操を育てないことがある。

「イベント学習」と「まちづくり学習」への若者の参加は，その者たちの「知の教育」の限界を超えて，若者にとって"感性"を引き出し，「感性豊かな人間形成」の契機となる。

その理由は，「イベント」と「まちづくり」には，論理的な知識体系とは別に，感覚的な情緒体系がその構造の中軸にあるからである。

(2) **社会教育**

「イベント」と「まちづくり」の参加者は，人間関係と社会関係の上で仕事が流れる。そこには，社会的マナーが交流媒体として暗黙知的に実在する。言い換えると，挨拶の仕方や，言葉づかい，そして行儀作法である。若者が成長して，社会の1員として生きていくためには，なんらかの方法や組織で，社会人訓練が不可欠である。

欧米では，家族や，教会や，コミュニティや，クラブ社会が社会人形成をしてくれる。日本では学校にそのことを期待しても限界があるので，「イベント」と「まちづくり」への参加を通じて，修養型か稽古型の教育機会をつくる。

(3) **指導者開発**

制度的な学校教育は，偏差値教育や，教育の平等原理や，結果の平等意識が先行しがちで，リーダーシップを基点とした能力別の指導者育成が十分でない。

しかし，「イベント」と「まちづくり」への参加は，結果の平等よりも，機会の平等と能力の差別化が共時的に明白である。地域社会の指導者はもち

ろん，企業や行政の指導者たちは，「イベント」と「まちづくり」の組織開発や，組織管理に成功したものたちである。
さらに言うと，「イベント」と「まちづくり」を自らつくる者たちは，「イベント」と「まちづくり」が，自己にとっての実力開発の場であり，関係者の人材育成の場であることを熟知している。

(4) 芸術感性

「イベント」と「まちづくり」は，混沌とした場である。その混沌状況を秩序化する感性は，芸術における美術の基礎概念である。美術とは，ゆがんでも，崩れても，その表現のどこかに必ず変わらない構造の美の基点がある。それこそが，芸術家の美の感性である。

「イベント」と「まちづくり」は，混沌の中の秩序を確立している。そこには，不変の美意識が実在する。「イベント」と「まちづくり」の参加者は無意識にその美意識を共有している。それを，"粋"とか，"こだわり"とか，"生き甲斐"とかという表現で言い換えることもできる。

自己の中の芸術感性や美意識を磨けることが，「イベント」と「まちづくり」の中のもう1つの教育ガイドラインである。

V インド"草の根"芸術祭

これまで解明してきた「イベント」・「まちづくり」・「教育の現場」の3つのコンセプト（概念的枠組み）を支柱にした，「国際交流の芸術文化イベントの創造と実施の"臨床実験"」を，私のフィールドワークの過程を回顧して，これから紹介したい。

私がここに紹介するイベントは，私の経験知の所産である。私が参加し観察を続けてきたイベントは，日本とインドの両国の間での国際交流50周年を記念する"草の根"志向の芸術文化交流の特性をもっていた。

さて，この機会に私なりの「イベント臨床実験の成果」を以下のようにまとめてみた。この臨床実験は，「計画立案―現地展開―反省分析」の3段階の流れからなりたっている。先ず，「日印交流50周年記念イベント」の概要を簡単に紹介してから，これから3段階の流れを見直してみよう。

1. 日印交流 50 周年記念イベントの概要

(1) 国際イベントの「基本理念」

「日印交流 50 周年記念イベント」の基本理念は，日本とインドの両国で，芸術文化の活動を含めて様々な活動を行っている人々が 1 つの共通認識に基づいて集まり，そこで個人が個の主体性を表現しながらも全体として 1 つになっていく過程の創出にある。私どもは個人主義の中の共通理念を見出す作業を通じて，異なる者同士の相互理解を深めていき，第 3 者へその成果（メッセージ）を情報発信するものである。

(2) 国際イベントの「実現目標」

「日印交流 50 周年記念イベント」の実現目標は，つぎの 4 つの道標である。

① 異なる人生経験・職業・住居・地位・国籍を持つ人々の間で，審美的な[17]交換を媒体として交流をすること。
② 多くの人々に文化理解をもたらし，インドと日本との間で両国の文化をより身近なものにさせること。
③ 格差をなくすために橋架けと際崩しの仕事をする。特に，"高級な"芸術と"大衆の"技芸との間の隔たりや，芸術と非芸術，アーティストと一般大衆，現代アートと伝統アート，個人と団体との間での落差の橋渡しをする。
④ 個々の人間に備わっている人間の尊厳を相互に尊重し，相互に確認し，それを相互に表現する場をつくること。

(3) 開催地と会期

開催場所は，デリー市内のインドラプラスタ公園

開催期間は，2002 年 12 月 19 日（木）～ 2002 年 1 月 7 日（月）の 19 日間であった。

(4) 参加者の内容

芸術文化の国際交流イベントの特性に沿って，次のような者たちが多く参加した。日本からの参加者は約 10 名で，現地側の参加者は，約 30 名であった。

---

17 作家自身のプライドを持続させると言う意味。芸術に対してエキスパートという自信。

第8章　芸術文化交流と"和"の社会経営論　　429

① 日本とインドの現代作家（contemporary artists）
② インドの地元作家
③ 古典分野の伝統芸能関係者，並びに民芸分野の伝統工芸の関係者
④ 開催現地の村人たち
⑤ インドと日本の芸大の学生たち
⑥ 地元の学童・児童

(5) **主たる活動紹介**
記念イベントの期間中は次のような内容の活動が行われた。
① 参加作家による共同制作"WA"（輪が和）
　　直径30mの石の円を制作。円を均等に分け，参加作家に割り当てる。作家はそれぞれ自分の作品を制作（つなぎの部分だけは隣り合う作家同士で話し合い決めておく）。割り当てられた円の断片は1つ1つ違っているが，全体としてみると1つの円になっているという団体作品。この石の彫刻活動は，本記念イベントの象徴であり，かつまた主柱でもあった。

（完成イメージ）

② 参加者及び招待作家によるスライド会
③ 民俗芸能・古典芸能の招待舞踏家によるパフォーマンス
④ 制作作品の展覧会
⑤ イベント活動を収録したカタログの出版。

(6) **異文化交流活動**
「芸術文化の国際交流イベント」に参加すること自体が，異文化交流の体

験であった。もちろん，その体験は限られたものであったが，"愕然と驚く"場面との遭遇が多かった。

そうした場面は，次の現場体験をしたときの私どもの行動過程であった。
- ●「制作活動」
- ●「オープニング・パーティ」
- ●「JAPAN DAY」で日本文化の紹介：もちつき，茶道，日本食（ちらし寿司・味噌汁・ポテトサラダ・梅干・お好み焼き）
- ●「田作りの紹介」
- ●「TVインタビュー」
- ●「雑誌取材」
- ●「インド国内での小旅行」（タージマハール）
- ●「インド人家庭を訪問」
- ●「クロージング・パーティ」など

本イベントの現地参加者は，現地での移動と宿泊，航空予約，材料支給などについて要請があれば便宜が図られた。

また，参加者の心得や行動指針として，参加する個人は，すべて共同活動を旨とするように指示された。

参加者は異なる分野と異なるレベルで，それぞれが持ち寄った技術と技能と，様式（スタイル）の交換をすることに主眼がおかれた。特に，民芸作家（職人）たちによる伝統的な制作方法や技術のデモンストレーションが，本イベントの目玉であった。

私にとって"愕然と驚く"ことの現地発見が，異文化研究の関心を強め，またその後の異文化コミュニケーション研究を深める契機になったことは，限られた異文化交流経験の中から断定できる。

2. イベントの企画主旨

インターネットに象徴されるように，情報化によるグローバリゼーションは"国境"を軽々と越えていき，従来の国家という枠組みもしだいに崩壊しつつあるようにも見える。日印国際交流のイベント企画はそういった流れの中で，今後の日本のとるべき方向性や国際社会におけるポジションの取り方

についてのひとつの提案である。

　日印交流50周年を迎え，日本における"インド"という国の占める位置はますます重要になってきている。最近では"BRICs"（Brazil, Russia, India, and China）の時代といわれるように，インドの未来市場への成長性が世界の注目を浴びている。

　そうした時代的背景を考慮して日印関係の問題を再考し，その問題解決の方向性を，今回のイベント企画の中で追求してみた。

　「なぜインドでの日印関係の国際交流イベントの開催か」というと，世界が現在抱える重要な国際問題が，インドそして日本の共通問題として相互に認識でき，その問題解決の糸口が日印関係の見直しの中に垣間見られるからである。たとえば次のような状況分析と問題認識，そして政策提言の方向である。

(1) 日本経済の低迷と労働人口問題

　日本経済の低迷と労働人口問題に関して，諸外国に比べ，日本における外国人労働者の比率はとても低いものとなっている。開かれた国と呼ばれるためにも外国人の活用が日本経済の活性化に寄与することが予測できる。特にインドは高度なソフトウェア技術と豊富で卓越した人材がいる。日本には世界有数の市場と高度な製造技術があり，両国には強力な補完関係が期待される。

(2) 反テロ問題への日本の役割

　現在切迫した問題となっている反テロに対する日本のとるべき役割に関して，国際社会の一員として国際テロと戦う上で，パキスタンやインドの安定を図ることは重要となっている。特に南西アジアの安定化のためにインドに積極的に関与を深めていく必要がある。そういった意味で，印パ両国にたいする経済制裁が緩和されたことは画期的である。もちろん反核に関しては，日本は唯一の被爆国として両国間でそれが使用されることのないよう撤廃にむけて別の働きかけが必要な政策提言である。

(3) 日印間の国際交流

　日印間の国際交流関係において，基本に立ち返って再考した共通認識は，"文化交流"である。戦争に具象化された「武力」の対象概念は「平和」の

概念ではなく「文化」の概念である。

　私が考えたイベント立案過程での「文化」の概念は，それは新たな知的・倫理的秩序と環境安全への"期待的枠組み"である。異文化間で相互に異なる文化を理解しあい，尊重しあうこと，そして理解と尊重の働きかけをすることが国際交流の文化イベントを提案する日本の役割ではないだろうか。

　戦後の日本は，アジアで最も早く先進国の仲間入りを果たした。こうした日本の経済成長は，開発途上国にとって国づくりの目標とされてきている。それはそれとして，開発途上国での反米と反欧の感情は強いものがある。そうした開発途上国においても，わが国は穏やかな対日感情でこれまで迎えられてきている。

　しかし，日本発の「文化交流」，特に「芸術交流」の分野において，その国際交流の形は，レベルの違いはあれ，"お高い"という海外からの評価を招き，"高級志向"に迎合してきた感は否めない。

(4) "草の根"芸術・文化交流

　こうした批判に気づいた心あるアーティストたちは「大衆の中へ」と立ち帰り，芸術の制作と交流の方法に「共同参画の組織開発」をなし，その共同体意識を媒介にして，芸術と文化の交流不全や交流断絶への"際崩し・橋架け"の手段とした。

　この媒体の狙いは，日本とインドとの間での芸術・文化交流の国際的なつながりを「大衆の中へ」，即ち，"草の根"芸術・文化交流のレベルで再構築しようとするものである。

　階級・地位・評判の隔てなく，上記の主旨に同意したアーティストたちは，その支援関係者たちも巻き込んで，新しい視野での共同作業の芸術・文化交流の形を，今回の日印50周年記念イベントの企画に構想した。

　今回の国際交流イベントの開催にあたり，日本の政府機関の「国際交流基金」(The Japan Foundation) と，インド政府の「駐日インド大使館」と，そして愛知県の地方都市である「常滑市役所」から支援を頂戴した。

　また，日本の会社（トヨタ，ホンダ，スズキなど）からの寄付金で構成される「日印国交樹立50周年記念事業」の基金の中からも支援していただいた。

3. 国際交流イベント開催への評価
(1) 日本人参加者の視点

【日本・インド国交樹立50周年記念事業】の1つである「芸術文化の国際交流イベント」は，現実にはいくつも乗り越えていかなければならないハードルが多々あり，困難な局面でもあった。だが，最終的にはそれぞれの作品が調和のとれた輪の1部となり，国交樹立記念にふさわしい作品に仕上がったのではないかと思う。

日本人参加者のインド経験の声を集めてみた。そうした意見を集約してみよう。

―日本人参加者の声―

本イベントを機会に両国の関係がより一層深い関係になり，新たな展開を持つようになれば嬉しい次第である。また「1人の芸術家としてもこれからこの様な形での関わり方ができれば」という両国の芸術家や参加者たちの声が多かった。この声を伝えておきたい。

本イベントの統一テーマは，"和"（ハーモニー）である。"ハーモニー"という言葉に支えられていたイベント参加者の実感である。"和"のテーマは将来に向けて，私どもが永遠に求めつづけなくてはならない価値観だと思う。

私個人にとって，インドでの出来事の多くはかけがえのない経験であった。この記念イベントを通して出会った，素敵な仲間達と同じ空間と時間を共有しながら様々なやり口での制作と対話が，私の中に生きている。

インドにいたときの私の中に流れている時間感覚が，インドの時間感覚とは当然ながら異なっていて，はじめのころは受けつけなかったけれども，次第にインド感覚に馴染んでいく心地よさを感じ始めた。なぜなのだろうか。

食べ物，買い物，交通事情，そして総ての面での違いに驚き，そしてインドに生きる人間がもつ生々しいエネルギーのすごさに対応していかなければならない私は，私自身のエネルギーの起源を私の中に探し始めた。

とにかく1度はインドへ行って，私の驚きを共有してもらいたい。多くの方々にお世話になり，またわが家族の応援も得て，無事インドでの記念イベントが全

うできたことを心から感謝したい。

　また，全員がケガ，病気，等もなく帰国できたことが，応援者への最大の恩返しである。自分自身厳しい条件をクリヤーできたことが，その後大きな自信となり，その自信が心の中に注入できて，これから先の生活に多大な影響を受けたことは間違いない，と確信している。

　ある，日本人作家は，こういうことを言っていた。

　インドに到着して初めて見る原石に，テーマの「My Image in India」が彫りこめるか否か不安があったが，1日1日と制作が進むにつれ，その不安は徐々に解消されていった。そして自分の中で何か確かな物として覚醒していったように思われる。インドという大国に対していささかちっぽけな作品ではあるが，自分の中では大きな位置を占める作品となった。この記念イベントに援助してくださったインド・日本の皆様に感謝の気持ちを込めて御礼を述べたい。

(2)　インド人参加者の視点

　インド人参加者の声を若干紹介するので，参考にしてもらいたい。こうした声が，インド側のイベント評価を率直に表している。

　―インド人参加者の声―

　日本人と共に過ごしたすばらしい21日間は，私に多くのことを学ばせてくれました。時間を守る全ての人に敬意を表したいです。私は彫刻の彫り方を観察し学びました。日本人たちが用意してくれた美味しい食事と茶道とで31日はすばらしい日でした。全ての人が素晴らしい働きをシンポジウムの中でしていました。

　シンポジウムは我々に芸術家としての人生や二つの違った国の間の協調とを教えてくれました。

　このイベントを振り返ってみて，この共同作業のメンバーとして参加してよかったと思う。私は互いに理解し会おうと努めました。このようなイベントは繰り返し開催されるべきです。そしてどの国の人もメンバーとなれるようになるとよいと思います。これがより良くなって行くことが願いであり，そうなるとうれしく思います。

素晴らしい芸術文化の交流イベントを間近で見る機会を得ることができました。それは大変素晴らしく大成功で，同じようなイベントを将来はネパールで開催しようと思っている。私に大きな影響を与えてくれた日印両国の彫刻家たちの仕事に感謝したいと思います。

今回お互いの友情と幸福の不思議な力を発見しました。この日印のチームワークは"Harmony"と呼ばれ素晴らしいと感じました。この記念イベントのアーティストたちは偉大な仕事をしました。主催者であるチグリ・クマール・サフー氏と杉本準一郎氏は，「その決意が固ければ，互いの国の結束や決断も可能になる」ということを示してくれました。日印の彫刻家達の作品は，別の国に影響を与え新しい意思をもたらすはずです。芸術界における新たな発生であり，形式です。

"芸術は壁を破り世界を一つにする"。和のメッセージは言葉ではなく日印のアーティストによる作品によって与えられた。印象深いこの記念イベントに参加できたことを幸運に思う。

初めて参加した国際的な芸術文化の交流イベントは素晴らしい経験と影響を私に与えてくれました。言葉の違いはコミュニケーションの最大の壁となるけれどもそれはまったく別のものであることも証明された。もちろん言語は芸術の背景としては問題ではない。とても興味深い要因としては日本の食べ物や芸術家の仲間達です。彼らは美味しい日本食を作ってくれました。本イベントに関する私の見解ではお互いの驚きと同じ意思が理解されたと思います。

4. 作品／芸術についての評価

(1) "2つの"「輪／和」モデルの誕生

2003年1月，日印共同作業の"2つの"「輪／和」がインドの歴史的記念公園に誕生した。1つは19の彫刻から構成される直径19メートルの「モニュメントの輪」で，これは「日印国交樹立」を記念して19人の彫刻家によって創られた"和"である。

もう1つはこの石の輪が創られるまで，このイベントに関わった「人々の輪」によって生まれた"和"である。この和は50年前国交樹立に尽力した方々やその後，政治，経済，文化など様々な分野で努力された方々によって創られ，そして今回のイベントの支えとなっている。

言い換えれば,記念公園に永遠に設置される「モニュメントの輪」とともに「人々の和」も創られ,残されたのである。

その「輪／和」が大きくなり,さらには別の場所で新たに生まれていくことが期待されている。日本で,インドでそして,世界で,ここで臨床実験された「輪／和」のモデルが広がっていくことをわたくしどもは予測している。

インドでのこの"2つの"「輪／和の誕生」に多大なご協力をいただいた方々に感謝の意を表し,そしてこの「輪／和の誕生」の成長を見守っていきたいと思う。

作品そのものについての評価は,ここでは論外としたい。なぜならば,このイベント企画の精神が,最終的には,日印間の"ハーモニー"(調和)の創造であり,そのインキュベーション・モデルの模索であった。ここで作られた苗床実験が,世界モデルとなり,世界中で"様々な形の"「輪／和のモデル」が生まれてくるはずである。

(2) **作品集より紹介**

なお参考資料として,製作風景と完成作品の写真を若干ここに紹介しておくとする。

―完成作品―

第8章　芸術文化交流と"和"の社会経営論　　437

―制作風景と帰国後の報告展―

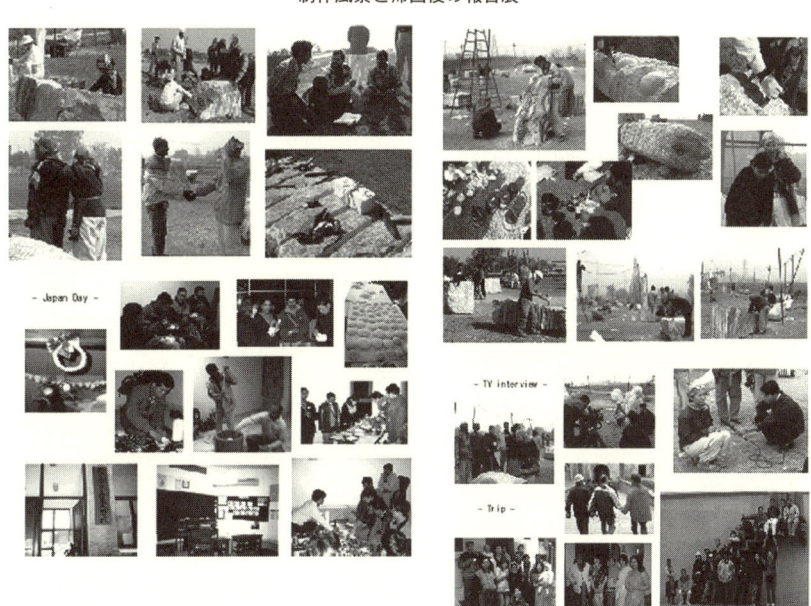

5. 日印・芸術文化交流の摩擦問題

　日本とインドとの間での「芸術文化の国際交流イベント」をインド国内の場で「現地展開」したとき，私どもが経験した"異文化摩擦の問題"を，次にまとめてみることにした。以下の発見事項は，私どもの身体的知をモノサシにした直感的な事実認識であり，その後の科学的検証が求められている。

　ここでいう，身体的知とは，コミュニケーション・ギャップであり，相互の意思疎通に不快感や困惑となった状況におけるこちら側の身心的動揺，即ち，交流障壁である。

摩擦1.「経済格差」
　インド人と日本人が同じホテルに泊まれない。同じレストランに入れない。

摩擦2.「カースト制度」
　昼食は弁当を頼み皆で車座になって食べることにしたが，我々には理解できないカーストがあるせいか，中に入って来られないインド人参加者もいた。

摩擦3.「ベジタリアンの存在」
　日本食を作る際，かつおだしやマヨネーズ，かつおぶし，卵など使ってはいけないものがたくさんあった。

摩擦4.「契約意識の欠落」
　タクシーと契約したのだが，時間通り来ない，頼んだ大きさの車両ではない，契約金が違う，等などトラブルの連続だった。タクシーの来ない日もあった。

摩擦5.「時間観念の曖昧さ」
　分刻みで考え動く日本人と較べて，午前と午後という「3時間1括り」で考えるインド人。朝食は10時頃　昼食は3時頃　と言う具合に行動時間が3時間ほどずれている。

摩擦6.「清潔の観念なし」
　会場の朝の仕事は，ゴミ拾いから。インド人は基本的に使い捨て，プラスチックのコップやお皿などその場にポイポイ捨てる。以前は土に返るものだったから良いが，プラスチックは土に返らない。

摩擦 7．「言葉の壁」
　日本人とインド人のコミュニケーションは英語で行われる。しかし，英語を話せないインド人もいるため，日本人とのコミュニケーションだけでなく，インド人同士もコミュニケーションがとれない場合もある。

6．国際交流イベントの効果分析

　イベントの「企画立案」の段階で予期しなかったことが次々におこり，前述した"愕然と驚く"という精神進化の過程を，「現地展開」の段階と，その後の「反省分析」の段階で，次に見直してみたい。

(1) 異文化交流の意味を考える

　インドで体験した異文化摩擦を考えてみたい。異文化理解において大切なことは，相手を理解するだけでなく，自分の文化も理解してもらうよう努めることである。日本人は異文化理解において相手国をなんとか理解しようとするが，自国の日本文化そのものを理解してもらおうという働きかけはしていない。そのような感じが，その後してきた。

　自国の文化を理解してもらうには，まず自分が自国の文化を理解することが必要となる。日本人はその努力すらしていない。「日本文化とは何なのか」。それを学ぶ機会提供を，わが国の教育現場ではあまり重視していないように感じる。

　今回のイベントを企画し，参加することによって自国の文化を見つめなおし，それを通じて自己を見つめなおすことになる。そこから異文化交流の糸口をみつけ，そのノウハウを仕事に用いれば，もう少しスムーズに相手国の文化に溶け込んでいけるのではないだろうか。

　国際交流や，異文化交流には，必然的にお金がかかる。今回の芸術文化の"草の根"型の国際交流イベントにトヨタなどの地元企業が間接的な形態を通して協賛してくれたことに，私どもは「企業の社会的貢献」の意義を見出している。

　だが，今回のイベントは，基本的には地域住民の民間外交であり，政府助成があったことが"錦の御旗"となり，企業からの助成を誘引しやすいことが分かった。言い換えると，私的企業はそうした公的機関の助成には上乗り

し易い体質をもつことが理解できた。

　地元の会社が異文化交流のイベントに協賛することは、地域社会を構成する"企業市民"としての自己覚醒の問題である。しかし、その自己覚醒がまだ一般化したとはいえないのが現状である。

　だが、政府機関と一緒に後援してくれた企業からの助成は、その地域に根をおろし、その地域に文化的利益を与えることで、信用され、愛され、受け入れられていくための、企業のあり方にも関係している。幸いなことに、私どもの芸術文化交流を鍵概念とした異文化交流のイベント企画を参加企業は高く評価してくれた。

　異文化理解のキーワードは、「文化とは何か」である。文化の視点を「文化絶対主義」の立場と、「文化相対主義」の立場で捉えるのでは、全く文化への価値観が異なってくる。

　「自民族中心主義」の目で外国文化をみると、インドの文化を日本人が理解「文化相対主義」の視点で、外国の文化的特性を日本文化や、その他の国々文化と相対化して文化理解をすることも、その国の文化の本質も見抜くことが最終的にはできない。

　私は、「宗教多元主義」があるように、「文化多元主義」の立場で、異なる文化の多元性を地域や人間の本質に還って理解した。言い換えると、「文化特殊主義」を貫いて、「文化普遍主義」の独善性に陥らない方向での、インドと日本の"揺ぎない"「文化構造の実在」を信じている。

　先に述べた日印間の異文化摩擦問題を、インドの文化構造の基層にあるコンテキスト（文脈）との関連で理解すると、その理解が根源的なレベルに届く。そうしたインドの異文化理解への日本側目線は、日本文化の中枢構造への理解から誕生するものである。

　日本文化理解をモノサシにしてインド文化の理解を見直すことが、今回の私の異文化交流への反省点であった。だが、日本の文化文脈がインドのそれと違うことへの発見は、文化多元主義の自己確信となった。そのことが、異文化尊敬主義となる。

　同一文化でも、違いが分かると、違いを超えて同じことがわかる。だが、同じことが、はじめの同じことと違っていた。文化的コンテキストの中に見

られる文化度の優劣とは、そうした性質のものである。どのような文化的特徴もその文化の視点で理解されなければならないのであって、そうすることによってすべての文化がいかに論理的で首尾一貫したシステムであるかがわかってくるのである。

結論をいうと、私たちをある文化が本源的にほかの文化よりも優れている、劣っていると言うことはなく、ただ「異なっていることが文化の本質」であり、「異文化間に文化の相互尊敬」が、地球的視点の"和"の世界を創造するにあたり、無視できないコミュニケーションの秩序原則である。

(2) 国際化／グローバル化の意味を考える

「異文化交流の意味」をインドで考えたいが、そのことと併行して、私は、「国際化とは何か」「グローバル化とは何か」の意味をインドで考えた。その後の日本での生活の中でも、この問題認識への疑問を引きずってきた。

インドでのイベント臨床実験からの、ここでの1つの仮説的定義を次のようにしてみた。

> グローバリゼーションとは、政治・経済・社会活動の連鎖が、世界規模になり、諸々の国家や社会の内部と相互間で、相互浸透の深化と多様化が生起し、国家の境界そのものが曖昧となり、国家の枠を越えた現象が様々に進行する過程のことである。

この「グローバリゼーション」（globalization）とは従来の「インターナショナリゼーション」（internationalization）とは根本的に異なる点に注意しなければならない。邦訳では「グローバリゼーション」は「地球規模化」であり、「インターナショナリゼーション」は「国際化」である。

「地球規模化」と「国際化」とはどのように異なるかということだが、この相違こそ、やや大げさに言えば、これまでの世紀（19世紀・20世紀）と新しい世紀（21世紀）を峻別するものである。

従来の「国際化」とは世界各国の相互交流の拡大をベースとするものである。つまり、「国際化」とは「国際交流化」とほぼ同義であり、いってみれば、個々の国家が国境を越えて経済的取引（財・サービスおよび資本）や人的交流さらに文化的、政治的交流を増大させていくというものである。

したがって,「国際化」(internationalization) とはあくまで個々の国家が自国の仕組みやルールを前提に,すなわちそれらの不変のもとに,国際的に開放化していくことを意味する。それは相互交流であり,相互浸透のレベルに止まる。

しかし,「地球規模化」(globalization) とは,各国間の相互浸透がいわば「強制的」さらには「暴力的」に行われ,自国の固有な仕組みやルールさらに慣行の変更を迫る。つまり,それは強引な,「力の論理」を持つのだ。この意味で,「グローバリゼーション」とは「強制的な国際交流化」であり,「自己変革を迫る国際化」である。

上記のように「グローバリゼーション」の意味を理解すると,それぞれの国は,グローバル化による自国文化の文化破壊を誘引しやすくなる。

また,同時に,「グローバリゼーション」は,貧富の格差を助長して,文化が支えていた経済の基層にある社会構造や社会関係,そして国民の価値観を崩壊させるようになる。

さらに,文化と文明の違いの視点で「グローバリゼーション」の意味を再考するとき,「グローバリゼーション」は技術志向の科学文明観に傾き,その文明をつくりだしてきた文化の価値体系や,文明起源の思想を希薄化ないし,無力化してくる。母なる文化が,子なる文明によって滅びるという文明の衰退も予測できる。

このように,「グローバリゼーション」問題は,現代社会において各国間において様々な問題を引き起こす要因になっている。では「グローバリゼーション」と「異文化交流」の交差問題を今後どのように考えればよいのだろうか。

7. 国際ビジネスマン教育への提言

「グローバリゼーション」と「異文化交流」の交差している先端的な分野は,多国籍企業の国際ビジネスの分野である。

ビジネスに国境がなくなり,また,国家利益と多国籍企業の共同体意識は,地域連帯という国家戦略の下で国家間同士の緩やかな結合関係を産み出し,世界地図の上に新しい連邦的な経済地図を確実につくりだしている。

第 8 章　芸術文化交流と"和"の社会経営論　443

　日印の芸術文化の国際交流イベントは，その臨床実験の成果を今後の国際ビジネスの異文化コミュニケーション・モデル形成にいくつかの提言をすることに発展してきた。言い換えると，「国際ビジネスの中の異文化コミュニケーション」の問題へと，臨床実験の成果を演繹させてきた。そのことについてこれから若干触れるとしよう。

(1) **言語と文化**

　国際ビジネスマンとしてできるかぎり成功したいと思うなら，ビジネスをする相手の言語と文化の双方に精通しなくてはならない。事実，言語と文化は非常に密接な関係がある。

　しかし海外でビジネスをするアメリカ企業は，英語が急速に国際ビジネスの言語になっていることから，海外勤務職員に敢えて第 2 言語を訓練する必要はないと考えているようだ。国際ビジネスは，信頼と相互の尊敬に根ざしたものである。第 2 言語に熟達することで，国際ビジネスマンは他国のビジネスマンとの一般的な協調関係を発展させ，相手の文化的文脈の中でコミュニケーション・パターンを理解できるようになる。

(2) **非言語コミュニケーション**

　「非言語交流」(nonverbal communication) は，当然のことながら，人間コミュニケーション課程の一部として，送受されるメッセージの大半をカバーしている。実際，同一言語社会で二人の人間同士のコミュニケーションにおいて，言語が締める割合はわずか 30％ である。このことがいろいろなところで指摘されている。

　国際ビジネスでは異文化摩擦が生じやすい。その理由は同一言語社会の出身でない人間がコミュニケートする場合には，非言語キューは一層重視されることになるからである。

　非言語コミュニケーションは，人間相互作用を想定するうえでいくつかの重要な機能を果たしている。それは，(1) 私たちの姿勢と感情についてのメッセージを送り (2) 私達の言語メッセージをさらに完全なものとし，そして (3) どちらがコミュニケートするかのタイミングと順番を統制する有効な方法である。

　アメリカの文化人類学者エドワード・T. ホールの「異文化コミュニケー

ションの関係論」[18] で説明すると，文化には，「高文脈文化」（High Context Culture）と「低文脈文化」（Low Context Culture）とがある。

① ハイ・コンテキスト文化

人々が，お互い深い絆で結ばれていて，情報はみんなで共有され，簡単な言葉でも深い意味をもちえるような文化をいう。粘着性が強く，危機的状況や急激な変化には極めて強い。形式がものをいう文化である。日本文化がその代表的事例。

ほとんどの情報は，受け手とコンテキストの中にあらかじめプログラムされていて，伝達されるメッセージの中にはほとんど盛り込まれていない。言葉の使用が極力抑えられる。まさに以心伝心コミュニケーションである。

② ロー・コンテキスト文化

個々人が自立していて，お互いが薄い関係で結ばれ，情報は限られている。このためにコミュニケーションは，明確なメッセージを相手に示さねばならず，言葉を駆使しなければならない。アメリカ文化がその代表的事例。

ほとんどの情報は，伝達されるメッセージのなかに組み込まれていて，コンテキストにはない。言葉が徹底的に使用される。ロー・コンテキスト文化の外国人とのコミュニケーションでは，言葉を的確に使い，筋道立てた話をしなければならない。

(3) 国際ビジネスの文化的環境

外国の文化環境を的確に理解する最良の方法は，「文化的価値観」の理解である。私達自身の「文化的価値観」だけでなく，相手のそれも研究することが不可避である。

文化が私達自身の思考に及ぼす影響力と，そしてさらにそれが文化的に異なる人々の影響力とどのように一致しているか，あるいは対照をなしているかを認識することが必要である。

---

18 コンテキストとは，コミュニケーションの基盤である言語・共通の知識・体験・価値観・ロジック・嗜好性などである。コミュニケーション環境を説明するのに役立つ概念として，アメリカの文化人類学者であるエドワード・T. ホールが，文化のコンテキストのちがいを唱えた。文化のコンテキストの識別により，国や地域のコミュニケーション・スタイルの特徴が理解しやすくなる。

例えば，時間の取り扱い方は，どんな文化の価値観においても主要な構成要素となっている。アメリカ人にとって，時間は本質的に不動のもので，私達の生活における重要項目の1つであり，あたかも有形の商品のように扱われている。時間を消費する，時間を節約する，時間を稼ぐ，時間を浪費する，アメリカ人はいう。

外資系企業のファーストフードでは，やるべき仕事が次から次へとあり，一瞬たりとも休んでいる暇がないという。その上，仕事が終わった後もミーティングがあり店をでるときはいつもクタクタの状態だったそうだ。

アメリカでは帰宅する時間を先に決め，それまでに仕事を終わらせるよう必死で働くのが当たり前なのだという。

会議でもしばしば，冒頭で「このミーティングは30分以内に終わらせよう」と提案されることが珍しくないのだそうだ。

日本ではこうはいかない。帰宅する時間は「仕事が終わってから」あるいは「一区切りついてから」が圧倒的多数。会議でも，まさに時間は「湯水のごとく」使われ，そこにはタイム・イズ・マネーの感覚はほとんど見受けられない。

工業化の遅れている国では正確な時間の観念をほとんど重視していない。一般的なアメリカ人は，時計の針の動きに反応しているのに対して（すなわち正午なのでランチタイムであり，したがって食事をする時間である），東南アジア人は社会的な出来事に対応して行動する傾向がある（すなわち食物をわかちあう人がいるので，食事をする）。

このように科学技術が充分に発達していない国の人々は，時間厳守自体に特別のメリットがあるとは思わない。時計のために何かをするとかしないとかではなく，彼らの行動は親戚関係の義理を果たすような社会的出来事，あるいは日没のような自然の出来事によって進行するのである。

イギリス，インドネシア，イタリア，日本，台湾，アメリカの6つの国において，それぞれの文化特性としての時間感覚の調査結果を講義で聞いたことがある。その調査項目は，次のとおりである。

① 「正確感性」：銀行の時計の正確性について
② 「速度感性」：晴れた日の勤務時間中に歩行者が街路地100フィートを

歩く平均時間
③ 「生活感性」：郵便局で切手一枚を買うのに要する時間

これら3つの時間指標全てが，以上6つの文化間の相違と緊密な関係が現れた。正確性，速度性，生活性に対する時間の関心は，日本で最も顕著であり，アメリカがそれに非常に近く，インドネシアは多くの点で対極に位置していることが明確となった。

(4) 国際ビジネスマン育成への提言

私どもの，臨床実験としての「日印・芸術文化の国際交流イベント」が，異文化処理スキルの開発を結果的にはもたらした。その成果を，日本企業の海外進出にあたり，「国際人育成の教育資料」として活用できないだろうか。

大胆な言い方をさせてもらうと，インドでのイベント臨床実験の成功を，日本企業の「国際人育成の条件理論」に組み入れられるとしたら，その「国際人の資質」とは下記のような人的特性である。

特性1　曖昧さに寛大になれる。
特性2　柔軟になれる。
特性3　我慢できる。
特性4　感情移入がうまい。
特性5　機転が利く。
特性6　自分の意見を一般化しない。
特性7　敬意を示す姿勢が上手。
特性8　即断しない。
特性9　ユーモアのセンスがある。
特性10　海外で日本人だけでかたまらない。
特性11　絶対がないことを知っている。
特性12　信頼関係をつくれる。

企業が海外で成功するかどうかは，その会社の社員が新しい国で異文化処理スキルを以下に効率的に発揮できるかにかかっている。異文化処理能力とは，その職務関連の専門知識の実現にむけて，新しい文化的環境に対する個人の感受性である。

海外勤務の失敗の最も一般的な原因のひとつは、ある個人が本国の環境で成功すれば、異なった文化環境でも同様に技術的専門知識を応用して成功するという錯覚である。外国の文化的環境の実態に無頓着でいるとひどい結果を招くことになる。私たちの臨床実験の成果が、身体的知を基軸にしているとはいえ、その成果を日本の企業の海外経営に伝えたい。また、国際ビジネスマンにとっていくつかの重要な示唆が、限られたこの臨床実験からの「異文化コミュニケーション論」に含まれている。中部経済圏の地元企業の海外進出に向けて、ここでの提言事項が参考資料になれば幸いである。

8.「企業―行政―社会」の首尾一貫性
(1) 仮説検証

最後に、序論で掲げた研究仮説にもどり、これまで述べてきた「インドでの"草の根"芸術祭」についての情報提供が、仮説を証明するに値する物語性があっただろうか。

記憶を新たにしてもらうために、研究仮説を再度次に紹介しておく。

「イベント開発とまちづくりが、企業と行政と社会との間での連帯を促進して、超境界的に"和"の社会経営が実現できる」

「インドでの"草の根"芸術祭」は「異文化交流」であり、そのイベント開発の成功が、「企業―行政―社会」の結びつきにどのような影響をもたらしただろうか。

日印の国際交流記念イベントに関係する、「企業」と「行政」と「社会」とは、それぞれ異なる分業と協業のネットワークで結ばれている。文化のスポンサーは、行政と企業であり、そのイベント展開の実行者は日本とインドの地域社会の構成員である。ここに、ネットワーカーとしての、「イベントコーディネーター」ないし「地域コーディネーター」の存在が浮き彫りに出来る。

言い換えると、「企業―行政―社会」の結びつきを可能にした触媒（カタリスト）が、異種要素としての「企業」と「行政」と「社会」を内的に融合する組織機能を開発した。

(2) 公共の論理を再考

　このイベントは，準「公共イベント」であるが，企業の支援参加もあるので，「企業イベント」の性格もある。主催者が行政でもなく，もちろん，企業でもない。しかも，第3セクターの曖昧さや隠れ蓑でもない。純然たる民間活動であるにもかかわらず，極めて公共的かつ社会的なイベントである。

　NGO運動やNPO運動として割り切れば，それ以上の答えはなくなるので，それ以外の組織観を私は求めたい。そこでの1つの答えは，前述したように，「パブリック・サイエンス」（公共科学）のコンセプトを用いて，「企業─行政─社会」の首尾一貫性を考えてみたい。

　伝統的な「企業の論理」，「行政の論理」，そして，「社会の論理」が，学問のグローバル化がつくりだした"公共の論理"という新概念に統合されるなら，「企業─行政─社会」の首尾一貫性の仮説は，この"公共の論理"の誕生に包含されることになる。

　そのことを可能にするのは，学問のグローバル化である。国境を超えた"草の根"型の小さな芸術文化交流イベントは，「企業─行政─社会」の首尾一貫性を内在価値とする"パブリック・サイエンス"の表出形態であった。

　しかも，"ニュー・パブリック"概念の誕生契機が，「大衆の知」の中からのリズムとカタチであった。「大衆の知」の実在が文化機能のコア・コンピテンスであることも実感している。

　私は今回のイベントの実践から「大衆の知」の実在を学びとった。この「大衆の知」の実在こそが，異なる国家の壁を越え，また，企業，行政，地域の境目を消す可能性を秘めた，超境界的な和の社会経営の思想基盤ともいえる。

Ⅵ　常滑"かじま台"街づくり
─イベント性を取り入れた街づくり戦略─

　国外での「インド"草の根"芸術祭」の国際交流イベントに対照させて，次に，国内での「常滑"かじま台"街づくり」を論及していくことにする。

　ここでの研究仮説は，前述したように，「イベント開発とまちづくり開発が，企業と行政と社会との間での連帯を促進して，超境界的に"和"の社会

経営が実現できる」ということである。

「インド"草の根"芸術祭」は臨床実験が，次に「常滑"かじま台"街づくり」の研究に繋がる。日本国内でも，芸術感性を媒介項とした人間と人間の交流が，国境を越えたレベルでの"街づくりの原点"となる。これから紹介する日本の街づくりは，"草の根"芸術を共有する「社会派企業家」と「芸術派教育家」との連帯により，"美しい街"形成，即ち，"和"の社会経営論の事例研究である。

1. これまでの街づくり概要

これまでの街づくりというと，まず地主達が自分たちの欲しい土地を最初にとり，利益優先で土地の価格を下げることをしない。

先祖からの大切な土地を安くは売れないこともうなずける。しかし，値段を下げなければ，結局売れない。売れない土地が残れば，整地代として借金と売れない期間の利子がかさむ。

そうして，土地は益々魅力のないものとなっていく。こうなれば街づくりどころではなくなってくる。人が集まらなければ街は成り立っていかないのであるから。

さてそこで，こうした現状を踏まえて，「インドでの"草の根・芸術文化交流」の精神を盛り込んだ，常滑の街づくりはどのように展開したのであろうか。

(1) 愛知県常滑市"かじま台"の土地区画整理事業

その場所は，名鉄常滑駅から南へ約3キロの場所に位置する。その開発地域は，常滑梶間土地区画整理事業地であり，開発面積20.8ha，保留地区画159，保留地総面積32,000平方メートルある。

事業主体は，梶間土地区画整理事業団で，ミサワホームとタイアップし事業展開している。

真新しい住宅のそばには一面，クローバーが植えられ，道路脇には立体彫刻の芸術品が並ぶ。

常滑市内では中部国際空港の開港をにらんで，現在，6つ（ニュータウン除く）の土地区画整理事業が行われている。また，常滑市の近郊でも複数の

区画整理が施工中である。

梶間区画整理組合の伊奈正彦理事長との面接調査で,「他の事業との販売競争は熾烈。勝つにはどうしたらいいか」という彼の言葉に沿って,次のようにまとめた事業展開を知った。

(2) 販売戦略:「低価格で優良な宅地を供給」

コスト削減:工事費を30%削減,支出を30億円台に圧縮。浮いた工事費を販売価格の引き下げ,付加価値アップにもつなげた。

- 平均坪単価　30数万円　→　180,100円〜259,500円
- 空いたスペース　→　クローバーを植える
- 街灯の明かりにつかう風力発電機4基　→　5基
- 立体彫刻　10個　→　20個
- カフェテリアオープン
- 2005年3月　→　巨大モニュメント制作

(3) 当初の計画を見直し

浮いた工事費を次々と「魅力作り」に転化。全体の付加価値を高めている。ミサワホームとタイアップして行っている。

販売区画総数(159)の内訳は,組合89区画とミサワ70区画。インターネットによるPR戦略の採用は,区画整理事業では珍しい。

第 8 章　芸術文化交流と"和"の社会経営論　451

(4) "かじま台"の主な特徴

開発当初から保留地販売を強く意識し，こもれ日の中に「しあわせ」を感じる街を基本コンセプトに掲げ魅力ある街づくりを目指した。かじま台の主な特徴は次のとおり。

- ミューゼ通り

    街の中心を東西に走る幅員16m（歩道部幅員4.5m×両側）の幹線道路。

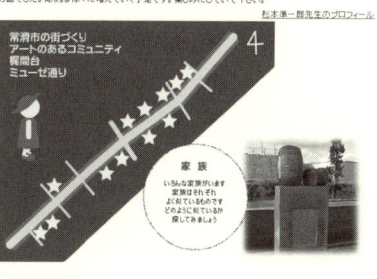

- 彫刻

    「ミューゼ」とは芸術を受け持つ女神の総称

    ミューズを仏語表記したもので，植樹帯などに杉本準一郎氏による現代彫刻作品が20点設置してある。通りの東から順に進むと，彫刻がひとつの物語でつながっている。

- ハイブリッド照明

    かじま台の入り口には，宮下博樹氏デザインの風力と太陽電池によるハイブリッド照明が4基設置してある。街のシンボルゲートであると同時に，停電時にも点灯するため，防災上の機能も備えている。

- 街路樹

    街路樹には，常緑のホンモチと落ち葉のナンキンハゼを交互に植樹。四季の移り変わりが楽しめる。10年後，20年後には大きく育ち，街のコンセプトである"木漏れ日"を作り出す。

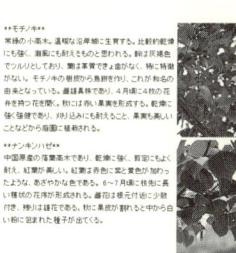

- インターロッキング舗装（歩道部）

    地元常滑産のレンガブロックを使用。あたたかみのある色彩がちょっとした散歩を楽しめる。

- 電柱街路樹，交通安全施設

街並みに配慮して，コーヒーブラウン色のものを使用している。
- フットパス
  一部の街区には，フットパスと呼ばれる緑道が背割りラインに作られている。各宅地の利便性をたかめるとともに，電柱をこの中に設置したことから，気になる電気等の配線も目につきにくくなり，表通りはとてもすっきりしている。
- 公園
  かじま台には「おおきい公園」と「ちいさい公園」がある。

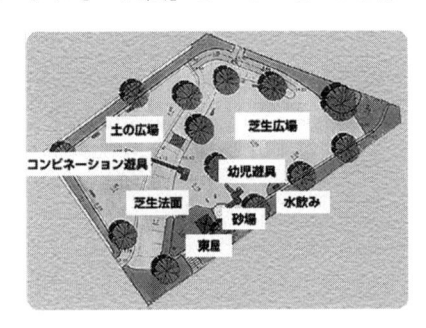

- 樹木
  新空港アクセス道路建設工事で障害になった樹木64本を移植した。"木漏れ日"の下でゆっくりとした時間が過ごせる。
- 遊具
  「おおきい公園」には，すべり台とアスレチックの大型コンビネーション遊具「かじまランド」が設置してある。色合いも鮮やかで，子どもたちにとても人気がある。「おおきい公園」は子どもの視点に立ったネーミングである。「〇〇中央公園」や，地名や横文字の入った名前は聞こえはいいが，子どもはその名前をなかなか覚えられない。その公園を使用する実際の子どもたちのボキャブラリーの中にある名前にする必要がある。
- ハイブリッド照明
  「おおきい公園」には風力と太陽電池が動力のハイブリッド照明が設置してある。

・芝生広場

中部国際空港の滑走路の周囲に張ってある芝と同じものが使われている。

(5) 街づくり憲章

良好な住宅地とするために,「かじま台街づくり憲章」が定められている。シンボルツリー植樹を始めとする5項目について,住民になる方へ協力をお願いしている。

かじま台街づくり憲章

この憲章は、新しく生まれた「かじま台」の街が、これからの住宅地にふさわしいゆとりのある豊かな街となるために、住宅等の建設に際しての具体的指針を定め、その実行と保全を目的として生まれました。この「かじま台」の新たなオーナーになられるみなさま方に、ご理解とご協力をお願いいたします。

＊お守りいただきたい事項＊

ブロック積み等の工作物の位置
1. ブロック積み等の工作物は、道路面より1.0m以上の高さとなる場合は、境界より0.5m以上後退してください。1.0m未満の場合は、境界より0.1m以上後退してください。

建物の色彩
2. 建物の外壁および屋根には、原色系の色を使用しないでください。

宅地の地盤高
3. 宅地の地盤高は変更しないでください。ただし、基礎工事で発生する残土の宅地内処理による変更はかまいません。

緑化
4. 道路側には、3m程度の高さのシンボルツリーを植栽してください。また、庭にはできるかぎり、木や花を植えて下さい。

区画道路の清掃
5. ご自身の敷地前の道路は、積極的に清掃をしてください。

土地を第三者に譲渡されるときは、この街づくり憲章の説明を行い、趣旨をご理解していただいてください。

(6) 地域コミュニティの創造

「あすなろ梶間」(「常滑市厚生事業団・梶間授産所」)を"コミュニティの核施設"として,同施設内にオープン・カフェ「かじまのクッキー屋さん」を整備。隣接する「おおきい公園」と一体となったコミュニティー・スペースが確保されている。

かじま台成功の要因は住民思考の考え方とそして,参加型にする街づくりではないかと思う。地主や企業ベースの考えは建設までは浸透するが,その後も街は成長して行く。その時住民に委ねたものが多ければ多いほど,その街は発展していくであろう。

今回,この授産所のカフェのオープンイベントには,多くの人が訪れていた。特に広告をうったわけでもなく,宣伝をしたわけでもないのにかじま台の住民以外,さらに常滑市民以外の方達も多く訪れていたのである。それは,いわゆる母親達の「口コミネットワーク」で情報が伝わり,「住みたい街」としてできたこのかじま台が認められているようである。

―カフェ・オープンイベントの様子―

(7) 健康長寿社会へのアプローチ

街づくりは,住む人たちが全てである。住人たちが健康で元気に生活できること,これも街づくりをする時の重要なポイントとなる。その健康づくりの一環として,前述した公園に「元気の道」と称した足ツボ踏みの道を建設

した。台湾などの公園に見られるデコボコとした道で足の裏のツボを刺激するものである。

(8) 地域振興への貢献

台湾では石を組み合わせて作られているその道をかじま台では常滑の産業であるやきもので作る。

住人だけでなく，その地域の産業振興にも寄与する街づくりである。

2. 今後の"街づくり"イベント計画の概要

インド"草の根"芸術祭と"かじま台"街づくりの関連について説明するとしよう。

両者をつないでいるのは，30年間にわたり常滑で教師をしている[19]杉本準一郎氏と，常滑で長期にわたり企業経営をしている[20]伊奈正彦氏である。

杉本の活動を伊奈が常にサポートし，常滑の行政と共に様々なイベントに取り組んできた。

教育と企業と行政が一体となって，一つのイベントを開催すれば，その地域の殆どの人々を巻き込むことができる。そして一度自分達で作り出し運営し成功させた体験を持った人は，そこに自己の利益がなくともまた何らかの形でイベントに参加したいと思うのである。

そういった人々の欲求を満たすものとして，草の根の芸術文化交流を取り込んだ「街づくり」というものを常滑"かじま台"は考えた。

そうした発想の根源には，自分達の暮らす街を自分達の芸術的感性で作っていけるという可能性への挑戦である。「芸術感性の街づくり」に自分が参加したという確かな足跡が見られたとしたら，その歴史に参加した人たちが

---

19 常滑高校教員。彫刻家

1971年金沢美術工芸大学彫刻科卒業。新制作協会会員。1975年バンクーバー国際彫刻シンポジウムに参加し，その後の活動の出発点となった。彫刻の形態は，有機的で滑らかな外郭の中に体温を感じさせる作品が多い。数多くの個展とグループ展，まちづくり参画。参加した国内でのシンポジウムは，多くを企画・主宰。2002年からは国交樹立50周年行事としてインド・ニューデリーにて彫刻のシンポジウムを主宰。現在は '06年に，ネパールと日本のシンポジウムを行う予定。

20 日本モザイクタイル株式会社社長。半田法人会会長代行。常滑美術品購入審議会会長。美術品収集など芸術文化に造詣が深く自身も個展9回を数える。極点到達をはじめたタクラマカン砂漠横断など地球環境に深い関心をもつ。

自然と集まってきて，その街は「住みたい街」になっていく。

　かじま台がめざした街づくりとはまさにそのような狙いがこめられていた。こうした大衆の芸術感性に支えられた街は，今後もさらに発展していくにちがいない。

　自分達の住む街が次々と芸術感性で変化して行くのを目の当たりにすることは素晴らしい人生の選択である。

　さらに，そこには異文化交流も自然と生まれてくる。常滑では長年，市民レベルでネパールのバゲスリ小学校建設のための資金支援をしていた。

　今回の「日本・ネパール芸術文化交流イベント」の一環として行われた【彫刻と音楽の草の根交流】のイベントを次に紹介しよう。この催しは，インドでの"草の根"型芸術文化交流をモデルとして，日本の常滑の街づくりとの関連で次のようなシナリオで開催された

(1) 常滑での"草の根"芸術文化交流（事業概要説明書から）

事業名称：「太陽を浴びて，風を受けて」

言語名：Resham Firii

事業実施期間：2005年2月1日から2005年3月31日

開催地・会場：愛知県常滑市かじま台ミューゼ通り（ミューゼ広場）
　　　　　　　愛知県常滑市新開町5-65・常滑市民文化会館

事業概要　① 交流記念彫刻の共同制作
　　　　　② ネパール音楽の会

主催者：とこなめネパール会（代表者　伊奈正彦）

設立：10年前より常滑市民レベルで交流のあったネパール国と，さらに深く広い交流を行うために2003年8月に設立された。

事業実績：① ネパール・バゲスリ小学校建設のための資金支援
　　　　　② 市民間交流ツアーの実施（常滑ロータリークラブ）

事業の目的：
　　日本とネパールの人と人との交流をさらに進めるためのシンボルとして文化交流行事を行う。

事業の内容：
　　① 交流記念彫刻の共同制作

神の山（マチャプチャレ山）より手紙が発信される風景を表現した意思の彫刻作品（高さ7.0M×幅1.3M×奥行1.3M）を，日本人・ネパール人が共同で公開制作する。
② ネパール音楽の会
ネパールにおけるシタール演奏の指導的立場にある芸術家3名を招き常滑市民文化会館で演奏会を行う。同時に常滑の音楽グループも返礼の演奏を行い交流を深める。

事業スケジュール：
① 交流記念彫刻の共同制作
2005.2.1 基礎工事・原石の搬入
2.20〜40日間かけて街角で共同制作
3.31 彫刻完成
② ネパール音楽の会
2005.3.12 音楽会開催，交流の記録写真の展覧会

参加者：
・知多半島の住民（主に常滑市，知多市，半田市）
・芸術に興味のある人
・新しい街づくりを実施している公共団体
・中部地方に在住のネパールの人々など

3.「社会派企業家」の出現：街づくりのリーダーシップ論

"かじま台"土地区画事業団の理事長であった伊奈正彦氏のリーダーシップ論は，常に危機感をもたせてこの事業を行ってきたという。市場に対し魅力的だと訴えかける材料の多い街づくりをというマーケットインの考え方を導入。それとともに社会的にも認められるような事業にし，顧客には積極的に社会に受け入れられる事業を訴えてきた。社会に役立つものでないと顧客の心は掴めない。社会を生かすことが，同時に利益を生むのである。

"かじま台"街づくりの事業理念は，「企業」・「文化」・「教育」をつなぐものとして，これからは「イベント性」というリーダーシップが必要となってくるという命題である。行政の公的機関でもなく，掴み所のない民間や社会

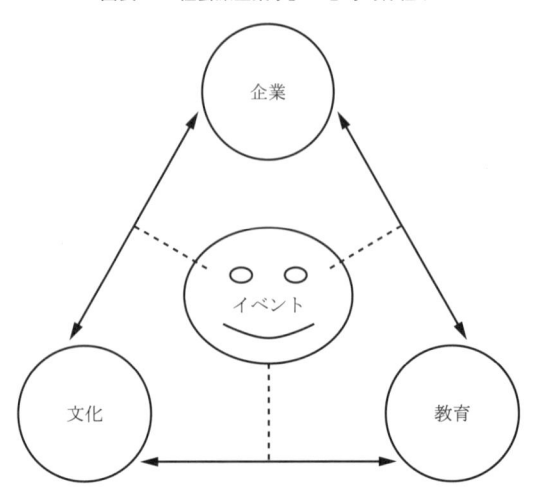

図表1 「社会派企業家」の思考的枠組み

```
        企業
       ／△＼
      ／ ¦ ＼
     ／ イベント ＼
    ／   ¦    ＼
   文化――――――教育
```

でもなく，また，半ば官僚化と固定化した企業でもない，その中間値的な触媒的組織が現在バラバラの要素をつなぐ役割を果たしてくれる。

　伊奈氏は，地域コーディネーターとして，また，「行政」，「企業」，「社会」をネットワーク化する新しいスタイルの連結環（ネットワーカー）として，その必要性から誕生した。その特性は，文化創造を求めて，イベント型分散集約のリーダーシップ概念であり，新組織の形成で地域革新を実現しようとする狙いがある。そして基層にある経営理念は，社会を経営する信念であり，地域における組織革新の行動である。

　私は，そうしたリーダーシップの経営者モデルを，次の図にあるように「社会派企業家」モデルと呼ぶことにしている。

　私が考えている「社会派企業家」とは，「企業」と「文化」と「教育」とを，"イベント性"で繋ぐ経営者である。

　ただし，ここで言う"イベント性"とは，「日常性の出来事に焦点を置いた，万人の生活リズムである」。例えば，「医療・福祉・教育・環境・文化」を，私は毎日繰り返される"生活イベント"としてここでは解釈している。

　したがって，「社会派企業家」とは，一言で言うと，「医療・福祉・教育・環境・文化などの社会サービスを事業として行う地域リーダーたち」の意味

である。単に社会的使命を持った事業を企業するだけでなく，行き詰まった社会的事業を活性化したり，また非営利組織をプロとして経営したりするなど，その活動のスタイルは様々である。

「社会派企業家」は，柔軟かつフラットであることに加えて，創造的でオープンな組織をつくりだす。彼らは企業家精神を持っているので，ユーザー，パートナー，資金提供者との間に複雑でオープン，かつダイナミックな関係を築く。これらの活動を通して，彼らはさらに優れたアイディアや人材，資金を獲得し，活動の範囲を拡大していく。

公共投資を民間資金で行った例としては，それと似たようなものはPFI（プライベート・ファイナンス・イニシアティブ）として日本にもある。

われわれ日本人は，民活の手法の新しさだけに満足して，それでよしとしてしまう悪い癖があるが，手法はたんなる道具に過ぎず，最も重要なのは，その道具を用いて何の価値を創造したかということにある。

アメリカでは「"草の根"指導者」（グラス・ルーツ・リーダー）と呼ばれる地域社会の革新的企業家がいた。21世紀型の知識産業を地域経済の主力産業にするには，ビジネスの企業家だけでは不充分で，「グラス・ルーツ・リーダー」は絶対に必要な存在であった。こうした点からみても，「社会派企業家」と「"草の根"指導者」はニュー・エコノミーをつくる人々であるといえる。

非営利組織の効率的な経営の方法は，アメリカでもまだ研究が始まったばかりである。ハーバード・ビジネススクールのジェームズ・オースティン教授[21]は，営利企業に見られるような管理統制ではだめで，大事な事は社員間で，ある種の感情的なつながりを大切にすることと，個人と個人が触発しあって，その間で科学的な反応を起こすことであると述べている。

この個人間で起こる科学反応は体験する人にとっては魅力的なものであるため，それが起これば，人々は無給でも集まってくる。最新の非営利組織ではこれを意図的・組織的に起こそうというのである。

「社会派企業家」のステークホルダー（利害関係者集団）は，地域の人々

---

21 ハーバード・ビジネススクールで社会派企業家研究と社会派企業家精神を教えている講座の主任教授。

で，その人たちに快適な社会サービスを提供することだけを考えている。
　「社会派企業家」は色々な人々と広いネットワークをつくり仕事を進めるのが効果的な「広くネットワークをつくる人」が「社会派企業家」の最たる特色である。
　経営学で「共感の経営」という言葉が流行したが，「社会派企業家」は共感を創造するのが上手である。しかもこの共感の輪をできるだけ広くするように活動する。「社会派企業家」のこのような行動スタイルは極めてインターネット的である。インターネット社会という時代状況も，「社会派企業家」の活躍を後押ししている。
　かつては家庭や地域社会で行っていたことを，ことごとく国家がするようになったのは，たかだか100年間のことである。しかし，もはや国家にそんなにたくさんの肩代わりはできなくなった。地方都市が古い産業から新しい産業へと転換するとき，市，大学，商工会議所，企業，住民などが，コンソーシアムを組み，"草の根"的な共同作業により産業の再生に取り組み，コミュニティの活力を取り戻した。
　医療，福祉教育などの社会消費の分野では最近問題が多発している。どれも競争のない規制産業で，時代の変化に対する適応力を失っているからであろう。
　これらの旧勢力に変わって，医療，福祉，教育，環境，安全，文化，金融など社会的消費の幅広い分野で，新供給システムを創造する人々である。
　「社会派企業家」が進出するジャンルは21世紀の成長分野でもある。公共サービスから大体が起こるのに加えて，ソフト化された経済においては，高齢者向けの産業などに対するパイそのものが大きくなる。
　現在アメリカで，「社会派企業家」（ソーシャル・アントレプレナー）の代表的な活動分野といえば，金融の分野である。ファンド・マネージャーは預かり資産の利回りを上げるだけでなく，社会を良くするところへの投資機会に腐心している。彼らが行っている投資選択は「社会責任投資」である。日本の金融にはまだその影すらないが，時代は市場経済一辺倒とは別の方向へ確実に変わり始めている。

4. 人づくりと街づくり

　私は,「教育の現場」に生きる者であり,「街づくり」と「ビジネス活動」を,"人づくり"の視点からも見直したい。言い換えると, これまで紹介してきた臨床実験のイベントや, 街づくり研究に内在する「教育論」を,「文化の視点」と「企業の視点」の交差するところから分析してみたい。そこでの「現場の教育論」は, 次のような提案事項に発展した。

(1) 神話となる組織行動
- 働いていることを誇りにしている
- 組織メンバー同士の仲が良い。リーダーから, またメンバー同士でねぎらう
- 馴れ合いでなく適度な緊張感を保っている
- リーダーが尊敬され, 好かれている
- 業務上の責任に関して意識が高い
- 率先して働く
- 働くことを楽しんでいる

(2) 組織人間が変わる契機
- 他人からありがとうと言われたとき
- 人はお金のために働いているのではない。賃金を上げることで不満は減少させられるが, 満足は与えられない。
- 能力給, 成果給を導入したから, モチベーションの高いチーム・自分から考えて行動するチームになるかというとそうではない。必要なことは「魂のごちそう」最大の快である。

(3) 「なぜやるか」の知覚喚起
- 多くの組織リーダーが重要なことを忘れている。「何をやるか」の指示はあっても「なぜやるか」の説明がない。人は「何をやるか」でなく,「なぜやるか」を知りたいのである。

(4) 期待された人間になる
- ピグマリオン効果[22]（ハーバード大学ローゼンソール（Rosenthal, R.）

---

22 〈教師の生徒に対する期待や態度が, 生徒たちの知能や学習の意欲に大いなる影響を与えるという現象〉に対して, ギリシャ神話に登場するピグマリオンの名を使用し〈ピグマリオン効果〉↗

教授）によると，人は期待されたとおりの役割を演じる。例えば，組織構成員の誰かに「リーダーの役割」を強く確信に満ちて期待することで，そうでないときよりも優れた組織リーダーになる可能性は高い。
- 「押し付け」に近い過剰な期待は逆効果になるが，だが，「押し付け」を知らせず，組織構成員に期待した役割を演じさせ，"出来る人"にさせてしまう。
- コミュニケーション全体の中で言語の占める割合は7％しかなく，そのほとんどが「非言語」のコミュニケーションである。身振り・手振り・表情・声のトーン・抑揚のつけ方など，人は会話のほとんどをこれらの領域で交わしている。文字通り顔に書いてあるのである。

(5) 共感を得る人間関係の開発
- 説得は逆効果。説得は人の考え，行動を変えようとすることに他ならない。一方，共感は自発的な行動である。
- 共感軸を明確にするためには，「ビジョン」を描いておく必要がある。ビジョンとは組織の使命・存在意義・などが具体化・資格化されたもの。ようするに自分のつくりたい組織イメージのひとつの絵であるが，大切なことは「具体的に描いたものを組織で共有すること」である。ビジョンは1回では伝わらない。人に新しい考え方を100％伝えようと思ったら，同じことを6回以上いわなければならない。

前述もしたが，以前，学校は地域に密着していた。生徒は卒業後も困った時や相談がある時なじみの教師の教えを請うことができ，教師は街の小さな問題を解決することができた。

しかし，現在，教師は転勤で，同じ所にとどまっていることができない。その街に根を下ろすことができないのである。

教師が街から離れて行けば，必然的に学校も離れて行く。かつてともに街をつくり，教育をしてきた両者は現在，合間見えることはめったにない。

しかし今後日本において労働力不足は必須である。人財の有効活用が必要

と命名した。

な時,核となるのは学校—行政—企業であろう。マンパワーを有効活用できれば行政のコストはかなり削減でき,さらに行政サービスはもっと充実したものとなるであろう。

　教育の原点が,イエ・ムラにあるだけではなくまちと街づくりの中にもあることを改めて考えさせられた。教育をコミュニティのレベルに戻して再考することも今後考えていきたい。

5. 「企業—行政—社会」の首尾一貫性

　"かじま台"土地区画事業団は,既存の会社,役所,そして地域の限界を克服するための新組織形成である。そうした組織を"第3セクター"(略して"3セク"ともいう)と呼ばれている。

　第3セクターは,行政,企業,社会の混合形態であり,上からではなく下からの近代化をめざした産官民の結合組織である。わが国で組織としての"第3セクター"を定義しようとするとき,それはきわめてやっかいな存在となる。

　欧米でいう第3セクター(the Third Sector)が,ほぼ一義的にボランティア組織を典型とする民間の非営利組織を指しており,その意味でほぼNGO(Non Governmental Organization)と同義であるのに対して,日本の"第3セクター"概念は少なからず曖昧で,設立目的,出資比率,人事構成,事務内容,運営方法等が千差万別の多様な組織形態を対象としているからである。

　わが国において,"3セク"という言葉は,「専ら,地域開発,都市開発等の社会開発プロジェクトにおける公共と民間との共同出資による事業主体」に対する呼称として用いられてきた。いわば「公共部門と民間部門との混合方式による事業主体の呼称」として定義し,それ意外のものは他の概念でとらえる方がより現実的であるようにも思われる。

　"3セク"組織はいくつかの点において両面性を有している。まず,公組織と私組織はどのように異なるのかと言う一般論から始めよう。

　アメリカのレイニー(Hal G.Rainey)らのグループが行った研究[23]と日本

[23] Hal G. Rainey, Robert W. Backoff, and Charles H. Levine,"Comparing Public and Private ↗

の村松岐夫[24]らの行った研究調査[25]では、前者は公組織の私組織に対する特性を、「環境的要因」、「組織－環境の交渉」、および「内部構造・過程」の3つの次元でいくつかの命題にまとめている。

まず、「環境的要因」について、レイニーらは「公組織の意思決定基準は"外部思考的"だ」と言っている。村松らもこれに関しては同様である。

外部思考的とは、外部の非制度的影響力の多様性と強度が大きい（世論、利益集団の反応など）、支持基盤、議員や有力者などの交渉などがあげられる。

次に仕事への満足度の点では、「仕事への満足度と組織への一体感が低い」と指摘している。

さらに「経費節減、運営効率、業務効果への意欲が少ない」と論じている。"3セク"組織は、その成り立ち上必然的に、公共性と経済性（ないし営利性）という、性質を大いに異にする二つの要請の間に位置せざるをえない。

たとえば藤田武夫[26]は、「営利性」と「公共性」の調整が、第3セクターにとって最大の課題になると指摘し、第三セクターの経営原則は営利性にあるので、適切な制度化による公共性の確保が重要であることを説いている[27]し、土居靖範[28]は、第三セクターの最大の矛盾は、公共セクターのもつ公共性と民間セクターの利潤追求という相反する論理を同一組織にもつ点であると指摘している[29]。

ミクロ・レベル、つまり個々の"第3セクター"組織についてみれば公共性と経済性は対立しているようにみえても、マクロ・レベル、つまり政府財政や地域経済についてみると両者は調和しているという、公共性と経済性に対する多元的・複合的な考え方の必要性を説いているからである。だが、

Organizations," *Public Administration Review*, Vol.36, May/April, 1976, pp.233-244.
24　学習院大学教授、研究分野・関心領域、戦後日本政治、公共政策分析、地方自治、政策評価、金融制度。
25　公私組織比較研究会『公私組織体質比較』地方自治研究資料センター、1980年。
26　東京市政調査会元研究員。
27　藤田武夫『現代日本地方財政史・下巻』日本評論社、1984年、235頁参照。
28　立命館大学教授　交通権学会会長。
29　土居靖範「公社・第三セクターをめぐる諸問題」『地方財務』第385号、1986年、41頁。

「マクロ・レベルの公共性・経済性」は必ずしも常に「ミクロ・レベルの公共性・経済性」に優越するとは限らないことに注意すべきであろう。

人事管理という側面からみた場合，"第3セクター"組織は特異な組織である。それは，人的組織が一元的・同質的ではなく，様々な組織の出身者によって構成される場合が少なくないからである（今里　茂[30]著『第3セクターの組織と人事』中央法規，1993年）。

近時，「まちづくりの第3セクター的役割」として，「タウンマネージメント組織」（TMO，Town Management Organization）[31]という組織ができている。TMOと係っている信金中央銀行総合研究所では2003年10月31日の「地域調査情報」[32]で，「まちづくり組織化の人材不足問題」について次のように述べている。

まちづくり人材の不足については，次の2つの大きな問題がある。
① 事務局としての運営を担う人材の不足
② TMOの事業に対して責任を持ち，様々なステークホルダーに対してリーダーシップを発揮できる人材の不足。

TMOの運営を担う職員数は，どの形態のTMOにおいても1～4人程度であることが多く，特に商工会・商工会議所のTMOの場合，商工会・商工会議所の職員がもともとの仕事とTMOの仕事とを兼務しているケースが一般的である。

この背景には，やはり「運営費の不足」があるとみられ，TMOの中には，多くの職員を雇うことができないために「TMO計画」の策定が進まないなど，事業の推進に支障をきたしているところもあるようだ。

一方，リーダーシップを発揮できる人材については，「地域のことをよく理解しており，多様な主体から信頼を得られる人物」の育成が必要だと考えられる。これに関しては，中小企業総合事業団の「タウンマネージャー派遣

30　九州大学法学部教授。
31　タウンマネージメント組織（TMO）は，商店街の組合・行政・まちづくり会社や市民など，中心市街地に利害関係を有する様々な組織等の調整の場となって，中心市街地再生のための活動をまちづくりの観点から総合的に企画・調整し，その実現を図るための機関と位置づけられており，全国で約300組織にまで増えている。組織形態別にみると，第3セクター特定会社が85社（29.0％），商工会・商工会議所自身が行うのが206（70.3％），財団法人が2（0.7％）である。
32　参照：SCB（SHIKIN CENTRAL BANK）総合研究所，『地域調査情報』2003.10.31。

制度」を活用する方法も考えられるが，これは，最近まであまり利用されていなかったようだ。

外部（他地域）からの人材を利用する効果への認識不足や各 TMO のニーズに合った専門家の不足の他，タウンマネージャーにまちづくり計画を作成してもらったとしても，結局は資金不足等からその計画を実行に移せないという根本的な問題も背景にあったとみられる。

以上の点から見て，第3セクターとは，民間との共同による，経費削減，運営効率性の追求，組織帰属意識の向上，動機付けとモチベーション向上，といった面で良い効果と，反面，様々な組織の出身者によって人事が構成されるため，その統一には困難を極めると言う短所を持ち合わせている。

『中部経済新聞』（2004年11月12日号7面）によると，"かじま台"街づくり」はミサワホームとタイアップし，関係者が相互に利益を得るシステム開発に成功した記事がある。"3セク"としての「"かじま台"街づくり」組織化（TMO）は，成功事例である。その理由の1つが，トヨタ生産方式型の「民間のコスト意識」が導入されている点である。

"かじま台"のある，常滑市内では空港開港をにらんで，現在6つ（ニュータウン除く）「地区区画整理事業」が行われている。同市近郊でも複数の区画整理が施工中である。「他の事業との販売競争は熾烈であり，地域開発に勝つにはどうしたらよいか，と「梶間（かじま）区画整理組合」の伊奈正彦理事長は強い危機感を抱いた。そこで，「低価格で優良な宅地を供給しよう」という方針を打ち出し，コスト削減を推進することにした。

工事費を30％削減，支出を30億円台に圧縮した。浮いた工事費を販売価格の引き下げ，付加価値アップにもつなげた。平均坪単価は当初，30数万円に設定していたが，コスト削減によって180,100円〜259,500円の低価格を実現した。

空いたスペースにクローバーを植え，街灯の明かりに使う風力発電機を4基の計画から5基，立体彫刻も10個から20個に増やす。カフェテリアもオープンさせ，2005年3月には巨大モニュメントも設置する。当初の計画を見直し，浮いた工事費を次々と「魅力作り」に転化，全体の付加価値を高めた。

街づくりの人材不足とは言われながらも，"かじま台"においては，伊奈

正彦という名の強いリーダーシップを持った代表者が存在したという点が，従来の"第3セクター"と比べて違う点であろう。

私がもっとも興味をひいたことは，"かじま台"の街づくりには，従来の第3セクター論が普遍的に適用されない点である。その理由が，街づくりの基本原理に還った「都市の思想」の再生にある。

街づくりは，「都市の思想」を原点とする。「都市とは何か」の哲学を求めるとき，その答えは単純である。都市は，家の集まり，その家が集まり街となり，街が集まって都市となる。その家を"建物"と言い換えてみよう。都市は，"建物"の集合であり，"建物"から成り立つ。

だが，わが日本は，"建物"をつくりながら，都市の自然秩序を破壊してきている。都市は，"建物"を中心にして暮らし，仕事をし，遊ぶ，アメニティ（快感）の場である。そのアメニティの基本原理は，自然秩序を身近に置くことである。人間が自然の一部であるという，「都市の思想」が，"かじま台"の街づくりに蘇った。

しかも，"かじま台"の街づくりには，国際的なレベルでの「大衆の知」を自然の森に代替させた，異文化交流活動がある。「常滑は，私のネパール」と主張する"かじま台"の新しい街づくりには，常滑沖の中部国際空港を越えて持続する深遠なる「都市の思想」が生きていた。

「都市の思想」の再生課程で，私の最も関心あることは「私益」と「公益」の"せめぎあい"である。「わたくし」（私）と「おおやけ」（公）の関係の論理が，日本と欧米とでは異なる。日本の論理は，これまでは「お上に盾をつけない」とする，「民の服従的な慣習」がある。行政組織をお上（かみ）とし，社会の一構成員たる個人や，会社（カイシャ）は，民（たみ）であり，「民はお上に従うもの」とする期待感がまた根強く居直っている。

だが，欧米などの「都市の思想」が日本に導入されると，都市を構成する市民意識が，伝統的な農村型の地域共同体の意識を変革させてくる。言いかえると，正当なる市民意識への目覚めが，私的意識（private mind）と公的意識（public mind）の二重構造の自己覚醒へと進化する。

行政が，公益の主体であり，民の福祉へのサービスを提供する。そのためには，計画づくりをする。その計画に民が参加することが，本来の市民像であ

る。行政は，市民が決めたことを執行する公僕である。欧米の「都市の思想」には，民の中に，公的（他者利益）と私的（自己利益）の両要素が混在して，しかも，その私的要素と公的要素とを使い分けられる個人が確立している。

こうした，都市型市民の個の確立に支えられた市民社会の形成が，「都市の思想」の裏側にある。かくしていえることは，「企業―行政―社会」の首尾一貫性とは，個人の中にある私的要素と公的要素とのバランスの均衡状態である。

常滑"かじま台"の街づくりは，その最終的な社会貢献は，「企業―行政―社会」の首尾一貫性の動きと形を表出する，個人の「私的マインド」と「公的マインド」の調整に成功したモデルの提言である。その意味では，村山教授の経営人類学の一定義である，「経営とは対立矛盾の自己同課程」の仮説検証[33]を，本研究プロジェクトにおいて追及することができた。

Ⅶ 結 論

本論文の序論に戻り，私なりに定義した「学問形成の基盤」は，次のとおりであった。

① 現象・象徴からの実在認識
② 日常性の実践リズム
③ 大学での教育・研究の中の理論（学理・哲学）

「社会を経営する学問の実在認識」が，現象の中にあり，その現象が実在を象徴的記号で知らせる。ここでの現象の象徴的記号は，「インドの"草の根"芸術祭」「常滑"かじま台"街づくり」であった。

この象徴的記号を解読する暗号は，「イベント論」，「まちづくり論」，「教育の現場論」であった。この3つ鍵概念を組み合わせながら，私は，「イベント開発とまちづくり開発が，企業と行政と社会との間での連帯を促進して，超境界的に"和"の社会経営が実現できる」という研究仮説を追い求

---

33 村山経営学の展開の中では経営概念の定義は，「対立矛盾の自己同一課程」「カオス（混沌）はない，カオスは内なるコスモス（美しい秩序）」「闘いと安らぎの営み」「異なる他者を自己内包化」などある。詳しくは村山元英『経営管理総論―身体的経営一元論』文眞堂，2003年4月，の中の第2章「経営管理の定義と自己経営論―不易と流行の学問を探る」37～78頁にある。

め,「"和"の社会経営」の実在の可能性の検証を試みた。

この実在仮説の検証は,本論文では中間的な成果でしか紹介できなかった。なぜならば,以上,2つの象徴的記号である,「インドの"草の根"芸術祭」「常滑"かじま台"街づくり」が,相互に関係してきて,継続事業の現象を新たにつくりだしているからである[34]。

継続研究の学問事情は,先に挙げた「学問形成の基盤」が,"日常性の実践リズム"という意味と重なる。そして,変化する現象から変わらない実在を求める学問が,日常性の変化をどう取り込むかという理論的課題を問題提起するようになる。

この問題認識は,普遍的な理論の探索の契機をつくり,私にとっての「学問形成の基盤」のハタラキをしてくれた。

本論文は,「社会経営学」の学問的方法論の探索であり,その方法論的範囲内で,以上3つの「イベント論」,「まちづくり論」,「教育の現場論」の"組み合わせ効果"を明らかにし,その次に,「企業―行政―社会」の相互関係の首尾一貫性を内在する「"和"の社会経営」の実在の可能性を,即ち,"組み合わせ効果"(「社会経営の有効性」)を,それなりに検証することが初期的にできた。

「社会経営の有効性」の概念形成は,本論文では十分なる分析を深められなかったが,その編成概念としての「異文化交流論」「社会経営学」「和の論理」「臨床的方法論」は,未熟ながら本論文中に散りばめてみた。

アメリカでは「企業―行政―社会」が一体となって教育機関に様々な可能性を提供している。それ自体はアメリカにおいて主流ではなくまだまだ実験段階であるが,効率的に運営されているところは成果をあげている。日本も今後多様化の時代を迎え,ひとつの方向としてこういった機関や組織を形成していくことも必要であろう。

本論文は,研究プロジェクトそのものが未完成であり,まだ十分完成した領域まで論考を踏み込めない課題が残されている。そうした限界も考慮され

---

34 2005年に常滑"かじま台"街づくりで,インド"草の根"芸術祭と合体して,ネパールの神聖な山をテーマにして,両国の共同制作イベントとネパール音楽祭を予定。「概念構築媒体」の「イベント,まちづくり,教育の現場」の"組み合わせ"を通じて,第2段階の「和の社会」の可能性の検証が今,準備段階である。

てのご意見やご批判を頂戴しながら，より良い論文に未来にむけて仕上げていくつもりである。

同時に，仮説の検証として学校と言う教育機関を媒体とした地域づくり・街づくりの実践を行って行きたいと思う。数年後本論文が実証をもったよりよいものとして再構成されることを期待している。

ご指導いただいいた，中京大学・大学院・ビジネス・イノベーション研究科の教授陣をはじめ，同期の学生たちにも，本論文を作成するにあたりご助言いただいことにたいして，この機会に心からの感謝の気持ちを伝えたい。

参考文献

古田　暁監修　石井敏・岡部朗一・久米昭元（1996）『異文化コミュニケーション』有斐閣選書。
上野千鶴子『国境お構いなし』朝日新聞社。
TOWイベントプランナースクール編（2002）『現場主義のイベント企画』日経BP企画。
とりはたともこ（1995）『イベントプロデューサーになるには』ぺりかん社。
湯澤　明（1992）『イベント戦略入門』産能大学出版部。
財団法人　行政管理研究センター監修　今村都南雄編（1993）『第三セクターの研究』中央法規出版。
斉藤茂太（2004）『頭がいい人の時間術』サンガ。
斎藤　槙（2004）『社会企業家』岩波書店。
町田洋次（2000）『社会企業家』PHP研究所。
ロバート・レーヴィーン（忠平美幸訳）『あなたはどれだけ待てますか』草思社。
エドワード・T・ホーン（國弘正雄訳）（1966）『沈黙の言葉』南雲社。
エドワード・T・ホーン（安西徹雄訳）（1993）『文化を越えて』研究社，小英文叢書。
村山元英（1986）『国際地方学—ちば実験』文眞堂。
村山元英（1987）『まちづくり国際経営』文眞堂。
村山元英（1988）『コンベンション経営戦略』日本地域社会研究所発行。
村山元英（1993）『感性ビジネス・ザ・コンファレンス・センター』文眞堂。
村山元英（2003）『経営管理総論—身体的経営一元論』文眞堂。
村山元英（2004）『国際経営学原論』創成社。
B. トインとD. ナイ共著　村山元英監訳　国際経営文化学会訳（2004）『社会経営学の視座』文眞堂。
『商店街イベントマニュアル』旭川市商工会議所発行。

経営者へと巣立つ
―あとがきに代えて―

編著者・村山元英

　未来の地位を約束されている者が，ビジネス・スクールへと企業派遣でやってくる。そのものたちは，継承できる地位に油断することなく，より磨き上げ自己をつくり変えるしかない。

　未来の地位を不安定にする者は，冒険する勇気で自己再生の機会をビジネス・スクールに求める。ホンモノの実力がまかり通る，日本の隠れた能力主義社会の存在をその者たちは信じるしかない。

　この二つの方向に沿って，村山研究室は，V・I・T・A（Value, Information, Technology, Actualization）の4系統の研究指導をしてきた。「価値」「情報」「技術」に関連する分野の研究と教育に絞り込み，この3系統の研究と教育効果をまとめさせるために，最後の第4番目の「自己実現」を形にした論文を書かせる。

　大学院・ビジネス・スクールでの研究指導が，不慣れな論文作成の道を歩む社会人学生にとって，それは茨道であり，残酷な愛と受け止めて，本書の論文を仕上げるしかなかった。

　本書に途上した"若手"歌舞伎役者が，名古屋の「八事MBA」の舞台から巣立ち，日本の中部経済圏を基軸にして，より大きな舞台で自分の芝居をするようになる。

　そこでの私は，社会人向けの研究室の研究指導が有意義なのか，弟子たちの学習が実りあるものか，と問われるので怖い話になる。

　「八事MBA」の村山研究室から巣立ちした弟子たちから，「社長になりました」・「取締役に就任しました」・「主任になりました」という言葉が，研究

室に寄せられてくる。個人の変化を，組織が認める。その組織が，その個人を新環境づくりに生かそうとする。そんな教育効果の動きが，なんとなく私にも感じ取れ，ともに喜ぶ。

そんな中京大学での私の研究人生と教育生活は，ヒマラヤの極寒の山奥からハワイの岸辺に移植された1本の樹木のように，厳しい地層に耐えた根が，環境変化で地上にまで根を這い上げて，太陽の恩恵を楽しんでいるようで痛快である。

だが，まてよ，「グローカル経営戦略」と「名古屋の企業文化」とは，そんな1本の「ヒマラヤの細木」の可能性かもしれない。「ハワイの大樹」に進化した「ヒマラヤの細木」は，名古屋の社会人学生の「自己実現」にむけて人知れず隠れた自己学習過程と同じである。言うならば，「八事MBA」の社会人学生が，ビジネス・スクールでの理論と実践の経営者開発の教育に耐える力の蓄積過程が，厳しい環境に耐えて地の底深く根を張る1本の「ヒマラヤの細木」の姿なのである。

それぞれの「ヒマラヤの細木」が，"若手"歌舞伎の役者の名で飾りながらも，「ハワイの大樹」への成長の可能性を検証している。本書のそれぞれの論文がそうした意味での可能性の検証をしているので，面白い。

学問とは，不可能を可能にする未来を見つめて，夢と理想を描き，その実現の可能性への挑戦であり，その挑戦を人間の中に身体化している。論者たちの若さは，このグローバルな真実に挑戦して「自己実現の論文作成」で応えてくれた。

ビジネス・スクールは，時代の専門職業教育だと決め付けてきたアメリカにも近年迷いが出てきている。また，アメリカのもの真似に走る日本のビジネス・スクールと日本政府にも，日本と変わらない「国家と教育の本質」が"アメリカにもある"ことを見抜けない。

大学には歴史を越えて持続する，しかも目先の変化に迎合しない学問と理論がなくては，ビジネスの専門教育も長期的には育たない。そう考えて，日本のビジネス・スクールの未来を危惧するものたちは，私だけではなく，身近にも多数いる。

本書は，そうした反省から誕生した，日本のビジネス・スクールには，伝

統の寺子屋教育のDNAが残っている。また，古今東西を超えて変わらない「大学の本質」と「学問の本質」から逸脱しない教育・被教育の努力が，全体としての，本書の論文構築の精神であった。

　名古屋のビジネス・スクールが，教授と社会人学生が共同して，この種の本を作り上げた背景には，学問と教育の素材が，地元の経済文化圏に豊かにあることを物語る。

　主体（役者）と客体（観客）との間の境目を取り除く「歌舞伎の花道」のように，教授と社会人学生とが，地域のテーマを共有し，分かち合える世界問題を共通認識し，そして個人の問題を共同研究する作業と感動が，大学と社会とを繋ぐビジネス・スクールの学問と教育を深化させていた。

　読者へのお願いだが，本書が提示した各論文が，これからのビジネス・スクールでの研究指導と自己開発の方法をモデル化して，しかも広く提案していることに気づいてほしい。

　名古屋は，モノづくりだけではなく，ヒトづくりの宝庫である。「名古屋の企業文化論」や，「グローカル経営戦略」の最終的な狙いが，そうした意味での「ヒトづくり」を，ビジネス・スクールの形と動きの中で実現してきている。

　私どもは，地域の未来づくりと連動させて，そうした意味での「ヒトづくりの名古屋」をご披露してきた。「ヒトづくりの名古屋」が，"元気の良い"名古屋を現在へとつくってきたのである。

　「はじめに」戻って，「あとがき」をまとめれば，「文化の活力」と「経営の活力」とが抱きあって成長する構造が，「名古屋の企業文化論」である。その構造が，「グローカル経営戦略」のシナリオ事例を多様な顔に組み立てた。

　本書に紹介された「グローカル経営戦略」の多様なシナリオ事例が，"名古屋を世界商品"に磨き上げ，名古屋を"グローバル・都市ブランド"にする方向を明示し，わが社を"グローバル会社ブランド"にする指針をしめしている。

　私どもは，個人でも，組織でも，本書・『グローカル経営戦略—名古屋の

企業文化論』を世に出す研究過程を，自分の変革を夢見て，臨床実験的にこれまで楽しんできたのである。

　本書に途上した論者たちの，"歌舞伎振り"の自己革新と自己実現を世間様に伝え，その感動と拍手をいただければ，地元のビジネス・スクールで学ぶ社会人学生が，個人の自己革新を媒介にして，帰属する組織と，共にある環境へ情報発信する書になることになる。私は，そうした教育効果を期待してやまない（平成18年4月27日）。

編集後記／出版記念会

　本書にまとめられた各MBA論文は，研究指導教授の吟味の他に，中京大学大学院・ビジネス・イノベーション研究科の4教授（中垣　昇教授，水谷研治教授，古田秋太郎教授，有本紀明教授）の厳しい査読と，貴重なコメント，その後の修正書き換え手続きを経て，最後にBI研究科の教授会の判定会議を通過できた研究成果である。

　上記4教授による論文審査への批判と評価のご努力と，そして，改善へのご提案にむけて，本書出版の機会にあたり，心より御礼申し上げたい。

　また，本学の学術貢献と社会貢献をめざすわが教授会ご一同さまには，暖かい中にも厳格な研究者／報告者スタイルを貫いていただけた判定過程に，改めて感謝の気持ちをここにお伝えする次第である。

　MBA教育の1つの臨床実験として，MBA論文の「出版」（モノづくり／情報づくり）と「出版記念会」（イベント・マーケテイング／市販への販売協力）を，"手造り"ですることにした。

　その自主努力と相互行動が，もう1つの創造へと進化した。研究と学問，そして教育の共同体が，いつのまにか，大学研究室を"もう1つの"の「クラブ社会」に仕上げていた。大学の研究室とは，知的情報の場だけではなく，油断できる人間同士の絆と信頼を確実に実感し感動できる「クラブ社会」である。

　面白いことに，出版記念会を，「イベント実習」と「パーテイ学演習」に組み替えてみたら，大学院と学部の垣根を超えて，村山研究室が先輩・後輩のタテ関係と同級生のヨコ関係を，ばらばらにして1つにする"同窓生意識"の動きと形が整ってきた。学問と研究は，不謹慎な言い方かもしれないが，「哲学する遊び」であり，"人間を平らに耕す"価値と手段であることを，改めて認識している。そのエンジン役は，中京大学大学院BI研究科の

現役院生／社会人学生の白砂守，中村祐司，大竹勝久，半田浩司らの企画会議であった。

　本書の市販価格を安く押さえ，多くの読者に本書への接触の機会を増やすために，「出版助成金」を研究室の自主努力で集めた。執筆者一同は，当然の出版助成参加だが，それ以外にも，学会関係では国際経営文化学会，個人関係では，中京大学の小川英次学長，そして，大学周辺の中京大学を愛する地元住民らからも，ご寄付を頂戴した。

　最後に，本書出版にあたり学術出版社の文眞堂さんには，お礼の言葉を尽くせない思いが残る。同社の前野隆氏が，編集会議と出版助成費募集のためにたびたび名古屋に足を運んでくれた。そして，自ら出版助成費募集の運動にまで加わり，著者たちと苦労を分かち合ってくれた。そして，質の高い本の出版に向けて，同社の前野弘専務と眞太郎社長の変わらない職人芸に，執筆者一同，そして，本書出版記念会の関係者一同を代表して，感謝の思いをここに捧げる。

　　　　平成18年6月8日　八事の研究室にて

　　　　　　　　　　　　　　　　　　中京大学教授　村山元英

執筆者紹介
(アイウエオ順)

栢森　雅勝（かやもり　まさかつ），ダイコク電機（株）社長。MBA（中京大学大学院ビジネス・イノベーション研究科），英国 EF 語学校卒業，理工学修士（東海大学大学院・工学研究科応用理学科）。昭和41年生まれ，名古屋市出身，私立・東海高等学校卒業。3年間の沖電気勤務を経てダイコク電気入社後，同社の常務，専務，副社長を経験。趣味は家族との憩い。信条は「夢の持続，信頼のコミュニケーション」。

桑山　博江（くわやま　ひろえ），名都高等学院　学院長。MBA（中京大学大学院ビジネス・イノベーション研究科）。山梨県に生まれ静岡県で育つ。日印交流50周年記念イベント「彫刻シンポジウム」（於：インド・デリー市）に参加など国際"草の根"活動を経験。国際経営文化学会会員，趣味は海外旅行，信条は「乾坤の変は風雅の種なり」。

竹内　淳二（たけうち　じゅんじ），経済学士（中京大学経済学部），元勤務先の東陽倉庫（株）における8年間の実務経験を学問基礎にして，大学院ビジネス・スクールで勉学と研究に専念し再起を図る。1974年生まれ，愛知県一宮市出身。国際経営文化学会会員。「米国の港湾と都市の現地研究」でアメリカ"7地域"を実態調査。中京大学の学部学生時代にボクシング・ライト級で中部学生チャンピオンを受賞（1996）。趣味は人と人とが"心を通わすノミニュケーション"。信条は「部分最適から全体最適への複眼的視点」「地べたの性質に還って物事を見極めること」。

鶴峯　悦史（つるみね　えつし），平成12年に有限会社・鶴水スポーツを創業，その後，代表取締役に就任。現在はMBA（中京大学大学院ビジネス・イノベーション研究科）大学院研究生。1975年広島県尾道市生まれ。平成9年に体育学士（中京大学体育学部・体育学科），陸上ホッケーの全国学生選手権大会（インカレ）に3年連続出場し最高はベスト8を成就。その後学部研究生（中京大学体育学部）を続ける。研究歴は「高齢者と水中運動の関係」「陸上運動と水中運動の運動強度のちがい」「スポーツ施設におけるNPMについて」をテーマに。趣味はスポーツ観戦。信条は「スポーツとの人生は，人間形成の道なり」「立ち止まらず，ゆっくり変化して生きたい」。

遠山　眞樹（とおやま　まき），（有）ジュナコーポレーション・社長，（有）ティー・サポート・社員。MBA（中京大学大学院ビジネス・イノベーション研究科），現在は研究科生。愛知県名古屋市出身。社団法人・名古屋青年会議所理事（1998），社団法人・名古屋青年会議所常任理事（2001），財務省東海財務局　財政モニター（2005～2006），国際経営文化学会会員。趣味は調香（フレグランス　デザイン）・アロマテラピー，健康美容全般・旅行・オートバイツーリング。信条は「知行合一」「誠実と実行」。／あらゆる方々が自ら輝き美しさを実現するための架け橋となる。こころ豊かになる美と健康づくりに奉仕。

中尾　一也（なかお　かずなり），中央精機（株）海外部。1968年生まれ，愛知県豊田市出身。MBA（中京大学大学院ビジネス・イノベーション研究科），愛知工業大学卒業。愛読書『三国志』。信条は「真実を貫く人間臭さ」。

水野　幸美（みずの　ゆきよし），光洋マテリカ株式会社・取締役。MBA（中京大学大学院ビジネス・イノベーション研究科），1954年生まれ，滋賀大学経済学部卒。日産労連加盟労組専従役員／労働福祉に貢献（1987〜1994）。趣味は歌舞伎とカミさん孝行ほか。信条は「誠は正義に通ず」。

村山　元英（むらやま　もとふさ），中京大学大学院ビジネス・イノベーション研究科教授，商学博士，MBA（米国）。国際経営文化学会会長／千葉大学名誉教授。昭和9年東京下町出身。米国コロンビア大学を経てシートンホール大学大学院卒業。米国の大学で教鞭をとり，その後ニューヨークの現プライスウォーターハウス・クーパス社に勤務，米国のビジネスを現地習得。帰国後，上智大学・中央大学などで教えて，国立・千葉大学に30年間奉職。本学では，平成12年よりゼミ生の「研究指導」のほか，「経営戦略論」「グローバル経営論」「経営管理論」「企業文化論」「比較文化論／英語講義・経営人類学」などの講義科目を担当。『戦略と哲学—経営者開発論』・『空港文化—新企業戦略』・『アジア経営学』・『国際経営学原論』など著書多数。国際学会での多くの学術貢献賞を受賞。

グローカル経営戦略
―名古屋の企業文化論―

2006年7月15日 第1版第1刷発行　　　　　検印省略

編 著 者	村　山　元　英	
発 行 者	前　野　眞太郎	
発 行 所	㈱文　眞　堂	

東京都新宿区早稲田鶴巻町533
電　話　03(3202)8480
FAX　03(3203)2638
http://www.bunshin-do.co.jp
郵便番号 (162-0041)　振替 00120-2-96437

印刷・㈱キタジマ　製本・イマヰ製本

© 2006
定価はカバー裏に表示してあります
ISBN4-8309-4557-5　C3034